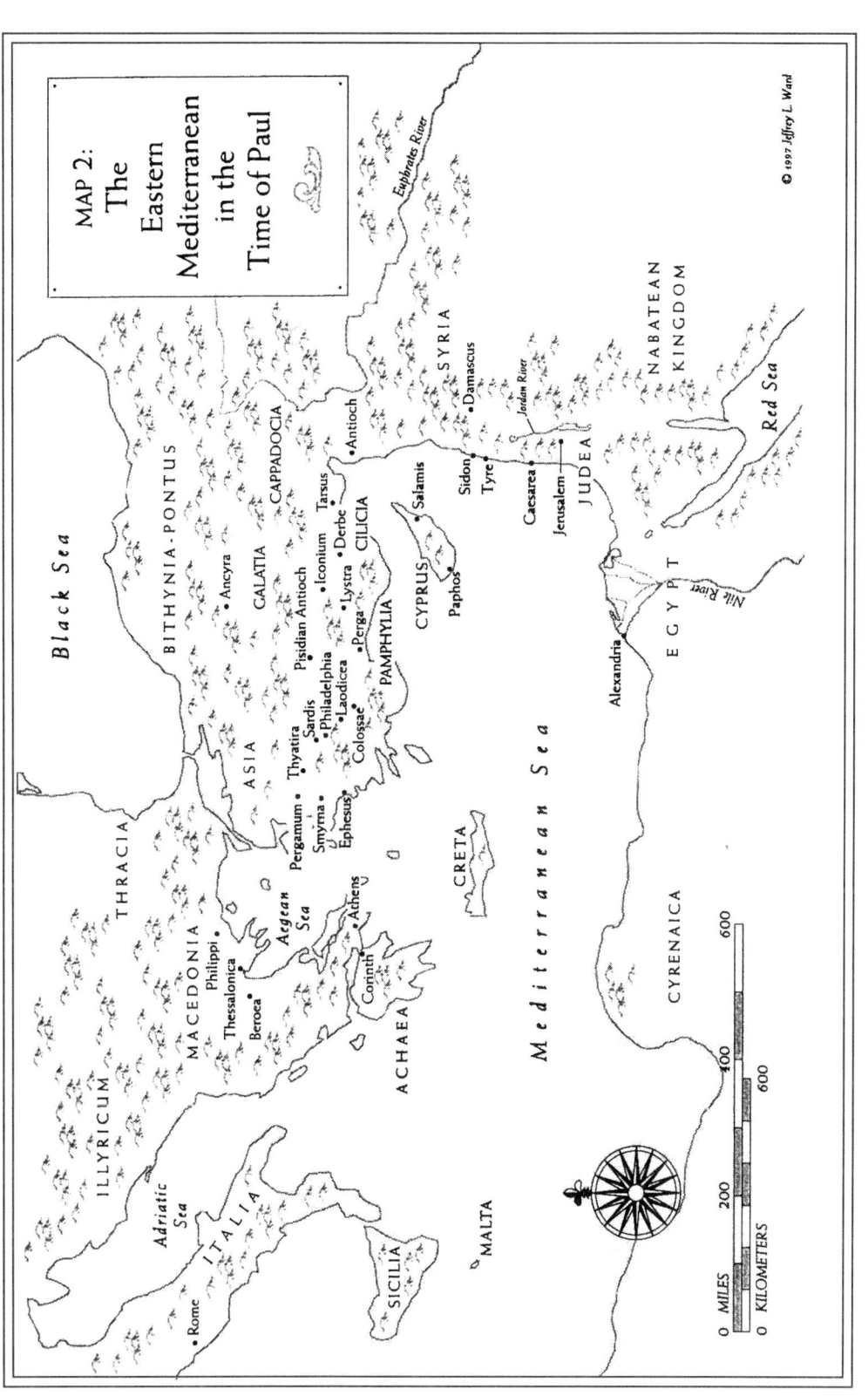

# 메시지와 하나님 나라
### 예수와 바울의 혁명

메시지와 하나님 나라: 예수와 바울의 혁명

지은이 / 리처드 A. 호슬리 & 닐 애셔 실버만
옮긴이 / 김준우
펴낸이 / 김준우
펴낸날 / 2024년 4월 9일
펴낸곳 / 도서출판 한국기독교연구소
등록번호 / 제8-195호(1996년 9월 3일)
경기도 고양시 일산동구 고봉로 32-9, 331호 (우 10364)
전화 031-929-5731, 5732(Fax 겸용)
E-mail: honestjesus@hanmail.net
Homepage: http://www.historicaljesus.co.kr.
인쇄처 / 조명문화사 (전화 498-3018)

이 책의 한국어판 저작권은 에릭 양 에이전시를 통한 Fortress Press사와의 독점계약으로 한국기독교연구소가 소유합니다. 저작권법에 따라 국내에서 보호받는 저작물이므로 무단전재와 무단복제를 금합니다.

*The Message and the Kingdom: How Jesus and Paul Ignited a Revolution and Transformed the Ancient World*

by Richard A. Horsley & Neil Asher Silberman

Copyright © 2002 Augsburg Fortress. All rights reserved.

Korean Translation copyright © 2003 by Korean Institute of the Christian Studies. The Korean Translation rights arranged with the author c/o Augsburg Fortress through EYA, Seoul.

ISBN 979-11-93786-02-4 94230
ISBN 978-89-97339-85-3 94230 (세트)

값 14,000원

# THE MESSAGE AND THE KINGDOM
# 메시지와 하나님 나라

### 예수와 바울의 혁명

리처드 A. 호슬리 & 닐 애셔 실버만 지음

김준우 옮김

한국기독교연구소

# The Message and the Kingdom

How Jesus and Paul Ignited a Revolution
and Transformed the Ancient World

by

Richard A. Horsley and Neil Asher Silberman

Minneapolis, MN: Fortress Press, 2002.

Korean Translation by Kim Joon Woo

이 책은 박상철 목사님의 은퇴를 기념하여
예일교회가 출판비를 후원하였습니다.

Korean Institute of the Christian Studies

# 목차

감사의 말씀 __ 7

프롤로그 __ 9

1. 하늘의 비전 __ 19

2. 갈릴리의 대대적인 변화 __ 37

3. 신앙의 치유자 __ 66

4. 권력과 공공질서 __ 96

5. 말씀의 선포 __ 127

6. 민족들의 부흥 __ 163

7. 성도들의 모임 __ 205

8. 충돌하는 영들 __ 229

9. 하나님 나라의 돌풍 __ 257

10. 카이사르의 승리 __ 285

11. 믿음을 지키다 __ 310

옮긴이의 말 __ 322

연표 1: 나사렛 예수의 생애 __ 323

연표 2: 비울의 생에 __ 324

Bibliographical Notes / 327

Bibliography / 351

일러두기
- 번역에서 한글성서는 주로 표준새번역을 사용했습니다.
- 저자가 강조한 것은 **타이프체**로 표기했습니다.
- 본문 가운데 역자주는 괄호 속에 작은 글씨로 표기했습니다.
- 각 챕터에 소제목이 없이 단락을 떼어 서술하기 때문에 독자들의 편의를 위해 각 단락의 중요한 개념들은 고딕체로 표기했습니다.

## 감사의 말씀

이 책을 쓰기 위해 연구하고 집필하고 수정하는 긴 과정 동안, 우리는 여러 동료와 친구들로부터 실제적이며 전문적인 도움을 많이 받았다. 그들 가운데 앤도버-하버드 신학도서관의 로라 휘트니와 도서대출 담당 직원, 성공회신학대학-웨스톤 신학대학 도서관의 도서대출 담당직원, 예일대학교 스털링 기념도서관 직원, 예일대학교 신학대학원 도서관의 수잔 버딕과 직원은 모두 불분명한 참고도서 목록과 찾기 힘든 논문들을 추적하는 작업에 매우 귀중한 도움을 주었다. 또한 보스턴의 매사추세츠 대학교의 앤 디세사는 행정적인 도움을 주었으며, 마커스 오린, 헤더 카플로우, 제인 매킨토쉬는 연구 조교로서 수고를 아끼지 않았다. 잭 히트, 랍비 하워드 소머, 닐 엘리어트는 모두 이 책의 초고를 읽고 난 후 중요한 논평과 귀중한 비판을 해주었다. 캐럴 만은 이번에도 더할 나위 없이 최고의 문장 교열자임을 입증했다. 초판을 발행한 푸트남 출판사의 티모씨 메이어는 솜씨 좋게 원고를 다듬어 매우 훌륭한 최종 원고를 만들어 주었다. 제프리 워드는 조잡한 자료들을 한데 묶어 우아한 지도와 도표들을 만들어 주었다. 또한 조엘 포티노의 숙련된 편집기술을 통해 이 책의 최종본이 완성되었다. 편집 조수 데이비드 그로프와 판촉 담당 마리아 리우의 수고에도 감사한다. 리버헤드 출판사의 수잔 피터슨은 초기에 이 책의 출판 기획을 지원하였다. 끝으로 이 책의 편집자 제인 아이제이에게 감사한다. 그녀의 지칠 줄 모르는 열정과 끈기, 지혜와 통찰력이 이 책을 낳았다.

호슬리
실버만,
May 5, 1997

프롤로그

## 예수를 찾아서

오랜 세월 땅속에 묻혀 있던 마을들, 빈민가, 시장의 돌무더기들로부터 솟아오르는 유령처럼, 예수와 바울, 그리고 처음 크리스천들의 세계가 되살아나고 있다. 고고학 발굴이 진행 중인 이스라엘, 요르단, 시리아, 튀르키예, 그리스, 이탈리아 등 여러 곳에서 발굴자들과 신약성서 학자들은 무너진 기둥, 깨진 그릇, 녹슨 동전, 비석 조각들의 증거를 함께 연결해 기독교의 역사적 기원에 관해 놀랄 만큼 새로운 모습을 그려내고 있다. 이 새로운 모습은 우리가 잘 알고 있었던 예수에 관한 경건한 이미지들과 그의 제자들의 모습, 그리고 갈릴리의 평화로운 언덕과 계곡들의 이미지와는 전혀 어울리지 않는 새로운 모습이다. 오늘날 지중해 연안 도시들의 복잡한 거리 밑에, 또한 외딴곳 그 지명조차 발음하기 어려운 곳에 묻혀 있는 지층들에서, 국적과 종교적 신념도 서로 다른 고고학자들이 고대 사회의 유물들을 발굴하고 있는데, 고대 사회는 전례가 없을 정도의 물질적 풍요와 사치뿐 아니라, 전례가 없을 정도의 고통과 굶주림, 노숙자들도 공존했다. 먼지가 일어나고, 발굴자들이 거리와 광장에서 흙과 돌을 걷어내고, 고대 도시들과 마을들의 맨 아래층까지 걷어내는 작업을 통해, 고고학자들은 오랜 세월 동안 침묵 속에 묻혀 있던 세계, 곧 농민들과 예언자들, 로마군대의 장교들과 카이사르의 세계를 되살려 내고 있다. 바로 그 세계에서 초기 크리스천들은 "성도들"이라는 친밀한 공동체의 급진적 정치와 멤버십을 통해 가장 강력하게 외국 통치자들의 권력에 저항하고, 그들 자신의 존엄성을 지켜나갔던 것이다.

이 책은 초기 기독교의 사회사(社會史)를 재구성하려는 것인데, 최근에 얻게 된 많은 증거, 곧 고대 로마문화에 관한 최근 연구들과 지중해 전역에 걸친 고고학적 증거들을 토대로 할 것이다. 이 책의 저자인 우리 두 사람은 서로 매우 다른 학문적 관점에서 이런 재평가 작업을 함께 하게 되었다. 호슬리(Richard Horsley)는 학자로서의 생애 대부분을 신약성서의 본문 연구, 유다(Judea) 지방의 역사, "역사적" 예수 연구에 헌신해 왔던 사람이다. 그의 초기 저작들은 1세기 갈릴리에서의 예수의 대중 목회가 그 밖의 농민 저항 운동들의 특성, 곧 세계적인 인류학자들이 관찰하고 묘사한 농민 저항 운동들의 특성과 매우 비슷하다는 사실을 처음으로 지적한 저작들 가운데 하나다. 실버만(Neil Asher Silberman)은 근동 지방 고고학에 얽힌 정치적, 종교적 및 이데올로기 문제들에 관해 폭넓은 연구를 진행했다. 사해 두루마리에 관한 최근 연구에서, 그는 현대의 많은 학자들이 묵시종말적 기대(apocalyptic expectations)의 정치적 차원들을 너무 과소평가했다고 결론지었는데, 사해 두루마리의 경우에는 그 묵시종말적 기대가 로마제국의 통치 아래에서 피눈물 나는 현실에 맞서는 이데올로기적 저항으로서의 기능을 수행했다는 사실을 학자들이 무시했다고 보았다. 우리 두 사람 모두의 접근방식에서 공통적 주제는 고대 종교와 정치 사이의 밀접한 연관성을 올바로 파악하는 작업이다. 또한 기독교의 이 세상적인 기원을 추적하는 새로운 자료들을 이용하면서, 우리는 세례자 요한, 예수, 사도 바울, 그리고 처음 크리스천들의 세계가 단순히 영적 전쟁터였을 뿐만 아니라, 경제적인 재배치, 문화적인 충돌, 정치적 변화가 당시 사람들의 생활에 속속들이 큰 영향을 미치던 세계였다는 사실을 밝힐 것이다.

초기의 로마제국은, 우리가 앞으로 살펴볼 것이지만, 어떤 곳에서는 번쩍이는 도시들이 세워지던 반면, 다른 곳에서는 아이들이 굶주림에 죽어가던 사회였다. 일부 귀족들과 소수의 사회적 명망가들은 극도의 사치를 누렸지만, 도시와 시골의 빈민들로서는 기본 생필품조차도 구할 수 없는 세계였다. 대부호들과 야망에 가득 찬 정치가들은 무한정한 물질적 풍요와 기술적 진보를 꿈꾸고 있었지만, 대다수 사람들은 가정이 박살나고, 또한 범죄, 생계 수단의 상실, 질병으로 인한 악몽에 사로잡혀 있었다. 한 마디로, 로마제국은 우리가 잘 알고 있는 것처럼 보이는 사회로서, 일부 사람들은 그런 사회경제적 변화를 환영했지만, 다른 사람들은 그런 변화에 대해 저주를 퍼부었던 사회로서, 왕궁의 가장 부유한 귀족들로부터 가축을 몰고 산등성이를 옮겨 다니던 가장 가난한 목자들에 이르기까지, 제국의 모든 사람의 생활을 극적으로 변화시키던 세계였다.

이런 사실이 더욱 분명하게 드러나는 것은 현대 학자들이 마침내 로마제국의 부자들과 훨씬 더 많지만 대부분 가려져 있던 빈민들, 농민들, 평민들, 노예들 모두의 생활방식을 탐구하기 위해, 황제의 통치를 받던 광활한 지역을 탐색하기 시작했기 때문이다.

갈릴리의 언덕과 계곡들에서 진행된 최근의 발굴조사를 통해, 예수 당시 사람들이 매일의 생존을 위해 몸부림쳤던 농촌 마을들과 시장들의 유물들을 찾아냈다. 갈릴리 바다 해변의 두꺼운 진흙층을 파헤침으로써 고고학자들은 2천 년 이상 동안 진흙 속에 묻혀 있던 고기잡이배의 나무들을 발굴해 냈다. 그것은 어부 출신 제자들이었던 베드로, 야고보, 안드레가 매일 고기잡이를 위해 사용했던 배가 어떤 종류였는지를 엿볼 수 있게 해주었다. 더 남쪽으로 내려가 마사다, 여리고, 예루살렘에 헤롯대왕이 세운 멋진 왕궁들과 기념비들에서, 학자들은 유다 왕조의 위용을 드러내 보여주었다. 지중해 연안의 고대 항구 도시 가이사랴의 유적지에서는 악명 높은 로마 총독 본디오 빌라도(Pontius Pilate)의 이름이 라틴어로 새겨진 돌 조각을 발견하기도 했다. 예루살렘의 옛 도시 바로 남쪽에서 발견한 고대 무덤에서는, 고고학자들이 화려하게 꾸며진 납골함을 찾아냈는데, 거기에는 요셉 가야바(Joseph Caiaphas)의 이름이 새겨져 있었다. 그는 복음서에 따르면, 예수에 대한 재판을 지휘했던 대제사장이었다. 또한 극적인 고고학적 발견들을 통해 개인뿐 아니라 사상에 대해서도 새롭게 이해할 수 있게 되었는데, 사해 지역의 광야 동굴들에서 발견된 사해 두루마리는 고대 히브리어와 아람어로 기록된 수천 개의 낡은 문헌 단편들로서, 이스라엘 백성들이 로마의 통치 아래 신음하면서 붙잡고 있었던 메시아에 대한 큰 기대를 보여주었다.

북쪽과 서쪽으로 수백 마일 떨어진 그리스와 튀르키예의 산과 계곡, 섬들에서, 고고학자들은 기독교 초기 역사의 매우 다른 측면들을 함께 연결시키기 시작했는데, 이런 연구는 그리스-로마 세계의 사회사와 서로 연결된다. 로마제국의 지방이었던 갈라디아, 마케도니아, 아가야, 소아시아의 신전, 광장, 개인 주택의 유물들을 발굴함으로써, 사도 바울이 그의 동료들과 함께 여행하면서 독특한 복음을 설교하고 그의 첫 "성도들의 모임"을 만들어 나갔던 풍경이 드러나게 되었다. 이스라엘에서와 마찬가지로, 고고학적 발견의 일부는 신약성서에 언급된 인물들과 장소들에 대한 명확한 증거들을 보여주었다. 예를 들어, 바울을 재판정으로 끌고 간 사람들을 향해 바울에게 죄가 없다고 선언했던 아가야의 총독 루시우스 갈리오(행 18:12-17)의 이름이 델피에서 발견된 명각(inscription)에서 확인되었으며, 고린도와 에베소에서는 고고학자들이 발굴을 통해 바울과 그 동료들이 살았던 도시 환경을 재구성하기 시작했다. 그러나 그리스와 소아시아 전역에서 개별적 발굴을 통해 드러난 사실들과 또한 그 지역 전반에 걸친 조사를 통해 알게 된 도시들과 정착촌들의 변화하는 성격들을 통해, 우리는 로마 문명이 단순히 정적인 무대 배경 이상이라는 사실을 확인하게 되었다. 고고학적 발견을 통해, 최초의 기독교가 당시의 구체적인 경제정치적 상황들에 대한 직접적이며 강력한 대응이었다는 사실이 드러나기 시작했다.

현대의 고고학자들이 팀을 짜서 들판을 헤집고 다니고 초원을 가로지르며, 가시덤불을 헤치고 하수구를 뒤지면서, 한때 농가였거나 곡물창고였을 건물의 잔해 흔적을 찾아다니고, 질그릇 조각들이 흩어진 곳을 살피느라 고생한 결과, 우리는 로마제국의 사회사를 다시 쓸 수 있게 되었다. 고대 도시들의 산업구역을 발굴하고, 고대 농경 형태를 확인하기 위해 식물 분석, 고대 농경지 사용방식에 대한 사진 촬영, 토양 분석과 수자원 이용방식에 대한 인공위성 촬영 등을 이용하여, 고고학자들은 이미 로마제국 전역에 걸쳐 정복자들과 그들에게 예속된 민족들 사이의 사회적 상호작용에 관해 인식하고 있었다. 기독교의 출생지인 갈릴리에서는 폭넓은 조사를 통해, 많은 수의 언덕 위에 자리 잡은 소규모 소박한 시골 마을들—그 마을들 가운데 일부는 기원전 1,200년에 형성되었으며 오랜 세월 동안 곡물 재배와 목축업을 병행했다—이 예수 당시에 점차 경제적 압박을 받게 되었음을 알게 되었다. 발굴을 통해 드러난 유물들과 고대 자료들은 갈릴리에 로마의 통치가 확립되어 그 지역이 로마의 경제에 편입됨으로써 농경 형태에 중대한 변화가 발생했음을 보여준다. 남부 스페인, 사르디니아, 이탈리아, 달마티아, 그리스 본토, 크레테, 키프로스처럼, 로마제국의 광범위한 지역에서 행해진 고고학적 발굴조사 역시 그와 비슷한 결론을 보여주었다. 각각의 새로운 지방에 로마의 군대, 관리들, 사업가들이 진출함으로써, 농경방식, 정착 형태, 지방 사이의 관계에 근본적 변화를 초래했다. 즉 예전에는 자율적인 지역으로서 전통적 농경방식을 통해 잉여생산물이 목표가 아니라 생존 자체가 목표였던 지역들이 점차 중앙집중화된 경제 속에 편입됨으로써, 일부 사람들은 엄청나게 풍요로워졌지만 다른 사람들은 부채와 몰락의 늪 속으로 빠져들게 되었다.

스페인으로부터 유프라테스강 유역에 이르기까지 제국의 가장 비옥한 지역들에서도, 예전의 독립적인 농경과 목축을 통한 생존방식은 점차 보다 효율적이며 이윤을 많이 남기는 농경방식으로 바뀜으로써, 독립적인 농민들은 훨씬 덜 필요하게 되었고, 훨씬 많은 사람이 소작농과 노예로 전락하게 되었다. 전통적인 촌락생활 방식이 붕괴되자, 시골에서 더 이상 생존할 수 없게 된 많은 사람들은 재빨리 도시로 몰려들었다. 도시의 번잡한 거리, 시장, 광장에는 새로운 형태의 시각적 매체들, 곧 고전석인 건축물, 조각품, 동전, 공공장소에 펼쳐진 멋진 풍경들을 통해 고향을 떠나 뿌리 뽑힌 대중들에게 새로운 로마 질서(New Roman Order)가 자연스러운 것일 뿐 아니라 영원할 것이라는 확신을 심어주었다. 물론 여러 민족, 자원, 생활방식이 제국에 편입된 것이 단번에 이루어진 것도 아니며 모든 곳에서 똑같은 속도로 이루어진 것도 아니다. 다른 시대와 다른 지역에서의 기술과학적이며 경제적 혁명들, 즉 르네상스, 산업혁명, 심지어 오늘날의 정보시대와 탈산업화의 격변과 마찬가지로, 옛날 방식의 지혜, 기술, 작업 습관이 점차 그 가치를 잃게 되고, 제도적 구조조정, 노동력의 이주, 정치적 불안정, 시장의 동요와 같은 거대한 물결이 새로운 관계와 질서가 자리 잡도록 이끌었다.

역사는 거의 언제나 도시를 건설하고 제국을 정복한 사람들의 관점에서 기록되었지만, 신약성서와 초기 기독교 전통에서는 이 새로운 문명이 초래한 사회적 계층에서 갑자기 맨 밑바닥으로 떨어진 사람들이 간직하고 있었던 희망, 꿈, 비전(vision)을 우리가 엿볼 수 있을 것이다. 이 책에서 우리는 최초의 기독교가, 당시 거대한 정부의 관료주의가 보여준 몰인정과 교만에 대해 담대하게 도전한 운동이었다는 사실을 논리적으로 주장할 것이다. 당시의 관료주의는 불공평한 세금징수, 냉소적인 이해관계에 의해 운영되었으며, "기회"와 "자립," "개인적 성취"에 관해 설교했지만, 대다수 피지배계층 사람들에게는 그 세 가지 모두를 거부하는 체제였다. 기독교는 거대한 로마제국의 외진 곳, 가난에 찌든 곳에서 생겨났는데, 오늘날의 경제적 기준으로 보면, "만성적으로 저개발된" 지역으로 분류될 수밖에 없는 변경 지방에서 입에 풀칠하기에도 벅찬 농민들 사이에서 생겨났다. 그러나 심지어 그 운동의 위대한 예언자가 사회적 질서에 위협이 된다는 이유로 유죄판결을 받고 그의 설교 때문에 처형된 이후에도, 그의 추종자들은 그 저항의 복음을 시골로부터 도시로 전파했으며, 로마제국의 동쪽 변경으로부터 그 세계의 서쪽 끝까지 전파했다. 이 운동의 핵심에는 하나님 나라가 이 땅 위에 현실적으로 실현될 것에 대한 꿈(the dream of a down-to-earth Kingdom)이 자리 잡고 있었는데, 이 꿈은 이스라엘 땅에서 수백 년 전에 예언자들이 처음 선포하기 시작했던 꿈이었다. 이 꿈은 "집을 지은 사람들이 자기가 지은 집에 들어가 살 것이며, 포도나무를 심은 사람들이 자기가 기른 나무의 열매를 먹을 것이다. 자기가 지은 집에 다른 사람이 들어가 살지 않을 것이며, 자기가 심은 것을 다른 사람이 먹지 않을 것이다. 나의 백성은 나무처럼 오래 살겠고, 그들이 수고하여 번 것을 오래오래 누릴 것이다"(사 65:21-22)라는 꿈이다. 이처럼 사람들이 자신들의 무기력에서 벗어날 것에 대한 공통된 열망이 새로운 수단의 종교적 표현, 조직, 상징, 예배의식을 낳았으며, 이것이 결국 기원후 100년을 전후하여 기독교라는 조직된 형태의 믿음과 예배로 그 모습을 갖추게 되었다.

고대 세계가 끝난 후 그 어느 세대보다도 우리가 초기 기독교의 세계에 **관해** 더 많이, 잘 알게 되었다는 사실에 대해서는 의심의 여지가 없다. 많은 기독교 신자는 지난 반세기 동안 고린도, 안디옥, 예루살렘, 가버나움 등지에서 발굴된 유물들을 하나님께서 내려주신 선물로 간주하여, 신자들에게 교회 전통의 역사적 신빙성을 설득력 있게 제시하며, 신약성서의 책들 속에 나오는 애매한 구절들을 분명하게 해명해주는 것으로 생각했다. 고고학을 통해 우리는 이제 1세기 갈릴리에서 소작농의 아들로 성장한다는 것이 어떤 것이었을지, 소아시아의 다소(Tarsus, 바울이 고향)에서 총명한 젊은 학자로 성장한다는 것, 혹은 로마에서 크리스천 순교자가 된다는 것이 어떤 것이었는지를 재구성할 수 있게 되었다. 그러나 우리가 이처럼 많은 고고학적 증거를 갖게 되었다는 사실과 더불어 반드시 인식해야 하는 점은 현재, 초기 기독교 역사를 전공한 학자들이 직면한 문제가 단순히 예수와 사도들이 돌아다녔던 도시와 마을에 대한 고고학적 증거를 갖고 복음서들과 서신들을 무비판적으로 예증하는 것이 아니라는 점이다. 그들이 추종자들과 공동식사를 할 때 사용했던 그릇들이 어떤 종류였으며, 그들이 바다와 강을 건널 때 이용했던 배가 어떤 종류였으며, 그들이 입었던 옷과 신었던 신발이 어떤 종류였는지를 단순히 고고학적으로 밝히는 문제가 아니라는 점이다. 최초의 기독교 세계에 대한 진정한 역사적 접근방법은 예수의 기적들과 가르침의 사회적, 정치적, 경제적 배경을 재구성하는 작업이며, 또한 예수의 메시지가 그의 청중들에게 어떤 영향을 끼쳤는지를 이해하도록 도와야만 하는 작업이다. 또한 그 역사적 방법은 바울의 광범위한 목회가 왜 로마제국에서 그런 특정한 도시들을 거쳐 여행하게 되었는지를 우리가 이해할 수 있도록 도와야만 하는 작업이다.

우리가 앞으로 살펴보겠지만, 초기 로마시대의 무너진 돌들과 묻혀 있던 유물들은 여러 차원의 의미를 동시에 제공할 수 있다. 어떤 사람들은 그런 고고학적 발견들이 복음서 이야기들과 사도행전, 바울의 편지들의 역사적 진실성을 드러내는 것이라고 간주할 것이지만, 그런 고고학적 발견들은 또한 예수의 생애, 바울의 경력, 기독교의 등장을 이해할 수 있게 해주는 또 다른 핵심 요소가 될 수도 있다. 지중해 동쪽 끝, 갈릴리라는 작은 지역에서 2천 년 전에 시작된 운동은 점차 로마제국 전역으로 확산되었는데, 이 운동은 서양 종교사에서 독특한 순간으로 이해할 수 있을 뿐만 아니라, 특정한 활동, 사상, 대응의 역사적 연속으로 이해할 수 있으며, 또한 그 운동 결과 자체가 인간 역사로서 서양세계의 사회적 진화에 엄청난 영향을 끼친 운동으로 이해할 수도 있다. 현대 학자들의 노력을 통해 우리는 처음 크리스천들의 생활과 생활방식을 인류학, 사회학, 경제학, 정치학의 관점에서 이해하기 시작했다. 계속된 고고학적 탐사를 통해 우리는 이제 로마제국 초기의 신전들, 승전을 기념하는 아치(arch), 튼튼한 수도교(aqueduct)와 같은 인상적인 위용 너머의 일상적 현실을 충분히 알게 되었으며, 당시에 흔히 사람들의 기대를 뒤집어엎고 전통적인 마을 공동체들을 해체해, 정신없이 변화하는 시대를 살아가던 사람들에게 예수와 그의 추종자들이 **부흥과 갱신**(revival and renewal)의 강력한 메시지를 선포했음을 이해하게 되었다.

    예수가 30년경 예루살렘에서 십자가에 처형됨으로써 이 운동의 성격이 근본적으로 바뀌게 되었다. 그 메시지와 조직은 바울과 그 밖의 사도들이 예수의 이름과 그 기억을 세계에 널리 전파함으로써 더욱 발전할 것이었다. 바울과 사도들의 시대는 로마의 권위에 도전하는 사람들을 그 지배 권력이 그냥 보아 넘기지 않던 시대였지만, 바로 이것이 예수의 추종자들이 "성도들"의 공동체라는 네트워크를 만들 때 감행했던 일이다.

이제부터 1세기 기독교 운동의 역사를 살펴볼 때, 우리는 예수, 바울, 최초의 크리스천들이 계속해서 추구했던 하나님 나라는 영적인 여정(a spiritual journey)이며 동시에, 인간의 나라를 여전히 특징짓고 있는 무자비한 폭력, 불평등, 불의에 맞서 생겨난 정치적 대응(an evolving political response)으로 이해해야만 한다는 점을 주장할 것이다.

1장

# 하늘의 비전

자신들을 "크리스천"이라 불렸던 그 이상한 사람들은 누구였는가? 그들이 충성한다고 말했던 그 "나라"(the Kingdom)는 무엇이었는가? 왜 그들은 아우구스투스 카이사르에게 누구나 바치는 희생제물을 바치기를 고집스럽게 거부하여 기꺼이 죽임을 당했는가? 고대 로마인들로서는 간혹 크리스천들이라는 비인습적인 종파를 직접 만나게 되었을 때 이해하기 어려웠던 질문을 품게 되었지만, 이처럼 체제전복적인 관행들(subversive practices), 즉 거짓 신들에게 절하기를 한사코 거부하거나 세상의 권력에 대해 경의를 표하기를 거부하는 관행들이야말로 초기 크리스천 신앙의 핵심 가운데 하나였다. 황제들은 계속해서 크리스천들에 대한 박해를 명령했다. 로마의 저술가들은 크리스천들을 "치명적인 미신"에 사로잡힌 "끔찍하게 타락한 자들"이라 부르고, 로마제국의 도덕적 다수에게 직접적 위협을 가하는 자들이라고 혹평했다. 크리스천들은 로마와 그 밖의 지방 도시들의 빈민가와 뒷골목에서 색출되어, 밧줄에 묶이고 얻어맞고 유죄판결을 받아 처형되었는데, 모두 무신론과 반역이라는 죄목 때문이었다. 즉 그리스-로마의 만신전(pantheon)의 신들에게 제사를 드리기 위해서 국가가 관장하는 종교의례에 참여하지 않았고, 이방인 사회의 가족적 가치들을 존중하지 않았다는 죄목 때문이었다.

적어도 표면적으로는 크리스천들이 아무런 해를 끼치지 않는 것처럼 보였다. 로마의 법학자 플리니(Pliny the Younger)는 2세기 초에 많은 크리스천 혐의자들을 심문한 후, "그들이 잘못한 것이라곤 정해진 날에 동트기 전에 모여, 신을 찬양하듯이 그리스도에 대해 서로 응답하는 찬송을 부르고, 범죄를 목적으로 한 맹세가 아니라 사기행위, 도적질, 간음을 하지 않을 것을 맹세하며, 거짓 약속이나 서약을 강요당할 때라도 거짓 약속이나 서약을 하지 않겠다고 맹세하는 습관을 갖고 있는 것이 전부였다. 이런 예식이 끝나면 헤어졌다가, 나중에 다시 모여 일상적인 깨끗한 음식을 함께 나누는 것이 그들의 습관이었다"고 말했다.

이것은 단지 그 이야기의 한 부분이었다. 밀접하게 연결된 공동체와 매주 모이는 모임에서는 성령이 사람들에게 방언을 터뜨리게 하며, 주님 예수와 성부 하나님에 대한 찬양을 외치게 했는데, 그 공동체 안에서 초기 크리스천들은 직업적 경력에 대한 희망, 사회적 출세, 시민으로서의 명예들을 거부했다. 그들은 당시의 시장 세계, 곧 세금 징수원, 대부업자, 시장 조사원, 제국의 관리가 판치는 세계는 어느 순간이든 그 뿌리까지 뒤엎어질 수 있다고 굳게 믿었다. 그들의 모든 희망과 에너지는 부활하신 그리스도의 임박한 재림에 대한 기대에 있었으며, 또한 그분이 이 세상의 진정한 권세가 어디에 있는가에 대해 사람들을 깜짝 놀라게 증명해 줄 것에 대한 기대에 있었다. 이것이 바로 멋진 교회도 없고, 권위를 가진 성직자도 없고, 특별한 외적 장식물도 없던 기독교의 모습이었다. 그들 자신과 그들의 자녀들을 위한 특별한 미래에 대한 희망이 임박한 구원에 대한 그들의 믿음을 더욱 강하게 만들어 주었다. 실제로, 최초 몇십 년 동안의 "기독교"는 도시와 시골 지역 모두에서 가난한 사람들과 주변인들의 네트워크로서, 정부조차도 그들을 "종교"라고는 전혀 인식하지 않았을 모임이었다.

초기 기독교는 사실상, 당시에 대륙들을 휩쓸면서 경제를 혼란시키고 옛 전통을 붕괴시킨 이 세상의 권세가 드러내고 있었던 억압적 이데올로기에 대한 현실적 대응이었다. 진보와 발전이라는 이 의기양양한 이데올로기는 여러 방식으로 표현되고 있었는데, 시인들의 노래, 로마식 건축물의 화려함, 로마의 법정과 법령, 로마의 공학기술의 업적, 모든 황제가 위엄 있는 어버이처럼 흔들어 보이는 손짓 등을 통해 표현되었다. 2세기 초, 기독교가 형태를 갖춘 독립적 종교로 형성되던 바로 그 시점에, 로마제국은 새로운 경제적, 문화적 및 행정적 체제를 건설하면서, 더욱 늘어나는 대중들을 그 체제에 협조하도록 가르치고 있었는데, 그 새로운 체제 속에서 황제는 유일한 최고신(supreme god)의 자리를 차지하기 시작했다. 바로 이것 때문에, 초기 크리스천들이 체제전복적인 사람들로 간주되었던 것인데, 카이사르에게 경의를 표하기를 거부하는 사람들은 누구든 무신론자이며 동시에 반역자로 간주되었기 때문이다. 로마인들의 눈에는 황제가 공적인 숭배의 대상이며, 기적적 출생과 매혹적인 어린 시절 이야기의 주체이며, 제국의 권력에 대한 신의 섭리에 관한 놀라운 이야기의 주체로서, 제국의 모든 백성은 그의 지도를 받도록 훈련되었고, 누구나 그 앞에 무릎을 꿇어야만 했던 존재였다. 제국 전체의 모든 사람과 모든 것에 대한 그의 통치는 당연한 것으로 간주되었으며, 계절의 순환과 별들의 운행 못지않게 불가피하며, 신이 정한 것으로 간주되었다.

크리스천 신자들은 아무도 이런 식의 황제 선전(propaganda)을 받아들일 수 없었다. 그들에게 로마는 짐승이며, 창녀, 용, 바빌론, 사탄이었다. 그들은 로마제국이 신적인 질서에 의해 만들어진 것이 아니라, 로마군대가 끔찍한 폭력으로 광대한 영토를 정복했고, 지방의 귀족들이 자신들의 이익 챙기기에 급급하여 그것을 묵인했기 때문이라는 사실을 잘 알고 있었다. 그들은 로마인들이 단계적으로 처음에는 겁을 주다가, 적절한 기회를 보아 침략하고, 마침내는 지중해 주변의 모든 영토를 점령한 채, 예전에는 독립적이었던 백성들을 로마제국이라는 거대한 체제 속의 하인들, 혹은 의뢰인들(clients)의 신분을 배정해 주는 오만한 자들이라는 사실을 잘 알고 있었다. 로마가 정복해 나간 피비린내 나는 경로는 이탈리아에서 시칠리아를 거쳐 카르타고, 마케도니아, 남부 그리스, 소아시아, 시리아, 유다, 이집트로 이어졌다. 아우구스투스 황제 시대에 이르러서는 로마인들이 이미 지중해 전역의 주인이 되었으며, 로마의 지배를 유지하기 위해 헌신했던 관리들, 주둔지 병력, 세금징수원 등의 관료체제가 더욱 확대되었다. 그리고 세상의 재물이 로마로 흘러들고, 로마가 임명한 속국의 왕들과 부하들 일당의 금고로 흘러들 때, 아우구스투스 황제가 약속한 것, 즉 제국의 백성 모두를 위한 보편적 평화와 번영에 대한 약속은 그 말처럼 쉽게 지켜질 수 있는 약속이 아니라는 사실이 증명되었다.

   2세기 초, 로마제국의 동쪽 지방에 걸쳐 흩어져 있던 기독교 공동체들은 다른 종류의 보편적 통치를 믿었다. 그 신앙은 자신들의 기독교 운동의 시작과 최초의 역사에 대한 이야기 속에 나타났는데, 그 이야기는 궁극적으로 로마의 정복에 관한 『아이네이스』(Aeneid)나 그 밖의 화려한 서사시들보다 훨씬 더 영향력이 있는 것으로 판명될 이야기였다. 적어도 네 가지 서로 다른 판본(板本, version) – 마태, 마가, 누가, 요한이라는 이름의 저자의 것으로 이름 붙여진 – 으로 유포되고 있었던 그 기독교 이야기는 그 운동의 창시자의 생애 이야기로서, 그 이야기를 소중히 간직하고 전해진 곳에서는 어디서나 공동체를 만들어냈다. 그 이야기는 로마 황제의 왕궁이 아니라 유다 지역 어느 시골 마을에서 태어난 구세주의 메시지와 성품을 묘사한 이야기였다. 다채로운 말씀들과 비유들을 통해, 그 이야기는 전혀 다른 종류의 나라(Kingdom), 즉 폭력, 불평등, 불의가 없으며, 이 세상의 황제들, 부자들과 왕들의 오만함을 용인하지 않는 나라를 묘사했다. 그 이야기는 거의 백 년 전에, 곧 막강한 아우구스투스 황제가 로마에서 다스리고, 속국왕 헤롯이 화려한 왕궁에서 무섭게 통치하며, 이스라엘의 하나님의 기념비적인 성전이 예루살렘의 스카이라인을 장식하던 당시에 일어난 이야기였다. 그 이야기의 주인공들은, 대부분 그 이야기를 귀하게 간직한 가난한 사람들과 농민들 자신처럼, 황제의 잔인한 통치가 조만간 사라질 시련이며, 하늘의 한 분 진정한 하나님께서 그들의 의로움에 대해 상을 내려주실 것이라는 희망을 품고 살던 사람들이었다. 또한 그분은 마지막 심판 날에 반드시 악한 무리들을 불과 영원한 저주로 심판하실 것이었다. 세월이 흐르고, 왕조들이 바뀌고, 로마는 여전히 그 권력을 유지했지만, 크리스천들은 작은 그룹으로 모여 그들의 거룩한 이야기들을 읽고, 찬송을 부르고, 공동으로 포도주와 빵을 나누면서, 다가올 심판의 날을 계속해서 믿었으며, 영원한 하나님의 나라가 세워질 때 자신들이 맡을 중심적 역할을 믿고 있었다.

한 분 참 하나님이며 우주의 창조주인 분의 약속을 받을 참된 상속자와 수혜자가 바로 자신들이라고 선언하면서, 로마제국 전체를 통해 초기 기독교 공동체에 속한 사람들은 황제의 권위에 대한 그들의 혐오로 인해 유명했던 중동지방의 특정 민족의 전통을 받아들여 개작(改作)했다. 실제로 당시 유대인들의 경제적 및 정치적 상황을 이해하지 않고서는, 초기 기독교 운동의 역사적 발전을 이해할 수 없다. 기독교가 처음 확장되던 시기에, 유대인들(그리스어로 *Iudaioi*, 라틴어로 *Iudaei*)은 로마제국의 모든 도시와 지방에서 공동체를 이루어 살고 있었다. 율리우스 카이사르 시대 이래로, 로마 당국은 유대인들이 자신들의 옛 관습에 따라 살며, 우상들,

심지어 황제라는 우상에게도 희생제물을 바치지 않아도 되었었다. 여러 세기 전에 로마인들이 티베르 강변에서 조잡한 울타리를 치고 돼지들과 함께 살고 있었을 당시에, 스스로를 "이스라엘 백성"이라 부르기를 좋아했던 유대인들은 지중해 동쪽 끝에 있는 작은 땅에서 언덕에 자리 잡은 마을들을 중심으로 독특한 부족(지파)동맹을 형성하고 있었다. 그들은 주변 민족들이 많은 신들을 섬기는 것이 지역의 세력가들, 제사장들과 폭군들이 자신들의 백성들을 착취하고 겁주기 위한 터무니없는 도깨비들에 불과하다고 믿고, 이스라엘 백성들은 전혀 다른 사회를 세우기로 결정했다. 그들은 농민들, 목자들, 기술자들로 이루어진 자립적이며 혈족에 기초한 사회 안에서, 파종과 수확과 그 열매를 함께 나누는 존재 방식으로써 자신들이 본 하늘의 비전(their heavenly visions)을 살아냈다.

대부분의 외부인들에게는, 이스라엘 백성의 자세한 율법 조항, 음식물 규정, 윤리적 기준들 ─ 여러 세기 동안 더 확대되고 수정된 ─ 은 흔히 경건한 미신이거나 아니면 일반적인 관습을 따르지 않으려는 핑계처럼 보였지만, 이스라엘의 이런 전통은 그들의 정치 공동체로서의 성격과 일상생활에 직접적 영향을 끼쳤다. 그들의 토라(Torah), 곧 "가르침"의 율법들은 그 속에 십일조, 헌물, 안식일, 금식일, 안식년, 정결의 기준에 대한 규정들을 통해, 이스라엘 백성들로 하여금 사회관계, 경제적 복지, 지역적 자율성을 지닌 안정된 사회체제를 유지할 수 있게 해주었다. 이들은 이방의 "신들" 곧 어떤 방식으로든지 항상 지역의 군주들과 그들의 게으른 부하들을 위해 곡물과 노동력을 요구하는 것처럼 보이는 신들의 지시를 받아들이기를 거부했다. 이스라엘 백성이 이처럼 그들 이웃 민족의 종교의례와 우상에 대해 혐오감을 갖고 있던 것이 나중에는 그들이 외국의 것을 싫어하며 배타적인 백성이라는 평판을 얻도록 만들었지만, 그들의 이런 전통은 결과적으로 고대 세계의 일반적인 조공체제에 동화되는 것을 막아주었다. 이것이 바로 이스라엘 백성을 그처럼 독특한 민족으로 만든 요인이었다. 희생제사, 기도, 감사 찬양을 통해 그들은 농업 절기들을 축하했으며, 자유를 향한 그들의 긴 역사 속의 위대한 사건들을 회상했고, 그들이 이 세계의 유일한 진정한 "왕"이라고 시적으로 불렸던 자신들의 하나님과 창조주를 예배했다.

대부분의 다른 민족들처럼, 이스라엘 백성 역시 왕국체제를 받아들일 필요성을 느꼈고, 여러 세기를 거치면서, 그들도 고대 근동 지방의 다른 모든 왕국이 경험했던 것처럼, 내란, 격변, 외국 제국들의 침략 등 불운을 겪었다. 그러나 이런 민족적 재난들에 대한 그들의 반응에서, 이스라엘 백성은 그들이 매우 독특한 민족임을 보여주었다. 역사의 판결을 온순하게 받아들이고 정복자들과 그들의 신들이 승리자임을 선언함으로써 자신들의 패배한 신을 포기하는 대신에, 이스라엘 백성은 자신들의 하나님이 자신들이 상상했던 것보다 훨씬 더 강력한 신이라는 점을 더욱 굳게 확신하게 되었다. 즉 인간 역사의 모든 사건을 관장하시는 분은 바로 자신들이 믿는 하나님이라고 더욱 확신하게 되었다. 또한 자신들이 겪는 패배와 징벌은 자기 민족이 저지른 죄에 대한 마땅한 처벌이었다. 정복자들은 하나님의 앞잡이에 지나지 않았다. 만일 자신들이 신성한 계약의 율법들을 준수하고 창조주 하나님 외에는 다른 어떤 권세도 숭배하지 않는다면, 불의, 고난, 제국에 예속된 상태는 조만간 영원히 끝날 것이며, 이 세상 자체가 변화될 것이었다.

이처럼 하나님께서 마침내 인간 역사에 직접 개입하여 의로운 사람들을 위한 구원행위를 펼칠 것이라는 기대는 초기 크리스천들이 이스라엘 백성들로부터 받아들였던 가장 강력한 신념 가운데 하나였다. 현재의 쓰라린 불행이 장차 올 영광스러운 구원을 위해 반드시 필요한 서막이라고 이해할 때, 그들은 현재의 불행을 아마도 더욱 믿음을 갖고 참을성 있게 견딜 수 있었을 것이다. 하나님께서는 예언자 이사야에게 이렇게 약속하셨다. "보아라, 내가 새 하늘과 새 땅을 창조할 것이니, 이전 것들은 기억되거나 마음에 떠오르거나 하지 않을 것이다. 그러니 너희는 내가 창조하는 것을 길이길이 기뻐하고 즐거워하여라. 보아라, 내가 예루살렘을 기쁨이 가득 찬 도성으로 창조하고, 그 주민을 행복을 누리는 백성으로 창조하겠다. 예루살렘은 나의 기쁨이 되고, 거기 사는 백성은 나의 즐거움이 될 것이니, 그 안에서 다시는 울음소리와 울부짖는 소리가 들리지 않을 것이다. 거기에는 몇 날 살지 못하고 죽는 아이가 없을 것이며, 수명을 다 채우지 못하는 노인도 없을 것이다. 백 살에 죽는 사람을 젊은이라고 할 것이며, 백 살을 채우지 못하는 사람을 저주받은 자로 여길 것이다. 집을 지은 사람들이 자기가 지은 집에 들어가 살 것이며, 포도나무를 심은 사람들이 자기가 기른 나무의 열매를 먹을 것이다. 자기가 지은 집에 다른 사람이 들어가 살지 않을 것이며, 자기가 심은 것을 다른 사람이 먹지 않을 것이다. 나의 백성은 나무처럼 오래 살겠고, 그들이 수고하여 번 것을 오래오래 누릴 것이다"(사 65:17-22). 세월이 흐르면서, 하나님의 구원 활동에 대한 **묵시종말적 비전**(apocalyptic visions)은 더욱 생생하게 되었다. 다니엘서와 같은 예언서는 하나님의 심판의 날을 대격변의 날로 묘사하면서, 모든 산 자와 죽은 자들에 대한 심판이 결정적으로 끝날 것이라고 하였다. "그리고 땅 속 티끌 가운데서 잠자는 사람 가운데서도, 많은 사람이 깨어날 것이다. 그들 가운데서, 어떤 사람은 영원한 생명을 얻을 것이며, 또 어떤 사람은 수치와 함께 영원히 모욕을 받을 것이다"(단 12:2).

크리스천들은 나중에 이처럼 의로운 사람들의 일반적인 부활에 대한 비전을 받아들여, 유대인 성서의 풍부한 묵시 전승으로부터 끌어온 또 다른 생생한 이미지와 연결시켰는데, 그 또 다른 이미지란 하나님께서 파견한 구원자가 이 세상에 갑자기 등장하여 인간 역사의 경로를 결정적으로 바꿀 것이라는 기대였다. 하늘이 보낸 이 구세주의 독특한 칭호는 "메시아"(히브리어로 *mashiach*)인데, 구약성서에서는 원래 기름부음을 받은 자를 가리키는 명칭으로, 고대 근동 지방에 걸쳐 제사장, 예언자, 왕에게 특별한 지위를 수여할 때 값비싼 향유를 사용한 것을 가리킨 것이었다. 다윗 왕 시대 이후부터는 이스라엘의 왕에게 기름을 붓는 것이 특수한 중요성을 갖게 되었는데, 그것이 이스라엘의 존속을 지키는 수호자로서의 역할을 거룩하게 천명하는 행동이었기 때문이다. 그러나 유다 왕국의 왕족들과 후대에 하스몬 가문이 완전히 무능하여 자신들의 책임을 완수하지 못하고 다른 제국들의 계속적 침략에 맞서 이스라엘 백성을 방어하지 못했기 때문에, 이스라엘의 **참된** 메시아의 성격에 대해 완전히 새로운 비전이 나타나게 되었다.

이처럼 유력한 메시아에 관한 이야기는 이미 이사야, 학개, 미가 등의 예언자들의 선포 속에 나타나기 시작했지만, 『솔로몬의 시편』(*Psalms of Solomon*)에서 훨씬 더 분명하게 드러났는데, 이 문서는 기원전 1세기에 예루살렘에서 히브리어로 작성된 문서로서 나중에 그리스어로 번역되어 헬레니즘 세계 전역에 유포된 문서였다. 이 문서는 다윗의 새로운 아들인 메시아가 마침내 등장하여 이스라엘이 과거의 영광을 되찾게 하며 하나님의 왕국을 확립하도록 이끌 것이라고 예언했다. 이 메시아는 정치적이거나 군사적인 지도자가 아니라, 하나님이 "거룩한 영으로 강력하며 총명하여 지혜롭고, 힘과 의로움을 지니도록"(17:37) 만드신 존재다. 개인적으로 죄가 없으며, 모든 민족에게 자애로운 이 메시아는 "그의 말씀의 힘으로써 관리들의 비리를 폭로하며 죄인들을 쫓아낼"(17:36) 것이다. 그는 이스라엘의 의로운 사람들을 이끌어 그들의 땅과 타고난 권리를 되찾는 싸움에서 승리할 것이며, 옛날에 각각의 지파들에게 그 땅을 나누어 준 것에 따라 그 땅을 배분할 것이며, 또한 "그의 의로운 지혜로써 모든 민족들을 심판할" 것이다(17:29). 그는 예루살렘에서 영광 가운데 통치할 것이며, 그 도성을 정말로 거룩한 도시로 만들 것인데, "땅 끝에서부터 올 민족들이 그의 영광을 볼 것이며, 쫓겨났던 그의 자녀들을 선물로 데려올 것"(17:31)이기 때문이다.

예수가 탄생하기 전 몇십 년 동안에는 메시아에 대한 다양한 비전들(visions)이 이스라엘 백성 사이에 더욱 강렬하고 생생하게 되었지만, 결국 기독교로 나타나게 된 운동은 사실상 이스라엘의 메시아에 대한 소망을 성취한 것이라기보다는 로마군대에 대한 승리와 노골적인 정치적 열망으로 시작되었다. 로마제국이 지중해 동부지역으로 거침없이 진격하면서, 기원전 63년 폼페이 장군은 군단 병력을 이끌고 유다 지역에 진입하여, 토착민 하스몬 가문의 마지막 제사장-왕을 내쫓고 로마식의 새로운 행정체제를 실시했다. 그는 헤롯이라는 이름의 청년을 하수인으로 삼았는데, 그는 하스몬 가문의 마지막 제사장-왕이었던 힐카누스 2세의 선임참모로 일했던 개종한 에돔 사람의 야심 찬 아들로서, 갈릴리 지역 장관이 되어 잔인하며 충성스러운 행정가로서의 능력을 발휘했던 인물이었다. 헤롯은 로마 지도자들에게 재주껏 아부하여 유다 지역의 왕이 되었다. 더욱 커진 유다 왕국—결국에는 솔로몬 시대의 왕국만큼 커졌다—에서 그 후 30년 동안 폭군으로 통치하던 동안에, 헤롯 "대왕"은 이스라엘의 정치에 막강한 영향을 미쳤으며, 공포를 불러일으키는 억압적 통치를 일삼았는데, 이런 가운데 수많은 메시아 운동이 새로 강력하게 일어나게 되었다.

마태복음 2장에서 헤롯대왕은 잔인한 전제군주로서, 자신의 통치를 안전하게 확보하기 위해서라면 언제든 정탐꾼들과 폭력을 사용할 준비가 되어 있는 통치자로 나타나 있다. 마태 2:1-16에 따르면, 그의 통치 마지막 때에 동방으로부터 현자들이 밝은 별을 따라 베들레헴에 새로 태어난 "유대인들의 왕" 예수에게 경배하기 위해 유다 지역에 왔을 때, 헤롯왕은 분노하면서 자신의 잠재적 경쟁자를 색출하도록 하였으며, 이스라엘 왕권의 적수가 살아남지 못하도록 "어린아이들을 모두 죽이도록" 명령했다고 한다. 이런 학살 이야기는 거의 틀림없이 그 출처가 의심스러운 이야기지만(유대인 역사가 요세푸스의 기록에는 이처럼 처절한 학살 이야기가 전혀 언급되지 않았다), 대부분의 학자는 헤롯대왕의 혼란스러운 말년이 예수의 출생과 소년시절 사건들의 진정한 역사적 배경이라고 생각한다. 만일 누가복음(3:23)이 주장하듯이, 예수가 그의 공생애를 시작한 것이 대략 서른 살이었다면(티베리우스 황제의 통치 제15년이 지나서), 예수는 실제로 헤롯왕의 사망 연도, 곧 기원전 4년경에 태어났을 것이다. 후대에 예수의 출생 연도를 0년으로 잡은 것은 6세기 수도승 디오니수스 엑시구스(Dionysus Exiguus)의 잘못된 계산 때문이었는데, 그는 "기원전"(B.C)과 "기원후"(A.D.)라는 개념을 만들었다. 그러나 이런 연대기적 고찰을 떠나서, 헤롯왕의 영아학살 이야기는 그 문자적인 역사적 토대가 분명히 없다고 해서 그 의미가 덜 생생하게 되는 것은 아니다. 그 이야기의 소름 끼치도록 자세한 부분을 통해, 그것은 예전에 히브리 성서(구약성서)에서 잘 알려진 전제군주의 음모, 곧 이집트의 파라오가 이스라엘의 모든 사내아이를 죽이도록 명령한 것과, 모세가 기적적으로 살아남아 위대한 출애굽 사건을 통해 그의 백성을 이끌 운명을 타고난 이야기(출 1:15-2:10)를 효과적으로 다시 들려주고 있다.

실제로, 헤롯왕이 통치하던 갈릴리와 유다 지역의 많은 평민과 그다음 세대들에게, 헤롯은 말년의 파라오처럼 보였을 것이 틀림없었는데, 그가 자기 왕국의 도시들을 화려하게 꾸민 일에서도 그랬고, 부끄러운 줄도 모르고 외국의 신들을 예배한 것에서도 그랬다. 그의 후계자들이 죽거나 권좌에서 밀려난 이후에도 오랫동안 헤롯은 그의 대규모 기념물들과 외국풍의 건축물들로 인해 기억되었다. 예전에 이스라엘의 수도였던 사마리아에 그는 신전을 세워 아우구스투스 황제에게 봉헌하고, 새롭게 변모시킨 그 도시를 '세바스테'(Sebaste)라고 이름 붙였는데, 그 이름은 "위엄 있는"(august)이라는 뜻의 그리스어였다. 지중해 연안에서는, '스트라토의 탑'(Strato's Tower)이 있는 페니키아인들이 만든 작은 항구를 분주한 항구도시로 탈바꿈시키고, 창고와 극장, 광장, 왕궁, 로마와 아우구스투스 황제를 예배하는 데 봉헌된 웅장한 신전 등이 있는 넓은 항구를 내려다보면서 '카이사리아 마리티마'(Caesarea Maritima)라고 이름지었다. 헤롯왕은 멀리 떨어진 지역들에도 똑같이 인상적인 외국풍의 기념물들을 건축했다. 역사가 요세푸스는 이 유다 지역의 왕이 로마제국 전역에 걸쳐 그 명성이 자자했는데, 그기 페니기이와 시리아의 도시들에 극장과 공공건물들을 기증했기 때문이라고 기록했다. 그는 그리스풍의 도시 니고볼리, 곧 아우구스투스가 자신이 결정적인 승리를 거둔 악티움 근처에 세운 이 도시를 새롭게 단장하는 데 막대한 돈을 댔으며, 아테네와 로도스, 그리고 스파르타의 시민들을 위해 기부금을 냈고, 개인적으로 올림픽 게임의 후원자가 된 것 때문에 그 명성이 자자했다. 심지어 국내에서도 그는 마사다, 마캐루스, 헤로디움, 여리고, 예루살렘 등에 자신의 왕궁이자 왕궁 수비대가 주둔하는 요새를 화려하게 건설하기 위해 돈을 아끼지 않았다.

헤롯왕이 이처럼 돈을 낭비한 데는 물론 그 대가를 지불해야만 했다. 그의 건설 계획들을 뒷받침하고, 사치스러운 궁정 생활, 황제 가족들에 대한 선물비용을 충당하기 위해, 헤롯왕은 백성들에게 무거운 세금을 물려야 했고, 백성들은 세금을 내기 위해 허리띠를 더욱 졸라맬 수밖에 없었다. 헤롯의 위협적인 요새들과 잔인한 비밀경찰 조직에도 불구하고, 그의 통치에 대한 대중들의 반대가 부글부글 끓고 있었다. 그의 왕국에 대한 대규모 반란이 일어나는 것은 시간문제였다. 그래서 기원전 20년경, 전반적인 로마화 정책을 20년 동안 추구한 후, 헤롯은 자신에 대한 종교적 반대를 진정시키기 위해서는 이스라엘 전통에 대해 최소한 입에 발린 존중이라도 하는 척해야만 한다는 것을 깨닫기 시작했다. 그는 "전통적 가치들"로 되돌아가는 것을 통해 대중의 지지를 얻으려 했다. 그는 역설적이게도 이스라엘의 구원에 대한 오랜 희망에 호소하고, 예루살렘이라는 국가적 수도를 물리적으로 회복할 것에 대한 희망에 호소했는데, 이것은 원래 하늘이 보낸 구세주-왕의 행동을 통해 성취될 희망이었다.

새로운 솔로몬 왕의 자세를 취하기 위해 헤롯왕은 예루살렘 성전(Jerusalem Temple)을 매우 웅장하게 재건하고 화려하게 장식하여, 고대 세계의 경이 가운데 하나가 되도록 만들었다. 장엄한 입구, 코린트식 장식 기둥으로 높이 솟은 호화로운 열주(列柱), 출입문, 중앙 지성소의 구조 등과 더불어, 헤롯 성전은 예전의 예루살렘 성전이 마치 조잡한 신당(神堂)처럼 보이게 만들었다. 헤롯왕의 천재성은 이스라엘의 메시아 전통과 로마제국의 이데올로기를 절묘하게 결합한 데 있었다. 그의 후견인 아우구스투스 카이사르 황제는 종교 부흥이라는 명분으로 로마의 신전들을 재건하면서, 로마제국의 평화와 안보 아래 새로운 풍요의 시대가 동터오는 것을 상징하기 위해 무성한 꽃무늬 장식과 새로운 코린트식 기둥 장식, 기하학적 장식 기법을 창안했었다. 요세푸스가 묘사한 헤롯 성전의 정교한 꽃무늬 장식과 기하학적 장식들은 최근 고고학자들이 성전 언덕에서 찾아낸 기둥 파편과 일치하는데, 이것은 황제의 메시지가 예루살렘에서도 똑같이 울려 퍼지고 있었다는 틀림없는 사실을 보여주는 것이 아닌가? 지성소 정면에 장식된 황금빛 포도 넝쿨과 커다란 황금빛 포도송이,

혹은 성전구역의 중앙 문에 붙여진 날아오르는 황금 독수리는 아우구스투스 시대의 질서와 풍요가 신적인 섭리임을 상징하는 것이 아닌가?

그러므로 마태와 누가가 예수의 출생, 곧 이스라엘의 새로운 메시아-왕(messiah-king)으로 태어난 분을 자리매김한 바로 그때(기원전 4년), 왕위 계승 문제가 헤롯왕조의 최고 관심사였다는 사실은 얼마나 기이하며 의미심장한가! 헤롯왕은 36년간의 통치기간 동안 언제나 자기 자신에 대한 왕자들의 음모와 궁정의 반란을 두려워하여, 그의 후계자 세 명을 차례로 처형했다. 이처럼 헤롯이 자신의 가족 안에서조차 잠재적 적수에 대한 피해망상증으로 악명이 높았기 때문에, 아우구스투스 황제 시절 시리아 총독이었던 사투르니누스(Saturninus)는 그리스어로 자신은 헤롯의 아들(huios)이 되기보다는 차라리 그의 돼지(hus)가 되겠노라고 빈정거렸다. 헤롯왕은 말년에 유언을 계속 변경하여, 마침내는 로마에서 교육받은 스무 살의 그의 아들 아켈라오(Archelaus)를 자신이 죽은 다음의 후계자로 지명했다. 이 결정은 서투른 것으로 판명되었다. 아켈라오는 후대 세대들에게 거의 인상적인 업적을 남기지 못했기 때문에, 복음서에도 단 한 번 언급될 따름이다(마태 2:22). 그렇다고 해서 그가 역사적으로 중요하지 않다는 말은 아니다. 그가 즉위한 후, 백성들의 전통에 대해 전혀 이해하지 못하고 관심도 없었기 때문에, 그 이후의 사건들에 중요한 결과를 초래하게 되었다.

헤롯왕이 죽었다는 소식이 대중들에게 알려지게 되었을 때, 유다 지역의 분위기는 폭발 직전이었다. 그가 치명적 중병으로 고통스럽게 보내던 마지막 순간에도 그는 여러 명의 경건한 유대인 학자들과 저항운동의 지도자들을 처형하도록 명령했는데, 그들은 헤롯왕이 이미 죽었다고 잘못 알고 성전의 중앙 문에 붙어있던 황금 독수리상을 떼어냈던 사람들이었다. 헤롯왕이 죽자, 그들은 의로운 순교자로 간주되었으며, 그들의 고통에 대해 복수해야 한다는 분위기였다. 아켈라오는 군중들의 격분을 전혀 이해하지 못했다. 공식적인 애도 기간을 보내고 선왕(先王)을 위한 대중 연회를 마친 후, 그는 성전에 나타나 군중들에게 자신이 왕권을 맡기 전에 로마의 황제로부터 자신의 왕권에 대한 공식적 확인을 기다려야만 한다고 설명했다. 그의 첫 행보부터 이처럼 이스라엘의 하나님 대신에 로마황제에게 복종하는 모습에 군중들은 눈살을 찌푸리고 말았다. 또한 유월절 축제절기를 위해 순례자들이 전국에서 예루살렘으로 모여들기 시작하자, 더욱 첨예한 정치적 반대가 형성되기 시작했다. 헤롯왕가의 통치에 대해 군중들이 갖고 있던 광범위한 분노가 더욱 명백하게 되었으며, 아켈라오는 그의 첫 번째 공식 출현에서 백성들의 세금 부담을 가볍게 할 것과 모든 정치범을 석방하고, 부담스럽던 판매세를 철폐할 것을 약속했었다. 그러나 이런 양보로 인해, 일부 사람들은 아켈라오를 더욱 밀어붙일 수 있거나 아니면 심지어 왕위에서 축출할 수도 있을 것이라는 희망을 품게 되었다. 군중들이 운집한 성전 뜰은 격화하는 반대의 중심지가 되었으며, 아켈라오는 군중들의 "광신으로 인해 어떤 위험한 사태가 벌어질 것을 두려워하여, 반란자들이 전체 군중들에게 그 광증을 전염시키기 전에 폭력으로 진압하도록 군단 사령관 휘하의 한 보병부대를 파견했다"(요세푸스). 이로써 부싯돌에 불꽃이 붙었다. 격분한 군중들이 군인들을 공격하여 성전으로부터 몰아내자, 아켈라오는 자신의 기병대를 동원했고 그들은 성전에 들어가 수천 명의 순례자를 살해했다. 나머지 생존자들은 유다 지역 시골로 도망쳐 목숨을 건졌다.

예루살렘에서의 폭동 소식이 이스라엘 전역에 전해지자, 모든 지역에서 자칭 메시아들이 등장했는데, 그들은 각각 젊은 추종자들의 무리에 둘러싸여 있었고, 자신들이 바로 이스라엘이 오랫동안 기다려왔던 구원자-왕(redeemer-king)으로 선포되기를 열망하고 있었다. 이런 사태는 로마제국의 역사를 통해 여러 차례 더 발생할 사태였다. 이스라엘 백성들 사이에는 로마의 속박에서 벗어나 자유를 얻게 될 것과 하나님 나라를 확립할 것에 대한 대중적 열광이 들끓고 있었기 때문에 로마당국은 항상 경계를 늦출 수 없었다. 요르단강 동쪽의 베레아 지역에서는 왕궁의 노예 출신인 시몬(Simon)이라는 이가 그 지지자들로부터 왕으로 선포되자, 무리를 이끌고 헤롯의 왕궁들과 그 농토를 기습했다. 유다 지방의 마을들에서는 목동 출신 아쓰롱게스(Athronges)가 새로운 다윗의 역할을 자임하고, 형제들 네 명의 지원 아래 스스로를 왕이라 칭하고, 로마군대를 공격하였으며, 그의 추종자들로 하여금 헤롯의 재산을 약탈하도록 선동했다. 갈릴리에서는 몇 해 전에 헤롯에 의해 처형된 유명한 갈릴리의 비적의 아들인 유다(Judah)라는 사람이 갈릴리의 행정수도였던 세포리스에서 폭동을 일으켜 무기고를 강탈하고 총독 관저의 금고와 사치스러운 가재도구들을 약탈했다.

로마인들은 당연히 분노로 대처했다. 사회질서를 어지럽히는 혁명은 그 동기가 무엇이든 간에 사형에 해당하는 중죄였다. 시리아의 총독 퀸틸리우스 바루스(Quintilius Varus)는 안디옥으로부터 즉각 두 개의 군단 병력을 출동시켰는데, 그리스식 도시들에서 동원된 병력과 그 지역의 다른 속국 왕들의 병력도 가담했다. 가을이 되기까지 로마군대는 갈릴리의 상당히 많은 성읍들과 마을들을 휩쓸면서, 닥치는 대로 죽이고 겁탈하고 파괴했다. 갈릴리에서 반역의 모든 중심지는 잔인하게 진압되었다. 반란사들이 숨어 있던 세포리스는 완전히 폐허가 되었고, 살아남은 주민들은 모두 노예로 팔렸다. 베레아에서도 반란자-왕 시몬은 결국 생포되어 헤롯의 군대에 의해 참수되었다. 유다 지방에서 아쓰롱게스는 도피했고 수백 명에 이르는 그의 추종자들은 모두 살해되었다. 바루스는 예루살렘으로 진격하여 그의 병력으로 하여금 그 도시의 질서를 다시 확립하고, 가능한 한 많은 반란자들을 체포하도록 명령했다. 요세푸스는 "좀 덜 불온하게 보이는 사람들은 투옥되었고, 거의 2천 명에 달하는 무도한 자들은 십자가형에 처해졌다"고 썼다. (이 모든 사태가 기원전 4년, 예수가 출생한 해에 발생했다.-옮긴이).

갈릴리와 이스라엘 땅 다른 지역에서 벌어진, 로마제국의 이런 피비린내 나는 정복 작전에서 살아남은 사람들은 로마군대의 폭력이 아무리 막강했다 하더라도, 황제의 통치에 대한 지지자로 바뀌지는 않았다. 그들은 단지 너무 공포에 사로잡혔기 때문에 자신들의 속내를 털어놓을 수도 없었다. 이처럼 슬픔으로 마비되고 로마의 억압으로 인한 공포 분위기 속에서 예수와 그의 세대가 성장했다. 아우구스투스 황제의 이상-왕의 권력과 헤롯의 유산-이 적어도 일시적으로라도 승리하게 된 것은 헤롯의 아들 안티파스(Antipas)가 갈릴리 통치자가 되었기 때문이다. 예상할 수 있는 미래 동안에는 로마의 군대가 너무 강력했기 때문에, 예언자들의 예언과 신탁이 무슨 말을 하든지 간에, 이스라엘의 지역 영웅들과 자칭 메시아들이 이끄는 농민군대의 오합지졸로는 결코 로마군대를 대적할 수 없다는 사실이 분명했다.

성서학자들은 복음서의 예수 탄생 이야기에 나오는 세부적 묘사의 신뢰성, 그리고 그 기록들과 당시 유다와 갈릴리에서 발생한 사건들과의 관계성에 관해 오랫동안 논쟁을 벌여왔다. 그러나 초기 기독교 운동의 사회사를 재구성하려는 목적을 위해서는, 예수가 베들레헴에서 출생했든지(아마도 마태와 누가가 예수를 다윗-메시아와 연결하기 위해 상징적으로 베들레헴을 선택했을 것이다), 아니면 오늘날 많은 학자들이 믿고 있듯이 나중에 그의 고향이 된 나사렛에서 태어났든지 하는 것은 실제로 큰 문제가 아니다. 헤롯대왕이 죽은 후 이스라엘 백성이 일으킨 대규모 폭동은 예수와 그의 세대 모두에게 깊은 인상을 남겼을 것이다. 구원에 대한 희망이 더욱 절실해지고, 로마의 억압에 대한 공포가 더욱 현실적이 됨으로써, 이스라엘의 많은 농민과 성읍 사람들에게, 하나님의 나라가 반드시 속히 도래해야만 한다는 신앙을 더욱 강렬하게 만들었을 것으로 보인다. 그래서 로마에 대응하고, 그 속국의 왕과 제국의 하늘 높은 줄 모르고 솟아오르는 이데올로기에 대응하되, 스스로 로마군대의 복수를 초래하지 않는 다른 방법, 창조적인 방법을 찾도록 만들었다. 때가 되자, 새로운 종류의 구원의 길이 이스라엘로부터 먼 지방으로 퍼져나가게 되었다. 이런 측면에서, **독특한 하늘의 비전**(a unique heavenly vision)이 예수의 출생 때에 이스라엘 백성들 사이에서 생겨났다고 기록한 마태와 누가의 복음서들은 매우 정확한 것이다. 아켈라오에 맞서서 폭동을 일으킨 이후에 새로운 시대가 시작되었지만, 우리가 곧 살펴볼 것처럼, 그 새로운 시대는 영광스러운 하늘의 징조나 천사들의 노랫소리 가운데 시작된 것이 아니다. 사실상, 기독교의 뿌리는 훨씬 더 현실적인 사건에까지 거슬러 올라가 추적할 수 있는데, 그 사건이란 헤롯왕가의 **또 다른** 야심 찬 왕자, 곧 자신이 유대인들의 왕이 될 수 있으며 또한 반드시 왕이 되어야 한다고 믿었던 헤롯 가문의 또 다른 왕자가 갑자기 갈릴리의 통치자로 등극한 사건이었다.

2장

# 갈릴리의 대대적인 변화

헤롯대왕의 아들 안티파스가 만들어낸 작은 구리 동전들, 즉 예수와 그의 추종자들이 틀림없이 매일같이 갈릴리 마을의 큰 마당이나 시장에서 만지작거렸을 주머니 속의 동전들은 현대에 고고학 발굴이 진행되는 곳에서 흙을 체로 칠 때, 초록색과 회색이 어우러진 녹슨 금속 조각들로 나타난다. 그러나 이 동전들을 잘 씻은 후 자세하게 조사해 보면, 최초의 교회가 맞붙어 싸웠던 강력한 정치적 상징들이 드러난다. 즉 동전 한쪽 면에는 종려나무 가지가 찍혀 있고(이스라엘 땅의 풍요로움에 대한 성서의 묘사를 상기시킨다), 또 다른 면에는 로마의 월계관이 찍혀 있는데(세계를 정복하는 티베리우스 황제의 권위와 위엄을 상징한다), 헤롯 안티파스가 발행한 이 동전들은 그 자신의 정치적 야심과 메시아에 대한 꿈을 상징적으로 표현한 것이었다. 즉 사람들 대부분이 양피지나 파피루스에 빽빽하게 잉크로 기록된 문장들을 통해서보다는 왕의 휘장에서 더욱 분명하게 종교적이며 정치적인 선언을 읽을 수 있었던 시대에, 사람들이 일상생활에서 이용하는 동전에 안티파스가 그런 문양(紋樣)을 새겨 넣은 것은, 그가 로마 황제의 공식적 왕관(월계관)의 권위 아래 이스라엘의 이

*37*

부분을 소유한 당사자라는 사실을 만천하에 알리기 위한 교활한 방법이었다.

비록 헤롯 안티파스가 복음서에서는 단지 잠시 나타났다 사라진 인물에 불과할지라도, 그가 갈릴리와 요르단강 동쪽 베뢰아 지역의 통치자로 등극하게 된 과정 이야기는, 만일 그의 경우처럼 드러나지 않았다면 아마도 잊혔을 헤롯왕조의 음모와 로마의 궁정 정치가 어떻게 특정한 정치경제적 상황을 만드는 데 역할을 했는지를 보여주는데, 세례자 요한과 예수, 그리고 그들의 추종자들은 바로 그런 특정한 정치경제적 상황에 직면해 있었다. 안티파스는 헤롯대왕의 여섯 번째 아들로서 기원전 20년경, 사마리아 귀족 출신의 말타스(Malthace)에게서 태어났으며, 아마도 그가 소년기에는 갈릴리 땅을 밟아본 적이 없었거나, 그 주민들의 독특한 전통에 대해서는 평생 별로 잘 알지 못했을 것이다. 그는 헤롯왕가의 응석받이로 키워져, 예루살렘, 여리고, 미시디, 가이사랴 등지의 왕궁들 사이를 계속 왕복하다가, 열 살 정도 되어서는 공식적인 교육을 받기 위해 로마로 보내졌다. 기원전 4년에 그의 아버지가 사망하고 이어서 그의 형 아켈라오에 맞서 대규모 폭동이 일어난 다음, 이스라엘의 정치적 사태가 그의 인생에 직접적인 영향을 미치기 시작한 것은 그의 나이 고작 열여섯 살 때였다. 헤롯왕의 유언에 대한 서로 다른 주장을 놓고 치열한 싸움이 벌어지는 가운데, (또한 아켈라오가 유다 지역에 질서를 유지할 능력이 있는가에 대한 논쟁 가운데), 이 젊은 안티파스는 아우구스투스 황제 앞에서 대담하게도, 아켈라오나 그의 또 다른 형 빌립(Philip)이 아니라 바로 자신이 선왕의 우선적 계승자로 인정받아야 한다고 주장했다. 아우구스투스 황제는 그 주장을 거절하고, 그 형제들 가운데 누구도 "왕"이라는 칭호를 사용하지 못하도록 결정한 채, 선왕의 왕국을 그 형제들 사이에 분할해줌으로써 유다 지역의 정치적 판도를 바꾸어놓았다. 즉 큰아들 아켈라오는 "부족왕"(ethnarch), 혹은 수장으로 강등되어, 유다, 사마리아, 그 남부의 이두매를 통치하도록 허락받았다. 그다음 빌립은 "분봉왕"(tetrarch) 혹은 지역 통치자라는 칭호를 받아, 골란니티스, 트라코니티스, 바타내, 파네스(지금의 골란 지역, 요르단과 이스라엘의 가장 북부 지역, 레바논의 가장 남부지역을 포함한다)를 할당받았다. 안티파스는 비록 큰 야심을 품고 있었지만, 역시 분봉왕 칭호를 받아 베뢰아와 갈릴리 지역의 로마 속국 통치자가 되었다.

로마의 기준에 따르면, 안티파스의 몫은 기대에 미치지 못하는 것이었다. 통치지역도 변두리 지역이며 지리적으로도 그 두 지역이 서로 상당히 떨어져 있고, 두 지역 어디에도 큰 도시가 없었으며, 쉽게 이용할 수 있는 지하자원도 없었고, 왕궁에 속한 대규모 농지도 없었다. 베뢰아는 요르단강 동편에 그 강을 따라 북에서 남으로 길게 형성된 좁은 농지 지역으로서, 북부의 높은 지역으로부터 좁은 계곡들을 지나 뱀처럼 흐르는 요르단강을 따라 메마른 요르단 계곡을 지나 사해 동부 해변으로 이어지는 지역이었다. 한편 훨씬 북쪽에 있는 갈릴리는 보다 비옥하고 게네사렛 호수 혹은 "갈릴리 바다"의 북부와 서부 해변 지역을 포함하고 있는데, 충분한 물과 어장을 제공했다. 그러나 갈릴리의 북부 구릉지대는 곡물 생산에 적합하지 않았으며, 억척스러운 농민들만이 바위가 많은 산지에서 농사를 지었다. 갈릴리 남부지역에는 언덕들이 가파르지 않고 평지도 많아 대규모 농원에 적합했으며, 나사렛, 가나, 얍파, 나인 등지의 마을 농민들은 전통적인 농사법을 고수하면서 자신들의 소규모 포도원, 과수원, 가족용 채소밭을 가꾸었다. 100년이 넘도록 하스몬 가문과 헤롯 왕조의 관리들이 행정을 맡았음에도 불구하고, "고지대"(Upper) 갈릴리(호수 북부 지역)와 "저지대"(Lower) 갈릴리(호수 남부 지역) 모두의 주민들은 적어도 로마의 관점에서 보면 매우 뒤떨어진 상태였다. 그들은 외부인의 개입을 원망하는 미개한 변경 사람들이라는 평판을 받고 있었다. 요세푸스는 나중에 이 지역과 그 주민들에 대해 "갈릴리의 두 지역은 항상 적들의 침략에 저항했는데, 그것은 아이들부터 전쟁에 단련되었고 언제나 그 숫자가 많았기 때문이며, 시골 사람들조차 용기가 넘쳤다"고 표현했다.

안티파스는 재빨리 로마 스타일의 질서를 부과하고자 했다. 그의 첫 번째 조치는 현대적인 행정센터를 확립하여, 경찰력, 시장 감시원, 세금 징수원들을 쉽게 인근 마을에 파견할 수 있도록 한 것이었다. 갈릴리의 과거 행정수도였던 세포리스가 최근의 폭동으로 인해 폐허가 되었기 때문에, 안티파스는 그 도시를 현대의 로마식 도시로 재건하여 왕궁, 국고(treasury), 문서보관소, 광장을 갖추도록 명령했다. 예전의 주민들이 바루스의 군단 병력에 의해 살해되거나 노예로 팔려나갔기 때문에, 건축공사가 끝났을 때, 그는 충성스러운 공무원들과 노동자들을 그 도시에 이주시켰다. 그는 이 새로운 도시를 '오토크라토리스'(Autocratoris)라 이름 붙였는데, 그 문자적인 뜻은 "제국의" 혹은 "황제에게 속한" 도시라는 뜻이다. 이 새로운 도시는 전망이 좋은 높이에 자리 잡고 있으며, 주변 마을들과 농경지에 둘러싸여, 갈릴리의 유일한 중심도시로서 지역 시장, 세금 보관, 군대 사령부 기능을 결합한 도시가 되었다. 세포리스에 대한 최근의 발굴을 통해 안티파스의 대규모 재건사업의 증거가 드러났는데, 그 거리와 광장, 로마식 대형극장을 포함하여 인상적인 공공 구조물을 보여준다. 이 때문에 요세푸스는 그 후 몇십 년이 지난 다음에 이 도시를 "모든 갈릴리의 광채"라 불렀다. 그러나 세포리스-오토크라토리스는 단지 장식으로서만 건축된 것이 아니었다. 새로 즉위한 분봉왕의 왕좌로서, 또한 안티파스가 어려서부터 존경하도록 배웠던 로마식 정부의 본부로서, 이 도시는 그 주변 농민들에 대한 끊임없는 감시와 세금 강화, 교역 확대를 통해 연간 수입을 극대화할 수 있는 유리한 장소였다.

세포리스에서 동쪽으로 약 15마일 떨어진 갈릴리 해변가 성읍 막달라(성서 전통에 따르면, 막달라 마리아의 고향)에서 행해진 고고학 발굴을 통해, 헤롯왕족이 다스리던 갈릴리에서 적어도 어업 생산이 급증했었을 것이라는 점을 보여주는 증거가 드러났다. 갈릴리 바다에서 고기잡이 하는 광경은 흔히 성서의 그림이나 교회학교 교재에서 어부가 홀로 노 젓는 작은 배 위에 서서 평화롭게 그물을 던지는 모습으로 그려지고 있지만, 갈릴리 어업의 규모와 목적은 안티파스 시대에 많은 변화를 겪었던 것으로 보인다. 수천 년 동안 갈릴리에서 고기잡이하는 일은 그 지역 농민들이 파종기와 수확기 사이의 중간에 비교적 한가한 때 했던 일이었다. 생선은 쉽게 상했기 때문에 장거리 교역이 불가능했다. 그러나 그리스-로마시대에 이르러서는 생선을 소금에 절이는 기술이 발전되어, 어업이 산업 규모로 발전하기에 이르렀다. 생산기술의 발전에 따라 시장이 커지게 되었고, 로마제국 전역의 도시인들이 맵고 냄새가 강한 '가룸'(*garum*)이라는 생선 소스와 생선의 머리와 몸통을 잘게 썰어 소금에 절인 스튜로 만든 '살사멘툼'(*salsamentum*)을 좋아하게 되었는데, 이 두 가지는 일상적인 조미료로서 매우 값비싼 것이 되었다.

안티파스의 시대에 이르러, 막달라는 어업 중심지가 되어 흔히 "소금에 절인 생선의 성읍"이라고 불렸다. 따라서 예수 당시 갈릴리 바다의 어부들이 단지 노 젓는 작은 배 위에서 일하던 농민들이었다고 생각하는 것은 그 어부들이 매일 잡아야 했던 생선들의 엄청난 무게를 생각하지 못하는 것이며, 또 그 생선들을 막달라로 보내 소금에 절이고 눌러 발효시킨 후 맑게 하여 '가룸'과 '살사멘툼'으로 만들어 커다란 항아리에 담아 해외로 팔았던 과정을 생각하지 못하는 것이다. 이처럼 어업이 하나의 산업으로 발전함에 따라, 몇몇 사람은 큰돈을 벌었지만, 또 다른 사람들은 더욱 비참하게 되었다. 막달라의 발굴을 통해 그 성읍에서 비린내 나는 일을 했던 건물들, 좁은 도로들, 저수조들이 드러났으며, 큰 저택에서는 그 주인이 자신을 부자가 되도록 만들어준 원천, 곧 배와 큰 물고기 모습을 자기의 저택 현관 바닥에 모자이크로 만들어 과시했던 모습도 드러났다.

그러나 어업의 발전만이 갈릴리의 농촌 풍경, 곧 올리브 과수원, 포도원, 채소밭, 농경지의 광경을 어지럽게 만든 것은 아니었다. 당시 대부분의 속국왕처럼, 안티파스 역시 그 지역을 더욱 생산적으로 만들기 위해 두 가지 방법에 의존했는데, 더욱 악랄하게 세금을 징수하고, 농민들을 동원하여 공공사업에 투입하고 자신의 개인 영지를 개간하도록 만들었다. 안티파스는 아우구스투스 황제로부터 갈릴리와 베뢰아에서 세금을 징수할 권리를 얻었는데, 이것은 요세푸스에 따르면, 매년 금(金) 200달란트(약 9톤)를 얻을 수 있는 특권이었다. 물론 그의 영토에는 금광이 없었고, 단지 밀, 보리, 포도, 올리브, 채소와 가축만 생산되었다. 따라서 그는 수확기에 모든 마을에 감시원, 세금징수원, 군인들을 보내 자신의 몫을 확보했는데, 현대 학자들은 그가 대략 전체 생산량의 1/3을 챙긴 것으로 계산한다.

그 이전에 갈릴리 지역이, 멀리 있던 제국들이나 예루살렘에 기반을 둔 왕국들에 의해 통치되고 세금이 부과되었을 때는, 세금징수가 한결같지 않았다. 그래서 좀 더 독립적인 주민들은 헤롯대왕 시절에 세금 징수원들이 갈릴리 지역에 도착하면, 폭력으로 맞서거나 산으로 도피하거나 했었다. 그러나 이제 안티파스가 갈릴리를 자신의 주요 수입원으로 간주하고, 갈릴리 중심부인 세포리스-오토크라토리스에 그의 관리들이 상주하는 상황에서는, 세금징수가 더욱 빈번해지고 무거워졌다. 바로 이런 이유로 복음서 안에는 세리, 현물세 징수원, 통행세 징수원, 장원(estate)의 청지기, 그림자와 같은 "헤롯당원"이 자주 등장하는데, 이런 역사적 인물들은 단순히 악당들로 무시할 수 없는 자들이었다. 예수 당시에는 안티파스의 궁정과 밀접하게 연관된 관료체제가 더욱 커짐에 따라, 갈릴리의 거의 모든 농민 가족이 빚더미에 올라앉게 되거나 알거지로 내몰리게 된 데에는 그 관료체제가 큰 역할을 했기 때문이다.

예수와 그의 갈릴리 이웃들과 친척들에게는 안티파스의 도시 건설 사업과 중과세가 단순히 그들의 생계에 대한 위협과 전통적 농경방식과 어업방식에 대한 위협만이 아니었다. 그것은 갈릴리 사람들이 수백 년 동안 유지해 왔던 마을 문화의 토대 자체를 허물어버리는 것이기도 했다. 최근에 로마가 지배하기 시작한 초기 시대의 갈릴리에 대한 고고학적 조사 결과 그 지역의 거의 전부가 농경지였으며, 구릉지대와 계곡마다 농민들과 목동들이 작은 밭과 목초지 안쪽으로 조잡한 돌집들을 짓고 마당들을 잇대어 작은 공동체들을 열 군데 정도씩 이루고 있어서, 아마도 전체적으로 200개의 공동체가 있었던 것으로 보인다. 그 마을들 가운데 일부는 철기시대 이스라엘 국가가 생성될 때부터 존속해 왔으며, 어떤 마을들은 비교적 훨씬 후대에 만들어졌는데, 모든 마을이 매우 비슷한 구조로서 단순한 집들(집의 크기나 구조가 특별난 것이 거의 없다)과 혼합 경제, 곧 밭농사와 가축 사육, 직물, 가죽, 토기 생산의 구조였다. 실제로 고고학적 발굴조사 결과는 성서의 최초의 법령과 사회 법규에 규정된 생활방식과 매우 흡사하다. 즉 가족과 친척 중심의 혈연 공동체들이 좀 더 큰 씨족과 지역의 부족들로 집단을 이루어 소규모 농경생활을 영위하였는데, 이것은 가뭄, 전쟁, 자연재해로 인한 흉작의 위험을 감수해야만 했던 생활방식이었다.

이런 농경문화는 인류학자들과 사회학자들이 거의 모든 시대와 장소에 걸쳐 자세하게 연구한 바에 따르면, 단 하나의 목표를 갖고 있었다.

그것은 조상들의 땅에서 가족이 생존하는 것으로서, 조상 대대로 내려온 옛 전통과 사회제도들을 유지하고 다음 세대에 충실하게 전수하는 것도 포함되어 있다. 우리가 복음서들, 랍비 문헌, 그리고 요세푸스의 단편적 묘사를 통해 얻은 증거들에 따르면, 갈릴리 사람들 역시 조상의 전통을 열심히 고수했으며, 자신들이 이스라엘 백성의 구성원들로서 하나님께서 자신들의 조상 아브라함에게 약속하신 위대한 약속의 상속자들이라고 확신하고 있었다. 만일 그들이 자신들의 율법과 전통을 충실하게 지키면, "하늘의 별처럼 바닷가의 모래처럼 많아지게"(창 22:17) 될 것이며, 또한 하나님께서 그들에게 주신 땅을 영원히 소유할 것이라고 믿었다. 그들 조상의 율법, 곧 사회적 관계, 재산권, 개인 도덕, 축제일, 안식일, 안식년 등에 관한 율법은 앞서 말한 것처럼, 추상적인 종교 도그마나 개인윤리의 기준이 아니었다. 그 율법들은 이스라엘 백성 전체와 지역 공동체들에게 현실적 헌법이며 행동강령과 지침을 제공했기 때문에, 그들이 그것을 지키면 그들 가족과 마을이 살아남을 수 있을 뿐만 아니라 심지어 물리적인 상황의 도전 속에서도 번성할 수 있을 것으로 믿었다.

여러 세기를 거치면서, 갈릴리 주민들도 다른 지역 주민들과 마찬가지로, 왕들과 그 관리들이 자신들에게 부과하는 무거운 짐을 점차 받아들이게 되었으며, 세금과 공물 요구에 부응하고 자신들의 가족을 부양할 만큼 충분히 생산하게 되었다. 그러나 왕에게 바치는 세금만이 유일한 강제징수는 아니었다. 갈릴리 주민들은 (이스라엘의 다른 지역 주민들 모두와 마찬가지로) 생산물의 상당 부분을 제사장들에게 바치는 십일조로, 첫 열매의 헌물로, 그밖에 예루살렘 성전의 신성한 여러 기부를 위해 떼어놓아야 했다. 1세기에 이르러서는 모든 이스라엘 남자가 성전을 위해 십일조 이외에도 매년 반 세겔을 바치게 되어 있었는데, 주민들이 반 세겔의 동전을 구할 수 있는 유일한 방법은 곡식이나 농산물과 교환하는 방법밖에 없었다. 심지어 가뭄이나 병충해로 인해 수확이 대폭 줄어든 때조차도 세금징수원과 제사장을 대신하는 사람들이 타작마당과 올리브 기름을 짜는 모든 곳에 나타나 자신들의 몫을 챙겨갔다. 만일 특정한 마을이나 지역 농민들이 헤롯왕족과 예루살렘 성전이 요구하는 세금을 기꺼이 바치지 않을 때는 그 처벌이 매우 엄했고 난폭했다.

역사가 마틴 굿만(Martin Goodman)은 고고학적 증거들과 문헌 증거들을 토대로 당시 유다 지방 마을들에서 공동체가 해체되는 과정이 얼마나 고통스러운 과정이었는지를 분석했는데, 이것은 복음서들이 갈릴리의 경제 상황을 묘사한 것과 끔찍할 만큼 똑같았다. 이스라엘 전역의 농업 생산량은 아무리 작황이 좋은 해였다 해도 특별히 증가하지는 않았으며, 곡식 생산이 조금만 줄어도 많은 농민이 가족을 부양하고 동시에 세금을 납부할 수는 없었기 때문에, 더욱 많은 농민이 다음 해의 수확을 담보로 해서 곡식을 빌려야만 다음 해까지 가족들과 가축이 버틸 수 있었다. 실제로 랍비문헌들과 당시의 법적인 문서들에 나타난 증거들을 보면, 헤롯왕족 시대를 거치면서 시골 농민들의 부채가 급증하였으며, 기댈 곳 없던 농민들은 심지어 헤롯왕족의 관리들과 제사장 귀족들로부터도 대부를 받으려 했던 것을 알 수 있다. 그러나 이처럼 임시방편으로 당장 구멍을 틀어막는 방법은 조만간 재앙을 초래할 수밖에 없었는데, 일단 농민들이 다음 해의 수확 가운데 **더욱 많은** 부분을 떼어내어 빚을 갚기로 작정하면, 그다음 해에 더욱 큰 빚더미 위에 올라앉게 되기 때문이었다. 농민들이 대부를 받기 위해 담보로 잡힐 수 있었던 것은 오직 토지뿐이었기 때문에, 그 부채를 갚지 못할 경우에는 그 가족이 오랜 세대를 거쳐 경작해 왔던 토지를 **빼앗**기고 말았다. 많은 경우에 이런 법적 조치로 인해 한때 조상들로부터 물려받은 땅에서 자작농으로 살았던 농민들이 영원히 소작농으로 전락하여, 당시 급속하게 증가하던 귀족들의 대규모 농지에 빌붙어서 겨우 생계를 이어가게 되었다.

만일 성서의 율법이 엄격하게 집행되었다면, 이런 상황은 벌어질 수 없었을 것이다. 왜냐하면 신명기 15장 2절의 분명한 규정에 따르면, 7년마다 "이웃에게 돈을 꾸어 준 사람은 그 빚을 면제하여 주십시오. 주님께서 면제를 선포하였기 때문에 이웃이나 동족에게 빚을 갚으라고 다그쳐서는 안 됩니다"고 했기 때문이다. 레위기의 성결법전(Holiness Code)은 한 걸음 더 나아가 왜 빚을 탕감해야 하며 재산권을 원 소유자에게 되돌려 주어야 하는지를 다음과 같이 밝히고 있기 때문이다. 즉 하나님은 이스라엘의 유일한 진정한 소유주이며, "땅을 아주 팔지는 못한다. 땅은 나의 것이다. 너희는 다만 나그네이며, 나에게 와서 사는 임시 거주자일 뿐이다"(레 25:23). 그러나 헤롯왕족 시대에 이 율법을 해석한 사람들은 생존을 위해 힘겹게 발버둥 치는 농민들에게 꾸어 준 돈을 되돌려 받고 그 이자도 받아내기 위해, 이 명백한 율법규정을 우회힐 빙법을 찾아냈다.[1) 랍비문헌에서 **차압동의서**(*prosbul*)로 알려진 이 계략을 종교 당국과 법 당국자들이 받아들임으로써, 개인 대출을 그 지역 법정에 등록한 경우에는, 심지어 안식년에 상환하게 된 경우일지라도, 강제로 (법원을 통해-옮긴이) 상환받을 수 있다고 주장한 것이다.

이로 인해 대출이 더욱 쉬워짐에 따라, 부채와 차압의 위기는 더욱 심해졌다는 사실은 두말할 필요조차 없다. 따라서 한때 하나님께서 이스라엘의 가족들, 씨족들, 부족들에게 적절하고 엄정하게 분배했던 이스라엘의 마을늘이 서서히 귀족 가문들의 손에 넘어가게 되었는데, 귀족들은

---

1) 역자주: 안식년이 다가올수록 율법규정을 의식한 채권자는 돈을 빌려주기를 꺼렸고, 돈을 빌리려는 사람은 돈을 구하기가 더욱 어려워졌는데, 채권자들이 계속 돈놀이를 통해 이자 수입을 얻을 수 있고 채무자들은 나름대로 곤경을 모면하도록 하기 위해, 이 율법규정의 해석자들은 이 율법이 안식년에 채권자 개인이 상환을 요구하지 못하도록 한 것일 따름이지, 법정이 상환을 요구하는 것에 대해서는 아무 말도 하지 않고 있다고 주장했다.

왕족들과 제사장 집단 혹은 유휴 동산을 많이 지닌 부자들에게 영향력을 갖고 있었다. 이런 현실은 안식일과 축제일에 정기적으로 읽던 율법 두루마리의 친숙한 출애굽 이야기와 가나안 정복 이야기를 완전히 뒤집어엎는 것이었다. 이런 경제상황은 영적인 위기를 초래했다. 즉 이스라엘 전역에서 많은 농민이 생계가 위협당하게 되자, 왜 하나님께서는 이런 일이 벌어지도록 허용하시는가 하는 긴박한 물음에 직면하게 되었다. 어떤 사람들은 이 물음에 대해 종교의례적인 설명을 하여, 백성들의 당면 문제는 하나님의 심판으로서, 그들이 종교의례적 순결의 높은 수준을 유지하지 않았거나 레위기 법전에 명시된 십일조와 헌물을 제대로 온전하게 바치지 않았기 때문이라고 설명했다. 또 다른 사람들은 그들이 그토록 고통을 당하는 것을 귀신이나 악령의 조화 탓으로 돌렸는데, 민간전승에 따르면, 이들 귀신이나 악령은 타락한 천사들로서 이스라엘 백성들 사이에 탐욕과 분란, 불행을 가져오는 것을 기뻐한다고 했다.

그러나 또 다른 사람들은 폭력적 보복에 대한 비전에서 위로를 찾았는데, 언젠가는 하나님께서 이런 모든 악을 씻어내고, 하나님께서 노아 홍수 당시에 보여준 것처럼, 부자들과 악한 자들, 우상숭배자들에게 벌을 내릴 날이 반드시 올 것이라고 기대했다. 그날이 오면, 하나님께서는 이스라엘의 단순하고 의로운 사람들에게 영원한 통치를 확립할 것이며, 이사야의 예언처럼, "천한 사람들이 주님 안에서 더없이 기뻐하며 사람들 가운데 가난한 사람들이 이스라엘의 거룩하신 분 안에서 즐거워할 것이다. 포악한 자는 사라질 것이다. 비웃는 사람은 자취를 감출 것이다. 죄지을 기회를 엿보던 자들이 모두 끝장날 것이다"(사 29:19-20). 이런 사람들에게 심판의 날은 이미 지평선 위에 흐릿하게 나타나고 있었다. 그 이후의 사태는 갈릴리의 많은 사람들이, 다른 지역의 사람들처럼, 묵시문학 속에 그처럼 생생하게 예언된 사건들이 나타날 징조를 애타게 기다리고 있었음을 분명히 보여준다. 또한 그들은 그들 가운데 적어도 일부는 그 하나님의 복수를 지금이라도 피할 수 있으며 하나님 나라의 약속을 물려받을 수 있다고 설교한 예언자들의 음성에 진지하게 귀를 기울였다.

28년 혹은 29년경에 (누가 3:1에 따르면, "디베료[티베리우스] 황제가 왕위에 오른 지 열 다섯째 해에") 한 독특한 설교자가 나타나, 이 다가올 심판 날에 구원을 얻도록 사람들로 하여금 모든 면에서 생활 전체를 바꾸도록 요청함으로써 이스라엘 전역에서 큰 명성을 얻었다. 요세푸스에 따르면, 흔히 "세례자 요한"(John the Baptist)으로 알려진 이 인물은 "훌륭한 사람"으로서, "유대인들에게 의로운 삶을 살고, 이웃들에게 정의를 행하고 하나님을 향해 경건한 삶을 살도록 권고하고, 그럼으로써 세례에 참여하도록 가르쳤다." 앞으로 살펴볼 것이지만, 이 세례의식은 당시의 정치적 맥락에서 매우 중대한 의미를 지녔다. 이스리엘 예언자들의 전통의상, 곧 거친 옷과 가죽 허리띠를 두른 그는 "메뚜기와 들꿀"을 먹고살았으며(마가 1:6), 고대 이스라엘 예언자들처럼 천벌(유황불)을 내리는 스타일로 자신의 메시지를 전파함으로써 이스라엘 전역으로부터 수많은 군중을 불러 모았다고 한다. 그는 요르단 강둑, 곧 이스라엘 백성들이 옛적에 하나님께서 이끄신 유랑생활을 거쳐 자유를 향해 그처럼 당당하게 건넜던 그 강둑에 서서, 이스라엘의 현재 지도자들뿐 아니라 그들에게 협조하고 비굴해진 백성들을 향해 하나님과 맺은 계약의 정신을 지키지 못하고 율법조항들을 온전히 지키지 못한 것에 대해 단죄하였다.

고고학은 세례자 요한의 생애의 구체적 사실들을 증명하거나 부정할 수 없다. 복음서와 요세푸스의 저작에 겹쳐서 나오는 기록들만이 우리가 이 역사적 인물에 대해 갖고 있는 유일한 증거이다. 그러나 요한의 말과 행동에 대한 그런 기록들은 다른 역사적 자료들과 잘 맞물린다. 예를 들어, 요세푸스와 복음서들이 일치하는바, 세례자 요한이 활동했던 시대와 그 지역에는 다른 인물들도 유다 사회의 죄악들로부터 격리된 채 살아가고 있었으며, 그들에게 침례는 강력하고 두드러진 역할을 했다. 요세푸스는 자신이 젊었던 시절에 유명한 금욕주의자 바누스(Bannus)의 문하생이었음을 자랑하였는데, "목욕재계자"(Bather)로 알려진 바누스는 "광야에 살면서 나무가 주는 옷을 입고, 자연이 주는 것만 먹으면서, 정결을 목적으로 밤낮 찬물로 목욕재계했다." 이처럼 바누스가 자주 목욕재계했다는 언급은 매우 중요한데, 침례는 육체적 불결을 씻기 위해서만이 아니라 도덕적 정화의 상징으로도 이해되었기 때문이다. 이사야가 가르친 것처럼, "너희는 씻어라. 스스로 정결하게 하여라. 내가 보는 앞에서 너희의 악한 행실을 버려라. 악한 일을 그치고, 옳은 일을 하는 것을 배워라. 정의를 찾아라. 억압받는 사람을 도와주어라. 고아의 송사를 변호하여 주고 과부의 송사를 변론하여 주어라"(사 1:16-17).

바누스처럼 홀로 살았던 인물이 특정한 사회적 과업을 추진했는지에 대해서는 증거가 없지만, 저지대 요르단 계곡의 열렬한 목욕재계자들 집단의 상황은 매우 달랐다. 즉 사해 서북 해변의 쿰란(Qumran) 지역에 공동체를 세웠던 이들 제사장 출신 순수주의자들 공동체의 특별한 믿음과 묵시적 기대는 사해 두루마리(Dead Sea Scrolls)를 통해 우리에게 알려지게 되었다. 이 집단은 유다 사회로부터 쿰란광야로 은둔생활을 하기 위해 들어온 집단인데, 자신들이 보기에 악하고 우상을 숭배하는 통치자들의 지배에 항거하기 위해 은둔생활을 선택했으며, 다가올 심판의 때에 자신들이 이스라엘의 선택된 자들로서 구원을 확보하기 위해 그 "어둠의 자식들"로부터 자신들을 분리할 엄격한 행동 규칙과 종교의례 규칙을 정했던 집단이었다. 그들의 적막하고 메마른 정착촌의 유물 중에서 계단이 있는 웅덩이와 저수조가 상당수 발굴되었는데, 빗물을 받아 통로로 연결한 것들로서, 적어도 그 일부는 종교의례를 위해 사용되었던 것으로 보인다. 사해 두루마리를 통해 우리는 쿰란의 폐쇄된 공동체 회원들이 엄숙하게 행했던 침례가 단순히 육체적 불결을 씻거나 목욕재계하는 사람의 덕성을 쌓기 위한 것만이 아니라, 성품의 근본적인 변화와 사회적 헌신이 **이미** 이루어졌음을 뜻하는 종교의례였음을 알 수 있다.

사해문서 가운데 『공동체 규약』(Rule of the Community)으로 알려진 문서는 만일 어느 회원이 그 공동체의 이상을 위해 완전히 헌신하여 어둠의 생활방식을 모두 청산하지 않았다면, "그는 속죄의 행위들로 인해 정결하게 되지 않을 것이며, 정결케 하는 물로도 정결하게 되지 않을 것이다"라고 말한다. 그러나 만일 하나님의 모든 율법을 준수할 것을 정직하게 결단하고 공동체가 보기에 진정하다고 판단되면, "그의 육신은 정결케 하는 물을 뿌림으로써 씻겨지고 회개의 물로 인해 거룩하게 된다." 그리고 그 공동체의 회원이 되었다는 선언은 세례의식의 반복을 통해 엄숙하게 상징되는데, 이것은 그가 주류사회의 경제, 정치제도, 문화를 완전히 거부했음을 뜻했다. 실제로 요세푸스는 에세네파(Essenes)라는 경건한 유대인 종파—오랫동안 사해 두루마리와 연관되었으며, 아직도 일부 학자들은 이들이 쿰란 공동체의 주민들이었다고 생각한다—에 대한 설명에서, 세례가 정결의식이며 동시에 그 신성한 멤버십의 표지로서, 그들은 "하나님을 향한 경건생활"과 "사람들에 대한 정의 준수," 그리고 영원히 "불의한 자들을 증오하고 의로운 전투를 할 것"을 서약하는 신성한 친교의 멤버십이 있다고 설명한다.

세례자 요한은 분명히 침례의식에 새로운 형태와 새로운 의미를 주었다. 비록 일부 학자들은 요한이 쿰란 공동체와 연결되었을 가능성을 생각해 왔지만(세례자 요한이 소년기에 쿰란 공동체에 속했을 것이라는 이론부터 그가 그 공동체의 지도자가 되었다는 이론까지 다양하다), 그가 "예루살렘과 온 유다와 요르단강 부근"(마태 3:5)에서 온 많은 군중에게 노천에서 설교했다는 점과 단지 폐쇄된 공동체의 금욕주의자들과 내부인들만이 아니라 평범한 사람들에게도 공개적인 세례를 베풀었다는 점은 그가 쿰란 공동체와는 분명히 구별되었음을 보여준다. 유랑하던 은둔자 "바누스"나 쿰란의 제사장 출신 분리주의자들과는 달리, 세례자 요한은 세례를 받으려는 사람이면 누구에게나 단 한 번만 받도록 하며 매우 눈에 띄는 의식으로 만들었다. 당시 대부분의 사람은 침례의식을 스스로 할 마음을 먹는 사적인 것으로 간주했으나, 세례자 요한은 많은 군중들이 모여 그의 설교를 듣고 스스로 세례를 받을 수 있는 장소에서 매우 공개적으로 침례의식을 거행했다. 요한의 중심 메시지는 묵시적 기대와 준비로서, "회개하여라. 하나님 나라가 가까이 왔다"(마태 3:2)는 것이었다. 그러나 다가올 심판 날에 대한 그의 선동적인 비전에서, 그는 의로운 자들에게 주어질 보상에 관해서는 언급하지 않았다. 대신에 그는 사악한 귀족들과 오만한 지도자들이 조만간 파멸됨으로써 그들의 공정한 보상을 받을 것이라는 점에 초점을 맞추었다.

마태복음과 누가복음에 거의 단어 하나하나까지 그대로 반복되고 있는 강력한 예언들-많은 학자는 이 예언들이 기독교 전승의 초기 전승층(strata), 아마도 심지어 세례자 요한의 초기 추종자들에게서 비롯된 것으로 믿는다-에서, 요한은 다가올 심판을 묘사하면서 다음과 같이 시골생활의 이미지를 사용한다. 즉 "도끼를 이미 나무뿌리에 갖다 놓았으니, 좋은 열매를 맺지 않는 나무는 다 찍어서, 불 속에 던지실 것이다"(마태 3:10; 누가 3:9). 하나님의 임박한 무서운 추수에 대해 말하면서, 그는 하나님께서 "손에 키를 들고 있으니, 타작마당을 깨끗이 하여, 알곡은 곳간에 모아들이고, 쭉정이는 꺼지지 않는 불에 태우실 것이다"(마태 3:12; 누가 3:17)라고 경고한다. 요한은 아브라함의 자손들이 하나님과 맺은 계약을 전심전력해서 지키도록 당장 돌이킬 각오를 하지 않는다면, 그들에 대한 하나님의 약속이 위험에 처하게 될 것이라고 설교했다. 이 문제는 그들이 성전 문서보관소에 보존된 오래된 족보를 갖고 있는 제사장 계열 귀족이든, 아니면 평범한 농민으로서 자기 조상을 족장 아브라함으로 모시는 사람이든 마찬가지라는 것이었다. 세례자 요한은 자신의 설교를 듣기 위해 요르단 강둑에 모여든 사람들에게, "너희는 속으로 주제넘게 '아브라함이 우리 조상이다' 하고 말할 생각을 하지 말아라. 내가 너희에게 말한다. 하나님께서는 이 돌들로도 아브라함의 자손을 만드실 수 있다"(마태 3:9; 누가 3:8)고 격하게 야단쳤다.

요한은 자신의 사명이 백성들을 광야로 불러내어 정화와 갱신을 일으키는 것으로 보았다. 그는 애당초 하나님께서 그 강을 건너 약속의 땅으로 건너가게 했던 요르단강으로 백성들을 다시 불러내어, 하나님과 맺은 계약을 다시 새롭게 하도록 만드는 것을 자신의 사명으로 여겼다. 백성들의 일상생활에서, 특히 경제적 긴장이 더욱 증가하고 미래에 대한 불안이 증폭되는 시기에, 그들은 자신들이 생존할 수 있는 유일한 길이 하나님께서 자신들의 조상들과 시나이산에서 맺은 계약을 준수하는 길이라는 사실을 망각해버렸다. 그러므로 그들은 침례라는 단순한 행위를 통해, 이스라엘의 율법과 전통에 대한 새로운 각오를 증명하려 했던 것으로서, 금욕주의자들처럼 찬물에 목욕재계하거나 (쿰란) 종파처럼 반복해서 목욕재계하는 것이 아니라, 그 새로운 평생의 각오를 단 한 차례, 세례자 요한에 의해 요르단강의 흐르는 물속에서 침례를 받음으로써 공개적으로 인정하려 했다. 누가복음 3:10-14에 나오는 요한의 설교는 많은 학자들이 주장하는 것처럼, 비교적 후대에 삽입된 것일 수 있지만, 그렇다 하더라도 그 설교는 당시 헤롯왕조의 통치 시대, 그리고 요한이 목회하던 로마제국 시대의 경제적 문제들과 법적인 권력남용을 정확하게 드러내 보여준다. 요한은 "무리들"에게 "속옷을 두 벌 가진 사람은 없는 사람에게 나누어주고, 먹을 것을 가진 사람도 그렇게 하여라"고 가르쳤다. 한편 "세리들"에게는 "너희에게 정해 준 것보다 더 받지 말아라"고 가르쳤고, 세례를 받기 위해 찾아온 "군인들"(헤롯왕조의 유대인 경찰들)에게는 "아무에게도 협박하여 억지로 빼앗거나, 거짓 고소를 하여 빼앗거나, 속여서 빼앗지 말고, 너희의 봉급으로 만족하게 여겨라"고 가르쳤다.

신약학자들 대부분은 세례자 요한의 가르침이 순전히 "종교적"이었으며, 다가올 심판 날에 대한 그의 비전이 묵시적 비전이었지 사회개혁적 이상들이 아니었다고 주장하지만, 우리는 세례자 요한의 설교와 세례가 역사적 진공상태에서 발생한 것이 아니라 특정한 역사적 상황 속에서, 당시의 특정한 현실을 염두에 두고 생겨난 것임을 기억해야 한다. 우리가 헤롯왕조와 로마의 지배를 받던 이스라엘 땅의 상황, 특히 바누스가 홀로 목욕재계하며 쿰란 공동체가 자신들을 이 세상의 어둠의 자식들로부터 격리했던 시대의 상황을 고려한다면, 주류사회로부터 스스로를 격리하고 하나님과 맺은 계약을 새롭게 갱신하는 침례라는 상징적 행위가 당시 지배적인 정치 및 종교체제에 대해 얼마나 근본적으로 반대하는 정치적 선언인지를 이해할 수 있을 것이다. 세례자 요한은 로마제국의 지배와 헤롯왕조의 학정과 세금에 신음하던 군중들에게 그들의 일상생활을 피폐하게 만들고 있었던 고통과 불확실성을 끝장낼 새로운 길을 열어주었다. 요한의 세례는 만병통치약이 아니라 훨씬 더 중요한 것, 즉 하나님께서 이스라엘 민족에게 명령했던 생활방식으로 되돌아갈 것을 개인적으로 서약하는 것을 상징했다. 실제로 요세푸스는 세례자 요한의 묵시적 비전이 아니라 그의 실천적 가르침만을 알고 있었기에, "유대인들에게 의로운 삶을 살고 이웃들에게 정의를 실천하고 하나님께 경건생활을 하도록 권면했던" 훌륭한 사람이라고 기록했다. 또한 요세푸스는 요한이 세례를 베푼 사람들에게 헌신을 요청하면서, "자신들이 저지른 죄에 대해 용서받기 위해 세례를 받아서는 아니 되며, 몸의 성별로서 세례를 받도록 했는데, 이것은 그 영혼이 이미 옳은 행실로 완전히 깨끗하게 되었음을 뜻한다"고 이해했다. 옳은 행실은 이스라엘의 계약의 갱신과 의로움을 다시 살려내는 민족적 과업에 동참한다는 각오였다. 또한 이것은 물론 헤롯 안티파스가 건설하려 했던 새로운 세계를 정면으로 부정하는 것을 뜻했다.

그러므로 헤롯 안티파스와 세례자 요한 사이의 정면충돌은 불가피했을 것이다. 왜냐하면 안티파스는 구원의 방법에 대해 전혀 다른 생각을 성서의 약속으로부터 끌어왔는데, 그 성서의 약속들에 대해 세례자 요한은 의로운 분노의 메시지를 불러일으켰기 때문이다. 즉 헤롯왕가는 오랫동안 스스로를 다윗 가문의 영광과 위엄뿐 아니라 아브라함에게 약속한 유산과도 연관시켜 왔었다(이것이 이두매 출신으로서 아브라함의 다른 아들 이스마엘의 아들들 가운데 하나가 조상이었던 헤롯왕조로서는 훨씬 그 연관성을 주장하기가 쉬웠다). 그래서 안티파스는 이스라엘 백성에 대한 하나님의 약속이 바로 **자기 자신**을 통해 가장 잘 성취될 수 있다고 믿는 것처럼 행동하기 시작했다. 그는 갈릴리 분봉왕으로서 처음 십년 동안, 특히 그의 큰형 아켈라오가 유다 지역을 통치할 능력이 없다는 사실이 입증되어 기원후 6년에 멀리 떨어진 론 강변의 비엔나라는 갈리아(Gaul) 지방으로 유배당한 후, 헤롯왕가의 떠오르는 샛별처럼 등장했다. 아켈라오의 넓은 통치지역이었던 유대, 사마리아, 이두매는 이제 "총독" 칭호를 지닌 로마 관리들이 직접 통치하게 되어, 유대인들은 특정한 정치적 지도자나 후견인이 없이 지내게 되었다. 안티파스는 아켈라오가 갑자기 유배를 떠난 후, 자신이 유일한 정치 지도자 역할을 감당할 야망을 품고, 헤롯왕조의 칭호를 자신에게만 적용하여 스스로를 "헤롯" 혹은 "헤롯 안티파스"라 부르기 시작했다.

로마의 패권정치와 지역 지도자들 사이의 무자비한 패권경쟁 세계에서 안티파스는 그의 백성들이 구원받을 수 있는 지름길은 공격적인 경제 발전을 통한 길이지, 종교적 근본주의를 통한 길이 아니라고 믿었다. 요르단 계곡이 그의 백성들 가운데 일부에게는 성서와 연관된 신성한 광야로 보였지만, 안티파스는 그 계곡에 번잡하고 이윤을 많이 가져다줄 대로(highway)를 건설할 꿈을 꾸었다. 그의 통치 초기부터 갈릴리는 자신의 또 다른 통치지역인 요르단강 동편의 베뢰아와는 교통이 불편했으며, 자신의 행정 중심지를 세포리스에 둔 것 역시 베뢰아에서 너무 멀리 북서쪽에 떨어져 있기 때문에, 자신의 통치지역 전체의 경제를 발전시키기에는 좋은 위치가 아니었다. 또 다른 중요한 요소는 당시 붐을 일으키고 있었던 아라비아로부터의 대상(caravan) 무역(베뢰아 남동쪽의 나바테아의 왕 아레타스 4세의 수도 페트라의 무덤들과 신전들의 장식품과 보석상자들이 인기품목으로 급증하고 있었다)이 안티파스의 통치지역인 베뢰아를 통과하거나 단지 그 동쪽을 지나, 데가볼리의 그리스 도시들을 거쳐서 북쪽으로 로마의 지방 시리아로 갔기 때문에, 안티파스에게는 아무런 이익을 주지 못하고 있었다. 그 몇 년 전에, 아우구스투스 황제는 유다의 왕족들과 나바테아의 왕족들 사이에 동맹을 맺거나 아니면 최소한 평화를 유지하도록 하기 위해, 안티파스가 나바테아의 공주를 신부로 맞이할 것을 제안했었다. 그러나 이들의 혼인도 유다와 나바테아 사이의 오랜 알력을 해소하지 못했고, 안티파스의 야심을 가라앉히지도 못했다. 왜냐하면 기원후 14년 아우구스투스 황제가 사망하자 즉시 안티파스는 갈릴리와 베뢰아 모두를 쉽게 통치할 수 있는 곳으로 자신의 행정 중심

지를 옮기겠다고 선언했기 때문이다.2)

헤롯 안티파스에게는 새로운 수도 예정지가 고대의 묘지 지역이었고, 모세의 율법에 따르면 그 주민들을 영원히 의식적으로 불결하게 만들 것이라는 사실도 전혀 문제가 되지 않았다. 또한 그의 새로운 수도에 자리 잡을 사치스러운 황금빛 왕궁이 동상들과 동물 그림들로 가득 차서, 형상을 만들지 말라는 이스라엘의 명백한 율법을 위배한 것이라는 사실도 별로 문제가 되지 않았다. 당시 아우구스투스 시대의 예술이 지닌 세계주의적(cosmopolitan) 이미지에 따르면, 그런 그림들과 동상들은 베뢰아와 갈릴리 모두에게 도래할 풍요와 관대함을 상징하는 것이었다. 안티파스는 이 새 도시를 '티베리아스'라고 명명했는데, 그것은 아우구스투스의 후계자 티베리우스 황제에게 경의를 표하는 명칭이었으며, 요세푸스에 따르면, 그 도시에 새로 유입된 사람들은 "어중이떠중이들의 뒤범벅이었으며, 갈릴리 출신은 거의 없었고, 그에게 속한 지역에서 강제로 징발된 사람들"로서, 그 도시의 새로운 주거지역을 채우기 위해, 또한 그 도시의 새로운 시설들인 경기장, 현대적 시장, 목욕탕, 집회 건물 등을 이용할 특전을 얻도록 이주시킨 사람들이었다. 만일 누군가가 하나님의 나라를 찾고 있었다면, 안티파스는 그 나라가 성취된 시대가 이미 도래했음을 보여주기 위해 열심이었다. 그는 독특한 동전(coins)을 여러 종류로 만들어 편리하게 사용하도록 했으며, 그 동전들에는 이스라엘 전통의 종려나무 가지와 로마 황제의 월계관을 새겨 넣었다. 그리고 기원후 18년 혹은 19년에는 안티파스가 공식적으로 그 자신과 그의 백성들을 위한 새로운 시대를 선포하면서, 티베리아스의 건설을 원년으로 삼아 연도를 계산하기 시작했다.

---

2) 역자주: 그러나 새로운 수도 티베리아스는 세포리스보다 남쪽 베뢰아에 가까운 곳이 아니라 오히려 세포리스에서 동북동 방향으로 약 25km 떨어진 갈릴리 호숫가 도시였다.

동시에 안티파스는 자신이 선왕의 역할을 이어받아 예루살렘 성전의 후견인이며 동시에 유다의 **왕적인 메시아**(royal messiah)의 운명임을 받아들였음을 과시하기 시작했다. 기원후 26년, 매우 오만한 새로운 로마 총독 본디오 빌라도가 유다 지방에 부임한 후, 안티파스와 그의 형 빌립은 직접 황제에게 교섭하여 빌라도 총독으로 하여금, 유대 민중들이 우상이라고 간주했던 방패들을 거룩한 도성 예루살렘에서 제거하도록 만들었다. 그러나 이것만으로는 왕으로서의 자격을 확립할 만하지 못했다. 그는 사마리아인 어머니에게서 태어났으며, 이스라엘 땅 전체에서 보면 변경의 두 지역의 분봉왕이었기 때문에 자신의 입지를 더욱 강화할 필요가 있었다. 그는 다윗 왕의 흉내를 내려고 했다. 즉 젊은 다윗은 형제들 가운데 막내로서 사울 왕의 딸 미갈과 혼인했기 때문에 모든 이스라엘의 권좌에 오를 수 있었던 것처럼, 안티파스 역시 자신의 나바테아 출신 아내를 버리고 하스몬 가문의 여인과 혼인하기로 결심했다.

하스몬 가문의 대군 아리스토불루스의 딸인 헤로디아(Herodias)가 어떻게 안티파스와 운명적으로 만나게 되었는지 하는 것은 역사 속에 묻혔지만, 몇 가지 실마리는 찾아볼 수 있다. 그 만남은 헤롯대왕이 지중해 해변에 세운 항구도시 카이사리아 마리티마에서, 안티파스가 티베리우스 황제에게 개인적인 존경을 표하기 위해 배편으로 로마로 가려고 할 때 이루어졌을 것이다. 요세푸스는 그 만남을 이렇게 기록했다. "로마로 출발할 때, 그는 이복형 헤롯과 숙소를 함께 사용했는데, 그 이복형의 어머니는 대제사장 시몬의 딸이었다. 이 이복형의 아내인 헤로디아—그녀는 안티파스의 형 아리스토불루스의 딸이며, 아그립바 대왕의 누이였다—에게 사랑을 느낀 그는 뻔뻔스럽게 그녀에게 혼인 이야기를 꺼냈다. 그녀는 그의 청혼을 받아들여, 그가 로마에서 돌아오는 대로 그의 아내로 이적하겠다고 서약했다." 당시 근친혼의 가족관계에서 이런 일이 대수로운 것은 아니었음에도 불구하고, 헤로디아는 기원후 20년대 말에 서른댓 살의 나이로서, 안티파스와의 혼인이 가져다줄 기회를 놓치고 싶지 않았음이 분명하다. 그녀는 평생 왕궁에 갇혀 지냈는데, 이것은 그녀가 아직 갓난애였을 때 이미 헤롯왕의 막내아들과 약혼이 맺어졌기 때문이다. 그녀는 하스몬 가문의 다른 모든 계승자들과 마찬가지로, 헤롯왕가 안에서는 언제나 위험한 입장이었는데, 왜냐하면 하스몬 가문이 (그리스 제국에 맞서 독립전쟁을 일으켰던) 유다 마카베오 가족의 후손이라는 이유로, 일부 유대인 집단에서는 그 가문을 애국자의 가문이라며 향수(nostalgia)처럼 그리워했기 때문이다.

이런 상황에서 하스몬 가문 출신은 언제나 헤롯왕족의 잠재적 경쟁자들이었다. 헤롯대왕은 그 위험을 제거하기 위해 그의 하스몬 가문 출신 아내 마리암네와 장모, 그리고 하스몬 가문의 피가 섞인 그의 두 아들 알렉산더와 아리스토불루스를 살해했다. 그러나 하스몬 가문에 대한 대중들의 열광은 유다 지방과 디아스포라(지중해 전역에 흩어진 유대인 공동체) 모두에서 계속되었다. 실제로 헤롯왕이 죽자, 시돈에서 한 젊은이가 자신이 하스몬 가문의 후계자 알렉산더라고 주장하면서, 자신은 헤롯왕의 살해 명령을 기적적으로 피하여 그의 악한 아버지가 죽을 때까지 숨어서 살았다고 주장했다. 살아남은 헤롯왕가의 형제들이 왕위 계승 문제로 싸우는 동안, 이 자칭 알렉산더는 크레테 섬으로 갔다가 다시 멜로스 섬을 경유하여 로마로 갔는데, 거기서 그는 유대인 공동체의 열광적 환영과 지지를 받았다. 이처럼 로마의 유대인들로부터 왕으로 추앙받게 되자, 그를 의심한 아우구스투스 황제에 의해 결국 가면이 벗겨지고, 그의 통치가 끝날 때까지 갤리선에서 노를 젓도록 처리되었다. 그러나 하스몬 가문에 대한 신비감은 계속되었다. 따라서 안티파스와 헤로디아의 야망이 서로 만나 둘이 혼인하게 된 것은 그 두 왕조 사이의 중요한 동맹으로서 매우 중대한 영향을 미칠 수밖에 없었다. 그러나 그 혼인은 명백하게 근친상간에 대한 레위기 율법을 어긴 것이었다. 왜냐하면 헤로디아의 아버지인 아리스토불루스는 안티파스의 이복형제였기 때문에, 안티파스가 헤로디아와 혼인한 것은 삼촌과 조카딸 사이의 불가능한 혼인이었다. 설상가상으로 헤로디아는 안티파스의 이복형제인 헤롯 빌립과 혼인한 사이였기 때문에, 레위기 율법에 따르면 "형제의 아내를 벌거벗기는 일"은 죄악이었다. 마가복음은 "요한이 헤롯에게 형제의 아내를 차지하는 것은 옳지 않다고 말해왔기 때문이다"(6:18)고 말함으로써, 세례자 요한이 안티파스에 대해 직격탄을 날렸음을 보여준다.

이처럼 세례자 요한이 안티파스의 주목을 받게 되어 즉각적인 보복을 불러일으킨 과정은 분명하다. 안티파스가 개발하고 싶어 했던 바로 그 광야에 수많은 군중을 불러 모은 예언자로서 세례자 요한은 단순히 일반적인 가르침을 설교한 것이 아니며, 자신이 정확하게 누구를 염두에 두고 그런 설교를 하는지에 대해 언급하지 않은 채 몸을 사리던 설교자가 아니었다. 그 이전의 아모스와 호세아, 예레미야처럼, 세례자 요한은 당시의 정치적 사태에 대해 열정적으로 비판했던 예언자로서, 당사자의 이름을 직접 거명하고 손가락으로 정확하게 가리키는 것을 결코 두려워하지 않았다. 로마에서 교육받은 안티파스가 자신의 가족에 대한 다윗 왕가의 전통을 잘 알고 있었을지는 몰라도, 자신이 헤로디아와 혼인하는 문제에 대해 성서에 한 가지 이상의 해석이 있다는 사실을 깨달을 만큼 성서에 대해 충분한 지식을 갖고 있지는 못했다. 그는 예전에 왕족이었던 하스몬 "왕가의 딸"과 혼인하여 새로운 다윗 왕의 역할을 맡으려 했지만, 그의 백성들은 조만간 끔찍한 아합왕이 새로운 이세벨과 혼인하는 것으로 보기 시작했다.

문제를 더욱 악화시킨 것은 새로운 정치적 사태들로 인해 안티파스가 매우 취약한 상황에 놓이게 되었다는 점이다. 그가 조만간 헤로디아와 혼인할 계획이라는 소문이 궁정에 퍼지게 되자, 안티파스의 나바테아인 아내(그녀의 이름은 기록되지 않았다)는 사해 동부 해안에 있는 헤롯 왕가의 성채 마캐루스로 도망친 다음, 그곳으로부터 무장한 경호원을 대동하고 남쪽으로 광야길 70마일을 내려가 아버지가 건설한 전설적 수도 페트라로 피신했는데, 페트라는 그 지역의 적홍색 사암 골짜기 속에 깊숙하게 숨어 있는 도시였다. 나바테아의 왕 아레타스(Aretas)는 자기 딸이 도망쳐 오자, 헤롯왕가의 안티파스와 전쟁을 불사하게 되었다. 아마도 이런 이유로 안티파스는 "요한을 잡아 오게 하여서 옥에 가둔 일이 있었다. 헤롯이 자기와 형제지간인 빌립의 아내 헤로디아 때문에 그렇게 했던 것이다"(마가 6:17). 세례자 요한이 안티파스의 통치뿐 아니라 하스몬 가문 공주와의 근친혼에 대해 노골적으로 단죄하였기 때문에, 세례자 요한의 직접적이며 또한 사람들에게 큰 영향을 미치는 정치적 운동은 심각한 정치적 위협으로 작용했던 것이다. 요세푸스가 이 상황을 묘사하고 있듯이, "그의 설교에 크게 감동되어 그 주변에 사람들이 몰려들자 헤롯은 경악했다. 사람들에게 큰 영향을 미치는 웅변은 일종의 선동으로 발전할 수 있음을 염려했기 때문이다. 군중들의 모든 행동은 요한의 지시를 따르는 것처럼 보였기 때문이다. 헤롯은 자기가 한 일이 폭동으로 이어져 큰 홍역을 치른 다음에 자기 잘못을 깨닫는 것보다는 먼저 그를 처치하는 것이 훨씬 나을 것이라고 결정했다."

그러나 이미 때는 늦었다. 세례자 요한을 보기 위해 갈릴리, 사마리아, 베뢰아, 유다의 경계선을 이루는 요르단 강변에 모여든 농민들과 성읍 사람들은 인생에 대해 새로운 전망을 보게 되었다. 그들은 또한 자신들의 고난과 수탈당한 현실이 어떻게 자신들의 행동과 도덕적 결단에 의해 바뀔 수 있는지도 깨닫게 되었다. 세례자 요한이 안티파스의 정치적 수작들에 대해 직접 공격하게 된 것은, 헤롯 가문이 다스리던 사회의 불의와 교만에 맞서서 꾸준히 비판하던 중에 나타난 것이었다. 안티파스가 이스라엘 조상들의 율법과 계약 전통을 위반한 것에 대해 자신들의 반대를 시위함으로써, 또한 요한의 세례라는 종교의례를 통해 자신들의 반대를 분명히 표현함으로써, 그의 추종자들은 이미 노골적 반란에 접어든 셈이었다. 세례자 요한이 선동죄로 체포되어 안티파스의 여러 성채 가운데 한 곳에 갇히게 되어 더 이상 군중들을 만날 수 없게 되었다는 사실조차 문제가 되지 않았다. 이스라엘 백성 가운데 하나님 나라가 실제로 가까이 왔으며 의로운 사람들의 고난이 조만간 끝날 것이라고 확신하는 사람들이 점차 많아지고 있었기 때문이다.

마침내, 그 이후 사건들에 엄청난 영향을 끼칠 인물이 등장한다. 마가복음의 중요한 구절—누가와 마태에서는 그 표현이 약간 달라지지만 중요한 변화이다—에서, 마가복음 저자는 "그 무렵에 예수께서 갈릴리 나사렛으로부터 오셔서, 요르단강에서 요한에게 세례를 받으셨다"(1:9)고 말한다. 이 행동으로써 예수의 공적인 활동이 시작되었다. 지난 수백 년 동안, 예수가 세례받은 의미와 세례자 요한과의 개인적 관계를 설명하기 위해 많은 신학적 및 역사적 주석들이 발표되었다. 그 논쟁의 대부분은 하나님께서 심판하러 오실 때 메시아의 역할이 무엇인지에 관해 세례자 요한 자신이 어떻게 이해하고 있었는지, 그리고 세례자 요한이 예수를 그 역할을 담당할 분으로 간주했는지 하는 물음에 초점이 맞추어졌다. 그러나 여기서 우리의 관심은 이 지상에서의 역사에 관한 것이므로, 예수가 세례자 요한으로부터 세례를 받은 상황은 비교적 분명하다고 말할 수 있다. 즉 로마의 속국 통치자들 가운데 하나가 다스리던 땅에서, 급격한 경제적 변화와 사회적 이동이 벌어지던 때에, 작은 농촌 출신의 서른

두 살 먹은 목수가 당시 군중들 틈에 끼어 광야에서 벌어지던 노천 부흥회에 참가했다는 사실이다. 만일 이 작은 영토의 통치자가 그처럼 야심이 많지 않았거나 혹은 백성들의 정서를 좀 더 민감하게 느끼고 있었더라면, 그처럼 군중들이 모이는 일은 없었을 것이다. 만일 그랬더라면, 예수의 활동과 기독교 역사는 매우 다른 방식으로 전개되었을 것이다. 신학적 해석을 제쳐놓는다면, 우리가 말할 수 있는 것은 예수가 세례를 받은 것이 당시 세금에 시달리고 착취당해 삶이 극도로 위협당하던 사람들 사이에 번져나가고 있었던 부흥운동(popular revival movement)이라는 맥락 속에서 일어난 사건이었다는 점이다.

우리는 예수 자신이 거의 무시할 수 없었던 당시의 정치적 및 경제적 변화를 유념해야만 한다. 안티파스가 티베리아스에 새로운 수도를 건설한 것은 예수의 고향인 나사렛 마을 사람들의 생활을 더욱 뒤흔들어놓았을 것이다. 왜냐하면 근처(나사렛에서 3~4마일 떨어진) 세포리스가 수도였을 때까지만 해도 나사렛 사람들은 그곳에서 적어도 막노동할 기회가 있었을 것이기 때문이다. 그러나 수도가 동쪽으로 15마일 떨어진 갈릴리 해변(티베리아스)으로 옮겨지자, 세포리스는 상대적으로 그 중요성을 잃게 되었다. 나중에 요세푸스는 안티파스가 노골적으로 "세포리스는 티베리아스에 종속되어야 한다"고 생각했다고 썼다. 따라서 세포리스 주변 지역은 계속 세금을 내야 했으며, 아마도 안티파스는 새로운 수도를 건설하는 비용을 부담시키기 위해 더 많은 세금을 부과했을 수도 있었기 때문에, 나사렛 사람들도 더욱 쪼들리게 되었을 것이다. 그러므로 당시의 일반적인 경제상황을 완전히 무시한 채로는 예수의 첫 번째 활동을 이해할 수 없다. 즉 기원후 28년에서 29년경, 곧 티베리아스가 갈릴리의 수도가 된 후 10년, 그리고 헤롯 안티파스가 통치하기 시작한 지 30년이 지난 때, 예수는 나사렛을 떠나 요르단 계곡의 광야로 나와서, 세례자 요한에게 세례를 받았다. 이것은 정치적 행동이며 동시에 개인적 결단의 표명이었다. 비록 최근에 일부 학자들이 역사적 예수를 방랑하는 견유철학 교사(a Cynic teacher)로서 시골생활에 관한 슬기로운 경구들을 쏟아놓으며 당시 백성들의 민족주의적인 정치 따위에는 관심이 없었다고 주장하지만, 예수가 우선 세례자 요한, 곧 헤롯왕조에 대해 두 눈을 부릅뜨고 반대하고 묵시적인 저항운동을 벌였던 설교자와 관계를 맺었다는 사실은 예수의 공생애의 첫 행동에 대해 매우 다른 시각을 보여준다.

세례자 요한에게 세례를 받기 위해 광야로 나가면서, 예수는 아마도 나사렛에서 다른 사람들과 동행했을 수도 있는데, 이즈르엘 평야를 지나는 동안 시골 마을들을 거치면서 소작농들과 이주 노동자들을 만났을 것이며, 또한 감독관들의 주택들과 부유한 지주들의 큰 저택들을 적어도 멀리서나마 볼 수 있었을 것이다. 안티파스 통치 시대의 농촌이 군인들, 충성파, 고용된 밀고자들로 인해 매우 치밀하게 얽힌 억압 사회였다면, 도시와 농촌에서 멀리 떨어진 곳에는 사람들이 적어도 잠시나마 자유를 느낄 수 있는 외딴곳들이 있었다. 세례자 요한이 설교하던 곳이 바로 그런 장소였다. 대부분의 갈릴리 사람에게 요르단 계곡의 메마른 광야는 두려움에 떨던 사람들이 마음껏 숨을 쉬던 곳으로서, 과거에 엘리야 시대에는 사람들이 기적을 보고 승리를 만끽했던 곳이며, 그보다 더 이전에 여호수아는 이스라엘 백성들을 이끌고 독립을 위해 싸우던 장소였다. 이것이 예수가 세례받을 당시의 상황이었다. 그리고 세례의식 자체에 관해서 말하자면, 예수가 그 운집한 군중들—심지어 수백 명만 한 장소에 모여도 한 마을에서 평생 살아온 사람들처럼 보였을 것이다—에 끼어, 요세푸스가 기록했듯이, "의로운 삶을 살고, 동료들에게 정의를 실천하고 하나님께 경건한 삶을 살겠다"고 결단했다는 사실 이외에는 별로 할 말이 없다.

예수가 요르단강의 차가운 강물에 들어갔다가 나올 때, 마가에 따르면, "하늘이 갈라지고, 성령이 비둘기같이 자기에게 내려오는 것을 보셨다. 그리고 하늘로부터 소리가 났다. '너는 내 사랑하는 아들이다. 내가 너를 좋아한다'"(1:10-11)고 한 그 순간에, 정확히 무슨 일이 일어났는지를 설명하기 위해 많은 학자들이 노력했다. 예수의 세례에 대한 마가복음의 이 본문은 나중에 예수가 세례받은 이후 어떤 삶을 살았는지를 잘 알고 있는 사람이 예수를 숭앙하는 마음으로 쓴 이야기다. 그러나 그 이야기는 예수가 군중들 앞에서 유명한 예언자 세례자 요한과 갑작스럽게 만나고, 찬 강물에 들어간 일을 통해 받은 마음의 감동을 간직하고 있다. 즉 그 순간 이후, 심지어 세례자 요한이 군인들에게 체포되어 감옥에 갇히게 된 이후조차도, 헤롯 안티파스의 권력은 예수에게 하찮은 것으로 보였을 것이다.

유다, 갈릴리, 베뢰아, 사마리아에 사는 많은 사람들과 마찬가지로, 예수는 어떻게 인간의 개인적 행동과 결단이 역사를 위한 하나님의 크신 계획에 맞출 수 있는가에 대한 세례자 요한의 메시지를 경청했다. 비록 헤롯왕과 그 관리들은 로마법과 "진보와 문명"의 이상을 들먹이며, 곡식과 가축, 농민들의 노동력을 착취하고, 심지어 조잡한 돌집들을 헐어버리고 농경지를 빼앗아 갔지만, 그들의 권력이란 한낱 꿈처럼 사라져 버릴 권력일 따름이었다. 하나님께서 직접 인간 세상에 개입하실 날이 성큼성큼 다가오고 있었던 것이다. 세례자 요한으로부터 세례를 받은 후 예수는 반(反) 헤롯 갱신운동에 매우 적극적으로 나서기 시작했다. 즉 요한복음(3:22)에 따르면, 예수 자신도 사람들에게 세례를 베풀기 시작했다. 마태와 마가는 예수의 이런 세례활동을 세례자 요한이 잡힌 뒤의 사건으로 연결해, 예수가 이스라엘의 하나님의 영이 직접 자신의 활동을 지시하며 자신의 활동에 힘을 불어넣는다는 확신에 가득 차서 갈릴리에 다시 나타났다고 했다. 즉 예수는 광야에서가 아니라 **성읍과 마을들에서** 이스라엘의 갱신운동(Renewal Movement of Israel)을 벌일 작정이었음이 틀림없다. 하나님 나라에 대해 예수가 이해했던 것은 궁극적으로 세례자 요한이 이해했던 것보다 훨씬 더 영향력이 있으며, 헤롯 안티파스가 이해했던 것보다 더 강력한 것으로 입증될 것이었다. 왜냐하면 예수는 하나님 나라가 불과 유황과 더불어 올 것이라고는 믿지 않았기 때문이다. 또한 그는 갈릴리를 완전히 새로 만들기 위해 자기 왕궁이나 동전, 수로나 대리석 기둥, 혹은 군인들이 필요하다고는 전혀 생각하지 않았기 때문이다.

3장

# 신앙의 치유자

예수 당시의 갈릴리 해변 마을 가버나움과 우리들 사이의 거리, 시간, 언어, 관습의 차이에도 불구하고, 어느 뜨거운 여름날 그곳의 안식일 아침 모습 가운데는 우리에게 친숙한 것들이 제법 많이 있다. 그곳의 기후는 덥고 습해서 살기 힘든 다른 지역을 기억나게 해준다. 게다가 식민지 정부가 있던 곳이 어디 그곳뿐이랴. 선선한 기후, 분주한 거리, 그리고 인상적인 기념비들이 우뚝 서 있는 큰 도시들이 아니라, 이엉으로 엮은 지붕, 지저분한 마루와 손으로 만든 진흙 화덕이 있는 시골 마을에서는 뜨겁게 내리쬐는 태양으로부터 피할 수 있는 곳이라곤 쓰러져 가는 오두막집이나 낡은 천막의 그늘뿐이다. 가난한 사람들은 그렇게 살았다. 타는 듯이 뜨거운 바람이 메마른 언덕 위에서 불어닥쳐 그 초가집들의 낮은 지붕들을 휩쓸며 부엌 아궁이의 따가운 연기를 흩어버리고, 하수구의 악취를 근처 호수의 미지근한 물 위로 날려버리곤 했다. 물가에서는 밧줄 당기느라 삐걱거리는 소리가 요란하고, 선창가에서는 낡은 목선(木船)에 파도가 찰싹거리고, 좀 떨어진 곳에 모여 앉은 동네 아이들의 웃음과 재잘거리는 소리도 들렸다. 어른들이 아이들을 가까이 오지 못하게 한 이유는 배 위에 남겨둔 작은 칼, 낚싯바늘, 솥 등을 잃어버리지 않기 위해서였다.

선창을 따라 어부들이 햇볕에 말리기 위해 널어놓은 그물들이 펼쳐져 있는데, 그 축축한 밧줄과 엉클어진 그물에서 풍기는 냄새는 오랜 세월 동안 정어리를 잡느라 밴 냄새였다. 사실상 그 냄새는 마을 구석구석에 배어있을 뿐만 아니라, 손에도, 집에도, 길거리의 진흙에도 배어있었고, 또한 항아리 조각들과 함께 나뒹구는 생선 지느러미들과 생선 머리들에서도 역하게 풍겨났는데, 그 항아리 조각들은 매일 당나귀 등에 실어 불과 몇 마일 떨어진 막달라의 고약한 냄새가 진동하는 가룸(*garum*) 공장으로 보내는 수백 개의 항아리들 가운데 깨져서 버린 항아리 조각들이다. 그러나 오늘은 안식일이라 거래도 없고 세금을 걷는 일도 없을 것이다. 마을의 좁고 지저분한 거리는 조용할 것이지만, 아마도 안마당이나 창고에서 매주 모이는 기도 모임 소리는 여전했을 것이다. 모임을 어디서 갖는가 하는 문제보다는 그 모임을 통해 배우게 되는 공동체 의식이 훨씬 중요했다. 그 모임은 히브리어로 '크네셋'(*knesset*)이며 그리스어로 '시나고게'(*synagoge*)인데, '모임,' 혹은 '회당'을 뜻했다. 그 모임에서 마을의 어부들, 농부들, 창녀들, 관리들은 옛 성서를 노래로 부르는 것을 들을 수 있었으며, 자신들과 자녀들을 축복하고, 이 세상이 그들에게 짊어지도록 만든 온갖 고통과 비참함으로부터 잠시나마 떨어져 있을 수 있었다.

지금은 티베리우스 율리우스 카이사르 아우구스투스 황제가 제국을 통치하지만, 황제들의 특정한 라틴어 이름들의 족보는 중요하지 않다. 멀리 떨어져 있는 그 황제의 험상궂은 얼굴은 시장에서 사용하는 동전들에서만 볼 수 있으며, 황제가 최근에 발표한 장황한 칙령에 대해 동네 젊은이들은 조롱하곤 했다. 왕이건 황제건 간에 모두 그놈이 그놈이며, 이 마을과 토지의 합법적인 통치자는 분명히 아니기 때문이다. 또한 마을의 진정한 지배자는 황제의 하수인 헤롯 안티파스도 아니다. 그는 조카딸 헤로디아와 불법적으로 혼인하여 귀신이 득실거리는 티베리아스의 왕궁 속에서 살고 있기 때문이다. 원래 이 땅은 하나님께서 오래전에 납달리 지파에게 주신 땅인데, 지금은 일시적으로 티베리우스 황제와 헤롯 안티파스 왕, 그리고 그의 하수인들이 차지하고 있다. 그들은 티베리아 호숫가에 거창한 저택들을 짓고 그 지역에서 최고의 경작지들을 소유하고 있으며, 마을 주민들 모두를 가난과 불확실성 속에 몰아넣고 있다. 그러나 다시 생각해 보면, 이 마을의 임시 지배자는 실제로 매일 아침 선창에 나와 어부들이 밤새 잡아 올린 생선들의 무게를 달고 항아리에 쏟아붓는 우락부락한 감독관들이거나, 아니면 작년에 가불해서 빌린 돈과 금년에 갚을 돈이 적혀있는 장부책을 들고 다니는 사무원들이거나, 아니면 곡식과 채소, 올리브기름, 양고기 등을 왕창 뜯어가서 제일 좋은 것들로만 착복하는 세리들일지도 모른다. 아니면 이 굶주림과 가난에 찌든 마을의 폭군은 사실상 그 어부들과 농민들 개인 개인의 나약함과 고립이 아닐까? 자신들의 삶과 가족을 추스를 수 있는 어떤 대책도 없이, 현대화의 냉혹한 추세에 자신들의 존엄성을 던져버리고, 제국의 꿈에 볼모가 되어 무기력해진 그들 자신이 아닐까?

신약성서의 사회사 및 정치사를 연구할 때 우리가 항상 유념해야 하는 것은 우리의 이야기가 단지 유명한 예언자들과 왕들에 관한 것만이 아니라는 점이다. 갈릴리의 농민 저항운동에서 시작되어 몇십 년이 지나 기독교라 부르는 종교가 된 이 기층민의 운동 이야기에는 수많은 이름 없는 민중, 곧 그들의 삶과 희망과 미래에 대한 두려움이 결코 교회 역사나 회당 역사, 또는 로마제국의 역사 속에 기록되지 않은 민중이 관련되어 있다는 사실이다. 예수가 알고 지냈으며 함께 자랐던 사람들은 제국의 변두리에서 살았는데, 물론 지리적 의미에서 변두리가 아니었다. 왜냐하면 갈릴리와 유다는 도로망이나 뱃길로 로마제국과 밀접하게 연결되어 있었기 때문이다. 오히려 로마제국이 심지어 가장 비천한 계층에게까지 번영을 가져다줄 수 있다는 헛된 약속이 영원히 닿지 못하는 대다수 주변부의 일부였다는 점에서 그들은 변두리에 살았다.

고고학, 고대 유대인 자료들, 사회사, 그리고 지중해 전역의 농민사회에 대한 종족사의 통찰력 등의 도움을 받아, 우리는 예수가 그의 공적인 목회를 시작할 당시의 기본적인 생활 모습을 재구성할 수 있게 되었다. 우리는 예수의 가르침과 치유 활동이 왜 그처럼 사람들에게 잊을 수 없는 인상을 남겼는지에 대해 그 이유를 찾을 수 있게 되었으며, 또한 예수가 몇몇 제자들에 둘러싸여 갑자기 나타나 활동한 것이 갈릴리의 여러 마을과 성읍에 어떤 사회적 영향을 미쳤는지에 대해서도 추측할 수 있게 되었다. 그러나 예수의 공적인 목회에 관해 매일, 혹은 매달마다 무슨 일이 있었는지를 찾아내는 것은 불가능하다. 비록 마태, 마가, 누가, 요한복음이 예수의 기적들, 치유 사건들과 가르침에 대해 많은 똑같은 이야기들을 담고 있지만, 그 사건들의 순서와 의미는 복음서들에 따라 매우 다르게 나타나 있다. 예를 들어, 요한은 예수가 처음부터 유다 지방의 문제에 깊이 관련되어 있으며, 그가 목회하는 동안 예루살렘에 여러 차례 올라갔다고 설명한다. 반면에 마태, 마가, 누가는 예수가 갈릴리 지방에 머물면서 그 주변의 페니키아와 남부 시리아에서 활동하다가, 그의 지상 생애의 마지막 주간에 유월절 순례를 위해 예루살렘으로 갔다고 묘사한다. 신약성서 학자들은 18세기 이래로 여러 복음서 본문 속의 "초기" 전승층과 "후대" 전승층을 밝힘으로써, 예수의 "진정한" 말씀들과 행적들을 후대에 삽입한 본문들로부터 구분하려고 노력해 왔으며, 지금도 그런 노력을 계속하고 있다. 그러나 매우 기본적인 문제들에서조차

학자들 사이에 의견의 일치를 보지 못하는 것들이 많기 때문에, 신약성서학자 존 마이어(John Meier)의 충고를 받아들여, 복음서들에 기록된 예수의 활동에는 사실상 "이전"과 "이후"가 없다는 점을 깨닫는 것이 현명할 것이다. 성서의 증거는 예수의 짧았던 공적인 설교 기간—기껏해야 1년 혹은 2년을 넘지 않았을 것이다—과 관련된 기억들, 이야기들, 일화들과 인용문들이 점차 다듬어져 복잡하게 얽힌 것들로 이루어져 있다.

따라서 신학자라기보다는 역사가로서 우리는 예수의 신성한 전기(biography)에 집중하기보다는 그 지역 주민들의 사회사에 초점을 맞추어야 한다. 사회사는 복음서 자료들과 성서 이외의 증거들을 결합해 재구성할 수 있기 때문이다. 예수가 광야에서 시험을 받은 복음서 이야기나 예수가 세례를 받은 후 다시 갈릴리로 돌아간 정확한 경로를 확증할 방법은 없지만, 예수가 공생애의 상당 기간을 보낸 갈릴리 지역의 상황에 대해서는 우리가 제법 확실한 정보를 갖고 있다. 예수가 등장했을 때, 갈릴리 바닷가의 성읍들은 심각한 변화를 겪고 있었는데, 특히 그 가운데 가장 중요했던 가버나움은 "나훔의 마을"로서 갈릴리 바다 북쪽에서 갈릴리 바다로 흘러드는 북부 요르단강 바로 서쪽에 자리 잡고 있었다. 그리스-로마 시대 후기까지는 갈릴리 바다 북부 해변의 농업 및 어업 공동체는 매우 침체된 곳이라서, 육로로 그 지역을 지나 시리아로 가던 여행자들과 상인들에게 전혀 매력을 주지 못하던 곳이었다. 그러나 아우구스투스 황제가 헤롯왕국을 분할한 이후에는 그 지역이 안티파스의 영토와 그의 형 빌립의 영토 사이의 민감한 경계선 지역이 되어, 사람들의 왕래를 감시하고 서로 관세를 부과했다. 가버나움에 세무서가 있어서 그곳에서 예수가 세리 마태를 제자로 불렀다는 것(마태 9:9)과 군대 장교인 백부장이 있었다는 것(누가 7:2)은 정부의 개입과 감시가 심해졌다는 사실을 시사하는 것일 수 있다. 또한 예수가 등장하기 불과 10여 년 전에 헤롯 안티파스가 티베리아스에 새로운 수도를 건설함으로써, 일터가 옮겨지고, 민사 법정 및 종교 법정이 이동하고, 장날이 변하고, 사람들의 이동 경로가 바뀌었을 뿐 아니라, 갈릴리 바다 주변의 모든 마을이 점차 더욱 심한 세금과 상업의 소용돌이 속에 빠지게 되었을 것이다.

가버나움에서의 고고학적 발굴을 통해 밝혀진 사실은 1세기에 그곳에 살았던 주민들은 분명히 이스라엘의 전통적인 촌락생활 방식을 유지했으며, 집들은 공동의 안마당을 중심으로 모여 있었다는 점이다. 그러나 우리가 같은 시기 유다 지방의 증거에서 본 것처럼, 그런 생활방식은 상당한 압박을 받고 있었다. 얼마 전에 세례자 요한의 설교는 사람들을 상당히 흥분시켰으며, 그가 체포되었다는 소식은 사람들을 말할 수 없이 흥분시켰다고 짐작할 수 있다. 한편 농부들, 기술자들, 인부들의 고통스러운 나날은 계속되었는데, 그들은 십일조의 의무만이 아니라 헤롯 안티파스가 더욱 악랄하게 걷어 가는 세금을 내야만 했기 때문에 예전보다 더욱 열심히 일할 수밖에 없었다. 심지어 갈릴리 바다의 어부들은 매일 은빛 정어리와 잉어를 잡아야만 자신들도 먹고살며 근처 막달라의 생선 가공 공장으로 보낼 수 있었는데, 자신들이 고생하는 것이 스스로를 위해서라기보다는 안티파스의 영광을 위한 것이 아닌가 하는 의심을 갖기 시작했을 수도 있다. 이 모든 요인은 나사렛 출신의 비범한 젊은이에게 많은 생각을 불러일으켰을 것인데, 그는 광야에 머물지 않고 갈릴리에서 가장 급변하는 마을들을 돌아다니며 적극적으로 자신의 구원의 메시지를 전파하려 했기 때문이다. 그는 조만간 자신을 도울 마음의 준비가 된 지역 사람들을 만나게 되었다. 마가 1:16-17은 예수가 가버나움의 해변에 나타나, "시몬과 그의 동생 안드레가 바다에서 그물을 던지고 있는 것을 보셨다"고 했다. 예수는 그들에게 "나를 따라오너라. 내가 너희를 사람을 낚는 어부가 되게 하겠다"고 말씀하셨다.

우리가 아는 한, 세례자 요한은 치유 기적을 행하지 않았다. 그의 스타일은 고대 예언자들처럼 이스라엘 백성에게 하나님의 불같은 복수가 임박했음을 경고하여, 조만간 이 세상에서 악을 쓸어버리고 회개하지 않는 자들을 쓸모없는 가라지처럼 날려버리실 것이라고 선포하는 식이었다. 그러나 예수는 달랐다. 비록 예수 역시 그의 청중들에게 자신들의 삶을 되돌아보고, "때가 찼다. 하나님의 나라가 가까이 왔"(마가 1:15)기 때문에 회개하라고 요구한 것처럼 보이지만, 그는 대개 친절하며 유머를 섞어 말했으며, 때로는 자신에 대해 비판하거나 의심하는 자들에 맞서서 도전적인 비유들과 가시가 박힌 말씀을 재미있게 하셨다. 동시에 예수는 귀신축출과 치유에 특별한 기술을 갖고 있어서, 많은 군중이 그 주변에 몰려와 기적적으로 낫게 되기를 원했다. 복음서들에는 예수가 마을들을 돌아다니며 귀신에 사로잡혀 오랫동안 고생하던 폭력적인 젊은이들을 어떻게 고쳐주었는가 하는 강력한 이야기들이 포함되어 있다. 즉 온몸이 마비되어 걸을 수 없게 된 이웃 사람이 다시 걸을 수 있게 하기 위해 그를 둘러메고 예수가 머물던 곳까지 먼 길을 찾아온 사람들 이야기, 회당장이 자기 딸을 고쳐 달라고 예수에게 찾아온 이야기, 병으로 고생하던 여인이 예수의 옷만이라도 만지기 위해 군중을 뚫고 나왔던 이야기 등이 그것이다.

비록 우리는 오늘날의 신앙의 치유자들과 갑자기 지팡이를 내던지게 되어 성서 구절을 외치면서 기뻐 춤추는 그 제자들 이야기에 대해 의구심을 갖게 되지만, 예수의 귀신축출과 치유를 단순히 보다 깊은 영적인 치유를 보여주는 은유로 축소하지 않도록 조심해야 한다. 1세기에는 귀신축출과 즉각적 치유 자체를 불가능하거나 이상한 것으로 생각하지 않았다. 예컨대 우리는 당시의 비의종교(mystery religion)와 주술적 본문을 통해, 많은 사람이 이 세상에는 선한 귀신과 악한 귀신이 살고 있다고 믿었으며, 하나님의 모든 피조물 속에 일어나는 모든 사건, 행동, 안녕은 어둠과 빛 사이에 계속되는 보이지 않는 투쟁의 영향을 받는다고 믿었다는 사실을 알 수 있다. 하나님께서 이 세상과 그 피조물들에 대한 마지막 심판을 보류하시는 한, 천사들과 악마들 모두는 계속해서 사람들을 자기편으로 끌어들여 돕거나 해칠 것이다. 그런 귀신들은 행운과 불운의 숨겨진 원인으로 작용하여, 귀신에 사로잡혔던 사람이 갑자기 해방되는 것은 보통 "기적"이라기보다는 테크닉의 문제였다. 많은 경우에 질병의 고통스러운 증상이 낫게 되는 것은 개인의 속죄, 하나님께 드리는 탄원기도, 예루살렘 성전에 자유의지로 바치는 헌금을 통해 가능했다. 때로 악마에 휘둘리는 것은 다루기가 힘들었고, 오직 탁월한 기술을 가진 전문 치유자들—부적을 통해 하나님의 능력이나 천사들의 능력을 불러낸다—만이 그 귀신들을 도망가게 할 수 있었다. 가장 힘든 것은 이스라엘 민족 전체의 집단적 죄, 곧 그들이 하나님과 맺은 계약을 지키지 못한 것 때문에 이 세상에 들어온 것으로 믿었던 악령들이었다. 그런 악령들은 하나님께서 마침내 세상의 종말을 가져오고 새로운 구원의 시대를 시작할 때까지 계속 이 세상에 남아 있을 것이기 때문에, 많은 사람은 그저 체념한 채, 아무도 고칠 수 없는 끔찍한 모습을 지켜볼 수밖에 없었다. 즉 무서운 눈빛으로 떠돌아다니며 무법자처럼 살았던 청년, 마을에 살면서 갑자기 발작을 일으키는 광인들, 갑작스러운 발작과 치명적인 고열에 시달리던 무기력한 아이들, 생존을 위해 몸부림치다가 눈이 멀거나 불구자가 된 농부들과 어부들, 이스라엘의 새로운 세대의 어머니가 될 십대 소녀들이지만 사춘기에 극심한 출혈로 인해 임신할 수 없게 된 소녀들이 바로 그 끔찍한 모습들이었다.

오늘날 의학 역사가와 공중보건 전문가들은 그처럼 심각한 정신적 및 신체적 장애에 대해 정확한 임상적 진단을 내릴 수 있는데, 그런 질병들은 오늘날에도 개발도상국의 빈민가에서 흔히 볼 수 있기 때문이다. 물론 많은 질병은 위생상태가 불결한 상황에서 감염이나 바이러스 때문에 생기지만, 그 증상과 영향이 덜 심각한 질병은 극심한 심리적 갈등, 만성적 우울증, 스트레스와 관련된 신체적 무질서 때문일 수도 있었다. 그렇다고 그 고통이 덜했던 것은 아니다. 당시와는 매우 다른 상황 속에서 살고 있는 우리는 당시 근본적인 경제적 변화를 겪고 있던 지역에 살던 사람들, 그들의 전통적인 가족 구조가 급격하게 해체되고 다른 치료 수단이 없었던 사람들의 속수무책을 이해하기 어려울 것이다. 다른 시대와 장소에 대한 인류학적 연구를 통해, 우리는 이주 노동자들과 소작농들이 손과 팔을 무리하게 사용하여 결리고 멍이 든 것이 어떻게 점차 손과 팔을 못 쓰게 했는지를 알게 되었는데, 이것은 영양실조와 미래에 대한 불안, 잔인한 노동조건 등이 결합해서 스스로를 진혀 쓸데없는 존재라고 느끼도록 만드는 것과 같다. 복음서에서 자주 듣게 되는 귀머거리와 귀신 들린 사람들 가운데 많은 사람은 오늘날 "노숙자들," 곧 자기 주변의 현실을 헤쳐나가지 못하여 가족에게서 떨어져 나와 남들의 자선에 의존해서 먹고살며 자신들의 고통과 불만을 아무렇게나 발산하는 사람들이었을지도 모른다. 나사렛 예수가 이런 사람들을 성공적으로 치유했던 방식이 무엇이었는지에 대한 정확한 임상적 정보는 없지만, 예수가 갈릴리에 나타났을 때 뭔가 분명히 강력한 어떤 일이 벌어진 것만은 틀림없다. 예수는 자신의 스승 세례자 요한의 메시지를 단순히 반복했던 제자들과는 달리, 독특한 방식으로 많은 사람에게 깊은 영향을 미쳤으며 그들의 삶을 변화시켰다. 예수의 치유력은 당시의 관찰자들, 곧 그의 제자들과 그를 무시했던 사람들 모두가 보기에도 일반적인 규범과는 매우 다른 것이었다.

실제로 만일 예수의 귀신축출과 치유가 단순히 개인만을 대상으로 하는 우연한 기적이었다면, 예수는 결코 그처럼 큰 주목을 받지 못했을 것이다. 만일 예수가 나사렛의 고향집으로 되돌아왔거나 갑자기 가버나움에 나타나, 또 한 사람의 갈릴리 무당(shaman)이나 민간 의사로서 개업했다면, 그는 틀림없이 그 마을의 치유사로부터 반갑지 않은 경쟁자로 간주되었을 것이며, 조만간 그 마을에서 쫓겨났을 것이다. 그러나 예수의 치유 행동은 복음서들에 나타난 것처럼 단순히 보통 마술이나 민간 의술이 아니었다. 예수는 결코 마술이나 상징적인 부적을 사용하거나 복잡한 주문을 외우지 않았다. 예수의 말씀이나 행적에 관한 기록 어디에도, 혹은 그를 고발한 사람들의 고발 내용 어디에도, 그가 무당 훈련을 전문적으로 받았다거나 고쳐준 대가로 돈을 요구했다는 기록은 찾아볼 수 없다. 오히려 예수는 강력한 영에 사로잡혀 있었던 것처럼 보였다. 그가 다른 사람들에게 나누어준 창조적인 에너지-그의 많은 추종자들은 그것이 신적인 에너지라고 믿었다-는 단순히 개인만을 향한 것이 아니라, 보다 폭넓은 공동체 생활 전체를 변혁시키는 방식으로 작용했다. 그리고 예수의 말씀과 행동이 두드러지게 세례자 요한의 말씀과 행동과 같은 선상에 있다는 점 때문에 많은 갈릴리 사람은 세례자 요한이 설교했던 하나님 나라가 단지 임박한 것만이 아니라 **이미** 시작되었다고 믿도록 만들었다.

이처럼 갑작스럽게 병이 낫게 되는 것은 하나님의 임재에 대한 틀림없는 징조였다. 왜냐하면 고대 이스라엘 예언자들이 하나님 나라의 도래를 묘사하면서 흔히 이스라엘 백성들이 **육체적** 건강을 회복하게 될 것이라고 말했기 때문이다. 즉 이사야는 하나님께서 오실 날을 예상하면서, "그때에 눈먼 사람의 눈이 밝아지고 귀먹은 사람의 귀가 열릴 것이다. 그때에 다리를 절던 사람이 사슴처럼 뛰고 말을 못하던 혀가 노래를 부를 것이다"(35:5-6)라고 예언했다. 시편 146편은 하나님의 능력으로 시력이 회복되고 심지어 가장 심하게 다리를 저는 사람도 낫게 될 것이라고 말한다(8절). 엘리야는 하나님의 능력을 받아 죽은 사람들을 다시 살릴 수 있게 되었으며(왕상 17:17-23), 그의 제자 엘리사는 나병을 치유할 수 있었다(왕하 5:10-14). 훨씬 더 예수 당시로 내려오면, 사해 두루마리 문서 가운데 하나-학자들이 4Q521, 혹은 "메시아적 묵시"(The Messianic Apocalypse)라 부르는 문서-는 기적적인 치유에 관한 매우 친숙한 성서의 여러 기대를 하나의 시로 묶어 이 세상에 대한 하나님의 임박한 개입에 관해 쓰고 있다. 즉 하나님께서 당신의 임재를 가난하고 경건한 사람들에게 알리면서, "포로들을 풀어주고, 눈먼 자를 보게 하며, 억눌린 자를 일으키실" 것이라 했다. 그는 또한 "병자를 낫게 하며 죽은 자를 부활시키며, 가난한 자에게 기쁜 소식을 전할" 것이다. 갈릴리에 사는 많은 사람들에게 예수는 세례자 요한이 선포했던 유황불과는 다른 종류의 것을 기대하도록 만들었다. 예수는 악한 사람들과 불의한 사람들이 분명히 하나님의 복수로 벌을 받게 될 것이라고 설교했지만, 하나님의 능력이 이미 나타나고 있으며, 이스라엘 땅에서 오랫동안 억압받던 농촌 주민들에게 하나님의 능력이 주어질 것이라는 놀라운 증거도 보여주었다.

우리는 예수의 첫 번째 치유 행동이 어디에서 일어났는지 확인할 수 없다. 마가복음(1:23-27)과 누가복음(4:33-36)은 예수의 첫 번째 귀신축출이 가버나움의 회당에서 있었다고 보도하지만, 마태복음과 요한복음은 그 구체적인 장소를 언급하지 않고 있다. 그러나 그 첫 번째 치유 사건이 일단 벌어진 다음에는, 다른 병자들도 예수에게 찾아왔으리라는 것을 의심할 이유는 없다. 예수에게서 생명을 살리는 능력이 나온다는 소식이 일단 퍼지게 된 후에는, 다른 마을에서도 고통받는 사람들이 희망을 품고 찾아오게 되었을 것이다. 즉 만일 그들이 예수를 만날 수만 있다면, 그들 역시도 지금 여기서 하나님 나라에 닿을 수 있을 것이다. 건강을 되찾고 싶은 강렬한 욕망 때문에 예수에 관한 소식이 들불처럼 번져나가게 되었고, "예수의 소문이 곧 갈릴리 주위의 온 지역에 두루 퍼졌다"(마가 1:28). 만일 우리가 그 구체적인 사회적 및 정치적 배경을 파악하기 시작한다면, 비록 그 생물학적 기제를 충분히 이해하지 못한다 해도, 우리는 예수가 어떻게 헐벗은 농민들이 다가갈 수 있었던 강력하며 적극적인 에너지가 되어 그들 스스로 치유하기 시작했는지를 이해할 수 있다.

예수 이후에도 갈릴리 지역에는 많은 예언자들과 치유자들이 거쳐 갔을 것이지만, 아무도 나사렛 예수만큼 큰 인상을 남기지는 못했을 것이다. 마을의 인구 가운데 실제로 어느 정도나 예수의 메시지와 활동에 응답했는지는 알 수 없지만, 적어도 응답했던 사람들 가운데 일부는 삶이 뒤바뀌는 영원한 변화를 경험했던 것으로 보인다. 예수의 공생애에서 갈릴리 활동 단계에 대한 우리의 역사적 가설의 핵심은 예수가 헤롯 안티파스의 통치를 받고 있던 농민들의 구체적인 곤경에 대해 직접적으로 대응하여, 그의 청중들에게 단지 일반적인 약속이나 위협보다 훨씬 더 구체적인 가르침을 주었다는 사실이다. 예수는 농민들이 단순히 무기력한 희생자의 운명에 처해진 것이 아님을 보여주었다. 이것은 공공연하게 반정부 연설을 하거나 비밀리에 무장반란을 도모하는 식의 정치적 항거는 아니었지만, 훨씬 더 강력한 방식의 정치적 행동이었다. 즉 예전에는 자신들이 통제할 수 없는 힘들에 의해 마비되거나 불구가 되었던 사람들이 이제는 예수의 영향을 받아 자신들의 삶을 추스르기 시작했기 때문이다. 왜냐하면 예수는 그들에게 새로운 공동체 의식과 새로운 개인적 확신 모두를 주었기 때문이다. 세례자 요한이 그의 "선동적인" 설교 때문에 헤롯 안티파스의 감옥에서 죽을 날을 기다리는 동안, 나사렛 예수는 갈릴리로 되돌아와 그 백성들이 당하는 고통의 상당 부분은 그 새로운 통치자의 권력과 경제정책에 체념하고 수동적으로 묵종하기 때문이라는 점을 깨달았다.

예수의 치유와 귀신축출은 사실상 보다 큰 프로그램의 일부였다. 예언자 엘리야가 정치적 및 경제적 갱신운동 과정에서 하나님의 영에 사로잡혀 비구름을 불러왔고(왕상 18:41-45), 굶주린 과부가 지닌 밀가루 한 줌과 기름 몇 방울이 떨어지지 않게 했고(왕상 17:12-15), 요르단 강물을 기적적으로 갈랐던 것처럼(왕하 2:7-8), 예수라는 이름의 이 새로운 예언자 역시 하나님의 능력에 사로잡혀, 마을의 혼인잔치에서 물을 포도주로 바꾸었으며, 갈릴리 바다의 풍랑을 잔잔하게 만들었고, 적은 분량의 빵과 생선으로 수많은 굶주린 군중들을 배불리 먹게 만든 것으로 기억되었다. 예수의 기적들은 기이한 자연적 호기심의 사건들이라기보다는 하나님께서 이스라엘의 역사에 다시 개입하시기로 작정하셨다는 표징으로 이해되었다. 그리고 이번에는 하나님의 개입이 이 세상에 하나님의 나라를 영원히 확립하기 위한 것이라고 예수는 주장했다. 미대복음과 누가복음은 사해 두루마리의 "메시아 묵시"(Messianic Apocalypse)에 나오는 기대를 보여주는 이야기들을 들려주는데, 이 세상이 끝나고 메시아의 새로운 세상이 올 때를 어떻게 알 수 있는가에 관해 당시 사람들이 일반적으로 이해했던 모습을 보여준다.

이야기에 따르면, 감옥에 갇힌 세례자 요한이 자기 제자들을 예수에게 보내어 예수가 하나님께서 메시아 시대를 시작하도록 보내신 예언자인지를 물어보도록 했다. 이에 대해 예수는 직접 대답하는 대신에 단순히 갈릴리 마을에서 일어난 사건들을 가리켰다. 즉 "가서 너희가 듣고 본 것을 요한에게 알려라. 눈 먼 사람이 보고, 다리 저는 사람이 걸으며, 나병 환자가 깨끗하게 되며, 듣지 못하는 사람이 들으며, 죽은 사람이 살아나며, 가난한 사람이 복음을 듣는다"(마태 11:4-5; 누가 7:22). 이것만으로도 어떤 일들이 **실제로** 일어나고 있는지를 알려주기에 충분했을 것이다. 사회적이며 정치-경제적 갱신의 시대만이 아니라 영적인 갱신의 시대가, 로마제국의 충실한 하수인 헤롯 안티파스의 눈앞에서 동터오고 있었다. 그러나 갈릴리 마을들과 이스라엘 전역에서 로마제국의 팽배한 영향이 하루아침에 사라질 수는 없었다. 그러므로 예수의 다음 단계는 치유와 기적을 베푸는 일을 넘어, 헤롯 안티파스 통치 아래에서 사람들이 겪고 있던 고통을 영원히 극복할 수 있는 실천적 방식을 제시하는 단계일 수밖에 없었다.

예수는 갈릴리 마을에 되돌아온 후부터, 세례자 요한의 급박한 메시지, 곧 "때가 찼다. 하나님의 나라가 가까이 왔다"(마가 1:15)는 메시지를 계속해서 선포했다. 오랜 세월 동안 교회 지도자들과 성서학자들은 이 구절의 의미를 추상적인 신학적 개념으로 설명해 왔으며, 이 개념에 대한 예수의 이해가 어떻게 세례자 요한의 이해와 달랐는지에 관해 논쟁을 벌였다. 심지어 오늘날에도, 교회의 많은 전통들은 "하나님의 나라"(the Kingdom of God)가 예수를 개인적 구원자로 받아들인 모든 사람이 하늘의 복을 받은 상태를 가리키거나, 아니면 악한 세상 속에 거룩하고 영원히 서 있는 참된 교회(True Church)의 신성한 영역을 가리킨다고 주장한다. 그러나 이와는 매우 다르게, 20세기 초의 중요한 신약학자 알베르트 슈바이처(Albert Schweitzer)와 루돌프 불트만(Rudolf Bultmann)은 하나님 나라의 도래가 조만간 모든 피조물을 압도할 무서운 물리적 변화를 가리킨다고 주장했다. 이 두 학자는 하나님 나라에 대한 예수의 메시지를 (곧 다가올 하나님의 심판에 대한 세례자 요한의 불같은 설교처럼) 당시 유대인들의 묵시종말적 맥락, 곧 이 세상을 완전히 파괴하고 변혁시킬 "우주적 대격변"의 도래라는 맥락에서 해석했다. 그들은 예수를 올바른 역사적 맥락, 곧 당시의 유대교 제2 성전시대의 전통에 자리매김할 경우, 온

화한 스승이나 치유자로 오해할 것이 아니라, 실제로 이 세상이 곧 사라질 것이라 믿었던 파괴와 심판의 단호한 예언자였다고 믿었다.

그러나 예수의 하나님 나라에 대한 이처럼 불길한 해석은 나사렛 목수 출신 예언자 예수의 기쁨에 넘치고 생명을 긍정하는 메시지와 조화를 이루지 않는다. 우리가 이미 언급한 것처럼, 전통적인 유대인 예언자들과 묵시문학의 언어(복음서, 사해 두루마리, 기타 유대인 묵시문학 본문, 신약의 요한계시록에서처럼)를 이 세상과 그 주민들이 마치 핵무기에 의해 파괴되듯 문자적으로 파괴되는 것으로 이해할 필요는 없다. 오히려 극적인 역사적 변화에 대한 생생한 표현방식, 혹은 과장법의 표현방식으로 이해할 필요가 있다. 심지어 세례자 요한이나 예수가 기대했던 "격변"이란 지배층의 몰락, 곧 로마의 유혹적인 이데올로기를 선택하고 전통적인 이스라엘의 가치를 저버린 헤롯왕조의 지배층이 몰락해서 수치를 당하게 되는 것이었다고 주장할 수도 있다. 세례자 요한과 예수의 설교 모두에서, 하나님 나라의 도래는 사람들이 서로에게 대하는 방식상의 혁명과 인식의 혁명, 곧 이 세상에 자신들을 다스리는 창조주 한 분 하나님 외에는 카이사르도 없고, 분봉왕도, 백부장도 없다는 인식의 혁명을 뜻했다. 실제적 의미에서 이것은 모든 권력의 지배를 거부하는 것이며, 순수한 계약 체계로 되돌아가 모든 이스라엘 백성이 하나님 아래 형제자매로 간주되는 것을 뜻했다. 오늘날의 정치적 관점에서 보면, 이것은 혁명이라 부를 수 있는 것이지만, 예수와 당시 사람들에게는 이것이 이스라엘의 오랜 유산 그 이상도 이하도 아니었다. 이스라엘의 초기 예언자들처럼, 예수 역시 왕의 지배가 없는 이스라엘 왕국이 이미 현존할 수 있으며 그 마을과 도시에서 기능을 발휘할 수 있다고 가르쳤다. 만일 사람들이 자신들의 신성함을 깨닫고 그에 따라 자신들의 공동체 생활을 재편한다면 말이다.

예수의 능력으로 다리 저는 사람, 귀먹은 사람, 장님, 귀신 들린 사람이 낫게 되면서, 예수는 자신의 치유에서 나타난 에너지와 이스라엘의 보다 큰 갱신의 에너지를 불어넣는 영 사이의 긴밀한 관계를 강조했다. 즉 "내가 하나님의 능력을 힘입어 귀신들을 내쫓으면, 하나님 나라가 너희에게 이미 온 것이다"(누가 11:20). 하나님은 분명히 모든 사건을 통제하시지만, 그의 뜻을 펼치기 위해 군대나 무기를 필요로 하지 않으셨다. 구원의 시대를 시작하기 위해 하늘에서 "빛의 아들들"과 "어둠의 자식들" 사이의 임박한 전투를 열심히 기다리는 사람들과는 대조적으로, 또한 로마인들과 헤롯의 용병들에 맞서서 직접적 군사행동을 주장했던 사람들(오합지졸과 같은 게릴라들에게 또 한 번의 피비린내 나는 참극을 초래할 길)과는 대조적으로, 예수는 하나님께서 대안적 사회(an alternative society)를 창조하심으로써 그의 나라를 세우고 계신다고 가르쳤다.

그 사회는 어떤 종류의 사회였는가? 예수는 치유와 귀신축출 사건에 따른 메시지를 통해 사람들의 고통에 직접적으로 대면했다. 헤롯왕의 세금과 토지 박탈의 위협 아래, 사람들은 상호 협력이라는 전통적 마을의 정신을 잃어버렸기에, 서로 분열되고 서로를 비난하는 태도를 가라앉혀야만 했다. 갈릴리 마을이 그리스왕국이나 로마제국이 지배하기 이전에 평화로웠던 것은 아니다. 간신히 생계를 이어가던 소작농들의 삶이란 가뭄, 전쟁, 질병으로부터 자신을 보호할 잉여생산물이 전혀 없었기 때문에 결코 쉽지 않았다. 그러나 이스라엘 백성은 모세 율법에 깊이 새겨진 사회적 법규들과 공동체의 행동 기준을 항상 지켜왔었다. 그러나 불행하게도 부채와 세금의 압력을 받아, 더 이상 토라(Torah)가 아니라 로마의 법적인 기준이 우선하게 되었다. 마을 사람들이 예전에는 이웃이 궁핍할 때 도와주어야 할 책임을 느꼈지만, 이제는 더 이상 그래야 할 법적인 의무가 없게 되었는데, 특히 그들 자신이 이제는 채무자가 되어 자신들의 자녀들에게 줄 식량조차 마련하기 어려워졌기 때문이다. 동네 싸움도 평상시에는 쉽게 해결되었지만, 이제는 욕설, 주먹질, 가족들 사이의 불화로 이어지곤 했다. 돈이나 식량을 꾸면서 담보로 잡히는 토지나 물건들도 원래는 안식년 법에 따라 원래 주인에게 돌려주어야 했지만, 이제는 대도시의 채권자가 영원히 소유하게 되었다. 간단히 말해서, 이스라엘 백성은 이제 갈기갈기 찢어지게 되었다. 예전에는 마을 사람들이 자신들의 해방을 위해 협력했을 수 있었지만, 이제는 서로 목을 조르는 형편이었다. 그러므로 예수의 치유와 가르침은 이런 맥락에서 이해해야만 한다. 즉 놀라운 기적들 사이에 추상적인 영적 진리를 가르친 것으로 이해할 것이 아니라, 공동체 행동의 프로그램으로, 또한 서로 밀접하게 연결되어 있던 마을들을 완전히 해체하여 사람들을 외톨이로 만들어 버림으로써 두려움에 떨게 만든 당시의 체제에 대해서 실천적으로 저항할 수 있는 프로그램으로 이해해야만 한다.

예수는 "내 말을 듣고 있는 너희에게 내가 말한다. 너희의 원수를 사랑하여라. 너희를 미워하는 사람에게 잘 해 주고, 너희를 저주하는 사람들을 축복하고, 너희를 모욕하는 사람들을 위하여 기도하여라. 네 뺨을 치는 사람에게는 다른 쪽 뺨도 돌려대라"(누가 6:27-29)고 말했다. 이것은 단순한 평화주의나 유순함이 아니라, 이스라엘 백성들의 화해와 갱신의 첫걸음이었다. 이것은 레위기의 훈계, 곧 "한 백성끼리 앙심을 품거나 원수 갚는 일이 없도록 하여라. 다만 너는 너의 이웃을 네 몸처럼 사랑하여라"(19:18)와 같은 것이다. 이스라엘의 서기관들과 교사들은 언제나 식솔들 간에 서로 도우라는 전통적 계약의 가르침과 안식년 율법을 강조했으며, 이자를 받거나 부채를 갚지 못해 노예로 삼는 행위를 엄격히 금지하려고 노력했다. 실제로 기원전 2세기 초엽에 기록된「집회서」로 알려진「시락의 책」은 "이웃에게 돈을 꾸어주는 사람은 자비를 베푸는 사람이고 이웃을 도와주는 사람은 계명을 지키는 사람이다"(29:1)라고 말함으로써, 이스라엘 전통의 정수(essence)는 공동체적 연대성임을 분명하게 표현했다. 예수는 이 전통을 다시 말하면서 확장시켰다. 즉 예수는 채무자가 대부를 받으면서 담보로 맡긴 겉옷에 대해 채권자가 법적으로 그 소유권을 주장할 경우, 채무자는 속옷까지 벗어주어 그를 당황하게 만들라고 충고했다(누가 6:29; 마태 5:40). "네게 달라는 사람에게 주고, 네게 꾸려고 하는 사람을 물리치지 말아라"(마태 5:42). 이런 협동과 상호부조는 옛 계약 전통이 가르쳤던 것이며, 우리는 예수의 이런 가르침을 헤롯왕의 통치 아래에서 신음하던 갈릴리 사람들의 정치경제적 상황에 대한 실천적 대응으로 이해해야만 한다.

당시 모두가 굶주렸고 서로 빚을 진 상태였기 때문에 서로가 자신의 이익만을 추구하고 서로 적대감에 사로잡혀 있던 상태에 맞서서, 예수는 계약을 갱신하기 위한 실제적 행동을 주장했으며, 그럼으로써 하나님께서 약속하신 축복을 회복하고자 했다. 주기도문의 언어도 우리에게는 영적이며 저 세상적인 것으로 친숙하지만, 당시 세금과 토지 박탈로 인해 굶주림과 빚더미에 올라앉게 된 갈릴리 농민들이 그 억압적 체제를 뒤집어엎을 희망을 불러일으킨 기도로 이해할 수 있다. "하늘에 계신 우리 아버지, 그 이름을 거룩하게 하여 주시며, 그 나라를 오게 하여 주시며, 그 뜻을 하늘에서 이루심 같이 땅에서도 이루어 주십시오. 오늘 우리에게 필요한 양식을 내려 주시고, 우리가 우리에게 빚진 사람의 빚을 없애 준 것 같이 우리의 빚을 없애 주시고, 우리를 시험에 들지 않게 하시고, 악에서 구하여 주십시오"(마태 6:9-13). 이처럼 오직 하나님만이 다스리는 지상의 나라, 폭력이나 경제적 불평등이 없는 그 나라에 대한 희망은 오늘날처럼 당시에도 많은 사람들에게 공상적인 이상처럼 보였을 것이다. 그러나 이런 희망은 부채로 인해 토지를 잃고 절망하는 농민들에게 행동하도록 자극을 줄 수도 있었다.

    하나님 나라는 만일 사람들이 그것을 믿기만 한다면, 실제로 가까이 있었다. 꿈이 아니라, 하늘의 비전이 아니라, 영적인 상태가 아니라, 지금 여기에서의 변혁, 곧 그들이 매일 일하는 밭에서, 그리고 그들이 사는 마을에서 일어나는 사회적 변혁으로 믿는다면, 그들이 불의를 거부하고 하나님의 명령을 지키기만 한다면 말이다. 고대 이스라엘 예언자들의 꿈, 곧 하나님의 계약의 율법들이 마침내 지켜지고 정의가 구현될 때 이스라엘에는 평화, 번영, 행복이 오게 된다는 꿈을 기억하면서, 이스라엘의 굶주린 농민들과 토지를 갖지 못한 노동자들은 하나님의 영광의 시대가 풍요와 잔치의 시대로 열리게 될 것을 기대했다. 이사야는 "만군의 주님께서 이 세상 모든 민족을 여기 시온산으로 부르셔서, 풍성한 잔치를 베푸실 것이다. 기름진 것들과 오래된 포도주, 제일 좋은 살코기와 잘 익은 포도주로 잔치를 베푸실 것이다"(25:6)라고 약속했었다. 마치 구원의 영광스러운 때가 지금 시작되고 있다고 선포하듯이, 예수는 약간의 음식을 지닌 그의 추종자들을 갈릴리 바다 주변 공터에 불러 모았다. 헤롯왕의 관리들과 세금징수원의 감시하는 눈길이 미치지 못하는 곳에서 말이다. 빵 몇 개와 생선 몇 마리를 갖고 수많은 사람을 먹인 기적의 이야기들에서, 우리는 예수가 "하나님 나라의 잔치"를 가리킨 것을 이해할 수 있다. 즉 그 잔치에서는 하나님의 능력으로 굶주린 무리를 충분히 먹일 수 있었던 것이다. 또한 예수가 계속해서 혼인잔치와 "큰 잔치"의 이미지를 사용할 때는 거기에 어떤 암시가 있었다. 즉 예수는 헤롯 안티파스의 왕궁에서 열리는 사치스러운 잔치를 우롱하고 있는 것으로 이해할 수 있었는데, 그 잔치에서 고관대작들이 먹고 마시는 음식과 술은 바로 그 굶주린 무리가 피땀 흘려 만든 것들이었다.

    이처럼 치유, 설교, 잔치를 통해, 예수는 마을 공동체들에서 이스라엘의 독립을 꿈꾸는 운동을 촉진하기 시작했다. 이스라엘 백성은, 만일 그들이 하나님의 계약에 성실하기만 하다면 하나님의 구원 약속의 상속자들로서, 로마의 번영이라는 거대한 방앗간의 얼굴 없는 톱니바퀴가 되기를 거절할 자유가 있었다. 그들은 극장과 광장을 만드느라 짐승처럼 일하는 노예가 되기보다, 자신들의 마을 안에서 외지인들이 소유한 밭에서 농사지으며 자유롭게 서로 나누거나, 그 첫 수확물을 왕궁에 갖다 바치거나 할 수 있었다. 이것은 강력한 설교였으며, 예수를 유명하게 만든 신적인 능력의 행동들을 통해 더욱 놀라운 것이 되었다. 그러나 이것은 또한 최고 수준의 선동이기도 했다. 그런 점에서 예수는 자신의 운동이 조만간 불러일으킬 강력한 반대를 잘 알고 있었을 것이다. 즉 헤롯왕의 관리들은 예수가 주창한 대안사회에 대해 단지 위협만을 느낄 것이기 때문이었다. 예수가 가르친 급진적 방식에 대해 가족 안에서조차 심각한 분열이 일어날 가능성도 있었다. "너희는 내가 세상에 평화를 주러 온 줄로 생각하느냐?" 예수는 측근 제자들에게 물었다. "내가 너희에게 말한다. 그렇지 않다. 도리어, 분열을 일으키러 왔다. 이제부터 한 집안에서 다섯 식구가 서로 갈라져서, 셋이 둘에게 맞서고, 둘이 셋에게 맞설 것이다. 아버지가 아들에게 맞서고, 아들이 아버지에게 맞서고, 어머니가 딸에게 맞서고, 딸이 어머니에게 맞서고, 시어머니가 며느리에게 맞서고, 며느리가 시어머니에게 맞서서, 서로 갈라질 것이다"(누가 12:51-53).

예수의 전면적인 공동체 갱신 프로그램은 결코 한 개인에 의해 성취될 수 없었으며, 그의 공생애 시작에서부터 우리는 조직의 전략에 대한 대체적 모습을 파악할 수 있다. 베드로, 안드레, 요한, 야고보 등 가버나움 어부들을 제자로 뽑아 갈릴리와 그 주변 마을들로 보내면서, 예수는 그들을 통해 하나님 나라 메시지를 전파하게 했는데, 이 사도들은 고대의 "예언자들의 아들들" 역할을 맡은 사람들로서, 그것은 열왕기에 기록된 것처럼, 하나님의 영에 사로잡혀 이스라엘 북왕국 사람들에게 설교하고 기적을 일으키던 유랑 집단의 역할이었다. 이것 역시 새로 만들어낸 것이 아니라 고대의 전통이었다. 예언자 엘리야가 아합왕의 가증스러운 죄악에 맞서서 예언자들의 아들의 도움을 받아 민족적 갱신운동의 선봉에 섰던 것처럼, 예수도 안티파스의 약탈로부터 갈릴리를 구원하기 위해 노력하면서 그 자신의 예언적 설교자들의 도움을 받았다. 제자들에게 맡겨진 일은 예수 자신이 찾아가지 못한 마을들에서 하나님 나라의 실재를 설교하고, 그 나라가 치유와 귀신축출 속에 이미 그 능력이 나타나고 있음을 드러내는 일이었다.

예수의 제자들의 사명은 사람들의 행동에서 나타나는 혁명을 통해 기존질서를 전복시키려는 거창한 것이었다. 즉 그것은 단순히 영적 회심을 위한 프로그램이 아니었으며, 소외된 젊은 이상주의자들이 낙후된 마을들을 찾아다니며 선행을 베풀고 자기들 삶의 의미를 찾으려는 것도 아니었다. 일부 신약성서 학자들, 특히 예수 세미나와 관련된 학자들의 주장, 곧 역사적 예수는 비정치적이며 대항문화적인 지혜(counter-cultural wisdom)를 가르친 갈릴리의 구루(guru)였으며, 또한 그의 유랑하던 추종자들은 단순히 그리스-로마 세계에서 떠돌아다니던 견유철학자들(고대 헬레니즘 도시들의 길모퉁이에서 사람들에게 무의미한 가치들과 그리스-로마 문화의 점잔 빼는 인습들을 포기하라고 촉구했던)과 닮은 농민 견유철학자의 모습이었다는 주장에도 불구하고, 그런 식의 교차문화적 비교는 오직 일반적 의미에서만 타당할 뿐이다. 만일 예수가 그의 제자들을 보내면서 가르친 **구체적** 내용들(마가 6:8-11; 마태 10:9-10; 누가 10:4) 속에는 그 당시에는 의미가 있었을 테지만 후대의 교회의 편집자들에게는 중요하지 않았을 물질문화의 특징적 요소들이 들어 있다는 점을 우리가 조심스럽게 상정해 본다면, 그 제자들은 결코 당시 사람들로부터 견유철학적 설교자로 간주되지 않았을 것임을 알 수 있다. 헬레니즘 도시들에서 견유철학파의 설교자는 그의 누더기옷과 지팡이, 동냥을 넣는 주머니로 알아볼 수 있지만, 예수는 자기 제자들을 마을로 보내면서 전대나 신발, 자루를 지니지 말라고 분명히 지시했으며, 가는 도중에 사람들과 이야기하지도 말라고 했다. 예수는 제자들에게 거지들처럼 돌아다니며, 메시지를 들으려 하는 사람에게는 누구에게나 중대한 말씀을 던져주라고 한 것이 아니라, 한 마을에서 일정 기간 일하면서 한 집에 머물고, 그 집주인이 내놓는 것은 무엇이든 먹으라고 가르쳤다. 이 제자들은 "예언자의 아들들"처럼, 하나님의 영에 가득 차서 하나님의 적극적인 영의 매개자로서 지역의 연대성을 키우고 공동체의 갱신을 도모했다. 개인적인 도덕적 진보라는 순전히 영적인 사명을 지닌 집단과는 달리, 이 제자들은 갈릴리 전역의 마을들의 갱신을 위해 공동체를 지향하는 정치적 및 종교적 프로그램을 진행하기 위해 파견되었다.

그렇다고 해서 갈릴리의 모든 마을이 제자들의 요청에 따라 예수운동에 열광적으로 응답했던 것은 아니다. 갈릴리에서 예수의 활동에 대해 신약성서 이외의 문헌들에 아무런 언급이 없다는 사실은 예수의 활동이 극히 지역적 현상이었으며, 다른 외부 사람들에게는 알려지지 않았거나, 아니면 당시 헤롯 궁정의 공식 역사가들이나 서기관들로서는 언급할 가치조차 없는 것으로 생각했음을 알려준다. 심지어 복음서 전승 안에서조차(예수에 대한 반대는 "서기관들과 바리새파"에 집중되었다), 우리는 예수가 직면했던 일반인들의 적대감과 의심을 볼 수 있다. 사는 것이 힘겹고 긴장이 많은 때는 대부분의 사람이 이상주의적이며 환상적인 것에 자신들과 가족의 삶을 내맡기기를 꺼리기 때문에, 많은 갈릴리 사람이 예수와 그의 제자들을 피한 이유를 이해할 수 있는데, 사람들은 예수와 그 제자들이 자기 마을에 머물기 때문에 당국이 자신들에게 억압적 조치를 취할 것이 두려웠던 것이다. 또한 안티파스의 관료주의에 직접 의존해서 살아가거나 예루살렘 성전 제사장들의 십일조에 의존해서 살아가는 사람들은 예수의 설교를 위험한 것으로 간주했을 것이며, 여러 가지 방법을 동원해서 예수를 깎아내리려고 했을 것이다. 그들은 계약에 따른 회개를 요청했던 세례자 요한을 "귀신이 들렸다"고 비웃었던 것처럼(마태 11:18; 누가 7:33), 이제는 예수가 궁핍한 소작농들과 냄새나는 어부들과 어울려 "잔치"를 벌이면서 하나님 나라를 경축하는 것에 대해 "마구 먹어대는 자요, 포도주를 마시는 자요, 세리와 죄인의 친구다"(마태 11:19; 누가 7:34) 하며 비웃었다.

예수가 노골적으로 직면했던 또 다른 위협은 그 자신이 악한 귀신 들린 사람이라는 비난이었다. "예수가 바알세불이 들렸다고 하고, 또 그가 귀신의 두목의 힘을 빌어서 귀신을 쫓아낸다고도 하였다"(마가 3:22). 한편 여전히 세례자 요한에게 충실한 추종자 중에는 예수에 대해 분노를 느끼면서, 참 예언자가 감옥에서 고통을 겪고 있는 마당에 예수가 무대 전면에 나서 인기를 독차지하려 한다고 생각하는 사람들도 있었을 것이다. 실제로 전체 마을들은 하나님 나라가 도래하고 있다는 예수의 소식에 대해 차가운 무관심을 보인 채, 어려운 조건에서 최선을 다해 생존을 위해 몸부림치려 했던 것으로 보인다. 예수 자신도 모두가 이스라엘의 계약을 갱신하는 일에 기쁘게 가담하리라는 환상을 갖지는 않았으며, 때때로 그가 치유의 영에 넘쳤던 것과 마찬가지로, 때로는 예언자적 분노에 사로잡히기도 했다. "고라신아, 너에게 화가 있다. 벳새다야, 너에게 화가 있다. 너희 마을들에서 행한 기적들을 두로와 시돈에서 행했더라면, 그들은 벌써 굵은 베 옷을 입고, 재를 쓰고서, 회개하였을 것이다"(마태 11:21-22; 누가 10:13-14). 심지어 예수가 자신의 거점으로 삼았던 마을조차도 그의 예언적 메시지를 들으려 하지 않았던 것으로 보인다. "화가 있다. 너 가버나움아, 네가 하늘에까지 치솟을 셈이냐? 지옥에까지 떨어질 것이다"(마태 11:23; 누가 10:15).

그러나 예수의 가장 위험한 반대자들은 소심한 마을 사람들이나 하급 관리들이 아니라, 정부의 고급 관리들이었다. 헤롯 안티파스와 그의 신하들은 티베리아스에 있는 그의 왕궁에서 주변 마을들을 철저하게 감시하고 있었으며, 선동이나 소요사태의 낌새만 보여도 재빨리 결정적인 조치를 취할 준비가 되어 있었다. 비록 복음서들은 (예수의 예루살렘에서의 십자가 처형과 부활에 대한 신학적 의미에 사로잡혀 있었기 때문에) 당시의 사태들에 대한 헤롯 안티파스의 역할에 관해 모두 망각해 버리고 말았지만, 안티파스는 예수가 갈릴리의 농민들 사이에서 일으키고 있었던 소동에 대해 알고 있었을 것이며 즉각적 조치를 취하고 싶어 했을 것이다. 그는 아버지로부터 지역마다 밀고자들의 연락망을 둘 필요성을 배웠던 것이 분명하며, 실제로 헤롯왕조는 안보체계를 잘 발전시켰기 때문에 요세푸스가 다음과 같이 기록할 정도였다. "도시에서건 길에서건 사람들이 함께 만나는 것을 정탐하는 자들이 있었다. 심지어 헤롯왕 자신도 그 일에 가담하여 때로 밤에 민간인 옷을 입고 군중들 틈에 끼어 군중들이 자신의 통치에 대해 어떻게 생각하는지를 알아보곤 했다고 한다."

이로써 헤롯당은 잠재적인 소요사태에 대해 즉각적으로 막강한 권력과 군사적인 강압으로 대처할 수 있었다. 그러나 때로는 그들의 조치가 지나칠 수 있었다. 세례자 요한의 경우가 그랬다. 그의 메시지는 심지어 그가 체포된 이후에도 계속 전파되었다. 우리는 세례자 요한이 베뢰아의 마캐루스 요새에 갇혀 있던 상황과 처형에 대해 자세한 것은 알지 못한다. 요세푸스는 단지 세례자 요한의 "달변"에 의해 그 지역에 불안상태가 조성된 것에 대해 헤롯 안티파스가 두려워했다는 사실과 "요한은 사슬에 묶여 마캐루스로 끌려왔으며, 거기서 처형되었다"라고만 기록했기 때문이다. 마가 6:17-29과 마태 14:3-12는 훨씬 더 자세한 이야기를 전하고 있는데, 안티파스의 아내 헤로디아가 자신의 혼인을 세례자 요한이 공개적으로 단죄한 것 때문에 세례자 요한이 처형되기를 바랐으며, 그녀의 딸 살로메가 안티파스의 생일잔치에서 춤을 추어 결국 안티파스를 설득하여 세례자 요한을 처형했다고 전한다. 역사적 관점에서는 살로메가 요청한 것처럼 실제로 세례자 요한의 머리를 큰 접시에 담아 안티파스 앞에 가져왔는지는 확인할 수 없지만, 그 요청과 춤, 접시는 초기 기독교 시대부터 오늘날까지 그에 관한 그림과 문헌의 주제가 되었다.

그러나 만일 안티파스가 마침내 성가신 예언자 한 사람을 마캐루스에서 제거해 버렸다고 생각했다면, 이제 또 한 사람이 갈릴리에 등장한 것이다. 여기서 사건들의 연대순서는 단지 대략적일 수밖에 없다. 그 이유는 세례자 요한이 처형되기 전에 감옥에 얼마나 오래 갇혀 있었는지, 혹은 예수의 공적인 활동 기간 중에 언제 그 처형이 이루어졌는지 확인할 수 없기 때문이다. 그러나 세례자 요한이 멀리 떨어진 마캐루스 요새에서 처형당한 후 얼마 지나지 않아서, 안티파스는 그의 밀고자들을 통해 갈릴리 마을에서 민심이 동요하고 있다는 사실을 알게 되었다. 마가 6:14-16에 보존된 전승(마태 14:1-2; 누가 9:7-9)에 따르면, 안티파스는 예수의 치유활동과 설교활동에 관해 서로 다른 보고를 받았음을 알 수 있다. "헤롯왕이 그 소문을 들었다. 사람들은 말하기를 '세례자 요한이, 죽은 사람들 가운데서 살아났다. 그 때문에 그가 이런 놀라운 능력을 발휘하는 것이다' 하고, 또 더러는 말하기를 '그는 엘리야다' 하고, 또 더러는 '옛 예언자들 가운데 한 사람과 같은 예언자다' 하였다." 안티파스는 그 자신이 왕적인 메시아(royal messiah)로서의 열망을 품고 있었는데, 예수를 위험인물로 지목할 만큼 충분히 이스라엘 전통을 잘 알고 있었다. 이 보고를 듣고 안티파스가 보인 반응에 대해 학자들은 많은 논쟁을 했지만, 분명한 사실은 안티파스가 예수에게서 단지 시골 촌뜨기며 신앙의 치유자로서 조만간 그 사기꾼의 모습이 드러나 사라져 버릴 인물 따위가 아니라는 사실을 눈치챘다는 점이다. 즉 예수의 치유와 귀신축출, 노천에서 벌이는 "잔치"와 예언적인 선포는 안티파스 자신이 겨우 쌓아 올린 새로운 질서와 권력, 재정수입을 허물어버리는 매우 위험한 도발 행위였다. 세례자 요한에게서 시작된 선동의 물결이 계속 퍼져나가고 있는 것이 분명했다. 따라서 안티파스의 말, 곧 "내가 목을 벤 그 요한이 살아났구나"(마가 6:16)라는 말에는 세례자 요한의 환생에 대한 믿음보다는 아이러니한 정치적 유머가 들어 있는 셈이었다.

예수 자신은 비록 처음에는 헤롯 안티파스와의 대결을 피했던 것처럼 보이지만, 결국 그 불가피한 대결을 준비하고 있었다. 예수가 그의 목회 처음 시기 동안에 흔히 그의 추종자들을 외딴 광야에서 만나곤 했다는 사실, 곧 감시가 심한 마을들과 성읍들에서 멀리 떨어진 곳에서 만났다는 사실에는 이스라엘 민족사에서 해방 이전에 출애굽과 광야의 유랑이라는 전통적인 상징 이상이 있었을 것이다. 그러나 예수운동이 확산되면서 더 이상 비밀로 남아 있을 수는 없었다. 복음서들 속에서 서기관, 바리새인, 헤롯당원들로 다양하게 나타나는 사람들이 누구였든지 간에, 그들은 예수가 "덫에 걸리도록" 음모를 꾸몄던 자들이었기 때문에, 당시에 헤롯 안티파스가 예수에 관해 충분히 알게 되었으며, 세례자 요한을 처치하듯 예수를 처치할 작정을 했음이 분명하다. 그러나 누가 13:31에는 "몇몇 바리새파 사람들"이 예수에게 안티파스가 그를 죽일 계획을 갖고 있다는 말을 전하면서 마치 일반 범죄자처럼 그 지역을 떠나도록 충고하자, 예수는 그것을 무시하면서, "가서 그 여우에게 전하기를 '보아라,

오늘과 내일은 내가 귀신을 내쫓고 병을 고칠 것이요, 사흘째 되는 날에는 내 일을 끝낸다' 하여라"고 지시했다.

하나님 나라의 논리는 예루살렘을 향해 나아가고 있었으며, 세례자 요한이 보여준 것보다 훨씬 더 직접적인 예언적 시위를 드러낼 판이었다. 예수는 마지막으로 예루살렘에 올라가기에 앞서 몇 달 동안 공동체 갱신운동을 시작하여, 동터오는 하나님 나라의 정신에 따라 서로 돕고 협동하는(reciprocity and cooperation) 정신을 되살리는 일에 매진했다. 그러나 마을의 생활을 되살리는 그의 운동은 또 하나의 분리주의 운동일 수가 없었다. 즉 권력자들과의 대결을 피한 채, 갈릴리의 외딴 계곡이나 멀리 떨어진 구릉지대에 은둔하면서 진행하는 운동일 수 없었다. 갈릴리 사람들이 예루살렘에 대해 때때로 어떤 이중적인 감정을 느꼈다 할지라도, 예루살렘은 여전히 이스라엘의 전통적 수도였다. 예루살렘은 아브라함이 멜기세덱을 만난 이후로 중요한 장소가 되었으며, 통일 이스라엘의 첫 수도였으며, 솔로몬 성전이 있는 곳이었다. 예루살렘 거리와 광장에는 이스라엘 백성의 정치사, 곧 아브라함에서 다윗, 에스라를 거쳐 마카베오까지의 역사가 재연되었다. 성전 뜰에서는 축하행사와 희생제사를 드려 이스라엘의 평화를 빌었다. 그러나 더 이상 십일조와 헌물이 효력을 발휘할 수 없게 된 이유는 이스라엘 백성이 갈릴리에서는 속국 왕의 학정에 시달리고, 유다 지방에서는 로마 총독의 지배를 받고 있기 때문이다. 어느덧 유월절 축제가 다가오고 있었고, 하나님의 영에 사로잡힌 예수는 갈릴리 마을들에서의 갱신운동은 하나님 나라가 실제로 가까이 온 것임을 뜻한다고 확신한 채, 새로운 파라오 왕의 통치 아래 노예 생활하는 이스라엘 백성을 하나님께서 새롭게 구원하시는 현실을 선포하기 위해 예루살렘으로 유월절 순례길에 오를 참이었다. 엘리야처럼 예수도 정치 지도자들과 지배체제에 대해 하나님의 심판을 선포할 것이다. 예레미야처럼 예수도, 하나님의 임박한 심판을 바로 성전 뜰 안에서 보여줄 것인데, 그러면 그곳에 모인 순례자들은 예수의 해방 메시지를 듣게 될 것이며, 그 해방의 메시지를 전국 방방곡곡에 전할 뿐 아니라 로마제국 전역에 흩어져 있는 이스라엘 공동체에 전파할 것이었다.

예수가 예루살렘에 올라간 여행에 대한 전승은 후대 기독교 역사의 모든 전승에서 핵심적일 뿐만 아니라, 예수에 관한 비기독교적 문헌들에서도 핵심적이기 때문에, 그의 갈릴리 목회의 마지막 단계에 이르러서는 자신의 예언자 역할이 갈릴리 지역에 국한된 것이라기보다는 민족 전체에 관한 것이라는 점을 깨닫게 되었다는 사실은 분명하다. 아이러니하지만, 예수의 행동을 자극한 것은 헤롯 안티파스가 점차 성전을 자신의 권력을 강화하기 위한 도구로 간주했기 때문일 수도 있다. 안티파스가 왕으로서 자신의 큰 야심을 주장할 수 있었던 유일한 적법성은 결국 그의 아버지가 건설한 웅장한 성전에 대한 후견인으로서의 권리뿐이었다. 헤롯 안티파스와 하스몬 가문 출신 아내 헤로디아는 성전의 큰 제단에서 솟아오르는 연기 속에, 토라에 규정된 제사들의 예물들을 통해, 그리고 자신이 거룩한 도성으로 순례하는 행렬을 통해, 자신들의 신앙심과 선행을 이스라엘 백성들에게 보여줄 수 있으며 동시에 로마제국에게는 그 자신이 백성들을 다스려 영원히 로마에 충성하고 복종하게 만들 적임자라고 확신시킬 수 있으리라 믿었다.

예수는 이스라엘 백성을 헤롯 안티파스의 환상에서 벗어나게 하여 독립적인 이스라엘의 전통을 따르도록 만들려 했는데, 이런 점에서 복음서 전승이 제자들의 숫자로 "열둘"을 강조한 것과 예수가 그의 열두 제자에게 이스라엘의 열두 지파를 위한 정의 확립을 위임했다는 것(마태 19:28; 누가 22:29-30)은 의미심장하다. 이것은 하나님께서 아브라함의 자녀들과 야곱의 열두 아들에게 영원한 유산으로 약속하셨던 땅의 모든 지역에 예수의 메시지가 전파된다는 뜻이었다. 곧 약속의 땅 모든 마을에 갱신의 메시지가 전파된다는 뜻이었다. 그러나 단순히 이런 식의 영토 개념은 이스라엘 백성 전체를 포함하기에 충분하지 않았다. 왜냐하면 이스라엘은 마을 공동체나 도시의 회당들에 모여 하나님의 위대한 구원 활동을 기억하고, 연례 절기들을 축하하고, 모세 계약에 대한 의무에 귀를 기울이는 곳이면 어디나 존재했기 때문이다. 적어도 700년 전 앗시리아가 정복한 후로는 이스라엘 백성의 상당수가 지중해 연안으로 흩어져 살아왔다. 심지어 예수 당시에도 갈릴리 마을 사람들은 로마 군인들에 의해 먼 곳에 노예로 끌려갔으며, 마을 사람들 가운데 피폐해진 고향을 버리고 지중해 지역의 다른 곳에서 더 나은 생활을 하기 위해 자발적으로 떠난 사람들의 이야기를 예수 자신도 틀림없이 들었을 것이다. 그들 역시 "이스라엘의 잃은 양"이었고 조만간 해방되어야 할 사람들이었다. 비록 약속의 땅에서 멀리 떨어진 도시나 광산, 노동자 수용소에 살았지만, 그들 역시 갱신된 이스라엘의 잠재적 멤버들이었다. 안티파스가 비록 그들의 공적인 보호자가 되기 위해 노력했지만, 예수는 그와 다른 현실을 내다보고 있었다. 즉 예수는 이스라엘의 흩어지고 고통당하는 백성들이 헤롯왕 스타일의 왕적인 메시아에 대한 선동적 호소에 더 이상 미련을 갖지 않게 되고, "사람들이 동과 서에서, 또 남과 북에서 와서, 하나님 나라 잔치 자리에 앉을 것"(누가 13:29)이라는 미래를 내다보고 있었다.

예수의 추종자들에게는, 오랜 세월 동안 기다리고 기도했던 이스라엘의 갱신의 때가 드디어 도달했다. 그러나 예수가 예루살렘에 올라가기로 작정한 일의 역사적 결과는 예상치 못했던 것이며 치명적인 것이었다. 평생 갈릴리에서만 살았던 예수는 또 다른 파라오의 권력, 즉 헤롯왕가가 아니라 로마제국의 권력을 분명히 과소평가했다. 헤롯 안티파스는 언젠가 예루살렘에서 통치할 날을 기대했을 테지만, 당시는 로마인들이 거기에 있었다. 예수가 예루살렘에서 모든 유대인이 지켜보는 가운데, 예언자의 도전을 드러내려고 결심한 것은 결과적으로 예상치 못했던 폭력을 초래할 것이었다. 그 비극적이며 폭력적 결과는 애당초 갈릴리에서부터 예수를 따라다녔던 제자들 가운데 적어도 일부 사람들을 기독교로 가는 길로 이끌었다.

4장

# 권력과 공공질서

유대인 현자들이 계산하기로 창조 후 3790년(티베리우스 율리우스 카이사르 아우구스투스 황제의 통치 제16년) 봄에, 로마 총독 본디오 빌라도의 마음에는 유월절을 맞아 예루살렘 거리와 광장에서 군중을 통제하는 일보다 더욱 중요한 문제들이 있었다. 로마, 곧 이 세상에서 유일하게 **참된** 거룩한 도시는 지금 마르쿠스 빈시우스(Marcus Vincius)와 가이우스 카시우스 롱기누스(Gasius Cassius Longinus)가 집정관으로 있었는데, "새로운 인간"의 시대가 마침내 분명히 시작되었다. 직업군인으로서 프래토리아 총독을 역임했던 루시우스 앨리우스 세야누스(Lucius Aelius Sejanus)는 제국 경비대의 사령관이며 제국의 모든 보안 문제를 감독하던 인물로서, 황제의 완전한 신임을 얻었다. 나이 많은 티베리우스 황제는 로마를 떠나 카프리 섬에서 대부분의 시간을 보내고 있었는데, 제국의 일상적 업무를 주로 그에게 맡겼다. 그런데 고작 **기병대 장교**인 세야누스가 황제가 될 야심을 품고 있다는 소문이 돌고 있었다. 세야누스와 같은 기병대 장교조차 황제가 될 수 있다면, 제국의 많은 신실한 관리들에게도 그런 기회가 주어질 수 있다는 뜻이다. 더군다나 유다 지방의 **총독**

본디오 빌라도 역시 야심이 있으며 헌신적이지만, 이 변방에서 특히 생색도 나지 않고 골치만 아픈 지역에서 총독직을 수행하는 그에게도 그런 기회가 주어지지 않으리라는 법이 없을 것이다.

20여 년 전, 헤롯대왕의 후계자 아켈라오가 치욕스럽게 유배당한 이래로, 유다 지방은 황제의 사적인 소유로 간주하여 여러 식민지 관리가 다스렸는데, 그 관리들은 폭동, 반란, 계속된 재정적자는 자신들의 경력에 매우 불리하다는 사실을 잘 알고 있었다. 기원후 26년경부터 그 후 4년 동안 빌라도는 그의 두 가지 책임을 성실하게 수행했는데, 그 두 가지 책임이란 작고한 헤롯대왕의 왕국 가운데 이 메마른 궁둥이를 길들이고 친로마적으로 만드는 책임과 자기 재산을 늘리고 자신의 공적인 면모를 통해 로마에 충성을 다 바치는 인물임을 과시할 책임이었다. 왜냐하면 본디오 빌라도는 다른 모든 민간인 관리와 마찬가지로 로마의 광장으로 되돌아가 군중들의 환호를 받으며, 그의 후견인 세야누스의 오른편에 앉게 될 야망을 갖고 있었기 때문인데, 세야누스는 어쩌면 황제가 될지도 모를 일이었다. 따라서 빌라도에게 유다, 유대인들, 예루살렘은 그 자체로서 중요한 것이 아니라 더욱 큰 영광으로 나아가기 위한 디딤돌로서만 중요했다. 빌라도는 일찍부터 자신의 야심을 성취하는 데 열쇠가 되는 일은 재정적자를 내지 않고, 공공질서를 유지하며, 로마의 지휘계통의 잠재적인 변화 가능성에 대해 촉각을 곤두세우고 있어야 하는 것임을 잘 알고 있었던 것 같다.

본디오 빌라도 총독은 나중에 예수의 수난과 십자가 처형 이야기에서 중요 인물 가운데 한 사람으로서 사람들에게 기억되고 있지만, 그의 출신과 마지막 운명은 알려지지 않은 채 역사에서 사라진 인물이다. 10년 동안 유다 총독으로 복무한 그에 대해 알 수 있는 유일한 고고학적 유물은 몇 가지 구리 동전들(종교적 상징들과 제국의 상징들이 혼합된 동전들)과 1960년대 초에 가이사랴에서 발견된 라틴어 명각이 전부인데, 그 명각은 매우 훼손된 것으로서 유다 지방의 중요한 항구도시에서 "티베리움" 혹은 황제숭배의 신전을 봉헌한 명각이다. 이것은 우리가 타키투스, 알렉산드리아의 필로, 요세푸스 등의 기록에 나타난 빌라도에 대한 간략한 언급들과 일치한다. 빌라도는 분명히 로마의 권력과 황제숭배를 강력하게 밀어붙인 인물이었기 때문이다. 그는 총독 취임 초기에 그의 군대를 가이사랴의 겨울 주둔지로부터 예루살렘으로 이동시키면서, 군기(軍旗)를 휘날리고 그 황금빛 독수리상과 그밖에 제국의 휘장이 햇빛에 번쩍이도록 만들었다고 기록되어 있다. 과거의 모든 총독은 유대인들이 모든 형상, 곧 신들이나 인간, 혹은 동물들의 형상을 혐오하기 때문에, 제국의 군기를 보면 참지 못한다는 사실을 잘 알고 있어서, 소란을 피하고자 모든 우상적 형상들을 제거한 특별한 군기를 갖고 진입하는 것이 현명하다고 생각했다. 그러나 빌라도는 그런 양보를 하지 않을 인물이었다. 그러나 성난 유대인들이 가이사랴로 몰려와, 로마 군인들이 칼을 뽑아 들어도, 거룩한 도성 예루살렘에 그런 형상들이 들어오도록 하기보다는 차라리 죽기를 각오한 모습을 보고야 비로소 빌라도는 자신의 자존심을 억누르고 유대인들을 성나게 만든 군기들을 철수시켰다.

또한 성전금고(Temple treasury) 사건이 있었는데, 빌라도가 보기에 성전금고는 값비싼 자원들이 집중되었지만 쓸데없이 낭비되는 것일 따름이었다. 예루살렘 도성은 헤롯대왕의 대규모 재건축과 확장을 통해 계속 커졌기 때문에 새로운 물 공급이 절실했다. 예루살렘은 호수나 강으로부터 멀리 떨어져 있으면서 언덕 위에 자리잡고 있고 단지 빗물 저수지와 샘물이 한 곳뿐이어서 조만간 공중위생에 재앙이 닥칠 판국이었다. 로마의 선진적인 수도교(aqueduct) 기술이 그 문제를 해결할 수 있었으며 성전에는 기금이 있었지만, 이스라엘 모든 백성으로부터 십일조와 헌금을 받아 관장하는 제사장들은 로마당국에 한 푼도 내어주려 하지 않았다. 그래서 빌라도는 자신이 직접 해결하기로 작정하고 유대인들이 상식대로 처신하도록 만들었다. 그는 성전구역에 군인들을 보내 문제의 성전 기금을 몰수하여 수도교를 건설하도록 명령했다. 유대인들이 예루살렘에 집결하여 이에 항의하자, 빌라도는 군인들에게 곤봉을 지니고 민간 복장을 입혀 그 시위 군중들 속에 투입시켰다. 미리 약속된 신호에 따라 그들은 폭력적으로 군중들을 해산시켰다.

빌라도 덕택에 예루살렘은 현대식 물 공급 체계를 갖추었다. 빌라도가 그 주민들을 투쟁적이며 자기 파괴적인 아둔한 자들이라고 생각했음은 물론이다. 비록 그는 군기 사건에서 자기 뜻을 굽혀야 했으며, 나중에는 자신의 예루살렘 관저에 장식용 방패들로 치장하면서 형상이 아니라 황제의 신적인 지위를 보여주는 라틴어 명각들이 새겨진 방패들을 사용하려 했다가 또다시 뜻을 굽혀야만 했지만, 그는 자신이 유다 지방 총독으로 장기간 복무할 수 있으리라 낙관했다. 비록 몇 가지 곤란한 일들이 있기는 했다. 가장 골치 아픈 문제는 팔레스타인 지역의 속국 왕들의 독특한 지위 문제였는데, 그들 속국 왕들은 아우구스투스 황제에 의해 그 지위가 격하되었지만, 아직 완전히 폐위된 것이 아니었다. 이들 성가신 헤롯왕족들은 국제적 명성을 갖고 있으며 로마의 권세가들과도 연결되어 있었기 때문에 결코 가볍게 다룰 수 있는 인물들이 아니었다. 야심만만한 헤롯 안티파스는 자신이 빌라도 총독보다 훨씬 더 평화롭게 유다 지방을 통치할 수 있음을 입증하고 싶어 했다. 그래서 빌라도는 유다 지방 어느 곳에서든 민간인들의 소요사태가 발생하지 않도록 만반의 준비태세를 갖추어야만 했다. 만일 그렇지 않다면, 자신의 총독 수행 능력에 대해 불미스러운 소문이 헤롯왕족 지지자들에 의해 로마의 지배층에 퍼질 수 있기 때문이었다.

예루살렘의 종교적 축제 절기는 군중 소요사태가 발생할 가능성이 가장 높을 때였다. 매년 세 차례의 중요한 순례 절기에 수만 명이 모여드는 때는 무질서와 폭력이 발생할 수 있기 때문이었다. 그 축제 절기들은 이스라엘 백성이 역사적 사건들을 기념하고 폭정으로부터 해방된 것을 축하하는 절기들이었기 때문에, 고향을 떠나 예루살렘에 모여든 농민들이 공동체의 제약에서 벗어나 불만을 터뜨릴 가능성이 높을 때라는 사실을 빌라도는 잘 알고 있었다. 전국 각처에서뿐 아니라 실제로 모든 디아스포라에서 모여든 젊은이들은 예루살렘에서 자유의 공기를 숨 쉬며, 한바탕 즐기고 소란을 피우고, 자신들의 비좁은 삶의 고통에 대해 숨통을 트고 싶어 했다. 물론 순례자들 중에는 부자들과 존경받는 사람들도 있었으며, 그 축제 절기의 핵심에는 성전에서의 엄숙한 종교행사들, 곧 아마포 옷을 입은 제사장들이 바치는 정화와 헌신의 예식들, 첫 열매를 바치고 자유롭게 헌물을 바치며, 속죄예물, 화목제, 그리고 희생제사 등 의식이 있었다. 그러나 축제 절기들은 가장 비천한 순례자들에게조차 그들의 일상적 문제들을 망각하도록 만들었다. 소작농들과 노동자들은 며칠 동안 지주와 귀족들의 등쌀에서 벗어났으며, 빚더미와 약탈이라는 냉혹한 현실을 잠시만이라도 잊어버리고, 제단에서 피어오르는 연기를 바라보며 옛날에 하나님께서 이스라엘 백성들을 해방시킨 이야기들에 빠져들 수 있었다.

그 해에도 예루살렘은 유월절 순례자들을 대규모로 맞이할 준비를 하고 있었다. 전국에서 몰려드는 수만 명의 농민들이 예루살렘과 인근 마을들 여관들과 안뜰에 차고 넘치며, 자신들의 영적 불결과 종교의례상의 불결을 씻어내기 위한 목욕을 하기 위해 동전을 지불하고, 성전에 바치기 위해 양과 희생제사용 새들을 사기 위해 공식 판매원들에게 돈을 내고 야단법석을 떠는 동안, 빌라도 휘하의 수백 명의 군인들이 할 수 있는 일이란 술주정꾼의 난동이나 낯선 사람들끼리의 주먹 다툼이 폭동으로 발전하여 군인들이 죽게 되거나 제국의 재산을 파괴하는 일을 막는 일, 그래서 그런 나쁜 소식이 로마에 전해지지 않도록 막는 일뿐이었다. 만일 그런 사건들이 일어나면, 빌라도의 상관이 그의 기록을 검토하여 그의 승진을 추천할 때 좋지 않을 것이기 때문이다. 따라서 만일의 사태를 수습하기 어렵게 될 경우, 빌라도는 지체 없이 군대를 투입하여 난동자를 잡아들이고, 그가 갈릴리의 순례자들을 학살했다고 기록된 것처럼, "그 피를 그들이 바치려던 희생제물에 섞었다"(누가 13:1). 빌라도는 유다 총독으로서 자신의 두 가지 목표를 잘 알고 있었는데, 그것은 그 지역을 평정하고, 자신의 정치적 야심을 이루기 위해 기초를 다지는 일이었다. 이 두 가지 목표는 밀접하게 연결된 것이었다. 빌라도가 동전에 제국의 권력을 상징하는 문양을 새겨 넣거나, 수로와 같은 기술을 도입하거나, 소요사태를 평정하거나 간에, 그는 유다 지방을 현대식 지방으로 바꾸어 나가고, 또한 그 자신이 보기에 고집스럽게 미개한 상태로 남아 있으려는 무뢰한 군중들을 진압하기 위해, 자신이 이용할 수 있는 모든 수단을 동원하려 했다.

기원후 30년 유월절을 맞아 예수가 가장 가까운 제자들과 함께 예루살렘으로 올라간 운명적 여행은 항상 기독교 역사에서 결정적 순간으로 이해해 왔다. 전 세계 기독교 교회에서 매년 상징적으로 재연되는 수난주간(Holy Week)의 사건들은 예수가 종려주일에 메시아로서 예루살렘에 입성한 사건을 기념하는 행사로 시작되어, 성전 뜰에서 환전상들을 쫓아낸 사건을 기억하고, 성 목요일에 마지막 만찬, 성 금요일의 체포와 십자가 처형, 그리고 부활주일 아침에 무덤에서 부활한 사건과 관련된 엄숙한 종교의례들에서 절정에 이른다. 그러나 복음서들의 수난 이야기들은 해마다 지키는 수난 절기의 중요한 이야기 자료로서 그 세부 이야기들이 서로 상충하며, 날짜별로 일어난 사건들도 서로 어긋나며, 신학적 해석들도 서로 다른 것들이 어우러진 것이기 때문에, 특정한 사건의 역사성에 대해 확정적인 판단을 하는 것을 매우 어렵게 만들고 있다. 현대 역사가들이 동의하는 것이라고는 고작해야 예수가 그의 가장 가까운 제자들과 더불어 예루살렘에 올라갔다는 사실, 그가 성전에서 어떤 소란을 일으키는 시위를 벌였다는 사실, 그가 제사장들에 의해 신성모독과 선동죄로 고발당했다는 사실, 그리고 제국 질서에 대항했던 반란자로서 로마 군인들에 의해 십자가에 처형당했다는 사실뿐이다.

이런 사건들은 1세기 예루살렘 주민들에게는 매우 익숙한 사건들이었을 것이다. 왜냐하면 예루살렘은 요세푸스가 때로 무심한 태도로 묘사했던 것처럼, 축제 기간에 성전에서 소란을 피우거나 군중들을 흥분시켰던 민중 예언자들, 자칭 메시아들, 기적을 일으키는 사람들이 모두 처형당하던 곳이었기 때문이다. 이런 대항문화적(countercultural) 인물들과 나사렛 예수가 달랐던 점은 무엇인가? 예수가 마지막으로 예루살렘에 올라간 사건에 대해 그토록 자세하게 전승이 발전된 것은 어떤 의미가 있는가? 현대의 일부 학자들은 그 세부적인 묘사들 속에 진실이 들어 있다고 생각한다. 레이몬드 브라운(Raymond E. Brown)은 『메시아의 죽음』(*The Death of the Messiah*)이라는 방대하고도 철저하게 증거자료를 제시한 책에서, 그 수난 이야기들의 구체적인 사건 상당수는 역사적 근거가 있다고 주장한다. 그에게 복음서 이야기들은 "기억된 역사"(history remembered)로서, 어떤 경우에는 희미하게 기억되고 아마도 부정확하게 기억된 것이지만, 그럼에도 불구하고 역사라고 본다. 한편 다른 학자들은 예수가 예루살렘에서 보낸 마지막 한 주간 이야기는 신앙심이 낳은 창작(pious fiction)으로서 영감을 불러일으키며 감동적이며 가슴에 깊이 와닿는 이야기지만, 여전히 창작이라고 간주한다. 그들에게 예수의 수난 이야기는, 역사적 예수 연구의 선봉장인 존 도미닉 크로산의 용어를 따르자면, "예언의 역사화"(prophecy historicized)이다. 크로산에 의하면, 예수의 후대 추종자들은 그가 메시아라고 굳게 믿어, 히브리 성서에서 메시아에 관한 예언들의 주제와 암시들을 샅샅이 뒤져, 그것들을 바탕으로 예수가 지상에서 보낸 마지막 한 주간에 관해 매우 상징적인 이야기로 엮어냈다는 것이다. 그들이 그런 이야기를 창작한 의도는 왜 예수가 예루살렘에 올라갔는지, 예루살렘에서 무슨 일이 벌어졌는지, 왜 예수의 체포와 십자가 처형은 일반 범죄자의 경우와 그토록 달랐는지를 이해하고 설명하기 위한 것이었다.

복음서 저자들이 예언의 성취(prophetic fulfillment)에 대해 깊은 관심을 두고 있었다는 사실에는 의문의 여지가 없다. 복음서 저자들은 각기 자신의 이야기 가운데 어떤 대목에서는 그리스어로 번역된 구약성서 본문을 매우 분명하게 인용함으로써, 어떻게 옛 예언들이 예수의 죽음 사건들에서 정확하게 성취되었는지를 보여주었다. 그러나 어느 것이 먼저인가? 그 사건인가 아니면 해석인가? 많은 경우에는 어느 것이 먼저인지를 분명히 말할 수 없다. 이 문제를 더욱 복잡하게 만들 뿐 아니라, 역사라는 것이 학자들이 개념화하듯이 "기억된 역사"와 "예언의 역사화"처럼 진실과 거짓, 혹은 흑백논리로 가려질 수 있는 것보다 훨씬 더 복잡한 것이라는 사실을 인정한다면, 우리는 예수의 수난 사건들의 의미는 그 목격자들에 의해서조차 많은 논쟁의 대상이었을 것이라는 점을 인정해야 할 것이다. 우리가 이미 살펴본 것처럼, 헤롯왕족들은 그들 나름대로 자신들과 같은 왕적인 메시아 전통에 대한 희망을 뒷받침하기 위해 성서의 특정한 예언들을 이용했을 것이며, 다른 사람들은 왕에 반대하는 이상적 메시아를 뒷받침하기 위해 다른 예언들을 인용했을 것이기 때문이다. 이처럼 예수와 그에 대적하는 헤롯왕족들과 제사장들은, 이스라엘 문화에 깊이 스며들어 있는 전통적 "대본"(scripts)에 따라, 예루살렘 성전 뜰과 도시 광장에서 그들이 의도적으로 상징적인 말과 행동을 통해 공개적으로 서로 상충하는 예언적 기대들을 실현하려고 이미 노력하고 있었을 것이다.

비록 누가복음만이 그해 유월절에 안티파스가 예루살렘에 있었다고 언급하고 있지만(23:6-16), 유월절이라는 순례 절기는 헤롯왕족의 위세와 권력을 드러내기에 알맞은 절기였으며, 헤롯왕족들이 예루살렘에 등장하는 것은 당연한 일처럼 되었다. 예루살렘 자체가 헤롯왕조의 기념비처럼 되었는데, 그 성벽에는 헤롯왕조의 역사가 새겨졌으며, 성벽 망대 이름들 역시 헤롯대왕의 형, 친구, 아내의 이름을 따라 파사엘, 히피쿠스, 마리암네라고 불렀기 때문이다. 또한 헤롯왕족의 위세를 찾아볼 수 있는 곳은 로마 총독의 저택이 된 왕궁과 다윗의 무덤인데, 이 무덤은 헤롯대왕 자신이 사치스럽게 장식했다. 거대한 성전은 물론 헤롯대왕의 가장 중요한 업적이었다. 헤롯대왕 자신이 성전의 기본 개념, 건축, 유지에 깊이 관여했기 때문에, 헤롯 성전은 당시 세계적으로 거의 헤롯왕족의 가족 성소로 인식되었다. 따라서 아우구스투스 황제가 헤롯 안티파스의 영토를 갈릴리로 국한시켰음에도 불구하고, 유월절 절기에 그가 예루살렘에 등장하는 데는 그만한 정치적 이유가 있었다. 즉 최근에 민중들이 많이 따르던 예언자 세례자 요한을 참수했기 때문에, 그는 자신이 성전의 관대한 후견인이며 유대인 세계의 수호자로서의 경건한 공식적 이미지를 강조할 필요가 있었을 것이다. 또한 유월절 축제가 시작되기 전에 그가 적법한 왕으로서의 장엄한 의식을 갖추어 예루살렘에 입성하는 절차에는 왕의 측근들과 성전체제에 의존해서 살아가던 많은 사람이 길가에 늘어서서 환호했을 것이다.

우리가 이런 사실을 알 수 있는 것은, 헤롯왕들이 공개적인 장관을 연출하기를 좋아했다는 사실을 요세푸스가 반복적으로 언급하기 때문이다. 실제로 크리스천들이 종려주일에 예루살렘 "승리의 입성"을 경축하는 것은 헤롯왕족이 뻔뻔스럽게 제국의 방식으로 벌였던 메시아주의(Herodian messianism) 전통을 그대로 따르는 것이다. 헤롯대왕은 자기가 방문하는 도시에 입성할 때 요란스럽게 치장하는 것으로 유명했다. 예수가 예루살렘에 입성한 후 8년이 지난 38년에는 헤롯의 손자(안티파스의 조카) 아그립바가 알렉산드리아의 거리에서 퍼레이드를 벌였는데, 필로의 설명에 따르면, "은과 금으로 빛나는 무기를 지닌 경비병들을 대동했다"고 한다. 이런 구경거리는 당시 알렉산드리아에서 점차 유대인 혐오증이 심해지던 사람들에게 깊은 인상을 남겨, 일부 젊은 그리스인들은 그 도시의 한 바보에게 왕관을 씌우고는 아람어로 '마린'(marin), 즉 "우리의 주님"이라고 큰 소리로 놀려댔다고 한다. 이런 이야기는 예수가 예루살렘에 입성한 사건의 의미를 새롭게 이해하도록 실마리를 제공하는데, 당시 왕족의 거창한 퍼레이드를 보여주는 것일 뿐만 아니라 동시에 그런 퍼레이드가 불러일으킬 수 있었던 것처럼 왕을 조롱하는 퍼레이드 흉내로 이해할 수 있을 것이다. 오랜 세월 동안, 심지어 오늘날에도, 종려주일의 장엄한 행렬은 올리브 산(감람산)에서 시작되어 구부러진 길을 따라 성벽이 쌓인 예루살렘의 옛 시가지로 향해 가는데, 여러 종파와 고대 교회 전통의 고위 성직자들이 무늬를 넣은 예복을 입고 금빛 관(冠)을 쓴 채, 예수가 거룩한 도성에 입성한 것을 온갖 왕권 상징물들로 기념한다. 그러나 예수와 그의 추종자들이 "개선 행진"에서 보여준 "예언의 역사화"는 의도적이며 재치 있는 정치적 패러디(희롱)로 보였을 것이다. 만일 우리가 이 사건에서 교회 전통의 전승층을 벗겨버리고 1세기 당시 예루살렘의 상황을 재구성해 본다면, 예수는 자신의 왕적인 명예를 진지하게 주장하는 것이 아니라 헤롯왕가의 자칭 메시아 주장을 통렬하게 조롱하고 있음을 알 수 있을 것이다.

몇 세기 전에 유다의 예언자 스가랴는 다윗 왕조의 허풍, 즉 그 마지막 왕자들은 힘이 없으며 고아들임을 폭로하면서 패러디를 위한 적절한 "대본"을 썼는데 그 패러디를 예수가 지금 연기한 것이다. 즉 현실의 왕들이 오만을 떨면서 화려한 의복을 입고 멋진 군마(軍馬)를 타고 예루살렘 성문을 통과할 때, 스가랴는 이스라엘의 참된 구원자를 훨씬 온건한 모습으로 의인화했다. "네 왕이 네게로 오신다. 그는 공의로우신 왕, 구원을 베푸시는 왕이시다. 그는 온순하셔서, 나귀 곧 나귀 새끼인 어린 나귀를 타고 오신다"(9:9). 그러나 예수의 예루살렘 입성에 대한 복음서 이야기들은 스가랴의 예언이 지닌 아이러니 그 예언을 예수가 길거리에서 실연한 아이러니를 파악하지 못하고 있다. 즉 복음서 기자들과 후대의 기독교 주석가들은 모두 예언자 예수가 나귀를 타고 거룩한 도성으로 들어가는 것을 군중들이 환호한 것에 대해 단지 액면 그대로 받아들였는데, 후대의 기독교 주석가들은 군중들이 나사렛 예수를 참된 다윗 왕조의 왕으로 받아들였다고 믿었다. 그러나 예수가 나귀를 타고 누더기 농민 복장으로 입성한 것이 예루살렘 주민들에게 익숙했던 행렬을 조롱한 것이라는 점은 분명하다. 농민 예언자 예수가 예루살렘에 들어가고 군중들이 환호했을 때, 예루살렘 주민들과 순례자들에게는 그런 왕적인 상징들이 더할 나위 없이 분명하게 드러났을 것이다. 비록 마태복음 기자는 그의 독자들이 그 예언의 원천을 놓치지 않도록 스가랴의 본문을 인용하고 있지만(마태 21:4-5), 예수가 벌인 시위의 참된 위력은, 그가 목회를 시작한 이후 벌인 다른 많은 공적인 행동들과 마찬가지로, 스가랴의 본문을 인용한 것보다 더욱 생생하게 눈에 보이는 상징의 형태로 스가랴의 요점을 드러내도록 만들었다.

나귀를 타고 입성하는 예수에 대해 예수의 추종자들이 "왕"이라고 외치면서 길바닥에 종려나무 가지, 곧 헤롯 안티파스가 메시아를 상징하여 자신의 동전들 속에 뚜렷하게 새겨 넣은 종려나무 가지를 깔았다는 것은 안티파스를 조롱한 것이 아니고 무엇이란 말인가? 군중들 속에 있던 바리새파 사람들 몇이 예수에게 다가가서 "선생님, 선생님의 제자들을 꾸짖으십시오"(누가 19:39)라고 말했다는 사실은 의미심장하다. 그들이 선동한 것 때문에 책망을 받아야 했는가, 아니면 조롱한 것 때문인가? 재물과 왕권의 악에 대해 끊임없이 설교한 예수가 스스로 다윗 왕조의 의복과 말 장식으로 치장했으리라고는 생각할 수 없다. 예수는 갈릴리의 마을들과 성읍들에서 바로 그런 왕들의 생각에 맞서서 싸웠던 것이다. 또한 예수가 왕이 없는 나라(kingless Kingdom)에 대한 비전을 갑자기 포기했다고도 생각할 수 없다. 예수가 그 이후 예루살렘 성전에서 벌인 예언자적인 행동들과 예루살렘의 지배체제에 맞서 벌인 행동들은 모두 새로워진 이스라엘에 대한 그의 커다란 비전과 완전히 일치하기 때문이다.

예수가 예언자로서 초점을 맞춘 것은 성전(Temple)이었는데, 그 성전은 지금 유월절 순례자들로 넘쳐났다. 이 기념비적 건축물은 유대인이든 이방인이든 많은 방문자에게 강렬한 시각적 인상을 남겼는데, 그들은 성전의 외형에 대해 한결같이 탄복하는 기록을 남겼다. 예루살렘 성전은 그 도시의 인구가 밀집한 지역을 내려다보는 위치에 자리 잡고 있으면서, 그 거대한 기단(podium)과 둘러싸고 있는 주랑들(colonnades)은 성전 건물이 있는 내부 뜰을 외부로부터 막아주었다. 성전구역 남부 성벽을 따라 이루어진 최근의 발굴과 "바위의 돔"(Dome of the Rock)과 알 아크사 사원(al-Aqsa mosque) 지역의 유물에 대한 치밀한 검토를 통해서, 성전의 형태와 배치에 대해 더욱 분명하게 알게 되었다. 고대의 방문자들은 대부분 남쪽의 계단을 올라가 지하 통로를 지나 성전 건물 남쪽의 넓은 광장으로 나왔을 것이다. 그 광장은 헤롯대왕이 건설한 화려한 주랑들로 둘러싸여 있으며, 순례자들이 필요로 하는 모든 서비스를 제공했다. 즉 종교의례에 사용하기에 흠이 없는 비둘기, 기름, 밀가루를 살 수 있는 시설들, 몸을 정결하게 씻기 위한 침례 시설, 성전예배를 위해 흰옷으로 갈아입는 장소, 로마 세계의 각처에서 사용되던 동전들을 성전금고에 맞는 돈으로 환전해주는 테이블들이 있었다. 입구의 광장을 지나면, 눈앞에 성전구역이 신성한 섬처럼 나타나며, 그 입구들은 성전관리인 레위인들이 감독하고 있는데, 이들 레위인들은 대대로 성전에서 섬기는 지파였다. 안마당으로 입장하는 것은 정결의식을 마친 이스라엘 백성들에게만 허락되었으며, 이처럼 성전예배에 참여하는 것을 제한시킴으로써 엄격하게 그 예배의 신성함을 지켜나갔다. 안마당을 둘러싸고 있었던 벽에 붙어 있던 돌에 새겨진 글씨들이 복원되었는데, 이 글씨는 그리스어로 새겨지고 붉은 페인트로 강조한 것으로서, 이방인 방문자들에게 경고하기 위한 것임이 분명하며, 그 문장은 "외국인은 이 이상 안마당과 성전 주변 난간 지역에 출입할 수 없다. 체포되면 처형당하는 책임을 면할 수 없다"라고 되어 있다.

　난간 지역 안쪽으로는 동쪽에서 서쪽으로 배열된 위압적인 문들을 통해 들어갈 수 있는 몇 개의 마당이 있으며, 그 마당 건너편에 성전의 지성소 건물이 있었다. 첫 번째 마당은 소위 "여인들의 마당"으로 공동체 모임을 위해 예배자들이 모였던 곳으로서 정결예식을 위한 방들과 나무와 기름 저장소로 이용되었다. 그 너머에 성전의 안마당이 있었는데, 거대한 니카노르 문의 높은 청동 문을 통과한 다음에 반원형 계단 열다섯 개를 올라가야 했다. 이 구역은 율법 낭독과 성전 음악 연주가들과 가수들의 공연장소로 사용되었는데, 이들 역시 레위 지파 출신들이다. 축제 절기들과 공적인 예배 때는 그 청동 문이 열려 있어서, 예배와 직접 관련되지 않은 이스라엘 백성들 역시 안마당의 커다란 중앙 제단에서 제사장들이 엄숙하게 희생제사를 드리는 것을 볼 수 있었다. 매일 제비뽑기로 뽑힌 제사장들은 모든 백성을 위하여 산 제사(live sacrifice)를 드리며, 개인들이 정결 의식을 위해, 여러 종교적 의무를 위해, 또한 개인적 맹세를 위해 가져온 많은 헌물을 제단에 바쳤다. 더 안쪽에는 성전 건물의 문이 있었는데, 어둠 속에서 희미하게나마 황금색 분향제단, 헌물대, 금 촛대를 볼 수 있었다. 금 촛대는 전체 성전 제의를 상징하게 되었다. 대제사장만이 지성소에 들어갈 수 있었다. 속죄일에 대제사장이 이스라엘 백성 전체를 대표하여 하나님의 현존과 잠시 직접 만나는 곳이 바로 이곳 지성소였다.

이처럼 대리석과 황금빛으로 치장하고 분향과 피, 엄숙한 제의가 진행되는 예루살렘 성전이, 갈릴리에서 처음 예루살렘에 순례를 온 농민들, 일용직 노동자들, 어부들에게 얼마나 낯설고 인상적이며 위협적이었겠는가! 순례자들에게 문제가 된 것은 단지 사흘 동안의 체류와 비용만이 아니었다. 자신들의 마을에서는 고작해야 인구가 몇 사람 되지 않아 모두가 이웃 사람의 이름과 가족, 그 사람 됨됨이까지 알고 있었던 순례자들에게 낯선 것은, 산처럼 높이 솟은 성전 건축물의 위용과 유월절 축제에 참석하기 위해 사방으로부터 몰려든 귀족들과 제사장들의 근사한 옷차림들, 그리고 수천 명이 몰려들어 북새통을 이루는 모습만이 아니었다. 또한 단지 예루살렘 성전이 농민들의 고단한 삶의 현실로부터 멀리 떨어진 기관이라는 사실만도 아니었다. 솔로몬 성전이 바빌로니아 군대에 의해 파괴된 이래로, 유다 지방 사람들과 나중에는 갈릴리 지방 사람들조차도, 성전에 충성하는 마음에서 오고 갔는데, (마카베오 반란 때처럼) 외부의 위협이 있을 때 진심으로 자신들의 정체성을 확인하기 위해서든가 아니면 자신들에게 부과되는 십일조, 헌물, 세금이 늘어나 이에 대해 핑계를 대고 빠져나가거나 소극적으로 저항하기 위해서였다. 성전 관리들과 가장 열렬한 지지자들은 전국에 걸쳐 찾아볼 수 있었는데, 제사장 "조"를 맡은 24개 가족들 대부분은 짧은 기간에만 예루살렘에서 봉사했으며, 복음서들에 자주 언급되는 "율법학자들과 바리새파"는 각자의 마을에서 율법 전문가로서 종교적 직책을 수행했던 것이 분명하다. 그들이 시골 사람들 사이에 섞여서 살았던 것이 눈에 두드러지게 나타나는 것은 특히 첫 열매와 수확기에 그들이 십일조와 헌물을 수거하는 것을 감독할 때였다. 그들은 성전과 그 복잡한 희생제의들이 모든 이스라엘의 유익을 위한 것이라고 확신시키느라 열심이었음에도 불구하고, 진정한 희생은 이미 지나치게 많은 세금에 짓눌려 살아가고 있는 농민들의 희생이었을 것이다.

간단히 말해, 예루살렘 성전의 거룩한 제의와 엄격하게 구분된 공간들은, 하나님 이외에는 아무도 자신들의 주인이 아니라고 주장한 독립적인 이스라엘 백성들의 계약 정신과 정반대되는 것처럼 보였다. 이것이 **성전의 가장 큰 모순**(paradox)이었다. 즉 하나님과 이스라엘 백성 사이의 계약 사상을 간직하기 위해서, 중앙 제의 장소에 거대한 관료조직이 세워졌으며, 방대한 민간 조직, 즉 서기관, 행정가, 회계 관리, 예배 인원, 성전의 관리, 대제사장 가족들 등 모두 성전 수입에 의존해서 살아가는 봉사자들에 의해 유지되었다. 토라에 따르면, 성전의 십일조와 헌물은 이스라엘의 농업 생산을 위한 하나님의 축복을 보증한다는 뜻으로 바치는 것이었다. 그러나 성전은 시골 주민들에게 다른 세금과 공물이 부과된 상황에서 상당한 경제적 부담을 안겨주었다. 반면에 성전의 제사장 계급은 사치스럽게 살았을 뿐만 아니라 (로마제국이 유다 지방을 직접 통치하기 시작한 이후) 로마인들의 요구를 받아들여 황제의 안녕을 위해 매일 희생제사를 드리는 것을 허가했기 때문에, 이스라엘 백성들 가운데 많은 사람은 성전이 정말로 하나님과의 계약을 준수하는 기관인지, 아니면 백성들의 피를 빨아먹는 억압적 기관인지에 대해 의문을 가졌을 것이 틀림없다.

이런 역사적 배경에 비추어서 우리는 예루살렘에서의 예수의 활동을 살펴야만 한다. 예수는 화려한 로마 스타일의 성전에 대한 하나님의 심판을 선언하기 위해 전통적인 이스라엘의 예언자로서 예루살렘에 들어왔는데, 그때는 **왕이 없는 하나님 나라**(God's kingless Kingdom)가 시골 공동체들의 이스라엘 갱신운동을 통해 실현되고 있던 때였다. 이런 예언자의 출현 자체는 이스라엘 전통에서 전혀 새로울 게 없었다. 전통적 예언자들은 거듭거듭 성전을 고발했다. 그 이유는 성전체제를 지원하는 왕정체제와 더불어 백성들의 촌락생활을 파괴하며 계약의 기본적인 사회적 이상을 실현하기보다는 배반하기 때문이었다. 심지어 하늘의 성전에 대한 놀라운 환상을 경험했던 예언자 이사야(6:1-5)조차 경제적으로 백성들의 피를 빨아먹는 성전제의들과 헌물에 대한 하나님의 절대적 단죄를 선포했다. "주님께서 말씀하신다. '무엇하러 나에게 이 많은 제물을 바치느냐? 나는 이제 숫양의 번제물과 살진 짐승의 기름기가 지겹고, 나는 이제 수송아지와 어린 양과 숫염소의 피도 싫다"(1:11). 이사야는 하나님의 이름으로 이렇게 선포했다. "다시는 헛된 제물을 가져오지 말아라. 다 쓸모없는 것들이다. 분향하는 것도 나에게는 역겹고, 초하루와 안식일과 대회로 모이는 것도 참을 수 없으며, 거룩한 집회를 열어 놓고 못된 짓도 함께 하는 것을, 내가 더 이상 견딜 수 없다. 나는 정말로 너희의 초하루 행사와 정한 절기들이 싫다. 그것들은 오히려 나에게 짐이 될 뿐이다. 그것들을 짊어지기에는 내가 너무 지쳤다"(1:13-14). 이 말씀에서 드러나는 것처럼, 중요한 것은 계명들의 진정한 목적을 인식하고 그 계명들을 완수하는 것이었다. 이사야는 백성들에게 "내가 보는 앞에서 너희의 악한 행실을 버려라. 악한 일을 그치고 옳은 일을 하는 것을 배워라. 정의를 찾아라. 억압받는 사람을 도와주어라. 고아의 송사를 변호하여 주고 과부의 송사를 변론하여 주어라"(1:16-17)는 말씀을 상기시켜 주었다. 아나돗 출신의 예언자 예레미야 역시 예루살렘의 제사장들이 끊임없이 도둑질하고 살인하며 거짓으로 맹세함으로써 하나님과 맺은 계약을 깨뜨리고 있으면서도, 성전의 제의를 준수함으로써 하나님의 진노를 성공적으로 가라앉히고 있다고 믿기 때문에, 성전체제에 대한 하나님의 인내심이 끝났다고 선포했다. 예레미야는 미가의 선포를 다시 들려주듯, 하나님께서 성전을 파괴하실 것이라고 선포했다. "시온이 밭 갈 듯 뒤엎어질 것이며, 예루살렘이 폐허더미가 되고, 성전이 서 있는 이 산은 수풀만 무성한 언덕이 되고 말 것이다"(26:18).

성전은 이스라엘을 구원하려는 목표의 수단이었지, 성전 자체가 목표가 아니었다. 그래서 예언자들은 백성들의 안전과 넉넉함에 초점을 맞추었는데, 백성들이야말로 참된 "시온"이며 "주님의 산"이기 때문이다. 예언자들이 마음속에 그렸던 "새 하늘과 새 땅"(사 65:17)은 세상의 격변을 통해 올 것이 아니라, 모세 계약의 본래적인 비전이 마을의 생활과 부족의 유산으로 확보되었던 것처럼, 이스라엘 백성들에게 약속되었던 사회정의와 공동번영의 초기 단계로서 동터올 것이었다. 비록 복음서들은 사람들이 예수가 성전에 대해 "돌 하나도 돌 위에 남지 않고 다 무너질 것이다"라고 불길한 저주를 한 것이 "거짓 증거"였던 것으로 연결시키지만(마태 26:59-61; 마가 14:56-59), 예수가 성전을 파괴하겠다고 위협한 것에 대한 여러 전승(마가 13:2; 15:29)과 요한복음에서 그런 전승과 관련하여 예수가 단지 "자기 몸을 두고 하신 말씀"(2:21)이라고 애써서 설명한 것은 이런 전승의 역사적 기초를 더욱 확고하게 해줄 따름이다. 불의에 대해 고발하는 것은 참된 예언자의 의무였다. 또한 예수가 성전 뜰에서 취한 상징적 행동들 역시 이런 관점에서 매우 강력한 고발이었다. 예수가 성전에서 돈을 바꾸어주는 환전상들을 내친 것에 대한 신학적 해석들은 예수가 종교개혁자로서 성전의 타락에 대한 의분에서 비롯된 것으로 해석하거나, 아니면 예수가 성전의 비열한 종교의례들과 환전상을 척결하여 이스라엘의 하나님에 대한 예배를 개혁하고 순수한 예배를 위해 이방인들까지 포함하기 위한 것으로 해석해 왔다. 그러나 예수의 대담한 행동은 기독교의 미래를 위해서가 아니라 과거 이스라엘의 예언자 전통을 배경으로 해석해야만 한다. 즉 상을 둘러엎고, 동전들이 땅바닥에 흩어지고, 희생제물용 비둘기들이 갑자기 새장에서 벗어나서 하늘로 날아오르는 것은 과거 예언자들의 시위 행동을 반영한다. 즉 실로의 아히야는 다윗 왕국의 임박한 파멸을 상징하기 위해 자기 새 옷을 열두 조각으로 찢었으며(왕상 11:29-39), 다윗 왕조에 대한 하나님의 심판을 선포했다. 또 예언자 예레미야는 "백성을 대표하는 장로 몇 사람과 나이 든 제사장 몇 사람"과 더불어 예루살렘의 힌놈 골짜기에서 항아리를 깨뜨리며 하나님의 위협을 선포하기를, "토기 그릇은 한번 깨지면 다시 원상태로 쓸 수 없다. 나도 이 백성과 이 도성을 토기 그릇처럼 깨뜨려버리겠다"고 선언했다(19:11).

성전에서 예수가 한 행동을 안티파스의 오만함에 대한 조롱과 더불어 생각한다면, 예수가 믿었던 하나님의 임박한 행동을 예언자로서 극적으로 표현한 것으로 이해할 수 있다. 이스라엘 민족의 역사에서 새로운 시대를 시작하면서, 예수는 이스라엘 전통이나 하나님께서 그 백성을 선택하신 것을 거부한 것이 아니었다. 그런 것이 아니라, 예수는 갈릴리의 농민들과 어부들, 노동자들 가운데서 팔다리가 말라버린 사람들을 치유해 주며 귀신 들린 사람들을 고쳐줌으로써, 이스라엘 백성들이 자신들의 삶에 대한 통제력을 회복하도록 도와주는 예언자로서 행동했던 것이다.

예수가 예루살렘에 온 것은 하나님 나라가 오고 있음을 선포하며, 사회적인 불의에 가담하고 있는 자들로서 문제 해결에 헌신하지 않는 모든 사람에 대한 하나님의 판결을 선포하기 위해서였다. 성전의 환전상들과 비둘기 판매상들의 탁자들은 그 자체로서는 중요하지 않았지만, 농민들의 희생과 헌물로 유지되는 거대한 제의 체계의 일부분이 되어 경제적 자원을 빨아들였는데, 성전이 그 자원을 빨아들이지 않고 달리 사용된다면 농민 가족들과 마을 전체를 생존하게 할 수 있는 자원이었다. 성전예배가 몇몇 제사장 가족들에게 얼마나 큰 경제적 이득을 가져다주는 것인지에 대해서 예수가 과연 정확하게 파악하고 있었는지, 또 헤롯대왕 치하에서 제사장 직분의 역사적 굴곡과 로마인들에 대한 제사장들의 굴종을 예수가 파악하고 있었든지 아니면 못했든지 간에, 예수는 당시 이스라엘의 신실한 백성들이 모두 갖고 있었던 좌절감, 즉 새로 지어진 헤롯성전의 그 거대한 청동 대문들과 코린트식 기둥들이 정말로 이스라엘의 하나님의 집인지 아닌지에 대해 의심을 품고 있던 사람들의 좌절감을 표출했다. 성전의 바깥마당에 있던 순례자들 가운데 많은 사람은 예수를 단지 또 한 명의 성가신 인물로 간주하고 그의 결론에 동의하지 않았을 것이다. 그러나 예수가 행동하는 것을 오해했을 사람들은 별로 없었을 것이다. 예수가 탁자들을 내리치고 은(銀) 동전들을 바닥에 흩어버렸을 때, 하나님 나라가 가까이 왔다는 농민 예언자의 불같은 선언과 함께 하나님의 음성이 예수를 사로잡은 것처럼 보였기 때문이다.

예루살렘 성전을 내려다보는 고지대(Upper City, 성전의 남서 지역)의 우아한 빌라에 살고 있던 몇몇 대제사장 가족들은 헤롯대왕에 의해 그 권력의 자리에 앉았는데, 예수의 행동으로 인해 심기가 몹시 불편했을 것이다. 그들은 이스라엘의 대중들과 로마제국의 오만한 관리들 사이에서 위태롭게 줄타기를 하고 있었다. 성전 건물과 기관들을 대대적으로 확장한 이후, 이들 대제사장 가족들과 성전금고, 작업장, 창고, 보급 시설들을 맡고 있던 관리들의 가족은 엄청난 재산을 축적하게 되었으며, 자신들의 특수한 임무와 특권과 재산을 후손들에게 세습시켰다. 전국에 흩어져서 살던 스물네 개의 제사장 과정의 구성원들과는 달리, 이들 사제직 관리들은 예루살렘에 상주했는데, 이들의 주택에서 발굴된 고고학적 유물들은 이들의 생활방식이 얼마나 화려했는지를 보여준다. 1970년대에 발굴 작업에 참가했던 고고학자들은 그 넓은 주택들에 대해 아무런 주저함 없이 "저택들"(mansions)이라 불렀는데, 그 응접실과 식당 바닥은 모자이크 그림들로 정교하게 장식되었으며, 벽에는 치장 벽토와 그림들로 장식되었을 뿐만 아니라, 식기, 유리그릇, 돌로 새겨진 식탁 표면과 그밖에 내부 장식, 우아한 주랑들을 통해 우리는 그들의 사치한 생활을 엿볼 수 있다. 그 집들 가운데 하나의 벽에 성전의 메노라(일곱 개의 가지가 있는 장식 촛대)가 새겨져 있으며, 대제사장 가족 중 하나였던 "바르 카트로스"라는 이름이 새겨진 저울추가 발견된 것은 그 집 주인이 성전 귀족과 연관된 사람이었다는 점을 분명하게 보여준다. 유대 사회에서 이들 대제사장들의 재산과 특권을 보여주는 또 다른 증거는 이들이 예루살렘 변두리에 만든 정교한 가족무덤들이다. 구시가지 남쪽 3km 떨어진 곳에서 최근 발굴된 한 무덤에서는 아람어로 "예호셉 바르 카야프"(Yehoseph Bar Kayyaf)라는 글자를 새긴 납골당이 출토되었는데, 학자들은 이 이름이 예수가 예루살렘으로 마지막 순례를 할 당시의 대제사장이었던 요셉 가야바(Joseph Caiaphas)라고 밝혔다.

그러나 이처럼 현란한 유물들의 배후에는 우리의 정신을 깨우는 역사적 현실이 놓여 있다. 왜냐하면 대제사장 가족들이 대를 이어가며 누리던 재산과 정치적 특권은 로마당국에 달려 있었다는 사실이 분명하기 때문이다. 이미 오래전부터 경건함과 의로움은 더 이상 대제사장들의 성공적인 임기를 평가하는 기준이 아니었다. 아켈라오가 왕위에서 쫓겨난 (기원후 6년) 이후에는, 대제사장들이 로마당국에 대해 유다인들의 실질적인 대표자들이었으며, 예루살렘에서 질서를 유지할 책임이 맡겨졌던 것이다. 로마 관리들은 마음대로 대제사장들을 임명하거나 파면할 수 있었다. 따라서 대제사장과 그를 돕던 고위 관리들은 명목상 성전을 관장하면서 순례자들의 헌금과 수입금이 늘어나는 것을 통해 막대한 이익을 챙기고 있었지만, 그들은 세력을 장악한 위치에 있지 않았다. 사실상 그들은 로마인들과 마찬가지로 종교적 축제 절기에 몰려든 군중들에 의해 인질로 잡혀 있는 꼴이었는데, 이 군중들은 하나님, 자유, 돈, 축제가 함께 섞여 폭발하게 될 것을 꿈꾸던 사람들로서, 이 폭약이 도시의 거리들이 공공질서가 유지되는 것처럼 보이는 것을 폭발시키지는 않을 것이지만, 공공질서란 절호의 기회를 만나면 깨지기 쉬운 합판에 불과한 것이었다. 대제사장들은 또한 보다 낮은 지위의 하급 제사장들의 행동들에도 인질로 잡혀 있었는데, 이들 하급 제사장들은 시골에서 차출되어 한 주간 동안 성전에서 축제 절기의 업무를 돕도록 투입되었다. 그러나 만일 지방에서 올라온 이 제사장들이 그들의 부유한 상급자들의 행동이 틀렸으며 제의적으로도 타당하지 않다고 선언하기라도 한다면, 성전의 통치에 문제가 생길 것이며, 더욱 중요한 것은 로마의 통치를 받아들이던 유다인들에게는 무슨 일이 벌어질 것인지를 아무도 예측할 수 없었기 때문이다.

예수가 예루살렘에 "메시아로서" 입성한 사건에 대해 대제사장과 고위 관리들이 얼마나 자세히 알고 있었는지는 우리가 알 수 없지만, 예수가 성전구역 안에서 소란을 일으킨 것에 대해서는 몰랐을 리가 없었을 것이다. 성전 안에는 레위인 경비병들과 감시원들이 늘 순찰을 돌고 있었을 뿐 아니라, 성전의 북서쪽 모서리에 붙어 높게 서 있는 커다란 안토니아 요새에는 로마제국의 외국인 수비대가 항상 주둔하고 있어서, 축제 절기에는 아래를 내려다볼 수 있는 주랑 지붕 위를 오가면서 경계태세를 늦추지 않고 순례 군중들 사이에서 벌어질 수 있는 소란과 선동을 감시하고 있었다. 그들은 즉각적으로 조치를 취할 필요는 없었다. 요세푸스는 한 번 이상, 성전 뜰에서 벌어진 소요사태가 적어도 잠시 그냥 진행되도록 내버려둔 적이 있었다고 전해준다. 그러나 일단 군중들이 떼를 지어 행동에 들어가거나 소요사태가 도시의 다른 지역으로 파급될 기세를 보일 때는, 성전 당국자들이 물러나고 군대가 개입해 들어왔다. 실제로 1세기 동안에는 군중 시위와 폭동이 너무 많았기 때문에, 특정 사태에 대해 당국자들이 어떻게 대응했는가에 관해서는 확실하게 말하는 것이 거의 불가능하다. 복음서 이야기들은 몇십 년 후에, 예수의 죽음에 대한 구전 전승과 그 의미에 대한 해석에 기초해서 기록되었다. 복음서 기자들은 그 사건의 목격자들이나 행정관리들을 인터뷰할 수는 없었을 것이다. 예수의 체포와 재판에 관한 복음서 이야기들에 대해 선례가 있었는지를 알아내기 위해 많은 학자가 랍비문헌의 법규들과 로마 행정관리들의 연대기를 샅샅이 뒤져보았지만, 예수의 성전 사건과 그 이후 사태 전개 과정을 이해하는 데 큰 도움이 될 만한 정책상의 원칙이나 제국의 행정적 선례를 찾아내지는 못했다.

당시 상황을 성전 당국자들의 관점에서 상상해 보자. 예루살렘은 순례자들로 넘쳐났으며, 로마제국의 당국자들도 긴장한 상태였다. 본디오 빌라도 총독은 군기 사건과 수도교 건설 사건이라는 뼈저린 경험을 통해서, 이 지방의 걸핏하면 대드는 백성들을 통치하기 위해서는 단호하지만 은밀한 조치가 필요하다는 것을 배웠다. 한편 헤롯 안티파스가 유다 지방의 상황을 더 복잡하게 만들고 있었던 것은 그가 좀 더 유리한 지위를 차지하고자 했으며, 아마도 유월절 축제 기간에 예루살렘에 머물고 있었기 때문이었다. 이런 판국에, 이미 갈릴리 마을들에서 잘 알려졌던 농민 예언자가 느닷없이 왕을 조롱하는 "승리의" 입성을 연출하여 사람들의 관심을 끌고, 또다시 추종자들을 대동한 채 성전구역에 들어와 탁자들을 뒤엎고 성전 기물을 파괴해 버린 것이다. 당시나 지금이나 이런 종류의 행동을 눈감고 넘어갈 행정당국이나 종교당국은 없을 것이다. 예수의 이런 행동은 그 당국자들이 내세우는 질서와 체면을 위협했을 뿐 아니라, 그 자신들의 권력을 좌지우지하는 로마당국을 지원하는 것에도 위협했다. 따라서 축제 기간에 군중을 선동한 미친 사람에 대한 조치가 취해졌다는 것은 의심의 여지가 없다. 그 후 몇십 년 뒤에 바울이 성전에서 체포된 사건과 요세푸스가 기록한 많은 사건들을 통해 우리가 알 수 있는 사실은, 성전의 경비병들과 안토니아 요새의 군인들은 이런 일이 벌어졌을 때 자신들이 무엇을 해야 하는지를 정확하게 알고 있었다는 사실이다. 즉 만일에 소동이 매우 심각하고 성전 뜰에 들어갈 수 있는 상황이라면, 그들은 즉각 개입하여 주동자들을 체포하여 심문했다.

그렇지 않을 때는, 순례자들의 흥분이 가라앉고 도시가 조용해질 때까지 주동자들을 체포하지 않은 채 기다리곤 했다. 예수의 경우가 이런 경우였던 것으로 보인다. 즉 밀고자가 정보를 제공하거나 아니면 당시 성전 뜰에 있었던 사람들을 대상으로 탐문 수사를 벌여, 당국자들은 예수의 행방을 알아냈고 체포하도록 만든 것이다. 예수는 제자들과 마지막 저녁식사를 한 후 체포되어 심문받았다. 예수는 과거의 엘리야나 예레미야처럼 자신의 사명을 포기하기를 단호하게 거부하였고, 또한 자기 행동과 선포를 철회하는 것도 거부했기 때문에, 예수의 운명은 하급 보안 장교들의 행정 처리로 결정되었다. 존 도미닉 크로산(John Dominic Crossan)은 수난 이야기에 대한 그의 분석에서 당시 상황을 간결하게 처리하여, 복음서들에서 매우 자세하게 덧칠해진 이야기들을 복잡하게 분석하는 것이 왜 터무니없는 것인지를 설명한다. 즉 "예수처럼 보잘것없는 성가신 농부에 대해서는 지휘계통에서 높이 올라갈 필요가 없었을 것이며, 빌라도 앞에서 자세한 재판은 말할 것도 없었고 대제사장 가야바 앞에서 공식적 심문을 할 필요조차 없었을 것이다. 예수의 경우에는 체포와 처형 사이에 아무런 재판 절차 없이 처리해도 무방했을 것이다."

나사렛 예수가 단지 혼자서 영적인 메시지를 선포한 사람이었다면, 아마도 매질을 한 다음에 예루살렘에서 쫓아냈을 것이다. 30여 년 후 기원후 62년에 아나니아의 아들 예수가 그런 경우를 당했다. 즉 역사가 요세푸스 플라비우스에 따르면, "전쟁이 일어나기 4년 전에, 그 도시가 충분한 평화와 번영을 누리고 있었을 때, 모든 유다인이 하나님께 초막을 세우는 게 습관이었던 절기에, 아나니아의 아들 예수라는 버릇없는 농부가 성전 안에서 갑자기 이렇게 외치기 시작했다. '동쪽에서부터 소리가 들린다. 서쪽에서부터 소리가 들린다. 사방에서 소리가 들린다. 예루살렘과 성전에 반대하는 소리가 들린다. 신랑과 신부에게 반대하는 소리가 들린다. 모든 백성에게 반대하는 소리가 들린다.' 그는 밤낮으로 도시의 모든 골목길을 돌아다니며 그렇게 외쳤다. 시민들 가운데 일부 지도자들은 그 불길한 말에 화가 나서 그를 체포해서 심하게 혼내주었다. 그러나 그는 자신을 위해 한마디 말도 하지 않았고, 자신을 때리던 사람들에게도 한마디 하지 않은 채, 계속해서 예전처럼 외치고 다녔다. 그러자 행정관은 그가 실제로 어떤 초자연적 힘에 사로잡혀 그렇게 외친다고 짐작하여 그를 로마 총독 앞에 데려갔다. 거기서 그는 채찍을 맞아 뼈가 드러날 지경이 되었지만 자비를 청하지도 않고 눈물을 흘리지도 않은 채, 채찍을 맞을 때마다 '예루살렘에 재앙이 있을지어다!'라고 가장 음울한 저주를 퍼부었다. 알비누스 총독이 그에게 도대체 누구이며 어디에서 왔기에 그렇게 외치는가를 물었을 때도 그는 한마디도 하지 않은 채, 쉬지 않고 그 도시에 대한 저주만 내뱉었다. 결국 알비누스 총독은 그를 미치광이라 선언하고 내쫓았다."

그러나 나사렛 예수는 아나니아의 아들 예수보다 훨씬 더 큰 위협이었기 때문에 단지 매질을 해서 쫓아버릴 수는 없었다. 그는 혼자 돌아다니는 "미치광이"가 아니라, 시골 마을들에서 커가고 있는 운동의 지도자였으며, 지금은 예루살렘에서 헤롯 안티파스와 성전에 맞서서 예언자적인 시위를 벌이면서 현 체제의 악행들과 불의를 치밀하게 단죄하고 있었다. 심지어 권력자들에 대한 예수의 예리한 공격을 강조하는 일에 매우 조심스러운 공관복음서들조차, 예수가 예루살렘에서 여러 지배집단과 날카롭게 대결한 것으로 묘사하였다. 예를 들어, 공관복음서들에 나오는 "악한 소작인" 비유(마태 21:33-46; 마가 12:1-12; 누가 20:9-19)는 1세기 유다와 갈릴리의 소작 농업에서 소작인과 부재지주의 마름 사이의 긴장 관계와 노골적인 폭력을 정확하게 보여준다. 그러나 동시에 예수는 제사장 계급과 헤롯왕가의 귀족 중의 대지주들이 시골의 풍경을 완전히 바꾸어 놓았지만 그들 역시 소작인들에 불과하다는 사실을 재치 있게 보여주었다. 하나님만이 이스라엘 땅의 유일한 참 "소유주"이셨기 때문에, 만일 그들이 계속해서 하나님의 포도밭을 성실하게 경작할 의무를 회피하거나 정당한 상속자들의 권리를 존중하지 않을 때는 하나님께서 분명히 그들의 "소작권"을 박탈하실 것이기 때문이다.

또한 카이사르에게 주어야 할 동전에 관한 이야기도 많은 것을 말해준다. 마가복음 12:13-17(병행구절 마태 22:15-22; 누가 20:20-26)에는 "바리새파 사람들과 헤롯 당원 가운데서 몇 사람"이 예수를 반역죄로 몰아가기 위해서 "황제에게 세금을 바치는 것이 옳습니까, 옳지 않습니까?"하고 물었다고 기록되어 있다. 유다에서는 20여 년 전에 아켈라오를 내쫓은 이후로 로마의 직접 통치를 받고 있었기 때문에 제국에 세금을 내는 문제는 공개적인 저항을 불러일으키곤 했었다. 이스라엘 백성들로서는 자신들의 통치자가 아무리 꼭두각시에 불과하다 해도 그에게 많은 세금을 바치는 것은 참을 수 있었지만, 자신이 신적인 존재라고 주장하는 이교도 황제에게 직접 세금을 바치는 것은 부당할 뿐만 아니라 우상숭배를 금지한 모세 율법에 위배되는 것이기도 했다. 유다인들과 이스라엘인들이 비록 오래전에 앗시리아인, 바빌로니아인, 페르시아인들에게, 간접적으로 왕이나 성전의 세금을 통해 조공을 바친 적이 있었지만, 시골 사람들은 로마인들이 보낸 회계 감시원, 인구조사원, 장부계원, 세금징수 청부인 등에 의해 직접적으로 또한 계속해서 시달렸던 적은 한 번도 없었다. 그리고 로마의 세금징수에 대한 뿌리 깊은 반감이 사라질 조짐도 보이지 않았다.

그러나 로마인들에게는 세금징수가 관건이었다. 세금은 제국의 존재 이유였다. 세금을 징수할 로마인들의 권리에 대해 공개적으로 반대하는 것은 선전포고와 같은 것이었다. 따라서 예수가 "황제에게 돌려주라"고 말한 유명한 이야기는 예수가 그렇게 말한 의도와 그 청중들이 이해한 방식을 생각해야 한다. 여기서 우리는 "교회와 국가" 혹은 "세속적" 왕국과 "영적" 왕국 사이에 구분이 있었을 것이라는 시대착오적 환상을 가져서는 아니 된다는 말이다. 예수는 여기서, 황제에게 세금을 바치는 것이 합법적이냐 아니냐 하는 그 반대자들의 술책을 피하려고 했다. 로마에 세금을 바치는 것은 황제가 이 세상의 최고 소유자이며 구세주라는 가정에 근거한 것이었다. 이스라엘의 계약에 속한 사람은 결코 그런 것을 인정할 수 없었다. 그러나 예수는 자신에게 덫을 놓기 위한 질문을 받아, 이스라엘에 대한 로마의 불법 통치를 한마디로 단죄하는 방식으로 대답했다.

예수는 황제의 초상이 새겨진 동전을 가져오도록 하여, 그 질문자에게 "이 초상은 누구의 것이며, 적힌 글자는 누구의 것이냐?" 하고 물었다. 우리는 이미 앞에서, 헤롯 안티파스의 동전에 새겨진 제국의 상징들이 일반인들에게 권력이 누구 손에 있는지를 확산시키는 데 얼마나 중요한 역할을 했는지를 살펴보았다. 그 동전들은 왕의 권력을 광고하는 것이었을 뿐 아니라, 정치적 굴복에 대한 대가로 지불하는 통화였다. 따라서 동전을 제시하거나 아마도 단지 동전에 적힌 글자를 반복함으로써, 예수는 재치 있게 그의 청중들에게 카이사르의 통치는 오만하며 악하며 허망한 것임을 상기시켜 주었다. 그런 후 예수는 "황제의 것은 황제에게 돌려주고, 하나님의 것은 하나님께 돌려드려라" 하고 말했다고 한다. 무엇이 하나님께 속한 것이며 무엇이 황제에게 속한 것인지에 대해 의심했던 사람이 있었는가? 하나님께서 만물을 창조하셨기 때문에, 예수는 암호문 같은 말을 통해 황제에게 속한 것은 아무것도 없다는 사실을 매우 분명하게 밝힌 것이다.

예루살렘의 통치 당국, 즉 제사장들과 헤롯왕족들과 로마의 행정관리들은 아량을 베풀다가 민중 소요사태로 발전할 경우에 지불해야 하는 대가를 너무 잘 알고 있었다. 예수가 성전에서 벌인 소동을 무시하고 그의 위험한 가르침을 무시하는 것은 다른 사람들도 예수를 본받도록 부추길 따름이었다. 단지 매질을 해서 돌려보내는 것은 예수의 추종자들이 보기에 예수를 영웅으로 만들어 줄 따름이었다. 신속하고 결정적 조치를 취해서, 성전에 모였던 순례자들로 하여금 예수가 하나님의 참된 예언자라는 어리석은 믿음을 갖지 않도록 만드는 것이 훨씬 현명할 것이었다. 사형에 처할 권력은 로마 총독의 특권이었지만, 그는 성전 당국자들만큼이나 공공질서를 유지하는 일과 훌륭한 행정관리로서의 명성을 유지하는 일에 깊은 관심을 두고 있었다.

따라서 대제사장들이 왜 예수에게 누명을 씌울 음모를 했으며, 또한 빌라도 총독은 도대체 무슨 이유로 그 음모에 동조했을 것인지에 대해 깊이 추론할 필요조차 없다. 비록 누가복음은 빌라도가 "내가 보니 이 사람에게는 아무 죄도 없소"(23:4)라고 말하게 함으로써 노골적으로 빌라도에게 면죄부를 주지만 말이다. 빌라도가 이 문제에 대해 손을 씻고, 피에 굶주린 군중들이 예수를 처단하는 대신에 바라바를 석방시키도록 요구했다는 이야기들은 모두 나중에 크리스천 작가들이 만든 이야기들로서, 그들은 예수와 달리 로마인들에 의해 안절부절못할 정도로 위협을 느껴서3) 로마에 대해 충성하지 않는다거나 반란을 일으킨다는 비난으로부터 자신들은 빠져나가고 대신에 유대인들에게 그 책임을 뒤집어씌웠던 작가들이 만든 이야기였다. 예루살렘에서는 사태가 명백했으며, 여러 사람이 신중하게 논의해야 할 필요도 없었다. 대제사장이나 헤롯 안티파스, 본디오 빌라도 역시, 현재의 질서가 곧 무너질 거라고 말하며 자신들의 통치에 대해 비폭력적으로 저항하도록 부추긴 농민 예언자 한 사람으로부터 공개적으로 망신을 당할 만큼 어리석은 사람들이 아니었다. 얼마 전에 세례자 요한이 설교를 통해 사람들을 선동했을 때도, 헤롯 안티파스는 "먼저 기습적으로 그를 제거하는 것이 훨씬 나을 것"이라고 결정했다. 세례자 요한은 참수당했다. 그러나 갈릴리 출신 농부처럼 골치 아픈 자에게는 참수가 너무나 정중한 처벌이었다. 예수처럼 체포된 후에도 전혀 뉘우침이 없고 여전히 로마의 통치에서 벗어난 해방된 이스라엘에 대한 꿈을 꾸고 있는 자에게, 빌라도 총독이 내릴 수 있는 명령은 단 하나뿐이었다. 유다 지방 군중들에게 저항의 끔찍한 대가를 보여줄 필요가 있었다. 또한 공공질서를 위해, 그리고 제국의 권력을 행사하는 것으로

---

3) 역자주: 복음서들 가운데 최초의 복음서인 마가복음서가 기록되기 직전 예루살렘 함락이 얼마나 잔혹했는지를 경험한 사람들은 트라우마에 시달릴 수밖에 없었다. 역사가 요세푸스의 매우 과장된 표현에 의하면, 66년부터 70년 사이에 벌어진 로마와의 전쟁에서 110만 명이 학살되었다고 한다.

서, 이 갈릴리 출신 "예언자"는 예루살렘에서 가장 고통스럽고 치욕적이며 공개적인 방식으로 처형되어야만 했다.

로마제국의 십자가 처형의 잔인성에 대해서는 의문의 여지가 없으며 비밀스러운 것도 전혀 없다. 십자가에 달린 예수의 전형적 이미지에 대해 우리가 그토록 친숙하지 않다면, 또한 우리가 초등학생 때부터 로마제국의 영광, 장엄함, 기술적인 발전에 감탄하도록 그처럼 철저히 세뇌되지 않았다면, (그래서 본디오 빌라도 같은 제국 지휘관의 무자비한 범죄에 대해 사면해 주고 그 희생자들을 비난하도록 그처럼 교묘하게 훈련되지 않았다면), 우리는 십자가 처형이라는 잔혹한 대량학살의 고문방식에 대해 그 실체를 파악할 수도 있을 것이다. 지중해 세계 전역에 걸쳐, 북쪽으로는 갈리아(오늘날 프랑스, 서부 독일, 북부 이탈리아) 지역과 해협을 건너 브리튼까지에 걸쳐서, 로마 황제들과 총독들, 지방장관들은 그들의 장교들이 길거리나 들판에서 누구든지 체포하여 좌우간 사유재산과 공공질서 또는 국가안보에 위협이 되는 자라고 지목한 자들에 대해 그런 극한적 고통을 줄 권력이 있었으며 심지어 의무가 있었다. 십자가 처형의 끔찍하며 오랜 시간이 걸리는 방식에 대해서는 키케로, 리비우스, 타키투스, 세네카 등이 자세하게 묘사했기 때문에, 그 소름 끼치는 처형방식에 대해 우리는 복음서들의 수난 이야기와는 별도로 많은 증거를 갖고 있다. 십자가 처형을 선고받은 사람은 발가벗겨지고 군중들 앞에서 모욕당하고, 군인들은 끝에 쇠붙이가 달린 채찍으로 흠씬 매질했다. 그런 후, 십자가의 가로지르는 무거운 들보(*patibulum*)를 지고 처형 장소로 가야 했고, 거기서 수직 기둥에 잔인하게 매달렸다. 그는 거친 나무에 쇠못이나 밧줄로 묶여, 상처 때문에 죽거나 아니면 몸무게로 인해 처져서 질식사할 때까지 매달려 있게 되며 군인들이 경비를 섰다.

비록 우리는 예수의 십자가 처형 이미지, 즉 가로지르는 나무에 양팔을 뻗치고 손바닥에 못이 박힌 모습을 보는 것에 익숙하지만, 모든 십자가 처형이 항상 하나의 특정한 형태로 된 것은 아니었다. 수많은 사람이 십자가에 처형되었지만, 그 유골이 발견된 경우는 단 한 번뿐이었다. 즉 예루살렘에서 고고학자들은 한 무덤을 발굴하던 중, 어느 청년의 팔뼈가 분명히 가로지르는 나무 맨 위에 묶였으며 그 발목뼈들은 수직 기둥의 양옆에 못으로 박혔던 것이었다. 십자가 처형의 유일한 목적은 고통과 굴욕을 안겨주는 것이었다. 실제로 요세푸스는 예수가 처형된 지 40여 년 지나, 로마인들에 대항한 유대인들의 반란 당시, 십자가 처형을 담당했던 로마 군인들이 그 폭력에 너무 마비되고 반란을 일으킨 유다인들에 대해 너무 원한에 차서, "그 희생자들을 서로 다른 자세로 매달아 못질하는 장난을 벌였다"고 기록했다.

따라서 십자가 처형은 로마인들이 사람들 눈에 보이도록 명백하게 드러나는 모습으로 메시지를 전달하는 다른 어떤 형태보다도 강력한 수단이었으며, 나사렛 예수의 경우에도 분명히 이런 수단으로 십자가에 처형되었다. 이처럼 로마의 모든 도시 변두리에서 공개적으로 처형되는 비명소리와 피비린내와 끔찍한 모습은 그 도시들 속의 신전들과 광장의 우아함과 건축학적 광채들을 짓밟아버리는 괴상한 모습이었다. 십자가와 코린트 양식의 기둥은 로마인들이 경험하는 두 측면이었다. 하나는 로마 세계의 논리와 권력 구조를 받아들이는 모든 사람에게 그늘과 피난처를 제공했으며, 다른 하나는 로마의 질서에 대한 적으로 낙인찍힌 사람들을 살아서 숨 쉬는 사람에서, 매를 맞아 온몸이 부어오르고 거의 알아볼 수조차 없는 시체로 만들어버렸다. 십자가 처형은 특수한 범죄에 대한 사법적 보복이었을 뿐 아니라, 국가가 자행하는 테러리즘이었다. 도시들의 외곽지역에 세워진 십자가들은 반란을 꿈꾸거나 도망친 노예들, 반역적 예언자들에게 그들에게 어떤 일이 닥칠 것인지를 경고했다.

앞에서 말한 것처럼, 대부분의 십자가 처형에서는 공식적인 절차가 필요하지 않았다. 기원전 4년에 로마 총독 바루스가 2천 명에 달하는 유다인들을 십자가에 처형했을 때, 공식적인 절차를 밟았을 가능성은 거의 없다. 십자가 처형의 요점은 그것을 갑자기 무자비하게 집행하는 공포 자체였다. 십자가 처형은 순전히 공식적이며 국가적인 폭력 형태였다. 따라서 수많은 주석가들과 학자들이 지적한 것처럼, 나사렛 예수가 십자가에 처형되었다는 사실은 예수가 얼마나 명백하게 위협적인 존재였는가에 대한 뚜렷한 증거인 셈이다. 이 갈릴리 출신 예언자는 후대의 또 다른 예수처럼 채찍질만 당했을 수 있었고, 세례자 요한처럼 참수형에 처할 수도 있었으며, 성전을 모독한 사람으로서 돌에 맞아 죽었을 수도 있었다. 그러나 나사렛 예수의 경우는 로마제국의 권력과 예루살렘의 공공질서가 관건이 되었던, 훨씬 더 공적인 사태였다. 예수가 체포된 후 간단하게 심문을 받은 후, 이 자칭 예레미야가 군중들 앞에서 무력한 모습으로 끌려다녔다는 점에는 의심의 여지가 없다. 사람들로부터 조롱을 당하고 채찍을 맞고 예루살렘의 공개적 처형 장소에서 십자가에 매달린 예수는 멍들고 벌거벗겨진 몸이 아래로 처지게 되어 서서히 고통스러운 죽음을 맞이할 때까지 십자가에 매달려 있었다. 하나님 나라의 기쁜 소식은 이제 다른 사람들에 의해서 전파되어야만 했다. 예루살렘의 권력자들에 맞섰던 예수의 예언자적인 시위는 이렇게 마침표를 찍게 되었다.

5장

# 말씀의 선포

예수가 고통스럽고 치욕스럽게 처형당하자 예수가 꾸었던 꿈들은 꺼져버린 듯했지만, 이스라엘의 전통적인 마을 생활을 다시 활성화함으로써 이스라엘의 영광을 되살려야 한다는 생각은 쉽게 사라지지 않았다. 예수가 십자가에 처형된 후 몇십 년 동안, 그의 추종자들은 예수에 대한 기억을 중심으로 몇몇 집단을 이루어, 몇 가지 독특한 갱신운동을 벌여 나갔다. 이 집단들은 스스로 이스라엘 전통 속에 있다고 생각했지만, 점차 그 전통에서 벗어나 결국 기독교라는 새로운 종교가 등장하게 되었다. 비록 여전히 이스라엘의 믿음과 종교제의에 대한 많은 지역적 변형들을 간직하고 있었지만 말이다. 그러나 이 과정은 매우 서서히 이루어졌으며, 지역의 상황들과 사건들에 의해 큰 영향을 받았다. 예루살렘으로부터 멀리 떨어진 갈릴리의 짓눌린 마을들에서는 사람들이 예수의 인격과 메시지에 감동받았지만, 예수가 처형되었다는 소식이 예루살렘에 순례를 다녀온 사람들의 입을 통해 점차 시장과 마을에서 퍼져나갔을 것이다. 많은 사람은 그의 죽음을 비극으로 생각했을 것이며, 로마인들과 헤롯 당원들의 계속된 테러 속에서 이스라엘의 모든 참된 예언자들을 기다리고 있었던 비극적 운명의 또 하나의 사례라고 생각했을 것이다. 또 다른 사람들은 단지 슬픈 표정으로 혀를 차면서, 예수의 메시지가 이스라엘의 갱신에 효과적이지 않을 것이라는 자신들의 의구심이 확인되었다고 생각했을 것이다. 그러나 예수가 예루살렘에서 십자가에 처형되었다는 것을 알게 된 갈릴리 농민들이나 어부들, 노동자들 가운데 어느 누구도 오늘날 우리에게 익숙한 성 금요일과 부활절 이야기를 들었을 것 같지는 않다. 빈 무덤 이야기와 부활 이야기는 훨씬 나중에 가서야 비로소 두드러진 주제가 되었을 것이다. 실제로 갈릴리의 추종자들 가운데 예수를 따라 예루살렘으로 가서 그 비극적인 유월절 순례를 지켜보았던 집단들조차도 예수가 묻힌 정확한 장소나 심지어 예수의 시신이 어떻게 처리되었는지에 대해 알지 못했을 가능성이 매우 높다.

존 도미닉 크로산이 복음서의 수난 이야기들과 초대교회 전통에서 그 수난 이야기들의 중요성에 대한 연구에서 강력하게 지적한 것처럼, 당시에 예수의 처형이 얼마나 끔찍하게 보였는지를 인식하는 것이 중요하다. 로마제국의 십자가 처형에서 가장 잔인한 측면 가운데 하나는 심지어 그 희생자가 죽은 다음에도 대부분 시신을 십자가 위에 그대로 내버려두어 까마귀들이나 개들이 뜯어먹도록 하는 방식이었다. 이것이 로마제국에 감히 도전했던 노예, 농민, 반역자들이 당하게 되는 처벌의 본질적인 부분이었다. 어떤 경우에는 로마 군인들이 그 시신을 내려 아무렇게나 얕게 묻어버리기도 했는데, 가족무덤에 안장되는 경우는 거의 없었다. 예외적인 경우는 희생자의 친구들과 가족이 권력이 있거나 부자여서 해당 관리들을 매수할 수 있었거나, 유죄판결을 받아 처형된 범죄자와의 친분관계를 밝혀도 무방할 경우에만 시신을 요구하여 안장할 수 있었다.

예루살렘에서 벌인 고고학 발굴을 통해서, 십자가에 처형된 사람이 그처럼 안장된 경우는 거의 없었다는 사실을 알 수 있다. 요세푸스는 로마인들에 대한 몇 차례의 반란을 통해 예루살렘에서 거의 만 명에 이르는 사람들이 십자가에 처형되었다고 명시적으로 언급했는데, 우리는 (적어도 로마인들의 눈에) 평온한 시기에도 살인과 절도, 혹은 집단 저항에 대한 처벌로서 그보다 많은 사람들이 십자가에 처형되었다고 생각해도 무방할 것이다. 고대 예루살렘의 남쪽, 동쪽, 북쪽 외곽지역에 즐비한 무덤들에서 발굴된 1세기의 것으로 추정되는 수백 개의 가족무덤과 수천 명의 개인 유골 가운데, 십자가 처형 흔적(발목뼈를 관통한 대못)이 있는 유골은 **단 하나뿐**이었다. 로마제국이 유다 사람들에게 잔인한 질서를 부과하기 위해 십자가에 처형했던 수천 명의 다른 유골들은 짐승이나 자연의 풍화작용으로 인해 고고학적 기록에서 사라져 버렸다. 또한 십자가에 처형된 사람들의 가족들과 살아남은 사람들에게는 그 시신조차 찾지 못했다는 사실이 그 죽은 이들을 생각하며 더욱 견디기 힘든 고통이었을 것이다. 이것이 십자가 처형의 마지막으로 잔인한 치욕이었다. 따라서 크로산을 비롯해서 몇몇 학자들은 아리마대 요셉이 빌라도로부터 예수의 시신을 넘겨받아 안장했다는 복음서들의 이야기는 후대의 더욱 잔혹한 현실 속에서 예수의 매장을 이상적 모습으로 그린 것이었으리라고 주장했다. 이 이야기가 전해지고 나중에 더욱 아름답게 꾸며진 이유는 로마인들의 손에 죽은 예수의 운명이 그만큼 불명예스러운 것이었기 때문이었다.

 이것은 물론 성 금요일과 부활절을 매우 현대적이며 회의적인 관점에서 바라본 것이다. 오랜 세월 동안 예수의 매장과 빈 무덤의 기적은 분명한 역사적 사건들로 간주되었다. 유일한 질문은 예수의 처형과 매장이 어디에서 일어났는가 하는 문제였다. 예루살렘의 공개 처형 장소는 오랫동안 민담과 민간전승에서 전해졌던 것으로 보이지만, 4세기 초에 첫 번째 크리스천 황제 콘스탄티누스의 어머니 헬레나가 예수의 무덤을 찾으려고 많은 노력을 기울였지만 그런 민담들은 아무 소용이 없었다. 헬레나 황후는 하나님의 영감을 받고 예루살렘을 방문하여, 그 탐사자들이 예수의 무덤만이 아니라 근처의 골고다와 예수가 매달렸던 십자가의 잔재도 발견했다고 확신했다고 전해진다. 그 후 기독교 왕국의 가장 거룩한 지점을 보존하고 또한 기념하기 위해 성묘교회(Church of the Holy Sepulchre)를 짓는 데 돈을 아끼지 않았다. 그 후 새롭게 세워진 예배당들, 원형 돔, 기둥들과 지표면에 드러난 바위는 십자군과 순례자들의 영적이며 실체적인 목표가 되었으며, 기독교 세계 전체에서 숭배되었다. 그러나 성묘교회가 예루살렘 도시 **한복판에** 자리 잡고 있다는 것은 고대 유대인들의 정결법에 비추어 시신과 무덤을 위한 장소일 수 없었다는 점에서, 심지어 19세기의 완고한 개신교 신자들조차도 성묘교회의 진정성에 대해 의심했지만, 예수의 십자가 처형과 부활의 역사적 실재에 대한 일반인들의 믿음을 흔들어놓지는 못했다. 성묘교회의 진정성을 의심한 개신교 신자들은 예루살렘 성벽 북쪽의 조용하고 공원과 같은 지역에서 예수의 무덤을 찾았다고 주장하며 "정원 무덤"이라고 부르게 되었다.

역설적인 것은 오늘날 학자들이 골고다와 아리마대 요셉의 무덤 장소에 관해 그토록 많은 논쟁 이후에 합의를 본 것은 성묘교회 터가 결국 진정한 곳일 수도 있다는 결론이다. 1967년 이후 예루살렘 구시가지의 도로 밑바닥과 유적들과 노천 공간에 대한 방대한 고고학적 발굴을 통해, 로마시대 초기에는 예루살렘의 성벽이 매우 불규칙한 선을 따라 이어졌다는 사실이 드러났다. 그래서 오늘날 대부분의 고고학자들은 성묘교회의 터가 예수 당시에는 구불구불한 예루살렘 성벽 **바깥에** 있었으며, 그 지역이 실제로 로마 당국자들이 처형하던 도시 외곽지역이었을 것이라는 점에 동의한다. 또 그 교회 예배당 일부의 바닥 아래서 발굴된 전형적인 1세기 묘실들은 그 지역이 매장 장소로 사용되었다는 증거를 보여주며, 성묘교회의 역사적 신빙성을 더 이상 완전히 무시할 수 없게 되었다. 일부 학자들은 복음서들에 나오는 십자가 처형 이야기와 아리마대 요셉의 개입 이야기가 역사적 사실이며, 또한 예수와 가까운 몇몇 추종자들이 아마도 무덤 주변에서 밤을 새웠을 가능성도 있었다고 주장했다. 그러나 예수가 예루살렘에서 처형되고 매장된 자세한 이야기들은 예수운동이 극적으로 발전하는 데 별다른 영향을 끼치지 못했다. 하나님 나라를 처음 주창한 이가 끔찍하게 순교했음에도 불구하고, 이스라엘의 계약을 갱신함으로써 하나님 나라를 이루려는 노력은 갈릴리의 마을들에서 중단 없이 계속되었다.

예수가 처형되었다는 아찔한 소식은 북쪽 갈릴리와 그 주변 지역으로 신속하게 퍼졌을 것이며, 갱신운동의 가장 중요하며 가장 오래 계속된 형태가 살아남은 곳은 바로 예수의 고향 지역에서였다. 예수의 초기 추종자들 가운데 일부는 틀림없이 낙심하여 그 운동을 포기했지만, 다른 사람들은 자신들의 신앙과 헌신을 다시 확인했다. 실제로 갱신운동은 그 중요한 목표나 새로운 종교의례를 도입하지 않은 채 이전처럼 계속된 것으로 보인다. 우리가 이런 점을 알 수 있는 것은 예수에 관한 최초의 전승들(우리가 증거를 갖고 있는 전승들)은 예수의 십자가 처형, 부활, 혹은 신적인 지위에 관해 아무런 언급을 하지 않고 있기 때문이다. 즉 최초의 예수 전승들은 (부활한) 예수가 사도 집단 앞에 기적적으로 나타나, "그러므로 너희는 가서, 모든 민족을 제자로 삼아서, 아버지와 아들과 성령의 이름으로 세례를 주고, 내가 너희에게 명령한 모든 것을 그들에게 가르쳐 지키게 하여라"(마태 28:19)고 말한 것을 언급하지 않는다. 최초의 예수 전승들은 그 대신에, 하나님 나라에 관한 간결하며 생기 있는 말씀들로서 하나님 나라 운동의 특수한 관심 사항들을 자세히 다룬 전승들이다. 즉 시골 마을 공동체들에서 어떻게 계약관계가 회복될 수 있는지, 어떻게 새로운 공동체들이 그 운동에 참여할 수 있는지, 개인이 그 억압자들과 원수들에 대해 어떻게 행동해야 하는지에 관한 사항들을 자세히 다룬 전승들이다.

이것이 유명한 "Q" 말씀 복음(Sayings Gospel)인데, Q는 자료를 뜻하는 독일어 '크벨레'(Quelle)에서 온 말이며, 19세기에 성서신학자들이 마태복음과 누가복음의 단락들 가운데 그 단어 사용이 거의 똑같은 구절들을 치밀하게 분류함으로써 처음으로 인식하게 되었던 자료이다. 학자들은 성서 본문을 주의 깊게 비교한 결과, 마태복음과 누가복음의 저자들은 모두 그 이전부터 있었던 예수의 어록(collection of the sayings)을 사용하여 마가복음의 이야기 자료와 함께 각자 독특한 방식으로 엮은 것이라고 추정했다. 이처럼 예수의 전기(biography)와 관련된 이야기들이 없는 순전한 어록집이 독립적으로 존재할 수 있었다는 사실은 1945년에 이집트에서 발견된 나그 함마디 문서들 가운데서 그와 비슷한 "도마의 말씀 복음"(Sayings Gospel of Thomas)이 발견됨으로써 확인되었다. 그러나 마태와 누가와 같은 명백한 자료로서, Q 자료는 훨씬 오래된 것이며 예수의 갈릴리 추종자들의 마음 상태를 엿볼 수 있게 해주는데, 이들 갈릴리 추종자들은 복음서 이야기들 속에서 무리를 지어 예수에게 나와 치유를 받고 배고픔을 채우고 그의 설교를 들었지만, 예수가 예루살렘으로 떠난 다음에는 갑자기 복음서들에서 사라져 버린 사람들로 묘사되어 있다.

Q 복음 속의 말씀들은 예수의 처음 추종자들을 사로잡았던 문제들과 관심 사항들에 관해 중요한 단서를 제공한다. 이런 전승들이 수집되어 수십 년 동안 보존되고 누가와 마태에 의해 기록되기 전에 구전전승으로 상당 기간 유포되었다는 사실은 이 전승들이 오래 살아남은 신앙공동체

들이 간직했던 믿음과 기억을 대표하는 것임을 뜻한다. 그들이 누구였는가 하는 것은 또 다른 문제다. Q 복음을 보다 폭넓게 그리스-로마의 문화라는 맥락 속에서 연구한 일부 학자들은 Q 복음을 간직했던 사람들을 그리스 세계의 견유철학자들(Cynics)과 같은 사람들로 보았다. 견유철학자들은 공개적인 장소에서 인습적 지혜에 이의를 제기하며, 철저한 개인주의와 재산, 부모, 예절 등으로부터 해방되라는 대항문화적 생활태도를 설교하며 떠돌아다닌 자유사상가들이었다. 이처럼 "견유학파"라는 관점에서 예수운동을 해석하는 오늘날의 학자들은 Q 복음을 구체적 맥락에 대한 언급 없이 개인주의적 윤리 모음집으로 해석하는 경향이 있으며, 예수의 가장 유명한 말씀들 가운데 일부는 예언자들보다 더 언어적인 유희를 보여주는 것이라고 주장했다. 그들의 견해에 따르면, 예수는 도발적인 현자로서 재치 있는 말대꾸의 달인이었다. "너희 가난한 사람은 복이 있다. 하나님의 나라가 너희의 것이다"(마태 5:3; 누가 6:20)라는 선언에서, 예수는 지혜의 교사로서 그 추종자들에게 "너희 원수를 사랑하고, 너희를 박해하는 사람을 위하여 기도하여라"(마태 5:43-44; 누가 6: 27-28), "너희가 심판을 받지 않으려거든, 남을 심판하지 말아라"(마태 7:1-2; 누가 6:37)고 가르친 스승으로 기억되었다. 이 역사적 관점에 따르면, 이 운동에 가담한 사람들은 1세기의 히피족처럼, 일상생활을 포기하고 "죽은 사람들을 장사하는 일은 죽은 사람들에게 맡겨두고, 너는 가서 하나님 나라를 전파하여라"(누가 9:60; 마태 8:22) 하는 것이 사명이었다.

　우리는 앞에서 예수의 갈릴리 선교를 살펴보면서, 예수의 말씀들은 추상적인 윤리 명령들이 아니라 강력한 정치적 가르침들로서, 갈릴리의 성읍들과 마을들에서 진행되던 정치경제적 및 종교적으로 새로운 활력을 불어넣는 일을 위한 필수적인 표현이라고 주장했다. 우리는 예수의 가르침들이 구체적 시공간에 뿌리박지 않은 채, 개인들 즉 고대의 견유철학자들처럼 지배문화로부터 소외되어 있지만 여전히 그 한 부분을 이루고 있는 개인들에게 매력적인 대항문화적 지혜를 고취시키는 것들이라고는 생각하지 않는다. 그와 반대로, 우리는 예수의 가르침과 말씀들이 예수의 짧은 공적인 목회를 전후하여 갈릴리 마을들에 팽배했던 가난과 억압이라는 현실적 상황에 대한 강력한 공동체적 대응이었다고 생각한다. 예수와 그의 처음 제자들을 "견유철학자들"로 규정하는 것은 예수운동을 개인주의적 문화비판으로 축소시키는 것인데, 이런 문화비판은 지속적인 공동체나 집단의식을 창출할 수가 없었을 것이다. 1세기 갈릴리는 계급 구분이 분명하여 매우 고통스럽게 실감할 수 있었던 현장으로서, 엘리트 문화는 통제와 억압의 수단이었고, 전통적인 민족적 정체성은 아무리 희미하게 기억되고 정치적 경계선을 넘어 퍼져 있었다 할지라도, 최소한이나마 자율성을 유지하려 애쓰던 공동체들의 마지막 보루였다.

오늘날 안락한 생활을 누리는 학자들은 그리스-로마 사회의 구조 속에 자리 잡고 있던 근본적인 불평등을 파악하지 못하는 경우가 너무나 많다. 즉 그리스-로마 사회는 기술과 문화적 표현의 열매를 누리던 사람들과 그들의 행복을 위해 대가를 지불해야 했던 원주민들 사이에 엄격한 구별이 존재했다. 오늘날 많은 주석가들은 그리스어가 확산되고, "극장, 경기장, 학교를 포함하여 헬레니즘의 제도들을 자랑스럽게 여기는" 도시들이 세워졌다는 고고학적인 새로운 증거들에 근거해서 모든 사람이 "헬레니즘 문화를 당연한 것으로 받아들였고," 견유철학의 대항문화적인 경향들이 심지어 농민들에게까지 확산될 수 있었던 통로 역할을 했다고 믿는다. 이처럼 사회적 사다리를 오르고 싶어 하는 모든 사람에게 평등한 기회가 주어졌다는 생각은 갈릴리 사람들의 반복적인 저항을 간과하는 생각이다. 갈릴리 사람들은 그리스-로마 세계의 새로운 생활방식과 논리 속에는 자신들을 억압하는 수단이 포함되어 있으며 자신들의 정체성을 빼앗아버리는 권력 지형을 만든다는 사실을 깨달았다. 갈릴리의 평범한 농민들은 세포리스와 티베리아스의 극장, 경기장, 혹은 견유철학을 배우고 가르쳤던 학교에서 부유하고 재치 있는 도시민들과 어울릴 기회가 전혀 없었을 것이다.

Q 말씀복음은 실제로 예수가 죽은 후 갈릴리에서의 갱신운동을 엿볼 수 있게 해주지만, 그 운동은 여전히 헤롯왕가의 계속된 위협과 싸우기 위해 계약과 공동체의 상징들을 사용함으로써 이스라엘의 독립적인 정체성에 깊이 뿌리내린 운동이었다. Q 복음의 말씀들에는 전혀 말장난이 아닌 정치적 주장들이 분명히 포함되어 있다. 그 말씀들에는 헤롯 안티파스에 의해 순교를 당한 세례자 요한의 불같은 설교에 대해 예수가 존경을 표시한 것들이 포함되어 있으며(마태 11:9-11; 누가 7:26-28), 또한 벳새다, 고라신, 가버나움 등의 마을들에 대한 예수의 저주가 나오는데, 그 마을 사람들은 저항운동에 참가하기를 거절했다(마태 11:21-24; 누가 10:13-15). 또한 권력자들이 쫄딱 망해 초라하게 되는 것이 시간문제라는 예언(마태 8:11-12; 누가 13:28-30), 모세 율법의 능력에 대한 확인과 예수의 제자들이 민족 해방운동의 지도자 역할을 맡고 있다는 확인—기드온, 삼손, 드보라와 같은 성서 영웅들을 따른 "사사들"의 역할인데, 이들의 역할은 실제로 이스라엘의 열두 지파들에 대한 카리스마적 지도력이었다—의 말씀이 포함되어 있다(마태 19:28; 누가 22:28-30). 어떤 학자들은 이처럼 보다 전투적이며 이스라엘의 전통중심적인 말씀들이란 Q 안에서 더욱 후대의 전승층에 속하는 것으로서, 예수운동에 대한 반대와 정치적 변화로 인해 Q 공동체의 사람들이 자신들의 태평한 견유철학을 포기할 수밖에 없게 되었을 때 삽입된 것이라고 주장했다. 그러나 예수운동이 이처럼 본래의 대항문화적인 놀이꾼들의 이상으로부터 점차 전투적인 것으로 바뀌었다는 학설은 예수운동에서 가장 중요한 것이 순수한 문화

비평이었다는 그 학설 자체의 선입견에서 생겨난 것이다. 이것은 편협한 지역주의에 대한 세계주의자들의 혐오감을 담고 있으며, 자유로운 개인주의가 밀어붙인 학설인 것으로 생각된다. 이런 학설은 예수의 처음 추종자들에 대한 학자들의 선입견을 만족시킬 수는 있지만, 갈릴리에서 진행되고 있던 예수운동과는 전혀 상관이 없는 학설이다.

고고학적 발굴층의 연대측정을 10년 단위까지 정확하게 추정하기는 어렵지만, 헤롯 안티파스가 만든 새로운 동전들이 자주 출토되는 것을 통해, 기원후 20년대 말과 30년대 초는 그의 통치지역에서 경제 및 정치 활동이 대단히 활발했다는 점을 알 수 있다. 그 무렵에는 갈릴리 해변의 새로운 수도 티베리아스의 건설이 마무리되어 시장과 행정조직들이 충분히 제 기능을 발휘하고 있었다. 안티파스는 요르단강 동쪽 지역에서도 많은 활동을 벌였던 것으로 보인다. 그는 고대 성읍 베다람프타 지역에 율리아스라는 새 도시를 세웠거나 확장했다. 이 사업은 기원후 29년 직후에, 아우구스투스 황제(기원후 14년에 사망)의 미망인 리비아의 죽음과 신격화를 기념하기 위해 벌인 사업인데, 그녀의 이름은 그 왕조의 이름을 따라 율리아로 불렸다. 안티파스는 더 넓은 지중해 세계에 대해 더욱 많은 관심을 쏟았으며, 유대인들의 디아스포라 공동체들에 대해 자신이 후견인 역할을 자임했다는 사실도 빼놓을 수 없다. 헤롯 안티파스의 혜택을 받은 사람들을 언급한 헌정 비문들("헤롯왕의 아들 헤롯"으로 표기된)이 에게해의 코스섬에 있는 아스클레피우스 신전의 중앙에 있는 치유 센터와 델로스의 상업 지역에서 발견되었는데, 이 두 장소 모두에는 헤롯대왕이 후견인 역할을 했던 대규모 유대인 공동체들이 있었던 곳으로 알려졌다. 또한 헤롯 안티파스가 해변 도시 두로에서 그의 가족들과 성대한 만찬을 베풀었던 것에 대한 요세푸스의 기록을 통해, 우리는 그가 페니키아와 시리아의 헬레니즘 도시들에게 기부금을 댔던 그 아버지의 전통을 이어갔던 것을 알 수 있는데, 그 기부 형태는 도로와 수도교, 화려한 공공건물을 건설하는 비용을 댔으며, 물론 그 도시들을 직접 방문하여 자신이 완전히 로마 스타일의 왕이라는 것을 과시했다.

이런 모든 활동에는 재정적 자원이 필요했으며, 그가 재정을 조달할 수 있던 곳은 한 군데뿐이었다. 즉 시골 주민들에게 계속해서 더욱 많은 세금을 걷는 방법뿐이었다. 이 기간의 Q 공동체를 버튼 맥(Burton Mack)과 같은 신약학자들이 "피리 소리에 맞춰 춤추던" 공동체라고 설명하는 것은 당시 계속된 실질적 곤경, 사회적 혼란, 가족들의 해체를 간과하거나 무시하는 입장이다. 예수는 갈릴리 사람들에게 이 새로운 질서의 위협에 대응하는 길을 제시했으며, 또한 Q 복음에서 예언자적 연설들에 덧붙여서, 그 지역에서의 짧은 목회에 대한 기억들은 경구들과 생생한 상징적 이미지들로 표현되어 이스라엘의 갱신을 위한 예수의 활발한 프로그램을 살아 있도록 만드는 역할을 했다. 예수의 잘 알려진 말씀들을 집성하는 작업만이 아니라, 예수 전승의 전달자들은 예수의 능력이 드러난 예언자적 행동들, 그의 치유와 귀신축출, 지배 당국자들과 두려움 없이 대결했던 예수의 이야기들을 반복적으로 들려주었다. 나중에 복음서들 속에 편입된 모든 본문 전승 묶음들(cluster of textual tradition)이 예수의 추종자들 가운데 서로 다른 개별적 집단이 예수가 누구였으며 그가 무엇을 의도했는지에 대한 서로 다른 이해를 보여주는 것이라고 주장하는 것은 상당히 무리가 있다. 그러나 예수가 갈릴리 지역과 아마도 그 주변 지역들도 돌아다니면서 너무나 깊은 인상을 남겨놓았기 때문에, 실제로 예수에 관한 이야기들과 아름답게 부풀려진 전설들, 시적인 묘사들이 계속 유포되면서 효과적인 저항의 안내자 역할뿐 아니라 이스라엘의 유산에 대한 강력한 표현으로서 작용했다고 말할 수 있다.

예를 들어, 나중에 마가복음에 편입된 소위 "선언 이야기들"(pronouncement stories)은 갈릴리 사람들에게 특별한 관심의 대상이 되었던 폭넓은 주제들을 다루고 있다. 예수의 추종자들은 그의 잊을 수 없는 말씀들을 기억했는데, "부자가 하나님의 나라에 들어가는 것보다 낙타가 바늘귀로 지나가는 것이 더 쉽다"(마가 10:25)와 같은 말씀이 그런 것이다. 예수와 그의 배고픈 제자들은 들판에서 이삭을 잘라 먹음으로써 왜 안식일을 거스르는가 하는 질문을 받자, 예수는 "안식일이 사람을 위하여 생긴 것이지, 사람이 안식일을 위하여 생긴 것이 아니다"(마가 2:27)라고 대꾸하신 것으로 기억되었다. 이처럼 기억하기 쉬운 말씀들이 어떻게 익숙한 속담이 되어, 비슷한 상황이 벌어지면 그 말씀들을 반복적으로 되새기게 되었는가 하는 점은 쉽게 상상할 수 있다. 이 시기부터도 우리는 예수의 기적 이야기들이 퍼져나간 것을 추적할 수 있을 것이며, 또한 이런 이야기들이 어떻게 이스라엘의 해방과 갱신의 기본적 메시지를 표현했는지를 알 수 있다. 예수가 물 위를 걸은 이야기, 폭풍을 잠재운 이야기, 빵 몇 개와 물고기 몇 마리로 많은 무리를 먹인 이야기 등의 온전한 의미를 파악하게 되는 것은, 그런 예수 이야기들이 이스라엘의 독립을 위한 위대한 출애굽 이야기를 반영하는 것으로 이해할 때다. 갈릴리 바다의 파도는 홍해 바다의 파도와 똑같지 않을 것이며, 빵 몇 개와 물고기 몇 마리는 이스라엘 백성이 광야에서 먹었던 만나와 정확히 똑같은 것은 아니지만, 예수가 지금 이스라엘을 또 다른 전제 군주의 속박에서 벗어나도록 새로운 출애굽으로 이끌고 있다는 요점을 분명히 상징적으로 전달하는 이야기들이다. 그리고 모세가 백성에게 귀중한 율법을 전달했던 것처럼, 예수는 새로운 모세로서 계약의 본질을 회복시키고 있는 것이다. 이처럼 새로운 출애굽의 기적 이야기들은 예수가 엘리야처럼 치유한 이야기들과 결합되기 시작했다. 이처럼 함께 뒤섞인 성서 은유들과 암시들에도 불구하고, 예수의 말씀들과 그에 관한 이야기들을 점차 함께 수집함으로써, 예수가 그처럼 분명하게 선언한 강력하며 설득력 있는 메시지를 기억하는 수단이 되었는데, 그 강력한 메시지들이란 지상의 왕들에게 충성하지 말며, 친구들과 이웃들에게 손을 뻗어 돌보며, 이스라엘 백성들의 영원한 계약을 새롭게 갱신하고, 왕이 없는 하나님 나라에 들어가라는 메시지였다.

이런 메시지가 예수의 재치 있는 말씀들과 치유와 기적의 놀라운 이야기들을 전파하면서 얼마나 멀리 유포되었는지는 알 수 없다. 고지대 갈릴리의 거친 구릉지대는 북쪽으로 눈에 보이지 않을 정도로 이어져 남부 페니키아의 구릉지대까지 뻗쳐 있었다. 안티파스의 영토 동쪽 호수 지역은 그의 형 빌립의 영토로부터 걸어가거나 잠시 배로 갈 수 있는 가까운 곳이었다. 그곳에서부터 마을들은 북동쪽으로 뻗어나가 시리아의 다마스쿠스와 로마지방으로 이어졌다. 예수가 촉발한 운동은 그가 처형된 이후 그의 이름으로 계속되어 분명히 이스라엘의 전통과 동일시되었지만, 이 농촌 지역과 이 시기에는 "유대인"과 "이방인" 사이의 구분이 때로 흐릿하며 분명치 않았다. 교육을 받은 서기관들은 족보와 문헌 전통을 참조하여 북쪽 지파 스불론, 잇사갈, 아셀, 단, 납달리가 지리적으로 어디에서 시작되어 어디에서 끝나는지를 자세하게 서술할 수 있었지만, 혼인 관계, 토지 소유, 인근 마을 사람들과의 결혼을 통해 이스라엘 집과 **연결되어** 있다는 생각은 성서에 나타난 경계선을 훨씬 넘어서게 했다. 즉 친척관계는 공동체들과 전통들을, 이스라엘의 지리적 경계선이나 이스라엘 민족성의 일반적 기준을 넘어서는 살아있는 공동체들 안에서 서로 연결해 주었다. 이들이 공유한 과거 속에는 조상들과 서사시들이 간직되어 있었다. 이 지역의 마을은 모두 예수가 다루었던 경제적 및 사회적 압박을 똑같이 받고 있었다.

예수가 시작했던 운동의 멤버십은 십자가에 달렸다가 부활하신 메시아에 대한 초월적 믿음으로 갑자기 회심하는 문제가 아니었다. 예수가 영감을 불어넣었던 신앙과 희망은 그런 초월적 믿음보다 훨씬 더 이 세상적인 것이었다. 사람들이 기억하거나 상상했던 예수의 말씀들은, 이스라엘의 고대 공동체를 되살리기 위해 사람들이 공적인 관계와 사적으로 서로 대하는 방식에 관한 매우 구체적 가르침들이었다. 어떤 마을 사람들은 그것을 조용히 사적으로 실천할 사회적 실험으로 생각했을 것이지만, 또 다른 사람들은 예수의 메시지를 헤롯 안티파스와 그 일당의 통치에 도전하기 위한 직접적 정치 프로그램으로 생각했을 것이다. 나사렛 예수는 유월절 절기라는 특별한 기간에 예루살렘의 공공의 법과 질서를 유지하기 위해 사형당했을 것이지만, 예수가 예루살렘에서 무엇을 했으며 그가 어떻게 죽었는가 하는 문제는 예수가 처형된 후 몇 년 동안 별로 중요하지 않았고, 오히려 예수가 갈릴리 구릉지대 성읍들과 갈릴리 호수 주변 마을들에서 시작했던 운동의 충격이 확산되는 것이 더욱 중요했다.

예수의 유명한 제자들은 어떻게 되었는가? 이제까지 우리는 예수의 추종자들 가운데 처음에 "열두 제자"로 불린(마가 3:14-19) 가까운 집단이 예수의 목회에서 맡았던 역할에 대해서만 간단히 언급했다. 복음서의 여러 전승들은 예수가 하나님 나라에 대한 설교와 치유와 귀신축출에서 드러나는 하나님 나라 사역을 많은 사람에게 위임했다는 것을 보여준다. 그러나 이름이 기억된 제자들, 곧 시몬 베드로와 그의 동생 안드레, 세베대의 아들 야고보와 요한 등의 제자들은 예수가 처형된 후 그 운동에서 중요한 지도력을 맡았던 사람들이다. 그들이 예수의 갈릴리 목회 기간에, 예수 자신이 방문하지 못했던 마을과 성읍들에서 이스라엘의 갱신을 위한 메시지를 전파하는 데서 중심적 인물들이었다는 사실을 의심할 이유는 없을 것이다. 그러나 이 집단을 열둘로 부르게 된 것은 분명히 이스라엘의 열두 지파를 가리킨 것이었지만, 그 숫자는 단순히 상징적인 숫자였을 수도 있다. 더군다나 "제자들"과 "사도들"이라는 덜 구체적인 용어들도 사용한 것을 보면, 예수를 자신들의 선생으로 삼아 이스라엘의 마을들과 성읍들에 그 말씀을 전파했던 훨씬 더 큰 집단의 설교자들과 치유자들이 있었다는 사실을 암시한다. 이 집단은 남자들만이 아니라 막달라 마리아와 같은 여자들도 포함된 집단이었다는 것은 거의 틀림없는 사실이었다.

열두 제자는 하나의 집단으로서 또한 개인들로서 복음서들에서 특별히 두드러진 역할을 맡고 있다. 베드로, 야고보, 요한은 자주 예수와 사적인 대화에 등장하여, 질문하고 꾸지람도 듣고 가르침도 받으며, 예수의 변모(transfiguration)도 목격하며, 예수와 함께 예루살렘에 올라가기도 한다. 열두 제자 중 하나인 가룟 유다는 예수를 배신한 사람으로 나온다. 예수가 체포될 때, 열두 제자 모두 도망간 것으로 나온다. 이런 사건들과 묘사들의 역사적 신빙성은 아직도 학자들 사이에 뜨거운 논쟁의 대상으로 남아 있다. 이 경우에 고고학과 사회사는 이 개인들의 구체적 행동을 증명하기에는 부족한 도구들이다. 우리가 앞서 본 것처럼, 우리는 1세기 맥락 속에서 폭넓은 마을 갱신운동에 관해서나 로마제국 안에서 폭력적 억압이 가져온 사회적 영향에 관해서는 쉽게 말할 수 있지만, 그 예언자-지도자가 체포되어 공개적으로 모욕당하고 권력에 의해 잔인하게 처형될 때, 그 특정 개인들이 어떻게 행동했을 것인가 하는 문제는 정확히 말할 수 없다. 분명한 것은 열두 제자로 알려진 예수의 초기 갈릴리 추종자 집단이, 십자가 처형 **후에** 이스라엘의 갱신을 위한 운동에서 점차 중요한 역할을 맡게 되었다는 사실이다. 성 금요일과 부활절 사건들이 복음서들 속에 묘사된 것처럼 정확히 그렇게 펼쳐졌든지 아니든지 간에, 그 사건들에 대한 **기억**은 열두 제자들에게 독특한 권위를 갖게 해주었다.

후대의 기독교 전승은 열두 제자를, 십자가 사건 이후에 예수를 직접 만났던 사람들로 인정했다. 비록 그 만남의 정확한 세부 사항들과 심지어 일반적 성격은 서로 다르게 전해졌지만 말이다. 마가복음 16:1-7은 막달라 마리아, 야고보의 모친 마리아, 살로메가 예수의 무덤이 빈 것을 발견하고, 무덤 속에 흰옷을 입고 앉아 있던 신비한 청년으로부터 "그대들은 가서, 그의 제자들과 베드로에게 말하기를 그는 그들보다 먼저 갈릴리로 가실 것이니, 그가 그들에게 말씀하신 대로, 그들은 거기에서 그를 볼 것이라고 하시오"라는 말을 들었다고 한다. 마태복음 28장 역시 여인들이(여기서는 단지 두 명의 마리아뿐이다) 주일날 빈 무덤에 찾아가 지시를 받은 것(여기서는 청년이 아니라 천사로부터에)에 관해 말해준다. 그러나 마태복음 28장 16절에는 "열한 제자"(배반자 가룟 유다를 빼고)에게 예수가 직접 나타나, "너희는 가서, 모든 민족을 제자로 삼아라" 하고 위임한 자세한 이야기가 나온다. 그러나 누가복음 24장에는 이름이 밝혀지지 않은 제자 둘이 엠마오라는 유다 지방 마을로 가는 길에 어떻게 예수가 나타났으며, 베드로에게 나타났고, 예루살렘에서 열한 제자가 있는 중에 나타났는지를 말해준다. 한편 복음서들 가운데 가장 정교한 부활 이야기가 나오는 요한복음에는, 부활한 예수가 어떻게 막달라 마리아에게 나타나고, 예루살렘에서 열두 제자에게, 그리고 또다시 여드레 후에 예루살렘에 나타나 의심하는 도마에게 자신의 상처를 보여주고, 마지막으로 "디베랴 바닷가"에서 제자들에게 나타났는지를 말해준다.

이처럼 다양한 이야기들이 어떻게 똑같은 사건들에 대한 서로 다른 판본들로 조화되든 간에(학자들은 영적인 현현, 환상, 혹은 영적 사로잡힘으로 설명한다), 20년 정도 지나서 기록된 바울의 편지들에서 한 가지 사실은 분명한 것 같다. 즉 30년대 중엽에 이르면, 예루살렘 안에 예수의 갈릴리 추종자 집단이 하나 생겨났는데, 이 집단은 예수의 가르침과 기억에 헌신하며, 예수가 죽은 후에도 예수와 직접 접촉했던 것으로 유명한 집단이었다. 이처럼 십자가 처형 후에 예수와 접촉했다는 것이 이 예루살렘 공동체로 하여금 자신들이 예수의 이름으로 말하는 독특하며 신적인 명령을 지녔다고 확신하도록 만들었다. 이것은 북쪽에 흩어져서 예언자 예수에 대한 전승을 계속 이어가면서 예수의 죽음이나 부활 문제에 대해서는 이상하게 침묵을 지켰던 Q 공동체들로서는 동의하지 않았거나 전혀 알지 못했던 사실이다. 실제로, 만일 예수가 이스라엘 농민들로 하여금 그들의 평등주의적 계약 전통에 헌신하도록 만들어 마을 공동체들을 새롭게 갱신하는 실천적 이상에만 몰두했었다면, 도대체 왜 어부들과 농부들로 이루어진 그 핵심 집단이 언덕과 호숫가, 골짜기들을 떠나서 예루살렘이라는 복잡하고 시끄럽고 혼란스러운 도시로 갈 마음을 먹게 되었는가 하는 것을 당연히 묻게 된다. 만일 예수가 예루살렘에 나타난 것이 단지 그 통치자들을 단죄하고 헤롯왕족들과 성전 관료체제의 지도자들이 지녔던 메시아적인 열망에 대해 예언자적 단죄를 선포하기 위한 것이었다면, 도대체 왜 예수의 핵심 제자들 모두가 갈릴리로 되돌아가 예수가 가장 큰 영향을 남긴 지역에서 하나님 나라를 이루는 일을 계속 수행하지 않았는가?

　분명히 예루살렘에 갱신운동을 위한 영구적 공동체가 확립되었다는 점은 예수운동이 농민들을 중심으로 시작된 것으로부터 극적으로 결별하게 되었음을 뜻했다. 지난 세기 마지막 25년 동안에 걸쳐 예루살렘에서 이루어진 대규모 고고학적 발굴을 통해서, 우리는 예루살렘의 골목길, 대문들, 공공장소들에서 드러난 도시 풍경이란 1세기 갈릴리의 풍경과 얼마나 다른지를 알 수 있었다. 세포리스와 티베리아스는 헤롯 안티파스의 겉치레에도 불구하고 그의 통치지역을 위한 작은 행정 센터에 불과했다. 그러나 예루살렘은 로마제국 전역에 그 명성이 자자했던 도시였다.

5장. 말씀의 선포　*143*

우리는 예루살렘 고지대를 점유하고 있었던 화려한 주거지역에 관해 이미 언급했는데, 그 지역에는 제사장들과 귀족들이 호화로운 빌라들을 짓고, 성전구역과 광장, 성전 입구, 당당한 주랑들, 그리고 비둘기를 파는 사람들과 환전상들이 스탠드를 놓고 줄지어 늘어서 떼를 지어 몰려드는 방문객들을 대상으로 사업을 하던 성전 바깥뜰을 내려다볼 수 있었다. 우리는 또한 성전 업무가 하루도 쉬지 않고 순조롭게 진행되도록 만들었던 대규모 수공업과 공급시설들에 관해서도 설명했다. 성전의 회계를 맡은 큰 부서는 십일조와 기부금을 계속 확인했으며, 도시 전역의 숙박업소들은 일 년에 세 차례씩 밀려드는 순례자들의 요구를 채우기에 정신이 없었다. 그러나 1세기 예루살렘에는 이런 제사 및 성전과 관련된 사업들보다 더욱 많은 것들이 있었다.

고대의 문헌들과 현대의 고고학적인 발굴을 통해, 우리는 예루살렘 전역에 걸친 시장 노점들에는 많은 노동자와 상인들의 수고의 열매들로 가득 찼다는 것을 알 수 있다. 귀금속, 철물, 면직물, 신발, 샌들, 향료, 빵, 떡, 오일, 비누, 정육, 닭고기, 향수, 돌그릇, 유리그릇 등은 단지 예루살렘의 노점상들이 소리치며 팔던 상품들 가운데 단지 몇 종류에 지나지 않았다. 그리고 예루살렘 저지대(Lower City, 성전의 남남서 지역)의 가파른 언덕을 내려가면서 자리 잡고 있는 좁은 구릉지대는 다윗과 솔로몬 시대 이후 도시의 중심지역이었는데, 이 지역은 이제 인구가 밀집한 거주지역이며 생산 활동지역이 되어 별별 것들을 다 만들어낸다. 다윗성(City of David, 성전구역 남쪽으로 200m 정도 떨어진 기혼 샘 서남부 지역)에 대한 최근의 발굴을 통해서 예수 당시의 빽빽하게 들어섰던 집들과 저수조, 의례용 욕조 등 매우 훼손된 유적들만 발굴했지만, 우리는 요세푸스와 후대의 랍비 문헌을 통해서 이 지역과 그 옆의 티로페온 계곡, 혹은 "치즈 제조업자" 골짜기가 예루살렘의 가난한 상인들과 일용직 노동자들의 주요 거주지역이었다는 사실을 알게 되었다.

이 사람들 역시 이스라엘의 잃어버린 양들로서, 시골에서 살다가 가족의 유산을 잃고 예루살렘의 공사장 일이나 잡부로 날품을 팔기 위해 수십 년에 걸쳐 도시로 밀려든 사람들이었다. 토지가 없는 농민들로서는 예루살렘 성전 건축에 장기간 고용될 수 있다는 전망을 거부할 수 없었을 것이며, 훗날 요세푸스는 "누구든 하루에 한 시간만 일해도 곧바로 그 노임을 받았다"고 썼다. 또한 랍비 문헌에 많이 나오는 벌목공, 짐꾼, 경비원, 목욕탕 일꾼, 가죽 무두질꾼, 똥 푸는 사람, 배달부, 푸줏간 일꾼, 마부, 이발사, 염색공 등에 대한 언급들은 임금노동이 얼마나 많았는지를 암시한다. 실제로 예수가 갈릴리에서 맞부딪쳤던 농민들의 부채와 소작농의 문제들은 예루살렘의 길거리와 노점상들의 관점에서 볼 때 매우 새롭게 이해할 수 있다. 즉 도시인구가 불어난 것은 전통적인 농경사회가 이스라엘과 디아스포라 전역에 확산된 제국의 상업경제로 변화하면서 나타난 현상의 하나였다.

이런 변화에 대해 무슨 일을 해야 했는가? 이처럼 보통 사람들이 일당 노임을 받기 위한 치열한 경쟁에 완전히 의존해 있는 상황에서 이스라엘의 계약에 따른 나눔과 협동이라는 이상적인 마을 생활을 회복하기 위해 무슨 일을 할 수 있었는가? 예수의 가까운 제자들이 예루살렘에 공동체를 세운 것은 그런 이상을 어떻게 실현할 수 있었는가? 우리가 최초의 예루살렘 공동체의 성격과 역사를 재구성하는 데 도움을 받을 수 있는 증거라고는 사도행전과 바울의 편지들 속에 나오는 몇 가지 간단한 언급들뿐이다. 그러나 이 조직이 순전히 시골에서 진행되었던 운동에서부터 서서히 하나님 나라가 은유가 된 운동으로 바뀌게 되었다는 분명한 암시가 있다. 사도행전에는 제자들이 갈릴리로 되돌아갔다는 언급은 없지만, 부활한 예수가 사도들에게 "예루살렘과 온 유다와 사마리아에서,

그리고 마침내 땅 끝까지 이르러 내 증인이 될 것이다"(1:8)라는 명백한 지시를 한 것으로 기록하고 있다. 그 이후에 가룟 유다를 대신해서 열둘의 새로운 사도 한 명을 선택한 것, 베드로의 뚜렷한 지도력, 오순절에 모인 공동체에 주어진 불같은 성령의 선물을 어떻게 해석하든지 간에, 사도행전 2:44-47은 이 제자 집단이 예루살렘에 세운 공동체의 대안적 성격을 놀랍게 묘사하고 있다. 즉 "믿는 사람은 모두 함께 지내며, 모든 것을 공동으로 소유하였다. 그들은 재산과 소유물을 팔아서, 모든 사람에게 필요한 대로 나누어주었다. 그리고 날마다 한 마음으로 성전에 열심히 모이고, 집집이 돌아가면서 빵을 떼며, 순전한 마음으로 기쁘게 음식을 먹고, 하나님을 찬양하였다." 이런 모습은 4:34-35에서 좀 더 자세하게 묘사되고 있다. 즉 "그들 가운데는 가난한 사람이 한 사람도 없었다. 땅이나 집을 가진 사람들은 그것을 팔아서, 그 판 돈을 가져다가 사도들의 발 앞에 놓았고, 사도들은 각 사람에게 필요에 따라 나누어주었다."

학자들 가운데는 이런 묘사가 나중에 초기 예수운동을 회고하면서 이상적인 모습으로 그린 것이라고 보는 경향도 있다. 즉 몇십 년 뒤에 그리스어를 사용한 복음서 기자, 곧 이스라엘 계약의 평등주의적인 율법보다는 공동체 생활이라는 그리스-로마의 철학적 이상에 더 익숙한 복음서 기자가 회고하면서 그린 모습이라는 주장이다. 일부 학자들의 이런 주장은 예루살렘 공동체의 원시 공산주의를, 플라톤과 아리스토텔레스의 저술에서 사유재산을 이기심 없이 서로 나누려는 사람들에 대한 칭찬과 비교하려 함으로써, 신약성서 학자 브라이언 카퍼(Brian Capper)가 지적했듯이, 그들은 사해 두루마리에 문헌으로 분명하게 나와 있는 것처럼 개인들의 모든 재산과 소유물을 공동체 금고에 기부했던 독특한 유대인들의 실천을 간과한 주장이다. 똑같은 시기에 유다라는 작은 지방에서 로마 사회의 악행을 단죄하고 성전 제사장들의 지도력에 반대했던 또 다른 집단도 공동체를 조직했는데, 그 공동체에 완전한 회원으로 들어가기 위해서는 개인의 모든 수입과 사적인 재산을 넘겨야만 했었다.

요세푸스가 당시 널리 퍼져 있던 에세네 공동체들에 대해 묘사한 것(에세네 공동체들과 사해 두루마리 공동체의 연관성은 아직도 논란 중이다)은 그들의 이상을 보여준다. 즉 "그들은 부자를 경멸하고 그들의 생활 공동체는 참으로 감탄할 만하다. 그들 가운데는 한 사람이 다른 사람들보다 크게 부유한 사람이 없었다. 그 종파에 새로 들어오는 사람들은 자기 재산을 그 종단에 넘기는 법이 있어서, 결과적으로 비천한 가난이나 지나친 부유함을 어디에서도 찾아볼 수 없다. 개인의 소유물은 공동 재산이 되어 모두가 형제들처럼 하나의 세습재산을 누린다." 이것은 모두 사도행전이 예루살렘 공동체를 묘사한 것을 상기시켜 준다. 사도행전 5장의 아나니아와 삽비라 이야기, 즉 그 공동체에 가입했지만 자신들의 재산 일부를 몰래 빼돌렸다가 죽은 부부의 이야기는 후대의 도덕주의적 전설로 이해한다 해도, 당시에 재산을 공유했던 현상은 1세기 유다 지방의 상황에서 전혀 낯선 것이 아니었다. 더 나아가 이웃들 간에 경제적 협동과 나눔이라는 창조적 원리는 단순히 하나의 윤리적 미덕이 아니라 실제적 생존 기술(a practical technique of survival)로서, 예수가 가르쳤던 하나님 나라를 이루는 생활방식의 주춧돌 가운데 하나였다.

Q 공동체의 전승이 예수의 말씀, 곧 부자는 하나님 나라에 들어가기 어려우며, 자신의 소유물을 전부 팔아 가난한 이들에게 주는 것이 로마 경제의 불의에서 벗어나 이스라엘의 씨족 마을에 근거한 이상으로 되돌아가는 핵심이라는 예수의 말씀을 기억했던 것처럼, 예루살렘 공동체의 재산 공유 역시 그 도시의 길거리와 빈민가에서 "마을"을 만들려는 의식적인 시도로 이해할 수 있다. 예루살렘은 자신들의 토지에서 쫓겨난 많은 농민의 새로운 보금자리가 되었기 때문이다. 예루살렘의 각박한 사회

현실에 봉착해서, 예수의 추종자들 가운데 한 집단-이들은 그 추종자들 가운데 예수운동의 가장 모범적이거나 가장 자연적인 계승자들이라고 간주되었을 수도 있고 그렇지 않았을 수도 있다-은 예수의 메시지를 이처럼 폭넓은 방식으로 해석하기 시작했던 것이다.

비록 복음서들과 후대의 기독교 전승은 베드로, 요한, 야고보와 그 밖에 아홉 사도를 예수운동의 핵심 지도자들이라고 밝혔지만, 우리는 예수가 설교했던 갱신 프로그램이 어떤 형태를 갖게 되었는가에 대해 판단할 때, 나중에 회고하는 관점에서 판단하는 것을 조심해야만 한다. 농촌에서 시작된 운동으로서, 그 언어가 곳간, 황소, 타작마당, 새들의 둥지, 겨자씨, 들의 백합에 관한 간결한 말들로 표현된 어부들, 농민들, 빚진 사람들의 언어였던 것이, 모든 곳에서 이스라엘의 잃어버린 양들에 대한 섬김의 운동이 되었다. 예수운동이 발전하는 이 역사적 단계에서, 우리는 예루살렘 공동체의 창설자들이 왕이 없는 하나님 나라를 세울 필요성에 대한 열렬한 믿음 외에 정확히 무엇을 믿었으며, 어떤 종교제의를 실천했는지에 대해 정확하게 말할 수는 없다. 비록 많은 주석가가 사도행전 2:46에서 그 공동체가 "집집이 돌아가면서 빵을 떼며, 순전한 마음으로 기쁘게 음식을 먹었다"는 것을 성만찬(영성체) 의식에 대한 초기 언급으로 이해했지만, 이것을 예수의 갈릴리 목회의 중요한 부분, 곧 하나님 나라의 기쁨을 축하하기 위한 잔치 습관을 계속했던 것 이상으로 확대해석할 필요는 없다.

이스라엘 백성이 계속 생존하기 힘들도록 로마제국이 야기한 문제들은 소작농, 과다한 세금, 헤롯왕족들의 오만함보다 훨씬 더 전면적인 것이었다. 갈릴리인들, 유다인들, 그리고 지중해 전역의 유대인 공동체들로서는, 계약과 공동체에 대한 조상들의 신성한 전통을 유지하면서도 그 전통이 간직한 독특한 사회적 비전을 살려 나갈 길을 찾아야만 했다. 이제 급격한 경제적 변화와 로마제국에 정치적으로 굴복한 시대에, 강력하고 다양한 예언자 운동이 시작되었다. 심지어 이스라엘의 갱신을 위한 예수의 계획에 대한 기억이 그의 어록에 수집되어 갈릴리 마을들과 그 주변 지역에 유포되고 있을 때, 예루살렘에서는 그와 약간 다른 기억들과 이상들이 구체화하고 있었다. 그 이후의 발전이 보여주는 것처럼, 이 예루살렘 공동체의 이데올로기는 시골 농민들의 목가적 꿈보다 훨씬 더 제사장 귀족들의 권위와 헤롯왕족들의 야망에 위험한 것으로 드러났다. 왜냐하면 만일에 이스라엘의 해방과 갱신이 예루살렘이라는 대도시 한 복판에 "마을"을 세움으로써 한 걸음 더 진전될 수 있다면, 도시 속의 계약 마을(a covenantal village-in-the-city)이라는 이상은 제국 안에 유대인들이 살고 있는 곳 **어디에서나** 경제적 자립과 저항의 공동체를 세우는 것에 성공할 수 있다는 사실이 입증될 것이었기 때문이다.

예루살렘의 첫 번째 갱신운동 공동체에 대해, 예루살렘 주민들이 이단적이거나 신성을 모독하는 공동체라고 간주했다고 믿을 이유는 없다. 그 구성원들이 몸을 낮추고 그들의 처형된 예언자 예수처럼 불꽃 같은 정열과 도덕적 분노를 드러냄으로써 공공질서를 방해하지 않는 한, 그들은 이스라엘인들의 신앙이 갖는 다양한 이데올로기적 스펙트럼 속에서 단지 또 하나의 색깔인 것으로 간주되었기 때문이다. 사도행전 5:34-39에 묘사된 것처럼, 유명한 바리새파 랍비 가말리엘이 예루살렘 공동체를 위해서 개입했다는 것은 아마도 역사적으로 신뢰하기 어려운 것일 테지만(나중에 초기 랍비들과의 논쟁에 기초한 사건일 것이다), 십자가 처형 이후 30년이 지나서도 예루살렘 공동체가 여전히 튼튼했으며 성장하고 있었다는 사도행전의 주장은 요세푸스도 확인해 주고 있다. 또한 요세푸스는 야고보, 곧 예수의 형제로서 예루살렘 공동체의 지도자가 되었던 야고보가 나중에 법적으로 처형된 것이 "그 도시에서 가장 공정하며 율법을 엄격하게 준수하는 것으로 인정받는 사람들"의 마음을 상하게 했기 때문이라고 보았다. 따라서 우리는 예루살렘 공동체가 반율법적인 종교적 도그마 때문이 아니라 그 독특한 사회적 비전(its unique social vision) 때문에 유대교로부터 구분되었다고 생각하는 것이 합리적이다. 우리가 나중에 더 살펴보겠지만, 그 사회적 비전은 디아스포라 유대인들의 관심과 열심에 대해서도 강한 호소력을 지닐 수 있는 비전이었다.

예수운동이 유다 지역으로부터 로마제국의 먼 곳으로 줄기차게 확산되는 과정에 대한 이야기에서, 사도행전은 예수운동이 갈릴리 사람들과 유다 사람들에게만이 아니라 전 세계로부터 모여든 순례자들에게도 즉각적이며 강력한 호소력을 가졌다는 점을 강조한다. 해가 지날수록 예수운동이 유다 지역 바깥의 사람들에게 호소력을 갖게 된 것은 그 운동의 독자적 발전 과정에서 점차 더욱 중요한 요인이 되었을 것이다. 십자가 처형 후 첫 번째 오순절에서 성령이 강림한 것과 제자들이 무의식적으로 "방언을 말하게" 된 것에 대해 사도행전은 생생하게 묘사하는데, 예수의 메시지를 갑자기 이해하게 된 사람들은 여러 나라 사람들이었다. 즉 "바대 사람과 메대 사람과 엘람 사람이고, 메소포타미아와 유다와 갑바도기아와 본도와 아시아와 브루기아와 밤빌리아와 이집트와 구레네 근처 리비아의 여러 지역에 사는 사람이고, 또 나그네로 머물고 있는 로마 사람과 유대 사람과 유대교로 개종한 사람과 그레타 사람과 아라비아 사람"이었다(2:9-11). 갈릴리 사람들로 이루어진 이 예루살렘 공동체는 곧이어 먼 곳에서 온 새로운 멤버들을 얻게 되었는데, 이들은 앞으로 중요한 역할을 하게 될 사람들이었다. 그들 중에는 키프로스 출신의 바나바, 안디옥 출신의 니골라, 스데반, 빌립, 브로고로스, 니가노르, 디몬 등 사도행전에서 "그리스어 사용자들"(Hellenists)로 알려진 중요한 인물들도 포함되어 있었다. 신약성서 학자들과 주석가들 사이에서는 이들 "그리스어 사용자들"이 유대인들이었는지, 유대인 개종자들이었는지, 개종하지 않은 동조자들이었는지, 아니면 예루살렘에 잠시 방문한 이교도들이었는지에 대해 오랜 논쟁이 있었다. 그러나 신약성서 학자 마틴 헹엘(Martin Hengel)은 이 헬라주의자들이 그리스어를 사용하던 유대인들(아람어를 사용하던 갈릴리인들과 유다인들과 구분되는)로서 여러 이유 때문에 예루살렘에 정착하여 자신들의 출신지에 근거한 별도의 공동체적 정체성을 갖고 있었으며 계속해서 그리스어를 모국어로 사용했던 사람들이라고 설득력 있는 주장을 펼쳤다. "그리스어 사용자들"이라는 용어 자체가 반드시 성전과 율법에 대한 그들의 종교적 태도를 함축하는 것은 아니다.

그것은 모두 집단 응집력의 문제였다. 사도행전은 유대인들 가운데 외국에서 태어나 예루살렘에 정착하고 그들 스스로 구별되는 공동체들을 조직한 많은 집단 가운데 몇몇 집단들을 열거한다. 즉 "구레네 사람과 알렉산드리아 사람과 길리기아와 아시아에서 온 사람으로 구성된, 이른바 리버디노(Freedmen) 회당(*synagoge*)에 소속된 사람들"(6:9)이 그들이다. 그리고 고고학적 증거는 그처럼 그리스어를 사용하는 외국인 거주자 집단이 있었다는 사실을 뒷받침해 준다. 즉 예루살렘의 저지대 경사면에서 발굴된 석회암에 그리스어로 새겨진 글씨에는 베테누스(로마 출신을 시사하는 라틴어 이름)의 아들 테오도투스가 "율법을 읽고 계명을 가르치는 회당과 또한 해외에서 온 손님들의 숙소, 상수도 시설"을 위해 기부금을 낸 것이 기록되어 있다. 오늘날과 마찬가지로 당시에도, 유대인들의 자선 행위 동기만이 아니라 그들이 시온(Zion)으로 오게 되는 동기들은 여러 가지로서, 명성, 자존심, 가족관계, 종교적 헌신 등이었을 것이지만, 무엇보다도 디아스포라에서 적극적인 반유대인 박해에 대한 압박감과 영원히 소수자의 지위로 살아야만 한다는 심리적 부담감이 이스라엘 땅으로 돌아오게 한 가장 중요한 동기였을 것이다. 많은 신약성서 학자는 예루살렘에 디아스포라 공동체들이 존재하게 된 이런 정치적 동기를 간과했으며, 또한 예루살렘의 예수 공동체의 초기 그리스어 사용자들의 정치적 입장을 파악하지 못했다. 단순하게 말해서, 디아스포라 유대인들이 예루살렘에 온 것은 유대교 신앙(ioudaismos)에 대한 그들의 헌신을 선언하고 실천하며 지지하며 설교하기 위해서였다. 이 그리스어는 보통 "유대교" 혹은 "유대성"(율법 준수, 음식법, 그리고 순전히 종교적 제의와 연관된 많은 현대적 의미와 더불어)으로 번역되지만, 로마시대에는 제국 전역에 흩어져 있던 유대인 공동체들의 정치적 연대성과 문화적 자율성을 찾기 위한 새로운 전투적 이데올로기로 이해하는 것이 더욱 정확할 것이다.

오랜 세월에 걸쳐 유다인들, 갈릴리인들, 그리고 기타 이스라엘 백성들은 노예, 용병, 전쟁포로, 또는 자발적인 이주를 통해 외국으로 나가 어느 곳에 정착했든지 간에 자신들의 관습과 계약 전통의 요체를 보존하기 위해 지역 공동체를 형성했다. 이집트, 키레나이카(리비아), 소아시아, 그리스 등지에 디아스포라 공동체들이 있었다는 매우 다양한 고고학적 증거와 비문 증거들을 찾아볼 수 있다. 그들의 공동체 회의와 공부 및 기도 모임들은 주로 자발적인 것이었지만, 마카베오 반란처럼 유다 지역에서 정치적 위기가 발생한 경우에는, 많은 디아스포라 공동체도 동시에 활동하여 예루살렘의 성전을 도왔다. 그리스 왕국들의 지배 아래 점차 지중해가 통일되고 그로 인해 언어 소통의 보다 보편적인 수단이 확립되자, 유대인 디아스포라의 일반적 의식이 형성되기 시작했다. 즉 처음에는 디아스포라와 이스라엘 땅 모두에서 유대인의 전통적 생활방식을 위협했던 그리스(hellenismos) 방식과 논리와 경제에 맞서 투쟁하는 것으로 시작된 이런 일반적 의식은 그 후 지중해 전역에 걸친 로마제국의 확대로 인해 유대교 신앙(*ioudaismos*)의 실천적 목표에 초점을 맞추게 되었다.

그리스의 여러 도시와 왕국들에 살던 유대인 공동체들이 단 하나의 로마제국의 지배를 받게 되자, 경제적 생존, 시민의 권리, 공동체의 안전이 가장 절박한 문제가 되었다. 비록 율리우스 카이사르와 아우구스투스 황제 같은 로마의 지도자들은 유대인 공동체들에게 독립적 민족으로서의 자치권을 어느 정도 보장해주었지만, 중요 도시들의 고위 관리들은 아마도 로마의 패권 주장으로 인해 자신들의 독립성을 빼앗기게 된 것에 분개하여, 자신들의 도시 속에 자리 잡고 있는 이질적인 요소들에 대해 의심을 품게 되었고, 때때로 유대인들의 공동체 권리를 박탈하려고 했다. 이집트, 키레나이카, 소아시아의 여러 도시에서 반셈족주의 운동이 진행된 것은 잘 알려진 일이다. 즉 "유대인들"은 국가에 충성하지 않으며 외국인에 대한 혐오감을 품고 있다는 야비한 비난에서 시작된 반셈족주의 운동은 점차 공식적 차별로 이어졌고, 마침내 유대인들의 생명과 재산에 대한 군중 폭력으로 나타났다.

일부 유대인들과 유대인 공동체들로서는 이런 위협에 대한 대책이 헤롯왕족들을 전적으로 지지하는 것이었는데, 이것은 유다 지방에서 헤롯왕족의 권력과 로마 사회의 고위층에 대한 그들의 영향력을 통해서 자신들이 정치적인 보호를 받을 수 있으리라는 희망 때문이었다. 헤롯대왕과 그 아들들이 지중해 지역 도시들에 공공건물과 기념비를 세우는 데 아낌없이 기부한다는 명성을 얻게 되고, 또 그 도시들에 세워져 눈에 잘 보이는 건물들과 기념비들의 기부자가 유다의 왕들이라는 사실로 인해 유대인 공동체들도 덩달아 기운을 얻게 되자, 유대인들은 어디에 살든 간에 유다 왕국과 예루살렘 성전에 이해관계가 걸려 있다는 의식이 싹트기 시작했다. 이들 유대인들은 더 이상 속수무책이었던 사람들이 아니며, 잃어버린 고향을 슬픈 눈으로 되돌아보는 망명자들의 공동체가 아니라,

그들의 정체성이 더 이상 고향 이스라엘 땅에 사는 데 달려 있지 않은 코스모폴리탄 사람들이다. 그러나 헤롯왕족들에 대한 노골적 지원과 성전에 대한 애착만이 유대교 신앙(*ioudaismos*)을 표현하는 유일한 방법은 아니었다. 디아스포라에는 또한 왕위 계승의 관점이 아니라 예언자적인 관점에서 고향 시온을 갈망하던 수많은 가난한 노동자들, 기술자들, 퇴역 군인들, 예전의 농민들, 노예였다가 자유를 얻은 사람들도 있었다. 비록 우리는 고대인들의 종교적 태도와 정치적 태도를 일률적으로 보는 경향이 있지만, 예루살렘에 돌아와 잠시, 혹은 좀 더 오랜 기간 머문 사람들이, 마치 테오도투스의 비문에 언급된 "궁핍한" 사람들처럼, 헤롯왕족과 로마가 통치하던 유다 지방의 경제적 불의와 성전 귀족들의 자기 배를 채우는 데 급급한 강제징수에 대해 상당히 원한에 사로잡혀 있었다고 추정하는 것은 무리가 아니다. 그리고 당시의 문헌 전통에서 우리는 급진적 디아스포라 전통, 곧 후견인 왕에 호소하거나 지배 권력에 적응하기를 거부한 급진적 전통이 투쟁과 순교의 문헌 속에 나타나고 있음을 볼 수 있다.

유대교 신앙(*ioudaismos*)이라는 용어가 최초로 사용된 것은 사실상 기원전 160년대에 벌어진 마카베오 반란의 역사 속에 나오는데, 이것은 북아프리카 키레네의 야손이 그리스어로 쓴 역사책으로서 그리스어를 사용하는 디아스포라 유대인들 사이에 폭넓게 읽힌 책으로서, 후대에는 간추린 형태로 마카베오 2서로 알려진 책이다. 이 책과 그 기본 주제와 이야기들을 확대한 본문에서, 우리는 이스라엘의 갱신을 위해 순교한다는 이상이 일부 디아스포라 유대인들에게 어떤 영향을 미쳤는지를 볼 수 있다. 셀류코스 제국에 맞서서 유다 마카베오가 이끌었던 이 성공적 반란 이야기에서, 대의를 위해 목숨을 바친 의로운 유다인들이 특히 부각되고 있다. 이 순교자들이 정치적 억압과 육체적 고통에도 불구하고 이스라엘 전통과 율법에 확고하게 순종한 빛나는 사례들은 적들에게 포위된 디아스포라 유대인 공동체들이 계속해서 자신들을 방어하고 지역의 박해들에 저항하고 자치권을 되찾으려는 노력을 위한 본보기가 되었다. 가장 탁월한 인물들은 나이가 많고 의로운 현자 엘르아잘과 그의 일곱 형제로서, 이들은 제국의 장교가 돼지고기를 먹으라고 명령했지만, 계약법을 위반하기를 거부함으로써 공개적으로 치욕을 당하고 마침내 고문을 받아 죽었다. 순교자들은 모두 자기 동족들의 불행이 그들 자신의 죄 때문이라는 점을 인정했지만, 우리가 예수의 말씀을 설명하면서 강조했던 것처럼, 그 "죄들"은 자의적이며 개인적인 윤리적 실수가 아니라 계약법에 대한 구체적인 위반으로 이해해야 한다. 이스라엘 백성이 하나님께서 명령하신 규례들, 사회적 책임들, 공동체의 의무를 이행하지 못한 것은 결국 그로 인해 의로운 사람들까지 고통을 겪어야만 하는 끔찍한 결과를 초래한다고 사람들은 확실하게 믿었다.

그러나 의로운 사람들이 겪는 고문, 고통, 순교는 적극적인 영적 가치를 지녔다. 한편으로 순교자는 유대인들이 배교(apostasy)와 죽음 가운데 하나를 선택해야 하는 냉혹한 현실에 직면할 때 역할 모델이 되었다. 노인 엘르아잘은 고문당하는 것을 선택했는데, "나는 숭고하고 거룩한 율법을 위해 기쁜 마음으로 고상하고 훌륭한 죽음을 택하여 젊은이들에게 좋은 표본을 남기려는 것입니다"라고 말했다(마카베오하 6:28). 순교자의 또 다른 역할은 마카베오 4서에 분명하게 표현되어 있는데, 이 책은 기원후 1세기 초에 그리스어를 사용하는 또 다른 유대인이 기록한 책이다. 여기서 순교자의 죽음은 모든 백성의 회개와 갱신을 요청하는 나팔 소리로 울린다. 왜냐하면 만일 이스라엘의 불행이 민족의 죄에서 비롯된 것이라면, 즉 그들이 안식일법과 축일들, 사회 복지, 도덕법, 평등주의적 사회관계에 대한 계약법을 무시한 때문이라면, 그런 불행은 율법을 준수할 때 끝날 것이기 때문이다. 마카베오 4서 18:3-4에 표현되어 있듯이, "신앙을 위해 자신의 몸을 고난에 맡기는 사람들은 인류의 존경을 받을 뿐만 아니라 하나님의 상속을 받을 가치가 있는 사람들로 간주되었다. 그리고 그들 때문에 우리 백성은 평화를 누렸다. 그들은 그들의 땅에 율법 준수를 되살렸고 원수들의 포위를 물리쳤다." 그러므로 마카베오 형제가 안티오쿠스 에피파네스에 대해 큰 승리를 거둔 것은 그들의 용기나 훌륭한 지휘 때문만이 아니라 백성 전체가 깨달은 것, 즉 순교자들의 죽음에 대해 자신들이 율법을 성실하게 준수하는 것으로 되돌려주어야 한다는 것을 깨달았기 때문이기도 했다.

예루살렘의 북적거리며 소란한 거리들에서, 또한 순례자들로서 혹은 새로운 이주자들로서 예루살렘에 온 디아스포라 유대인들의 출신 도시들에서도, 사람들은 시골 마을의 생활로 되돌아갈 것에 관한 이야기는 하지 않았다. 시골 마을 이야기는 단지 지주들, 소작농들, 하인들과 수확에 관한 신랄한 은유적 표현들에서만 사용되었는데, 이런 표현들은 이스라엘 백성의 마음을 계약 전통으로 되돌아가도록 만들기도 했다. 예루살렘 공동체의 베드로, 요한, 야고보 등 열두 제자들은 로마인들의 손에 죽은 예수의 비극적인 죽음을 되새기면서 예수가 시작한 운동을 계속했으며, 예루살렘과 그 너머 지방의 이스라엘의 모든 잃어버린 양들 사이에서 갱신운동의 말씀을 살아내고 설교하도록 만드는 촉진제로서 예수의 처형을 받아들였다. 그리고 의도적으로 또는 무의식적으로, 예수의 십자가 처형과 예수가 자신들에게 나타나심에 대한 그들의 이야기는 의로운 순교에 대한 디아스포라의 이해와 완벽하게 맞물렸다. 하나님께서는 마카베오 순교자들에게 "하나님의 보좌 옆에 서서 축복의 시대를 살아갈" 권리를 주셨다고 믿었던 것처럼, 부활한 예수가 가까운 제자들에게 나타나신 이야기들 역시 자신들을 이스라엘 백성의 말일 성도(latter-day saint)로서 하나님께서 확증하신 증거라고 믿었기 때문이다. 예수의 갈릴리 제자들의 공동체가 언제 처음으로 디아스포라 유대인들의 시선을 끌게 되었는지는 확정하기 어렵지만, 사도행전은 십자가 처형 후 몇 년 지나지 않아서 예루살렘의 갱신운동 공동체에 히브리어(아람어)를 사용하는 유대인들(Hebrews)과 그리스어를 사용하는 유대인들(Hellenists)이 상당수 들어왔다고 보도하고 있다.

그들이 어느 정도까지 유대인들의 회당과 구별된 별도의 공동체들을 조직했는가 하는 것은 사도행전 6:1에서 그 힌트를 찾아볼 수 있는데, 과부들을 위해 공동체 기금을 배분하는 문제를 놓고 히브리어를 사용하는 유대인들과 그리스어를 사용하는 유대인들 사이에 논란이 벌어져서 "신망이 있는 일곱 사람"을 임명하여 가난한 사람들에게 음식을 나누어 주는 일을 관장하도록 했다는 이야기가 나온다. 사도행전에 따르면, 이 일곱 명이 나중에 그리스어를 사용하는 사람들 중에 이방인들에게 전도하는 핵심 인물들이 되었다. 그러나 이들이 실제로 음식 나누어주는 일에만 헌신했다거나 혹은 그 멤버들이 이방인들에게까지 전도하려 했다는 기록은 의심할 여지가 있다. 그리스어를 사용하는 "일곱" 사람은 갈릴리 사람 "열둘," 곧 갱신된 이스라엘의 열두 지파를 맡아 재판관으로 활동할 열둘과 마찬가지로, 성서의 상징적인 숫자로 볼 수도 있기 때문이다. 즉 "일곱" 사람을 임명한 것은 1세기에 모든 유다 성읍과 마을마다 일곱 사람의 재판관을 임명했던 관례와 완전히 일치하는데, 그런 관례는 신명기의 명령, 곧 "당신들은 주 당신들의 하나님이 각 지파에게 주시는 모든 성읍에 재판관과 지도자를 두어, 백성에게 공정한 재판을 하도록 하십시오"(16:18)라는 명령에 따른 것이다. 한편 요세푸스는 보다 구체적인 전승을 보여주는데, 이스라엘의 모든 도시는 "오랫동안 덕을 쌓고 정의를 구현한 일곱 사람"을 임명했다고 한다. 따라서 일곱 명의 집사를 임명한 것은 갈릴리 출신 지도자들이 본래 지녔던 생각, 곧 "도시 속의 마을"을 만들려는 생각을 발전시킨 것으로 볼 수 있다. 즉 이스라엘 마을의 전통적인 이상을 모델로 삼아 예루살렘 안에 예수 공동체를 세우고 또한 나중에는 전 세계에 걸쳐 예수 공동체들을 세우려 했던 것으로 볼 수 있다는 말이다.

이처럼 그 직책을 임명하고 각각의 공동체가 "모임"(그리스어로 '에클레시아 ekklesia'로서 "교회"로 번역되지만, 실제로는 그 동의어 '시나고게 synagoge'처럼, 모임을 갖는 공동체 혹은 민회 civic council를 가리킨다)을 구성하게 됨으로써, 이스라엘의 갱신운동은 실제로 진행될 수 있었다. 예배와 종교적인 표현에서 일정한 절충과 혁신을 기대할 수 있었을 것이다. 예루살렘 공동체에서 그리스어를 사용하는 유대인들은, 예수의 본래 추종자들과 논의하고 관계를 맺기 시작한 처음부터, 하나님 나라의 도래를 축하하는 만찬을 갖는 갈릴리 방식을 수용했을 것이며, 여기에다 당시 그리스-로마식으로 좋아하는 선생들이나 신들에게 경의를 표하기 위해 식사를 마친 후 토론(symposia)을 여는 방식을 덧붙였을 것이다. 그러나 히브리어를 사용하는 유대인들과 그리스어를 사용하는 유대인들 모두가 예수를 이스라엘의 갱신이라는 대의를 위한 순교자로 존경했지만 그를 신적인 존재로 예배하지는 않았다는 것이 거의 틀림없을 것이다. 그리스어를 사용하는 유대인들은 예수의 이름에 '크리스토스'(Christos), 즉 "기름부음을 받은 자"라는 호칭을 붙임으로써, 예수의 생애와 죽음, 그리고 "왕이 없는 왕국"과 이스라엘의 독립적 전통으로 되돌아갈 것에 대한 예수의 요청이 하나님의 기름부음 혹은 선택에 의해 영감을 받은 것이라는 사실을 명백하게 선포했다. 예수는 분명히 예언자였으며 그의 대의가 옳았다는 것이 밝혀진 순교자였지, 신이 아니었다. 그러나 수수께끼로 남아 있는 문제는 예수의 공동체들 가운데 적어도 일부가 도대체 어떻게 또한 왜 그토록 재빠르게 예수의 정당성/신원(vindication)을 메시아적 용어로 상징했는가, 하늘 보좌에 앉은 분으로서 왕적 칭호들을 붙여야 할 분으로 고백하게 되었는가 하는 문제다. 하나의 분명한 가능성은 그들이 자신들의 예언자-순교자가 **참된** 메시아(the *true* messiah)로서 그 정당성이 입증된 분이라고 믿었던 것은, 제국의 권력을 모방하고 그에 순응한 헤롯왕들의 자칭 메시아니즘에 반대해서 그렇게 믿었을 것이라는 점이다.

여하튼 30년대 중반에 이르러서는 이스라엘의 갱신운동에 대한 세련된 시적인 케리그마(poetic *kerygma*)가 간략한 형태로 이미 만들어졌다. 나중에 바울이 고린도전서에서 표현한 것처럼, 그것은 "그리스도께서 성경대로 우리 죄를 위하여 죽으셨다는 것과, 무덤에 묻히셨다는 것과, 성경대로 사흘날에 살아나셨다는 것"과 그가 처음에 베드로에게 나타나셨고, 다음에는 열둘에게, 그리고 오백 명이 넘는 형제들에게, 다음에는 야고보에게, 그리고 모든 사도들에게 나타나셨다는 것이다(15:5-7). 전투적인 유대교 신앙(*ioudaismos*)에서 순교를 이상으로 삼았던 것과 이스라엘 백성이 제국에 예속된 것에 대해 계속해서 저항하던 맥락에서 볼 때, 이 케리그마 선언의 위력은 분명하다. 갱신된 이스라엘의 기름부음 받은 예언자는 **민족의 죄 때문에** (예전의 순교자들처럼 비극적인 방식으로) 죽었는데, 그 "죄"는 계약의 기본법들을 폭넓게 포기한 죄였다. 백성들이 이스라엘의 마을 전통에 헌신하지 않았기 때문에 하나님의 진노가 악한 황제들, 불의한 행정장관들, 타락한 제사장들, 야심이 많은 속국 왕들의 형태로 그들에게 내려졌던 것이다.

마카베오 시대의 거룩한 순교자들이 강력한 셀류코스 왕조의 억압자들을 기적적으로 몰락하도록 만들었던 것과 마찬가지로, 나사렛 예수의 희생도 또다시 민족적 승리를 가져다줄 것으로 소망했다. 셀류코스 왕조의 고문 틀에서 죽은 마카베오 시대 순교자들의 장렬한 죽음이 그 옛날 민족으로 하여금 율법에 되돌아가도록 분발시켜 그 억압자들의 악한 계획을 파멸시켰던 것처럼, 로마제국의 십자가 위에서 처형된 예수의 죽음도 이스라엘 백성의 정신을 되찾게 만들 수 있을 것이다. 비록 빌라도가 여전히 가이사랴에서 통치하고 있으며, 성전은 방대하며 자금이 충분한 관료주의의 중심에 여전히 버티고 서 있으며, 헤롯 안티파스는 여전히 자신의 정치적 계획을 밀어붙이고 있었지만, 예수가 그처럼 강력하게 시작했던 이스라엘 갱신을 위한 운동은 꾸준히 새로운 멤버들을 얻었으며 또한 이 세상 속에서 자신들의 사명에 대한 새로운 이해를 깨닫게 되었다. 북부 지역 전체의 마을 사람들, 예루살렘의 갈릴리 출신 열두 제자들을 중심으로 하는 공동체, 그리고 대안적 도시 모임들(town assemblies)을 구성하려는 그리스어를 사용하는 유대인들은 모두 자신들 나름의 방식으로 자율적이며 평등주의적인 공동체들의 연합을 통해 이스라엘의 영광을 되찾고자 열심이었다. 그리스어를 사용하는 회중들에게 예수는 예수 그리스도(*Iesous Christos*), 곧 하늘로 승천하심으로써 하나님에 의해 "기름 부음 받은 자"로 지명된 예언자-순교자로 알려졌지만, 그 의미는 아직 Q 공동체들의 이해, 곧 이스라엘의 갱신이라는 대의를 위해 죽은 예언자-순교자의 의미와 크게 다르지 않았다.

이제 과제는 예수의 순교와 그의 정당성/신원에 대한 말을 이스라엘 백성들에게 비극적 사건으로 전파하는 것이 아니라, 로마의 정치적 속박과 이데올로기적 굴레로부터 해방시키기 위해 박차를 가하는 것으로서 전파하는 일이었다. 마카베오하 6:12의 저자가 초기 순교자들의 이야기들을 자세하게 말하면서, "나는 독자들이 이 책에서 우리 민족이 당한 재난의 기사를 읽고 실망하지 않기를 바란다. 이 징벌은 우리 민족을 멸망시키려는 것이 아니라 오히려 채찍질하시려는 것이었다"고 말한 것과 같다. 물론 많은 유다인들은 또 한 사람의 갈릴리 출신 농민 예언자-순교자의 설교와 우스꽝스러운 시위를 통해 자신들의 생활방식이 바뀐다는 생각에 콧방귀를 뀌었을 것임에 틀림없다. 세상을 정복한 로마제국에 맞서 성공적으로 도전하기 위해서는 군대와 무기, 또는 하나님의 직접적 개입이 없이는 불가능한 것처럼 보였을 것이다. 다른 사람들은 유대인들이 생존할 수 있는 길은 헤롯왕족들의 영향력 있는 정치적 연줄에 의지하거나, 로마의 행정장관들과 예루살렘의 제사장 귀족들 사이에서 솜씨 좋게 줄타기하는 데 있다고 믿었을 것이다. 그러나 또 다른 사람들은 예루살렘의 제사장들과 학자들이 해석한 모세 율법에 헌신하는 사람들로서, 구원받는 길은 십일조, 헌물, 서약물을 성실하게 납부하고 정결법을 완전하게 지키는 길밖에 없다고 주장했을 것이다.

사도행전 6:9은 그리스어를 사용하는 유대인 지도자 스데반이 예루살렘의 다른 디아스포라 유대인들로부터 신성모독죄로 고발된 이야기를 전해주는데, 그 유대인들은 "구레네 사람과 알렉산드리아 사람과 길리기아와 아시아에서 온 사람으로 구성된 이른바 리버디노(Freedmen) 회당에 소속된 사람들"이었다. 사도행전은 대제사장 앞에 담대하게 선 스데반이 점차 관료화되는 성전 제의로부터 독립선언을 발표한 것으로 전한다. 스데반은 자유롭게 아모스, 이사야, 예레미야를 인용하면서 "지극히 높으신 분께서는 사람의 손으로 지은 건물 안에 거하지 않으십니다"(7:48)라고 주장했다. 이것은 바로 예수가 2~3년 전에 했던 것과 같은 예언자적 시위를 상기시켜 주는 주장이었다. 그리고 그 결과 역시 다르지 않았다. 비록 사도행전 7:54-60의 세부적 묘사가 대제사장 앞에서의 정숙한 재판에서부터 갑자기 분노한 군중이 돌을 던져 스데반을 죽게 만든 이야기로 바뀌어 혼란스럽게 만들기는 하지만, 이 이야기는 예루살렘에 거주하던 디아스포라 유대인들의 두 집단 사이에 벌어진 폭력적 논쟁에 관한 진정한 전승을 보존하고 있는 것으로 보인다. 비록 사도행전은 스데반을 최초의 크리스천 순교자로 만들고, 그의 죽음을 전 세계적 기독교 선교의 시작으로 만들고 있지만, 우리는 이 충돌을 역사적인 것이 아니라면 상징적으로라도, 유대인들의 두 가지 이데올로기 사이의 충돌로 보아야 한다. 즉 한 집단은 성전과 이스라엘의 중앙적 기관을 생존의 근본으로 보았던 반면에, 스데반으로 대표되는 다른 한 집단은 이스라엘 백성에 대한 하나님의 약속이 덜 중앙적이며 덜 위계적인 수단을 통해서 온다고 보았다.

이런 반대자들과 회의론자들에도 불구하고, 왕이 없는 왕국에 대한 말씀은 시온(Zion)으로부터 퍼져나가 많은 사람의 가슴과 정신 속에 파고들었는데, 우리는 그들의 이름을 알 수 없지만, 스데반, 빌립, 프로코루스, 니가노르, 디몬, 파르메나스, 니골라 등이 포함될 것이다. 이 사람들은 예수의 순교에 관해 말할 때가 되었으며, 그의 **갱신의 복음**(gospel of renewal)을 이스라엘의 모든 도시들에 설교할 때가 되었으며, 진정한 계약 전통으로 되돌아가 불경건한 시대를 끝장낼 때가 되었다고 믿었다. 그들의 믿음은 하늘의 군대들이 서로 충돌하거나 새 예루살렘(New Jerusalem)이 갑작스럽고 기적적으로 강림할 것에 기초한, 저 세상적이거나 초현실적인 믿음이 아니었다. 그것은 이스라엘 백성이 서로를 형제자매로 대하고, 노예나 짐을 나르는 짐승, 또는 사고팔 수 있는 상품으로 취급당하지 않는 세상에 대한 비전이었다. 그리고 그들이 하나님 나라의 말씀을 이집트, 그리스, 이탈리아, 소아시아, 시리아에서 자신들이 살고 있는 도시의 유대인 공동체들에 전파할 때, 그들은 이 새로운 세상이 먼 미래에 있는 것이 아니라 이미 동터오고 있는 현실이라고 열렬하게 믿고 있었다.

6장

# 민족들의 부흥

　하나님 나라의 말씀은 서서히 모든 민족에게로 전파되어 나갔는데, 이것은 예수의 사도들이 로마제국의 큰길을 따라 걸어 다니거나 말을 타고 다니면서, 또는 배를 타고 지중해를 건너다니면서 그 말씀을 전파했기 때문이다. 그들이 주로 갔던 곳은 로마, 알렉산드리아, 두로, 에베소, 안디옥 등 대규모 유대인 공동체들이 자율적 생활을 유지하기 위해 애쓰면서 자녀들에게 조상들의 가르침과 관습을 가르치며, 자신들의 독특한 금식일과 종교적 축제일들을 경축하며, 마침내는 이스라엘이 구원되리라는 믿음을 간직하면서 살아가던 도시들이었다. 갈릴리와 유다 지방의 신자들과 마찬가지로, 디아스포라의 많은 유대인도 메시아, 천상의 회의, 천사들의 군대, 하나님의 시간표에 관한 선명한 묵시종말적 전승을 간직하고 있었는데, 이런 전승을 통해서 그들은 하나님께서 최종적으로 악을 멸망시키고 선한 세력이 승리하도록 만드실 것이라고 기대했다. 그들의 희망은 갑자기 하늘에 혜성이나 불길한 징조들이 나타나거나 동방에서 폭동과 기적이 일어났다는 소식을 전해 듣고 종종 좌절되기도 했지만, 그런 불길한 사태들은 한때 세상을 떠들썩하게 만들다가 사라져 버리는 것들이었다. 그러나 티베리우스 황제의 통치가 끝나가던 시기에 새로운 흥분의 도가니에 사로잡히게 되었는데, 갱신운동의 예언자들과 교사들이 자신들의 고향에 되돌아왔기 때문이다. 그들은 예루살렘에서 바로 한 두 해 전에 일어난 사건들을 설명하면서, 그 사건들은 하나님께서 마침내 이스라엘의 의로운 사람들을 위해 개입하시기 시작하셨다는 틀림없는 증거라고 선포했다.

매주 모이는 회당 모임에서, 또한 길거리에서 선포하는 설교를 통해, 그리고 가족들 모임에서, 예수의 추종자들은 예루살렘의 열두 제자의 공동체가 간직했던 경제 정의와 사회적 협력에 대한 강력한 가르침들을 지칠 줄 모르고 전파했다. 그러나 사도들의 메시지를 당시 유대교 안의 개혁주의자들의 교리로부터 구별되는 것으로 만든 것은 그들이 예수의 부활에 관한 이야기들을 전파했기 때문이다. 즉 귀신과 유령, 떠돌아다니는 망령에 대한 오싹한 이야기들이 사람들의 생활과 생각에 엄청난 영향력을 끼치던 시대에, 예수가 로마제국의 십자가 처형이라는 수치와 불명예에 대해 육체적으로 승리했다는 소식은 상상을 초월하는 강력한 정서적 영향을 끼쳤다. 사도들은 비록 예수가 예루살렘에서 로마인들에 의해 공개적으로 조롱당했으며 십자가에 못 박혔지만—이런 소름 끼치는 장면은 로마제국의 모든 주민에게 매우 익숙한 것이었다—그리고 심지어 십자가에 달린 그의 육체조차 매질을 당하고 창에 찔렸지만, 그는 죽은 자들로부터 다시 살아났다. 그리고 이것은 에녹과 엘리야 같은 고대 선견자들이 기적적으로 승천한 것에 관한 옛날 옛적의 막연한 전설이 아니었다. 다시 말해서, 부활한 예수가 갈릴리와 예루살렘에서 모두 결코 잊을 수 없도록 생생하게 나타났다는 사실은 더군다나 믿을 수 있는 수많은 사람이 증언한 사실로서 사람들을 어리벙벙하게 만드는 최근의 사건에 속했다. 실제로 예수에 관한 최초의 선포는 이처럼 십자가 처형 이후에 사람들에게 자주 나타나셨다는 사실을 강조했다(고전 15:5-7). 그리고 부활한 예수에 관한 이런 초기의 이야기들에 대해 우리가 오늘날 아무리 합리주의적으로 혹은 신학적으로 설명하려 한다 해도, 이런 이야기들은 적어도 1세기 청중들에게는 완전히 믿을 만한 목격자들의 이야기라는 확신을 담고 있었다. 이런 이야기들이 디아스포라 전역에서 전해지고 또다시 전해지면서, 많은 사람은 하나님께서 **일반적 부활**(general resurrection), 곧 말세에 일어날 것으로 예상했던 바, 이스라엘의 의로운 순교자들과 독립 투사들의 일반적 부활을 시작하는 첫 번째 조치를 분명히 취하셨다고 확신하게 되었다.

예수가 부활한 사건의 의미에 대한 믿음이 특정한 유대인 공동체들 사이에 퍼져나가고, 성령 충만한 사도들의 기적적 치유와 귀신축출을 통해 그 믿음이 더욱 확증되고 강화됨으로써, 지역의 "에클레시아"(*ekklesiai*), 혹은 예수의 "길"(The Way)을 따르는 "성도들"의 공동체들이 형성되었다. 이처럼 점진적으로 더 넓은 의미의 회당 사람들로부터 분리되어 별도의 집단으로 분화된 과정은 유대교로부터 **떠나** 새로운 종교로 "개종"한 것으로 이해할 것이 아니라 이스라엘 백성 **안에서** "선택"되었다는 인식으로 이해해야 한다. 쿰란 공동체 회원들이 광야에 모여 하나님 나라를 물려받을 이스라엘의 남은 자로서의 의미를 확인하기 위해서 의식적인 목욕재계에 몰두했던 것과 마찬가지로, 또 세례자 요한의 추종자들이 이스라엘의 계약에 대한 자신들의 새로운 헌신을 선언하기 위해 요르단강에서 공개적인 세례식을 거행했던 것과 마찬가지로, 예수의 추종자들도 자신들이 하나님 나라에 들어간 것을 표명하기 위해 입회 의식, 곧 종교적인 목욕탕, 흐르는 강물 속에 벌거벗은 몸을 담그거나 아니면 성령의 영감을 받은 사도가 머리에 물을 뿌림으로써 입회 의식을 행했다. 다른 유대인 묵시종말적 집단들과는 대조적으로, 예수의 추종자들은 확고하게 그 초점을 현재에 맞추고 있었다. 즉 쿰란 공동체는 종말의 표징을 찾기 위해 **미래**를 내다보고 있었으며, 세례자 요한은 **다가오고 있는**(coming) 나라에 관해 말했지만, 예수의 추종자들은 예루살렘의 십자가 위에서 로마인들의 잔인성과 유대 지도자들의 정치적 무력함에 직면해서 하나님께서 예수의 정당성을 입증하신 것/신원하신 것은 이스라엘의 구원의 시대를 **이미**(already) 시작하신 것이라고 믿었다.

그들의 축제와 같은 잔치도 하나님 나라의 생생한 임재를 경축하는 것이었다. 일단 지역 주민들 가운데 충분한 숫자가 예수 이름으로 세례를 받으면, 그들은 정기적으로 기도, 찬양, 교육을 위해 모이기 시작하여, 예수 자신이 갈릴리에서 시작했던 "하나님 나라를 위한 잔치" 습관을 따랐다. 다른 유대인 집단들 역시 기도와 감사의 특별한 식사를 축하했다. 즉 바리새파 사람들의 친교 모임은 공동식사를 그 운동의 중심으로 삼았으며, 쿰란 종파의 사해 두루마리 속에 있는 『공동체 규약』에 묘사된 "메시아 잔치"는 말세에 이스라엘의 의로운 남은 자들이 누릴 빵과 포도주의 잔치를 위한 신성한 리허설로서 중요했다. 초창기 크리스천 공동체들에서 그 멤버들이 하나님 나라에 속한 것을 축하하는 주의 만찬, 혹은 성만찬(eucharistia) 역시 예수를 전통적인 예언자 역할로 자리매김한 전통적 유대인 예식순서에 의존했다. 1세기 말엽의 기독교 문서인 디다케(Didache)는 성만찬 예식을 할 때 성배를 들어 올려 "당신의 종 예수를 통해 알게 하신 다윗의 거룩한 포도 줄기에 대해" 하나님께 감사하며, 또한 함께 빵을 떼면서 "이 쪼개진 빵처럼, 한때는 언덕들 위에 흩어졌던 것들이 한데 모여 하나의 빵 덩어리가 된 것처럼, 당신의 교회도 땅끝에서부터 한데 모여 당신의 나라에 들어가게 하소서"라고 기도하도록 가르치고 있다. 그들은 "다윗의 하나님"을 부르면서 "당신의 종 예수를 통해 우리에게 알려주신 지식과 믿음과 불멸"에 대해 감사했다. 그들이 가장 열렬히 소망했던 것은 "은총"이 내려 "현재 세상이 끝나서 사라지게 되는" 것이었다.

이러한 초기 기독교의 종교의례들은 이스라엘의 신적인 영감을 받은 예언자들이 선포했던 독특한 묵시종말 전통을 표명했던 것이지만, 오래지 않아서 예수운동은 다른 민족들로부터도 지지자를 얻기 시작했다. 즉 빌립의 회심과 에디오피아 환관의 세례에 대한 성서 이야기들(행 8:26-39)과 베드로가 가이사랴에서 백부장 고넬료에게 세례를 준 이야기(행 10장)와는 별도로, 예수가 십자가에 처형된 지 몇 년 지나지 않아 그리스어를 사용하는 이방인들이 점차 예수를 따르는 유대인 추종자들의 친밀한 공동체에 가담하기 시작하여, 엄숙한 세례와 주의 만찬에 참여하고, 기쁨 가운데 하나님 나라의 도래를 기대하였다는 것을 알 수 있다. 예수 자신이 이방인들에게 메시지를 선포했던 적이 있었는지는 분명치 않다. 즉 예수 자신이 이스라엘 백성이 아닌 사람들을 치유한 경우가 두 번 나오는데-마가 7:24-30에 시로 페니키아 여인을 치유한 것과 마태 8:5-13에 가버나움에서 "백부장"을 치유한 것-그 복음서들은 예수가 자신의 운동의 중요 목표는 **이스라엘**을 회복시키는 것이라고 분명하게 말한 것을 보여준다. 그러나 이런 기록들이 예수의 말씀을 진정으로 인용한 것들이든 아니든 간에, 혹은 예수 자신이 본래 세상의 모든 민족들에게 자신의 메시지를 전파할 계획이었던 아니든 간에, 예수의 처형 이후 단지 몇십 년 내에 예수의 이름과 그의 메시지를 전파하는 예수운동이 본래의 갈릴리와 유다 지역의 거점으로부터 상당히 넓은 지역으로 확산된 것은 명백한 것으로 보인다. 요세푸스가 예수에 관해 한 문단으로 보도한 것과 같이, 예수는 "놀라운 업적을 이루었으며 그 진리를 기쁘게 받아들인 사람들의 선생이었다. 그는 많은 유대인과 많은 그리스인의 마음을 사로잡았다."

이방인들이 예수운동에 관심을 갖게 된 것을 이해하기 위해 우리는 또다시, 고대 세계에서는 "종교"가 개인의 선택 문제이거나 개인의 "세속" 생활과 깔끔하게 분리될 수 있는 신학적 성찰의 문제가 아니었다는 점을 강조해야 한다. 사람이 특정한 신이나 여신의 종교 의례에 헌신하는 것은 특정한 민족, 인종 집단, 부족, 씨족, 직업과 관련된 조합, 인생의 단계에 멤버십을 가졌다는 뜻이다. 즉 그리스나 로마의 도시들에서 디오니소스, 아폴로, 아도니스, 아프로디테, 아타가티스, 혹은 아우구스투스 카이사르에 대한 종교 의례는 그 사제들, 후원자들, 축제 절기들, 희생 제례들과 더불어, 동일한 정체성과 이해관계를 공유한 공동체를 만들었을 뿐만 아니라 특정한 경제적 및 정치적 목표를 심어주었다. 즉 특정한 신을 예배하는 것은 무엇인가에 대한 충성을 서약하는 것이었다. 따라서 우리는 사도 빌립과 베드로가 처음으로 이방인들을 개종시킨 이야기들에서 갑작스러운 신학적 승리가 아니라 보다 점진적이며 복잡한 과정에 대한 상징적 이야기, 곧 로마제국의 일상에서, 자신들의 이제까지의 사회적 정체성으로부터 소외되었거나 그 정체성에 대해 불편하게 느꼈다가 예수운동의 모임(*ekklesiai*)이 보다 바람직한 대안적 **공동체들**이라는 점을 깨달은 사람들의 점진적인 변화 과정에 대한 상징적 이야기를 보아야만 한다.

그들이 도대체 어떻게 또한 왜 그런 변화를 겪게 되었는가 하는 질문에 대해서는 웨인 믹스(Wayne Meeks), 게르트 타이센(Gerd Thiessen), 존 게거(John Gager)와 같은 초기 기독교 사회학자들이 다루었는데, 결과는 각각 서로 조금씩 달랐다. 그러나 그처럼 이교도들의 주류 세계로부터 유일신론을 신봉하는 소수자 집단으로 사회적 충성을 바꾼 것에는 선례가 있다. 즉 예전부터 지중해 지역의 많은 이교도들은 다양한 신과 여신들에 대한 예배를 포기하고 스스로 이스라엘의 유일신론 메시지와 그 지원 공동체와 관계를 맺었다. 나중에 신학자들은 갖가지 노력을 다해 신약성서의 유대인들을 가리켜 외국인을 혐오하고 순결에 집착하여 외부인들과는 관계를 맺으려 하지 않는 사람들이었다고 설명하려 했지만, 디아스포라의 여러 측면에서 지역의 유대인들과 이방인들 사이에 얼마나 가깝게 또한 자주 종교적 만남이 이루어졌는가에 대해서는 역사적 증거들이 많이 있다. 지중해의 중요한 도시들에서는 주중에 모이는 회당 모임에서 성서를 읽고 해설하는 것에 대해, 유일신 사상의 힘과 모세 율법의 사회적 이상에 매력을 느낀 많은 이교도들이 깊은 관심을 갖게 되었다. 어떤 사람들은 이스라엘 전통에 너무 감탄한 나머지 개종을 위한 공식 종교 의례를 거쳤는데, 여기에는 남자들에 대한 할례도 포함되어 있었다. 다른 사람들은 거리를 둔 채 독실한 신자로 남았는데, 이들은 "하나님을 두려워하는 사람들"(*theosebeis*)이라 불렸다. 이런 현상은 넓게 퍼져나갔음이 분명하다. 로마에서 호레이스와 유베날 같은 풍자가들은 많은 로마인들이 유대인들의 어리석은 "미신"에 빠져드는 것을 탄식했다. 알렉산드리아에서는 비유대인 "무리들"이 바로스섬까지 순례하는 데 참여했는데─전설에 따르면 바로스섬에서 성서를 처음 그리스어로 번역했다고 한다─그들은 "그리스어 번역본의 빛이 처음 빛을 비춘 장소에 경의를 표시하고, 또한 그토록 오래된 것이지만 여전히 새로운 좋은 선물을 주신 하나님께 감사하기 위해" 순례를 했다. 한편 다마스쿠스에서는 많은 귀부인이 공식적 개종을 할 정도로 유대교에 매료되었다. 더 북쪽으로 올라가 시리아의 수도 안디옥은 로마제국에서 로마와 알렉산드리아 다음으로 큰 도시였는데, 그 도시의 유대인들은 "자신들의 종교 의례에 계속해서 많은 그리스인을 끌어들였는데, 이 사람들은 어떤 식으로든 그들의 공동체 속에 편입되었다"고 요세푸스는 기록했다.

따라서 동부 지중해 지역 전역에 걸쳐서 예수운동의 모임 안에 유대인들과 이방인들이 뒤섞여 교회(ekklesia)를 형성한 것은 당시 이교도들이 유대인 성서의 심판, 메시아, 땅 위에서의 하나님의 통치와 같은 개념들에 공감하던 보다 큰 현상의 일부분이었다. 그리고 실제로 오직 이런 공감의 맥락 속에서만, 예수의 복음과 하나님의 임박한 역사 개입에 대한 기대가 말이 되며 의미를 가질 수 있었다. 그러므로 유대교에 대해 이미 공감하던 일부 이방인들이, 예루살렘에서 십자가에 처형된 이스라엘의 예언자-순교자가 육체적으로 부활했다는 소식을 전해 듣고, 오래 기다려왔던 구원의 시대가 시작된 것을 알리는 신호로 받아들여 환영했으리라는 것은 결코 놀라운 일이 아니었다. 일부 유대인 농민들과 성읍 주민들이 예수운동에 가담함으로써 하나님 나라에 대한 기대를 통해 위로받고 그 기대 속으로 탈출하려 했던 것과 똑같은 빈곤과 속수무책의 상황들은, 하나님을 두려워하는 사람들과 유대교에 공감하는 이교도들을 끌어들였으며 그들로 하여금 세례를 받고 성만찬 축하의식에 참여하도록 동기를 부여했다. 이런 비공식적인 종교 의례들은 대부분 개인 집에서 행해졌으며, 그들이 공유한 묵시종말적 흥분을 표현했다. 유대인들의 종교 의례법이 하나님 나라를 경축하는 데서 유대인들과 이방인들 사이를 엄격하게 구별하라고 주장했다는 것은 찾아볼 수 없다. 이것은 유대인들과 이교도들이 자주 섞이는 회당에서 유대인들과 이방인들 사이를 엄격하게 구별하지 않았던 것과 마찬가지였다. 비록 우리는 이방인들이 어디에서 또는 언제 처음으로 예수운동에 응답했는가에 대해서는 확실히 알 수 없지만(사도행전에서처럼 유다 지방에서였는지 아니면 디아스포라에서였는지), 그들이 성령으로 충만해서 예수의 메시지와 부활에 응답했다는 사실 자체는 예수의 원래 유대인 추종자들이 보기에 또 하나의 강력한 징조였다. 예언자 이사야는, 구원의 때가 이르면 세상 모든 사람이 한 분 참된 하나님의 권능과 영광을 인정하게 될 것이라고 선포하지 않았는가? 성서 본문을 잘 알던 사람이면 누구든지 예언자 이사야가 "어둠이 땅을 덮으며, 짙은 어둠이 민족들을 덮을" 때에 하나님의 영광이 이스라엘 위에 나타날 것이며 "이방 나라들이 너의 빛을 보고 찾아올 것"(60:2-3)이라고 장엄하게 예언했다는 사실을 알고 있었다.

디아스포라의 여러 도시에 형성된 교회에 이방인들이 참여함으로써 예수운동의 멤버들은 그들의 참여를 기뻐하고 축하하게 되었을 것이지만, 이런 현상은 조만간 유대인 디아스포라 공동체들의 일부 지도자들에게 경종을 울리는 것으로 받아들여졌다. 왜냐하면 유대인 공동체들의 회당 모임에 하나님을 두려워하는 사람들과 유대교에 공감하는 이교도들이 참석하는 것은 별 상관이 없었지만, 그 이교도들이 급진적인 소수자의 가르침, 즉 로마가 조만간 불길에 싸여 멸망할 것이며 대안적인 하나님 나라가 영광스럽게 확립될 것이라고 환희에 넘쳐 선포되는 가르침을 열렬하게 받아들이는 것은 극단주의자들의 이데올로기로서, 유대인 공동체 전체의 지도자들은 로마제국과 지역 당국자들의 진노를 피할 수 없을 것이기 때문이었다. 공동체의 생존에 가장 많이 신경을 쓰고 있었던 실용주의적 유대인 지도자들로서는, 예수의 노골적인 반제국적 복음(anti-imperial gospel of Jesus)은 분명한 정치적 위험을 안겨주는 것이었다. 디아스포라 공동체의 모든 지역 지도자가 예수의 사도들의 설교와 교회 조직에 대해 똑같은 방식으로 대응했는지에 대해서 현존하는 자료들로서는 알 수 없지만, 사도행전과 바울의 갈라디아서는 예수가 십자가에 처형된 지 불과 몇 년 안에, 시리아의 다마스쿠스에서는 예수의 추종자들을 침묵시키려는 공격적인 운동이 벌어졌다는 사실을 보여준다. 사도행전에 따르면, 예수운동의 세포 조직들을 적발하려는 노력의 선봉에 섰던 사람이 사울(Saul)이라는 청년이었는데, 그는 소아시아 남동부의 대도시 다소에서 번창한 유대인 공동체 출신으로 예루살렘에서 유명한 바리새파 현자 가말리엘(Gamaliel)에게서 배웠다. 사울은 유다 지방의 예수 공동체들에 대한 중요한 박해자로 이름을 떨치게 되자, 예루살렘의 대제사장은 그를 다마스쿠스에 파견해 예수의 추종자들을 색출하고 체포하도록 만들어, "그는 그 '도'를 믿는 사람은 남자나 여자나 가리지 않고, 닥치는 대로 묶어서, 예루살렘으로 끌고 오도록" 했다(행 9:2).

많은 학자들이 지적해 왔던 것처럼, 우리는 사울의 이런 전기와 관련 세부 사항들을 액면 그대로 받아들이는 것에 주의해야만 한다. 왜냐하면 사울ㅡ그는 조만간 바울이라는 이름으로 알려졌다ㅡ은 자신의 출생지, 교육받은 장소, 예루살렘 성전 당국과의 연관성에 대해서는 아무런 말도 하지 않았기 때문이다. 비록 20대의 사울이 다마스쿠스의 유대인 대표자들을 통해 예루살렘 성전 당국과 비공식적으로 연결되었을 가능성은 있지만, 오늘날에는 그가 특별 수사관으로서 체포할 권한을 지닌 채 유다 지방으로부터 파견되었을 가능성은 거의 없었던 것으로 생각된다. 만일 그랬다면 예루살렘 성전 대제사장은 시리아의 로마 총독의 사법적 주권을 침해할 위험성을 감수했다는 뜻이 되는데, 시리아의 로마 총독은 다마스쿠스의 최고 권력자였을 뿐만 아니라 유다 지방의 사태에 대한 감독 권한도 행사하고 있었다. 또한 바울 자신의 주장, 곧 그가 몇 년이 지나기까지는 "유다 지방에 있는 그리스도의 교회들에게는 얼굴이 알려져 있지 않았습니다"(갈 1:22)라는 주장도 결코 무시할 수 없을 정도로 중요한 것이다. 이것은 그가 유다 지방에서 박해자로서 악명을 떨쳤다는 것과는 모순되는 주장이기 때문이다. 따라서 훨씬 가능성이 있었던 것은 30년대 초까지 유대인들에게 "다소 출신의 남자"로 알려진 사울이 다마스쿠스에 살던 유대인 이민자의 아들로서, 낮은 지위의 관리였거나 자칭 지역 지도자로서, 자신의 공동체에 가장 이익이 되는 것이라고 보았던 것을 방어하려 했던 사람이었을 것이다. 사울이 이스라엘의 전통들에 헌신했다는 사실은 의심의 여지가 없다. 즉 그는 나중에 자신이 "내 동족 가운데서, 나와 나이가 같은 또래의 많은 사람보다 유대교 신앙(*ioudaismos*)에 앞서 있었으며, 내 조상들의 전통을 지키는 일에도 훨씬 더 열성이었습니다"(갈 1:14)라고 회고했다. 그리고 사울이 "하나님의 교회를 몹시 박해하였고, 또 아주 없애버리려고 하였던"(갈 1:13) 것은 다마스쿠스 공동체의 연대성과 안전성을 지키려는 목적으로 그랬던 것이다.

신약성서 학자 폴라 프레드릭슨(Paula Frederikson)이 설득력 있게 주장한 것처럼, 사울이 다마스쿠스의 크리스천들을 박해했던 것은—그 박해가 예루살렘 성전 지도자들이 시작한 것이든 아니면 다마스쿠스 공동체의 지역 지도자들이 시작한 것이든 간에—그 동기가 일차적으로는 다마스쿠스 크리스천들의 종교 의례나 이방인들과의 친밀한 관계 때문에 비롯된 것이 아니라, 그 크리스천들이 유대인 공동체에 끼칠 정치적 위협 때문이었다. 1세기 다마스쿠스의 유대인들의 정치적 입장이 실제로 매우 미묘한 것이었다는 사실에 대해서는 분명한 증거가 있다. 다마스쿠스의 몇몇 유명한 유대인들의 번영에도 불구하고, 또한 그 도시 상류층 여인들이 유대교로 개종한 것에도 불구하고, 유대인들은 손쉬운 공격의 표적이었다. 40년이 채 지나기 전에 유다 지방에서 로마인들에 대한 반란이 시작되었을 때, 다마스쿠스의 모든 유대인이 반란죄로 체포되어 그 도시의 경기장에 감금되었는데, 요세푸스에 따르면, 그곳에서 그 체포자들은 "한 시간 동안에 그들 모두를 학살하고도 벌을 받지 않았다." 이런 잔학 행위는 당시 수십 년 동안 계속된 긴장과 반유대인 혐오감의 증거이다. 따라서 다마스쿠스의 유대인 지도자들이 위험한 혁명가들을 숨겨준다거나, 심지어 부추기고 있다는 비난을 받지 않기 위해 무슨 일이든 하려고 했을 것이라는 점은 어렵지 않게 짐작할 수 있다. 그러나 예수의 추종자들의 입을 다물도록 만들기 위한 과정에서 엄청나게 일이 어긋나버렸다. 다소 출신의 사울이 갑자기 반대편 집단으로 넘어가는, 이해할 수 없는 일이 벌어진 것이다. 사도행전 9장은 이 사건을 잊을 수 없는 영적인 불꽃 체험의 순간으로 묘사했다. 즉 "다마스쿠스 가까이에 이르렀을 때에, 갑자기 하늘에서 환한 빛이 그를 둘러 비추었다. 그는 땅에 엎어졌다. 그리고 그는 '사울아, 사울아, 왜 나를 핍박하느냐?' 하는 음성을 들었다. 그래서 그가 '주님, 누구십니까?' 하고 물으니, '나는 네가 핍박하는 예수다. 일어나서, 성안으로 들어가거라. 네가 해야 할 일을 일러 줄 사람이 있을 것이다' 하는 음성이 들려왔다"(9:3-6).

지난 몇 세기 동안, 신학자들, 시인들, 화가들, 사회학자들, 심리학자들과 심리치료사들은 모두 사울이 다마스쿠스로 가던 길에서 "회심"한 것을 해석하면서, 왜 유대교 신앙의 강경파였던 사울이 갑자기 예수의 사도가 될 수 있었는지를 해명하려 했다. 실제로 "다마스쿠스로 가는 길"이라는 말은 오늘날 우리 문화 속에서 계시와 명료함의 순간을 통해 마음, 결단, 행동을 갑자기 바꾸는 것을 뜻하게 되었다. 전통적인 기독교 해석은 대개 사울의 변화를 설명하면서, 예수를 그 자신의 개인적 구원자로 갑자기 받아들인 것이며 "유대교"로부터 "기독교"로 종교를 바꾼 것으로 설명했다. 그러나 사울을 변화시킨 체험에 대해 그 이스라엘적인 뿌리를 무시하는 것은 바울의 체험의 독특한 성격을 간과하는 것이다. 즉 바울의 체험은 1세기 유대인들 사이에서 매우 잘 알려진 현상이었다. 1세기 유대인들의 신앙의 거의 모든 경향들 사이에, 급작스럽고 신적인 계시의 전통이 매우 깊이 뿌리박혀 있다는 사실을 인식할 때 비로소 우리는 어떻게 사울처럼 교육을 받은 유대교 신앙(*ioudaismos*)의 옹호자가 그런 체험을 하게 되었는지를 이해할 수 있게 된다. 그는 자기 민족의 전통 속에서 훈련받았으며, 1세기 유대인 문학의 중요한 한 부분으로서

기적적으로 하늘로 올라가고 하나님과 만나게 되는 것에 대한 생생한 히브리어와 아람어 묘사들에 대해 틀림없이 익숙해 있었기 때문에, 자신이 새로운 종교로 갑자기 개종했다고는 결코 생각하지 않았을 것이다. 그가 기적처럼 빛에 싸여 신적인 인물과 대화한 것은, 경전에 대한 그의 기본 입장을 바꾸도록 만든 것이 아니라, 단지 말세에 이스라엘의 구원을 위한 하나님의 계획에서 전에는 알지 못했던 **세부 사항들**을 그에게 보여주었을 것이다.

이스라엘의 예언자 미가야가 새로운 예언자적 명령을 받을 때, "주님께서 보좌에 앉으시고, 그 좌우 옆에는, 하늘의 모든 군대가 둘러서 있는"(왕상 22:19) 것을 보았던 것과 마찬가지로, 에스겔이 말세의 세부 사항들을 처음 파악하게 되었을 때 "그들의 머리 위에 있는 창공 모양의 덮개 위에는, 청옥처럼 보이는 보석으로 만든 보좌 형상을 한 것이 있었고, 그 보좌 형상 위에는, 사람의 모습과 비슷한 형상이 있었다"(1:26)는 환상을 보았던 것처럼, 또한 다니엘이 "인자와 같은 분"(one like a son of man)이 하늘 구름을 타고 내려오는 생생한 이미지를 통해 구원의 중대한 사건을 보았던 것과 마찬가지로, 사울 자신이 부활한 예수의 빛나는 환상을 체험한 것은 그에게 놀라운 묵시적 환상을 보여주었다. 그 환상은 하나님께서 실제로 이스라엘을 위해 새로운 시대를 시작하셨다는 것을 확인시켜 준 것인데, 이것은 예수의 추종자들이 그토록 열정적으로 또한 환희에 넘쳐 주장했던 것과 마찬가지였다. 여기서 사울 앞에 갑자기 나타난 분은 로마제국이 예루살렘에서 처형하여 지금은 성서에서 "하나님의 아들들"(*bene elohim*)로 알려진 천상의 존재들처럼 영광중에 계신 분이었다. 사울이 지상에서 예수를 만나거나 본 적이 없었다는 사실은 중요하지 않았다. 그는 예수가 십자가에 처형된 후 갈릴리와 예루살렘에 나타난 이야기들을 간접적으로 들었을 수 있었고, 그 이야기들을 냉담하게 무시했을 수도 있었다. 그러나 이제 부활한 그리스도와 직접 만나는 체험을 한 사울은, 예수가 가난한 갈릴리 농부로 화육했던 것이, 자신이 어려서부터 공부했던 성서에서 말하고 있던 이스라엘의 메시아 구원자(Israel's messianic redeemer)로서의 계시에 대한 전주곡이었다고 확신하게 되었다. 더 나아가 그는 다마스쿠스 유대인들의 안전에 대한 관심은, 조만간 예수가 이스라엘의 메시아로 재림하여 악을 정복하고 선한 세력들을 신원(vindication)함으로써 하나님 나라를 완성하게 되면, 완전히 불필요한 관심거리가 될 것이라고 믿게 되었다. 사울이 받은 계시를 그의 개인적인 위기의 결과로 보거나, 그가 다마스쿠스에서 몇몇 불쌍한 농민들과 성읍 주민들에 대해 잔인하게 박해했던 것이 이스라엘의 구원을 앞당기는 데 아무런 역할도 하지 못했다는 뼈아픈 자각의 결과라고 보는 것은 순전한 억측일 따름이다. 그러나 개인적 위기에 직면하거나 다마스쿠스 공동체 안에서의 자신의 역할에 대해 환멸을 느꼈을 때, 사울의 개인적인 변화는 그의 교육 배경에 적합한 형태로 나타나, 이스라엘의 의로운 예언자들, 서기관들과 선견자들의 전통 속에서, 이스라엘의 구원을 위한 **참된** 길을 설교하라는 급작스러운 하나님의 명령으로 나타났다는 것은 이해할 수 있다.

이렇게 "사울"이 "바울"이 된 것은 그의 개인적인 신비한 계시 경험을 통해서였으며, 이 경험은 이 세상에 대한 현재와 미래의 상태 모두에 관한 그의 관점을 완전히 바꾸어놓았다. 그가 즉각적으로 자신의 사명이, 부활하고 조만간 세상의 모든 사람 사이에 재림하실 예수에 관한 복음을 전파하는 것이라고 인식했는지 아닌지의 여부, 그가 세례를 받고 우선 다마스쿠스 교회의 친교 모임에 참석했는지(행전 9:18에는 그렇게 보고되었지만, 바울 자신의 편지에서는 아무 언급이 없다), 또는 그의 이름이 히브리식 사울에서 라틴어식 바울로 바뀐 것이 그 순간에 일어난 일인지 아닌지의 여부와 상관없이, 바울의 묵시종말적 비전은 그의 삶을 크게 바꾸어놓았다. 즉 다마스쿠스의 기존 유대인 공동체를 섬김으로써 수동적으로 로마의 지배를 하나님의 뜻과 자연의 이치로 계속 받아들이는 대신에, 그는 인간 존재의 새로운 시대, 땅 위의 삶이 변혁될 새로운 시대를 전망하기 시작했다. 그는 다마스쿠스의 옛 생활을 청산하고, 홀로 유배 기간을 가짐으로써 자기 생각을 정리하고 미래를 숙고했다. 그는 갈라디아서에서 "또 나보다 먼저 사도가 된 사람들을 만나려고 예루살렘으로 올라가지도 않았습니다. 나는 곧바로 아라비아로 갔습니다"(1:17)라고 회상했다.

바울은 3년 동안 나바테아 왕국(오늘날 요르단 남부와 사우디아라비아 북서쪽의 험한 지역)을 여행하면서, 하나님의 나라가 동터오고 있는 현실을 눈으로 확인할 수 있었다. 우리는 사울이 아라비아에서 체류한 것을 황량한 사막에서 혼자 유랑하거나 나바테아 사람들을 "개종시킬" 사명을 수행한 것으로 생각해서는 안 된다. 그 기간은 스스로에게 부과한 유배와 성찰의 기간으로서, 그는 대상(caravan) 도시들, 시장이 있는 성읍들, 시골 마을들을 여행하면서 그 주민들이 엄청난 정치적 변화를 겪는 것을 보았다. 오늘날 많은 학자들이 주장하는 것처럼, 예수의 십자가 처형 연도를 기원후 30년 봄으로 계산하고, 3년 내지 4년 후에 사울이 다마스쿠스에서 개인적 변화를 겪었다면, 사울이 나바테아를 여행한 때는 정확히 아레타스 왕 4세와 그의 사위였던 헤롯 안티파스(갈릴리와 베뢰아의 통치자) 사이에 정치적 라이벌 관계가 전쟁으로 치닫던 때였다고 결론지어야 한다. 고고학적 발굴을 통해 밝혀진 것은 당시 아레타스 왕이 자신의 왕국을 전대미문의 차원으로 번영시켰다는 점이다. 장중한 무덤들, 신전들, 제의 장소들, 수도 페트라의 극장은 모두 그 도시를 둘러싸고 있는 절벽과 협곡의 황금빛 핑크색의 사암을 깎아서 만든 것들로서,

남부 아라비아와 페르시아만으로부터 시작되는 대상들의 통로를 따라 향, 향신료, 금, 진주, 그리고 귀한 약재들의 무역을 능숙하게 통제하고 있었다는 증거들이다.

그러나 그 지역의 정치에서 펼쳐지는 역사적 사건들은 인간 세상에 하나님이 개입하신다는 증거를 찾던 사람들에게는 하늘이 보여준 징조들처럼 보였을 것이다. 우리는 요세푸스의 기록을 통해서 헤롯 안티파스는 그의 통치 기간에 나바테아 왕국의 점차 커지는 세력과 부에 초점을 맞추었음을 알 수 있다. 그는 로마인들을 통해 훈련받은 사적인 군대를 동원하여 베뢰아 남쪽 지역으로부터 사해 동남부 지역으로 영토를 확장하기 시작했다. 그는 마침내 아레타스 왕의 수도 페트라 인근 마을 가발리스 지역을 점령함으로써, 예상치 못했던 불길한 사건들을 촉발시켰다. 아레타스 왕은 자기 딸이 안티파스에게 모욕당한 것에 복수하려고 벼러 왔다가, 35년 또는 36년에 안티파스가 새로 점령한 가발리스 인근 지역을 급습하여 헤롯의 용병부대를 완전히 궤멸시켰는데, 그 용병부대는 안티파스가 엄청난 노력과 비용을 들여 모집했던 부대였다. 이 승리를 통해서, 아레타스는 그 지역의 가장 강력한 속국왕이 되었고, 조만간 북쪽으로 다마스쿠스까지 영향력을 확장하게 되었다. 한편 안티파스는 그 전쟁에 모든 것을 걸었지만 패배하여 쓰라린 운명을 겪어야 했다. 다윗왕이 모압 족속과 싸워 승리했던 바로 그 광야 지역에서 패배함으로써 그는 공개적으로 치욕을 당했을 뿐 아니라 장비를 잘 갖춘 용병부대가 궤멸됨으로써 심각한 재정적 손실을 겪게 되어, 결국 이스라엘의 새로운 메시아-왕이 되려는 꿈이 끝장나게 되었다. 2년 내에 안티파스는 로마 황실의 눈 밖에 나게 되어, 그 영토와 직분을 빼앗기고, 그의 하스몬 가문 출신 아내 헤로디아와 함께 멀리 떨어진 갈리아 지방의 루그둠(오늘날의 리옹)으로 유배를 가게 되었다. 헤롯 안티파스의 정치적 몰락에 대해 많은 사람들은 일차적으로 하나님이 불쾌하게 생각하셔서 벌어진 일이라고 생각했다. 나중에 요세푸스가 가발리스 전투에 대해 묘사한 데서 지적한 것처럼, "일부 유대인들에게 헤롯의 군대가 파멸된 것은 하나님의 복수였다. 분명히 세례자 요한을 위한 정당한 복수였다. 세례자 요한이 훌륭한 사람이었지만, 헤롯이 그를 죽였기 때문이다."

이처럼 미움을 받던 안티파스가 나바테아에서 패배하자, 예수의 추종자들 역시 하나님의 신원이 이루어진 것으로 볼 수 있었다. 나바테아 산악 지역에서 칼날이 맞부딪치고 화살이 날아다닌 것은 하나님 나라의 임박한 도래에 대한 또 하나의 표징으로 파악할 수 있었다. 바울이 나중에 자신의 편지들에 밝힌 것을 통해 우리가 알 수 있는 것처럼, 바로 이런 때에 바울은 마침내 승리한 나바테아인들이 다스리던 지역을 떠나, 다마스쿠스로부터 탈출하여 예루살렘으로 가서, 두 주간 동안 머물면서 예수의 원래 갈릴리 추종자들과 함께했다. 그러나 바울이 예루살렘에 머문 것은 영구적인 것이 아니었다. 예루살렘 공동체는 그가 가담할 공동체가 아니었다. 바울은 그의 생애 전체를 통해, 자신이 다마스쿠스에서 받은 계시는 부활한 예수로부터 독특한 위임을 받은 것으로서, 베드로, 야고보 등 열두 제자를 방문한 것보다 결코 덜 유력하거나 의미가 덜한 것은 아니라고 굳게 믿었다. 이제 바울은 예수가 세상에 대한 심판자와 이스라엘의 메시아로서 재림하기 전에 시간이 빠르게 사라지고 있다고 믿었다. 그래서 세상을 변혁시키는 그 말씀은 예수가 목회하던 농촌, 성읍들, 생선을 소금에 절이는 공장들을 넘어 설교해야 했으며, 예루살렘 성전의 익숙한 안뜰, 광장으로부터 먼 곳에까지 전파해야만 했다. 인류의 의로운 남은 자들에게 하나님의 임박한 심판을 경고하고, 십자가에 처형된 예수의 복음을 믿음으로써 구원을 얻을 기회를 주어야만 했다. 바울은 "그 뒤에 나는 시리아와 길리기아 지방으로 갔습니다"(갈 1:21)라고 회상했는데, 이것은 그가 예루살렘을 떠나 지중해 동북부에 있는 자신의 고향 다소 근방으로 갔음을 설명한다. 그곳에서 바울은 예수의 말씀을 전파함으로써 새로운 신앙이 탄생하는 데 중요한 역할을 감당했다.

예루살렘 북쪽으로 광야, 산, 농지, 계곡 너머 거의 480km 떨어진 곳에 오론테스강변의 거대한 도시 안디옥(현재는 튀르키예 남부 안타키아)이 있는데, 거기에는 예수의 복음에 대한 혁명적인 새로운 버전이 이미 형성되고 있었다. 안디옥은 고대 세계에서나 성서와 연관해서 다마스쿠스나 예루살렘에 견줄 정도로 중요하지는 않았지만, 1세기에 지중해 동부 지역에 살던 사람들에게는 야망을 지닌 사람들이 몰려들고 모두가 주목하던 "대도시"였다. 로마제국의 시리아 지방 수도로서, 산들과 해안 사이의 광활하고 비옥한 계곡에 자리 잡은 안디옥은 지역의 시장, 세금징수 중심지, 페르시아만과 메소포타미아로부터, 그리고 멀리 떨어진 아라비아반도의 향과 향신료 생산지로부터의 교역로의 마지막 정박지 역할을 했다. 그 이전 몇십 년 동안 안디옥은 사방으로 확대된 인구 과밀 도시가 되어, 제국에서 세 번째로 큰 도시가 되어, 1세기 중엽에는 인구가 50만 명에 이르렀다. 이처럼 로마제국 동부의 가장 큰 도시의 시장들과 주랑들에서는 재물을 얻거나 탕진할 수 있었고, 금지된 악행들을 맛볼 수도 있었고, 새로운 철학들과 급진적 이데올로기들이 계속 태어났다. 거대하고 여러 나라의 말을 사용하는 파르티아인, 아랍인, 갑바도기아인, 페르시아인, 아르메니아인, 그리스인, 유대인, 그리고 원주민 시리아인들은 새로운 집단, 길드, 문화적 단체들을 많이 만들어냄으로써, 매우 유동적이며 항상 상호작용하는 사회적 정체성과 공동체 생활의 새로운 형태들을 제공했다.

안디옥의 일반적인 종교적 분위기는 보수적인 알렉산드리아와 기타 작은 로마 도시들의 상황과는 달리, 유동적이었고 또한 용인하는 분위기였다. 유대교에 호의적이었던 안디옥의 이방인들과 "하나님을 두려워하는 사람들"처럼 잘 알려진 현상 이외에도, 안디옥에서는 로마와 그리스의 신들과 여신들에 대한 공식적 숭배가 근동 지방의 전통과 종교예식들의 큰 영향을 받았다. 안디옥의 시민들 가운데는 페니키아의 아도니스, 이집트의 오시리스, 프리기아의 아티스와 같은 근동 지방의 신들이 새로운 신비 종파의 중심이 되어, 그 신입자들에게 비의(secret rites)를 통해 육체적 건강, 비상한 힘, 심지어 개인적 불멸성을 약속했다. 사실상 시리아는 초기 제국 시대에, 적어도 로마의 미덕과 가치의 수호자를 자칭하던 사람들의 눈에는, 제국의 보다 고유하며 애국적인 신들을 숭배하기에 앞서서 **개인의** 이해관계를 앞세우는 "무신론적" 비의종교들(mystery religions)의 위험한 산란장으로서 악명이 높아졌다. 대도시 생활에서 공동체의 네트워크는 해체되고, 개인적 소외는 더욱 증하고 있었기 때문에, 그처럼 새로운 시대의 제의들은 엄청난 호소력을 갖게 되었다. 신약성서학자 디터 게오르기(Dieter Georgi)는 새로운 이방 비의종교의 선교사들이 흔히 공개적 치유와 귀신축출 행위와 함께, 얼마나 큰 영향력을 미쳐서 많은 사람을 신성한 친교에 가입하도록 만들고, 특정한 신과 교제함으로써 개인적 구원을 약속했는지를 강조했다.

 예루살렘에서부터 안디옥에 도착한 예수의 추종자들은 이처럼 역동적인 종교적 현상 속에서 쉽게 자신들의 장소를 발견했다. 몇십 년 뒤에, 추앙받던 전승들, 전설들과 개인적 기억들을 함께 엮은 사도행전은 예수운동의 처음 사도들이 안디옥에 도착한 이야기를 생생하게 들려주는데, 그들은 예루살렘으로부터 점차 북쪽으로 올라가면서, "유대 사람에게만 말씀을 전하였다. 그런데 그들 가운데는 키프로스 사람과 구레네 사람 몇이 있었는데, 그들은 안디옥에 이르러서, 그리스 사람에게도 말을 붙여서, 주 예수를 전하였다. 주께서 그들을 돌보시니, 믿게 된 수많은 사람이 주께로 돌아왔다"(행 11:19-21). 안디옥에서 예수의 복음에 개종한 처음 그리스인들이 모두 이미 하나님을 두려워하는 사람들이었거나 안디옥의 큰 유대인 공동체와 다른 방식으로 연관이 있던 사람들이었을 것 같지는 않다. 왜냐하면 성서가 유독 "그리스 사람에게" 설교한 것을 강조하는 것은 안디옥이 처음으로 많은 이방인 청중에게 직접 설교한 장소로 오래 기억되었음을 암시하기 때문이다. 그러나 동시에 우리가 그 이후의 발전을 통해 알 수 있는 것처럼, 예수의 추종자들은 안디옥의 유대인들에게도 적극적으로 설교했는데, 당시 65,000명에 이르던 유대인들의 회당들은 도시의 가난한 구역과 부유한 교외 지역에 흩어져 있었으며, 그들의 경향은 맹렬한 민족주의자들로부터, 철저히 동화되어 그리스의 이상을 따르던 사람들까지 매우 다양했다. 안디옥의 유대인 지도자들이 예수의 추종자들을 박해하지 않았다는 사실이 사도행전에 기록된 것은 중요하다. 사도행전은 그런 박해를 강조한 책이기 때문이다. 안디옥의 큰 규모와 국제도시적인 분위기는 분명히 독특한 상황을 마련해주었고, 성령 충만한 설교자들과 예언자들은 유대인들과 이방인들 **모두** 가운데 친교를 조직할 수 있었다. 안디옥의 새로운 유대인 예수 추종자들에게 예수의 순교와 부활은 오래 기다려왔던 묵시종말적 기대를 확인시켜 주었다. 이방인들에게는 예수 그리스도가 보편적이며 하늘이 보낸 구원자로 받아들여졌고, 예수의 이스라엘 출신과 성서의 연관성은 오랜 세월의 종교적 배경을 제공하여, 이방인 사회의 비의적 신들에 관한 신화들을 대신할 매력적인 대안으로 제공되었을 것이다. 이처럼 안디옥과 같은 대도시에서의 예수운동이 지닌 잠재력은 개인적 구원과 유대인들의 묵시종말적 믿음이라는 공동체적이며 역사적인 기대를 독특하게 결합한 이데올로기로서 폭넓은 호소력을 지녔던 것이다.

30년대 중반부터 40년대 중반까지의 십 년 동안은 초기 기독교 역사에서 가장 모호한 기간 가운데 하나다. 이 기간에 안디옥에서 새롭게 형성된 예수 추종자들의 공동체에 관해서 우리는 매우 희미한 자료만 갖고 있으며, 그들의 신학이 어떻게 발전하고 있었는지에 대해 매우 단편적인 성서의 기록만 갖고 있기 때문이다. 사도행전 13:1의 증거를 통해, 우리는 안디옥 교회를 이끌었던 집단이 절충적이며 사회적으로 다양한 "예언자들과 교사들" 집단으로서, 그 가운데는 "바나바"(행 4:36에 따르면, "위로의 아들")라고 알려진 키프로스 출신 유대인 요셉, "니게르라고 하는 시므온"(신약성서 학자 F. F. 브루스는 그가 아프리카인이었다고 주장했다), 리비아 해안 출신 "구레네 사람 루기오," 그리고 "마나엔"(히브리 이름 므나헴의 그리스어 형태)으로서 그는 어려서 헤롯 안티파스의 친구였고 그의 궁정 관리였다. 우리는 당시의 혼란스럽던 정치적 사건들 —즉 37년 봄에 티베리우스 황제의 죽음, 39-40년에 칼리굴라 황제가 예루살렘 성전에 자신의 거대한 상을 세우려던 미친 계획, 41년 1월에 칼리굴라 황제의 암살과 그의 숙부 클라우디우스(글라우디오)의 등극 같은 사건들—에 대해 이 공동체가 어떻게 정치적으로 대응했는지는 알지 못한다. 그러나 적어도 그들이 단순히 또 하나의 개혁적 유대인 종파라기보다는 하나의 새로운 종교운동의 멤버들로 점차 인식되었다는 것을 시사하는 것이 있다. 황제숭배의 신입자들을 '아우구스티아니'(*Augustiani*)라 부르고, 또한 다양한 비의종교 신봉자들을 그들의 비의 예식과 공동 식사에서 불러냈던 신들의 이름으로 불렀던 것처럼, 안디옥의 신실한 예수 추종자들(유대인들과 그리스인들 모두)에 대해 안디옥 사람들은 "그리스도인들"(*Christianoi*)이라고 불렀다(행 11:26).

당시 안디옥 교회는 자신을 단지 (안디옥과 그 인근 지역의 의로운 사람들의 구원에만 국한된) 또 하나의 **도시 안의 대안적 마을**(alternative village-in-the-city) 이상의 무엇이라고 간주했다는 것 역시 분명하다. 후대의 교회 전통에서 안디옥 공동체는 바깥 지역으로 설교하는 특별 명령을 받은 역동적인 회중으로 기억되었으며, 안디옥의 크리스천들은 점차 자신들의 활동을 확장시켜, 안디옥의 배후 지역과 알렉산드레타 만과 인근 길리기아(소아시아의 남동부)의 도시들까지 확장한 것처럼 보인다. 사도행전 11:25에 따르면, 이 확장 기간에 바나바는 길리기아의 도시 다소로 찾아가 바울을 만났는데, 바울은 독립적 사도로서 다소에서 활동하고 있었으며, 바나바는 바울을 안디옥 공동체로 초대했다. 바울은 자신의 편지에서 그런 만남에 대해 언급하지 않지만, 바울이 안디옥에 처음 오게 된 역사적 상황이 어떠했든지 간에, 바울은 분명히 안디옥 교회의 가장 열정적이며 분명한 조직가들 가운데 한 사람이 되었다. 바울은 비록 바나바보다 젊었으며 분명히 그 공동체의 지도력에서 바나바에게 종속되었지만, 그는 그 선교 지평을 넓히는 데 핵심 역할을 수행했다. 서쪽으로 떨어진 키프로스 섬에는 지중해 연안 전체에서 온 사람들이 만나고, 비옥한 농토, 풍부한 구리광산, 그리스인, 아나톨리아인, 페니키아인, 시리아인, 유대인들이 법석대는 도시들이 있었다. 북서쪽에는 밤빌리아의 풍요한 해안 평야, 번창한 항구 도시들과 큰 유대인 공동체가 있었다. 그 해안 평야 너머에는 산맥이 있어서, 그 산맥을 통과하는 도로를 통해 소아시아의 내륙으로 들어갈 수 있었고, 그 내륙에는 도시들, 사람들, 부족들의 방대한 영토가 펼쳐졌다. 사도행전은 안디옥 공동체가 선교를 확장하기로 결정한 것이 갑작스러운 신적인 안내의 결과라고 묘사한다. "그들이 주께 예배를 드리며 금식하고 있을 때에, 성령이 그들에게 말씀하셨다. '너희는 나를 위해서, 바나바와 사울을 따로 세워라. 내가 그들에게 맡기려 하는 일이 있다.' 그래서 그들은 금식하고 기도한 뒤에, 두 사람에게 안수를 하여 떠나보냈다"(행 13:2-3).

항상 그렇듯이, 우리는 성서에 묘사된 독특하고 강력한 사건들 배후에는 흔히 훨씬 더 복잡한 (덜 극적이지만) 사회적 현실이 놓여 있음을 유념해야만 한다. 바깥 지역으로 선교하라는 명령은 전적으로 바나바와 바울에게만 국한된 갑작스러운 신적인 위임 명령일 수 없었다. 안디옥의 크리스천들은 이미 "이스라엘의 잃어버린 양들" 너머 새로운 사람들에게 다가가기 시작했으며, 바울이 갈라디아서 2:1에서 보고한 것을 통해 알 수 있는 것처럼, 그가 시리아와 길리기아에서 활동한 것이 10년이 넘었기 때문에, 안디옥 교회의 선교적 확장과 여러 지역에서 성공 가능성에 대한 인식은 꾸준한 접촉과 개인적 답사 네트워크의 확장과 더불어 점차 발전했다고 추정해야만 한다. 따라서 우리는 바나바와 바울의 합동 선교 활동(사도행전 13-14장에 표사된 "바울의 첫 번째 선교 여행")에 대한 사도행전 이야기는 안디옥 공동체의 가장 탁월한 두 지도자의 노력과 더불어 안디옥 공동체의 기록되지 않은 많은 개인의 노력(그들은 몇 년 동안 인근 지역에서 설교하고 공동체를 조직하는 데 헌신했다)에 대한 축하로 볼 수 있다. 예수의 갈릴리 활동에 대해 복음서들이 서로 다르게 기록한 것처럼, 사도행전이 이 첫 번째 여행에 대해 기록한 것은 연대기적 기록이라기보다는 오히려 시리아와 소아시아 사람들에게 친숙한 지리적 풍경 위에서 펼쳐진 생생한 일화들과 성서적 이미지들을 환기시키는 강력한 몽타주일 것이다. 따라서 안디옥의 지중해 항구인 셀루기아에서 배를 탄 바나바, 바울, 그리고 예루살렘에서 온 젊은 동역자 요한 마가는 서쪽으로 항해하여 키프로스에 도착했고, 거기에서 바울은 로마 총독 서기오 바울 앞에서, 마술적 능력 시험에서 "바예수라는 이름의 유대인 거짓 예언자"를 이겼다. (이것은 출 7:8-12에서 모세와 아론이 이집트 마술사들을 이긴 것, 그리고 왕상 18:20-40에서 엘리야가 바알의 예언자들에 대해 승리한 것을 연상시킨다). 그 후 키프로스 섬을 떠나 북쪽으로 가서 밤빌리아의 항구 도시 베르가에 갔다가, 그들은 요한 마가와 헤어졌고, 소아시아 내륙으로 들어가, 비시디아 안디옥, 이고니움, 루스드라, 더베 등 도시들을 방문하여 설교했는데, 그들은 그 지역 유대인 공동체들로부터 격렬한 적대감을 받았지만 많은 이방인 지지자를 얻음으로써 "이방 사람들에게 믿음의 문"을 열었다(행 14:27).

바울과 바나바가 키프로스와 소아시아 남부지역을 여행한 것은 당시 잘 알려진 제국의 고속도로와 바닷길을 따른 것이었지만, 그 구체적인 세부 사실들 몇 가지의 역사적 신빙성은 학자들의 논쟁 주제가 되었다. 바울이 키프로스를 방문했을 당시(행 13:7) 서기오 바울이 총독이었다는 결정적 증거는 발견되지 않았으며, 또한 2세기와 3세기 이전에 비시디아 안디옥과 이고니움에 유대인 공동체들이 있었다는 고고학적 증거 역시 발견되지 않았다. 그럼에도 불구하고 사도행전의 이야기는 몇 가지 대표적인 이야기들을 통해 몇 년 동안의 설교와 여행에 대한 일반적 추세를 묘사하는 중요한 역사적 자료로 남아 있다. 그 대표적 이야기들 가운데 바울과 바나바는 안디옥의 예수운동이 바깥 지역으로 확장된 것을 대표하는 인물들로서, 자신들의 메시지의 초점을 바꾸기 시작했으며, 키프로스, 밤빌리아, 남부 갈라디아의 이방인들 가운데서 점차 많은 신봉자를 얻게 된 이야기를 전해준다. 그 지역들에서 안디옥의 사도들은 수많은 의로운 남자들과 여자들이 고난당하는 것을 목도하게 되었다. 그들은 이방인으로 태어났지만, 세상이 기적적 변화를 겪게 될 것이라는 묵시종말적 희망과 영적인 재생 모두를 제공한 새로운 운동에 열정적으로 헌신했다. 우리는 예수의 순교와 메시지에 대한 묘사가 문화적 배경에 맞춰서 각색되고, 또한 이스라엘 백성의 성서에 나오는 이미지들과 묵시종말적 시간표에 친숙하지 않은 사람들에게 맞춰 각색되었을 것이라고 상상할 수 있다. 그러나 비교적 최근에 로마제국에 통합된 이들 지역의 경제와 사회 상황은 초기 기독교 선교를 위한 비옥한 장소를 제공했다. 이처럼 점차 제국의 경제에 편입되는 경쟁적 상황에서, 지역의 오랜 전통들이 속절없이 해체되었기 때문에, 사람들에게 개인적인 영적 위로와 함께 서로를 지원하는 대안적 공동체에 대한 소속감 모두를 찾도록 강력한 추진력을 제공했다. 바울과 바나바, 또는 안디옥 공동체의 다른 어떤 사람들이 이들 지역에 영구적인 교회를 세우려고 시도했는지를 확인할 수는 없지만, 적어도 첫 발판은 만들어졌다. 또한 이스라엘의 묵시종말적 전통의 관점에서 보면, 그것은 결코 사소한 성취가 아니었다. 예언자 이사야는 하나님의 신실한 종 이스라엘의 사명은 "이방의 빛이 되게 할 것이니, 네가 눈먼 사람의 눈을 뜨게 하고, 감옥에 갇힌 사람을 이끌어내고, 어두운 영창에 갇힌 이를 풀어 줄 것"(42:6-7)이라고 선언했다. 세월이 지나도 심판의 날은 어떤 영문인지 오지 않자, 예수운동의 북시리아 지파 지도자들은, 주변 지역의 쉴 틈이 없는 노동자들과 고향을 떠난 이방인들 사이에서 활동하는 자신들의 사역이 하나님의 심판의 날을 성취할 계획의 불가결한 일부분이라고 보았다. 그들은 자신들이 믿음을 지키고 더욱 노력을 기울이면, 이방인들에 대한 성령 충만한 선교와 이스라엘 백성의 내적인 갱신이 결합되어, 하나님 나라가 시작될 것이라고 굳게 믿었다.

이처럼 선교사들이 크게 성공하던 때에, 심각한 대결이 드러나기 시작했다. 유다 지방에서는 원래 예루살렘 공동체의 성격이 서서히 바뀌고 있었는데, 그 이유는 원래의 지도자들 가운데 몇몇이 죽거나 떠났으며, 지역의 상황이 바뀌었고, 내적인 우선순위가 바뀌었기 때문이다. 예수가 가버나움에서 몇몇 젊은이들에게 고기잡이배와 그물과 과거의 생활을 떠나도록 불렀던 이후로 많은 것이 바뀌었다. 이제는 수도 한복판에서 하나의 경제적인 독립 집단으로서, 더 이상 자발적이며 성령 충만했던 갈릴리 농부들의 운동이 아니라, 예수의 추종자들의 공동체는 이스라엘 백성의 영적 및 정치적 수도에서의 삶에 적응시켜야만 했다. 만일 우리가 사도행전 1-11장의 이야기를 이 집단의 변화에 대한 일반적 묘사로 간주한다면, 우리는 예수의 원래 내부 집단을 형성했던 "열둘"이 점차 그 멤버십과 기능을 바꾸었다고 볼 수 있다. 그 원래 멤버들의 몇몇이 죽거나 떠남으로써 새로운 사도들을 선택했다(행 1:15-26). 또한 그 공동체의 필요는 그 도시 속 마을의 공동 자금에서 충당했으며, 장기적인 행정이 요구됨으로써, "장로들"이라고 부른 새로운 지도자들이 공동체의 경제 문제를 전담하기 시작했다(행 11:30). 안티파스는 더 이상 등장하지 않았으며, 인기 없는 총독 본디오 빌라도와 장기간 복무했던 대제사장 요셉 가야바는 로마의 시리아 총독에 의해 축출되었다. 그러나 이스라엘의 왕 없는 왕국을 최종적으로 설립하는 데 참여한다는 보다 큰 목표는 아직 성취되지 않은 채 기다려야만 했다. 성전 제사장들의 위계질서가 계속해서 로마제국의 행정적 요구에 복종했으며, 헤롯왕가의 살아남은 상속자들이 자신들의 메시아적 환상에 집착했기 때문이다. 이처럼 30년대 후반, 즉 안디옥 공동체가 점차 바깥 지역으로 눈을 돌리고 있을 때, 예수운동의 예루살렘 공동체는 이스라엘 안에서의 정치적 변화에 더욱 관심을 쏟게 되었다. 이스라엘의 갱신이라는 그들의 목표에 가장 극적인 도전이 된 것은 새로 헤롯을 자칭한 인물이 등장한 것이다. 사도행전 12장은 불길한 악의 세력이 새로운 파라오로 등장한 것을 묘사하면서 출애굽기 1:8의 표현을 분명히 차용했다. 즉 "이 무렵에 헤롯왕이 손을 뻗쳐서, 교회에 속한 몇몇 사람을 해하였다"(행 12:1).

예수나 그의 가까운 제자들이 마커스 율리우스 아그립바라는 이름을 들어본 적이 있었을 것 같지는 않다. 혹시 들어본 적이 있었다면, 아마도 헤롯왕가의 한 왕자로서 한때 갈릴리의 수도 티베리아스의 시장 감시자

(*agoranomos*) 직책을 가진 인물로 언급되는 것을 들었을 것이다. 20년대 후반에, 헤롯 안티파스가 새로 건설한 수도의 경제가 확장되고 있었을 때, 지역의 귀족들은 기뻐했던 반면, 시골 농민들은 큰 손해를 보고 있었을 때, 왕자 아그립바는 그 도시의 상업활동을 감시하고, 추와 저울을 정직하게 지키고, 수출과 수입의 균형을 맞추는 일을 맡았다. 아그립바는 헤롯대왕의 손자이며, 하스몬 가문의 왕 힐카누스 2세의 고손자로서 로마에서 아우구스투스 황제의 집안에서 응석받이로 자라났지만, 분명히 한 도시의 정부보다는 훨씬 큰 야심을 품고 있었다. 37년 봄에 티베리우스 황제가 죽자 그에게 뜻밖의 기회가 왔다. 아그립바의 오랜 친구이자 새로 황제가 된 칼리굴라는 그에게 고지대 요르단 계곡의 영토인 가울란티스, 트라코니티스, 바타네아를 주었는데, 이 영토는 그의 죽은 숙부 빌립이 통치하던 곳이었다. 또한 칼리굴라 황제는 아그립바에게 "왕"이라는 주로 의식상의 칭호를 주었다. 물론 왕권과 그 메시아적인 함의는 로마인들이 어떻게 생각하든 상관없이 이스라엘 백성에게 매우 중요한 주제였다. 헤롯대왕이 죽은 후 40년 동안 헤롯왕가나 하스몬 왕가의 어느 누구도 왕이라는 칭호를 갖지 못했기 때문에, 38년 여름에 아그립바는 로마에서 유다로 돌아오는 길에, 알렉산드리아의 유대인들로부터 열렬한 환영을 받았다. 알렉산드리아의 대다수 호전적인 그리스인들과 계속되는 충돌 상황에서 아그립바가 잠재적인 정치적 구원자가 될 것으로 기대했기 때문이다. 이런 축하 행사는 아그립바가 예루살렘에 도착했을 때도 계속되었다. 그 후 아그립바는 황제의 호의가 불확실한 흐름 속에서도 유능하며 운이 좋은 항해자임을 증명했다. 칼리굴라 황제가 안티파스와 헤로디아를 먼 갈리아 지방에 유배보낸 후, 아그립바는 황제의 호의를 얻어 갈릴리와 베뢰아의 통치권을 얻어냈다. 칼리굴라 황제가 암살당한 후 혼란 속에서, 아그립바는 재빨리 다음 황제 클라우디우스(글라우디

오)를 지지하여, 헤롯대왕이 죽은 후 모든 헤롯왕가의 상속자가 추구했던 상을 마침내 얻어냈다. 41년에 아그립바는 사마리아와 이두매를 포함하여 유다 지역 전체의 왕위를 받아, 이스라엘 전역의 통치자가 되었다.

많은 유다인에게는 아그립바 1세의 정치적 등극에 하나님이 호의를 베푸신 것처럼 보였다. 그가 재빨리 그 지역에서 가장 중요한 속국왕의 위치를 확립했기 때문이다. 그 사이에 나바테아의 아레타스를 계승한 왕은 그의 연약한 동생이었고, 새로워진 유다 지방은 다시 지역 문제들을 장악했다. 이스라엘 안에서 세금을 징수하는 일은 한 세대 이상 동안 갈릴리와 유다 지방이 별도로 집행했지만, 이제는 통합시켜 확장된 군대를 지원하고 특히 예루살렘에서의 야심찬 공적인 활동들을 위해 사용되었다. 이데올로기 차원에서는 다시 메시아적 상징주의를 이용하여 대중들이 헤롯왕조를 지원하도록 만들었다. 예루살렘 성전의 예식들과 광채—이스라엘과 로마제국 전역의 유대인들에게 명성이 자자했다—는 아그립바의 직접적 후원 대상이 되었고, 또 그는 자신이 이스라엘의 하나님이 재가하신 왕이라는 공개적 이미지를 열심히 계발했다. 몇 세기 후에 랍비 문학은 아그립바가 성전에 크게 헌신한 것에 대한 기억을 보존했으며, 또한 그가 깊은 인상을 남긴 것에 대한 암시를 남겼다. 하나님이 임명하신 이스라엘의 왕이 안식년이 끝날 때 성전에서 토라 두루마리를 읽었던 고대 관습에 대해 논의하면서, 미슈나(Sotah 7:8)는 아그립바 왕이 장막절 축제가 끝날 때 성전 안뜰에서 토라를 읽은 것에 대해 감동적으로 묘사했다. 순례자들 무리가 모인 가운데 신명기를 읽으면서 아그립바 왕은 17:14-15 구절에서 멈추었다고 하는데, 이 구절은 의로운 왕의 통치를 통해 이스라엘의 구원을 기다리던 사람들에게는 중심적인 증거 본문 (proof text)으로 항상 간주되었다.

그 구절은 이렇게 말한다. "주 너희의 하나님이 주시는 그 땅에 들어

가서 그 땅을 차지하고 살 때에, 주위의 다른 모든 민족같이 너희도 왕을 세우고 싶다는 생각이 들거든, 너희는 반드시 주 너희의 하나님이 택하신 사람을 너희 위에 왕으로 세워야 한다. 너희는 겨레 가운데서 한 사람을 왕으로 세워야 한다." 미슈나에 따르면, 아그립바가 이 구절을 읽을 때 그의 "눈에 눈물이 흘렀다"고 하는데, 이것은 아마도 그의 왕족 조상들이 그에게 왕의 역할을 맡을 자격이 없다고 할 것을 두려워했기 때문일 것이다. 그러나 성전 안뜰에 모였던 많은 사람은 그를 받아들일 준비가 되어 있었다. 사람들은 "아그립바여, 두려워하지 마십시오. 당신은 우리의 형제입니다. 당신은 우리의 형제입니다. 당신은 우리의 형제입니다"라고 외쳤다고 미슈나는 보고했다. 실제로 그가 통치하던 기간에 그는 "다윗왕의 쓰러진 초막"을 세우려는 왕의 역할을 연출했다. 아그립바가 예루살렘에 세우려 했던 거대한 건축물의 고고학적 유물은 오늘날 구시가지 북쪽 성벽 북쪽 수백 미터 떨어진 빈 공간에서만 어렵게 찾아볼 수 있지만, 그가 완성하지 못했던 성벽의 비바람을 견딘 거대한 돌들은 그가 다윗의 옛 수도를 확장하고 방어하려 했던 야심을 보여준다. 또한 아그립바는 왕으로서의 행동의 중요성을 강조하기 위해서 광범위하게 유통되었던 동전에, 고대 근동 지방의 앗시리아, 바빌로니아, 페르시아 대왕들의 성스러운 캐노피(canopy) 상징을 새겨넣었다.

    그러나 아그립바가 누렸던 칭송은 일반적인 것과는 거리가 멀었다. 그의 위엄있는 문양과 궁정의 찬란함은, 이스라엘의 오래된 이상인 **왕이 없는 하나님의 나라**(a kingless Kingdom of God)에 헌신하던 모든 사람의 분노만 일으켰을 뿐이기 때문이다. 특별히 예수운동이 헤롯 안티파스의 교만과 메시아를 자처한 어처구니없음에 반대한 저항으로 시작했다면, 이 새로운 헤롯왕(실제로 안티파스가 추구했던 모든 것을 성취한 자)에 대한 그들의 저주는 얼마나 더 노골적이었겠는가. 따라서 예루살렘의 예수운동이 조만간 아그립바의 억압적 행동의 목표물이 된 것은 놀라운 일이 아니었다. 열둘 가운데 둘이 목표물이 된 것은 아그립바의 경찰 부대가 직접 선택한 것으로 보인다. 사도행전 12:2에 따르면, 세배대의 아들 야고보(그는 동생 요한과 베드로와 함께 가버나움의 어부들 가운데 최초로 예수의 제자가 되었다)는 체포되어 처형되었으며, 베드로는 가까스로 피했다. 이 박해에 대해 예루살렘 공동체가 설명한 것은 항상 종교적이었다. 즉 예수의 추종자들이 새로운 왕에 의해 체포되고 처형된 이유는 그들이 성전의 전통적인 정결 율법과 헌물 율법을 준수하기를 거절했기 때문이며, 또한 그들이 이방인들과 사귀는 경향이 있었기 때문이다. 그러나 여기서도 정치적인 설명이 더욱 일리가 있다. 역사가 다니얼 슈워츠(Daniel Schwartz)가 아그립바의 통치에 대한 방대한 분석에서 지적한 것처럼, 사도행전 12장의 기록에는, 예수운동의 예루살렘 공동체 지도자들을 일망타진한 것이 종교적 제의를 소홀히 한 것과 관계가 있다는 아무런 암시도 없다. 실제로 야고보를 "칼로" 죽였다고 말한 것(종교적 범죄에 대해 보다 일반적인 처형방식이었던 돌로 쳐서 죽이는 방식이 아니라)과 그 법적 절차에서 성전 당국자들이 이상하게 참여하지 않은 것은 이것이 명백하게 **정치적인 마녀사냥**이었음을 시사한다. 또한 우리가 사도행전의 기록을 그 배경이 되는 아그립바의 노력, 즉 그가 자신의 메시아로서의 역할을 주장하기 위해 유다의 군중들에게 인상을 심어주려고 했던 노력에 비추어서 읽어보면, 아그립바의 경찰들이 예수의 추종자들을 위험한 반항적 문제아들로 보았던 것이지, 율법을 준수하지 않는 유대인들로 본 것이 아니었다는 사실이 분명해진다.

이 기간에 유다에서 예수운동의 이데올로기는 아그립바의 도전에 대한 직접적 대응으로 발전한 것으로서, 심판의 날에 대한 묵시종말적 기대와 함께 성전 제의에 대한 보다 상징적 해석을 결합한 것으로 보인다.

이 기간에 도대체 왜, 어떻게 예수의 형제 야고보가 갑자기 그 공동체의 "기둥" 가운데 한 사람으로 등장하게 되었는지(특별히 그는 원래 열두 제자에 포함되지 않았다) 하는 문제는 항상 수수께끼였다. 그가 열둘 가운데 하나가 **아니었다**는 사실이 아그립바에게는 덜 분명한 목표물로 만들었을 것이지만, 야고보가 중요한 인물로 등장하게 된 것은 아그립바의 자칭 메시아 주장에 대해 더욱 강력하고 간접적 방식으로 대응하기 위해서였을 가능성은 있다. 성서에서 야고보를 예루살렘 공동체의 "기둥" 가운데 한 사람으로 지명한 것은 예루살렘 공동체가 성전에 대한 **대안적** 공동체로서의 자기 이해를 분명히 상징적으로 암시한 것을 숨기려는 것일 수 있다.

사해 부근 광야에서 살던 또 다른 반체제 집단 역시 자신들이 "성전"을 대신하는 집단이라고 생각하여, 이사야서 54:11-12에 묘사된 이상적인 성전의 여러 부분(돌, 문, 탑, 벽)을 자신들의 통치 위원회와 지도력과 시적으로 동일시했다. 이것은 기독교 초기 문헌에 나오는 건축 은유들과 매우 비슷한데, 예수는 "건축자들이 버린 돌"이었으며, 베드로는 그 위에 교회가 세워질 "반석"(그리스어로 *Petros*, 아람어로 *Cephas*, 마태 16:18)이었으며, 사도들은 "기초"(엡 2:20)였고, "기둥"은 공동체의 지도력이었다(갈 2:9). 2세기 교회 역사가 헤게시푸스는 특히 야고보를 "사람들의 성벽"으로 묘사했는데, 이처럼 성전 제의의 물리적 요소보다 인간적 요소를 강조한 것은 추상적인 영적 이상보다는 오히려 아그립바의 대중선전과 공적 사업에 대한 직접적 대응이었음을 보여준 것일 수 있다. 예수가 초기 헤롯왕족과 그 지지자들의 정치적 주장과 불신앙에 맞섰던 것처럼, 예수의 형제 야고보 역시 점차 유다 지방에서 이스라엘 백성의 구원을 가져올 갱신운동의 지도자와 예언자로 인정받게 되었다.

그 사이에 아그립바 왕의 메시아 운동은 자화자찬의 불길 속에 소멸

하였다. 그의 할아버지처럼, 아그립바는 스스로 유대인들의 왕으로 로마 제국 전역에서 행세하기 시작했다. 또한 그의 지역적 야심은 그로 하여금 이방 도시들, 곧 이스라엘의 가이사랴와 세바스테, 페니키아의 베리투스와 헬리오폴리스-바알벡, 심지어 그리스 세계의 문화 수도였던 아테네에서조차 대중적 축제들과 인상적 기념비들의 비용을 부담하게 했다. 43년에 이르러 유프라테스강 건너편 파르티아제국의 적대감이 또다시 로마제국 정책 담당자들의 관심의 초점이 되었을 때, 아그립바는 안티파스가 건설한 갈릴리 호숫가의 수도 티베리아스에 동료 속국왕들의 회의를 소집했다. 초대된 손님 중에는 로마에서 교육받은 거의 모든 동방의 왕자들로서 칼리굴라 황제나 클라우디우스 황제가 왕권을 수여했던 이들, 즉 꼬마젠느의 안티오쿠스, 에데사의 삼프시게라무스, 폰투스의 폴레모스, 아르메니아의 코티스, 그리고 아그립바의 형제로서 레바논 산악지방 작은 나라의 통치자가 된 칼시스가 포함되었다. 아그립바가 소집한 이 집단은 만일 연합하면 지역 통치자들 연맹이 되어, 로마제국과 파르티아제국 사이의 권력 균형을 좌우할 수 있을 것이었다. 당연히 로마 황제의 참모들은 이 모임이 잠재적으로 제국의 이해관계에 심각한 위협이 될 수 있을 것으로 파악했다. 아그립바가 예루살렘에서 웅장한 모습으로 나타나고, 허가 없이 그 수도의 성벽을 확장하려 했던 것에 비추어볼 때, 로마는 이 유다의 왕이 소용이 없어졌다고 판단했다. 그러나 항상 촉각이 예민했던 아그립바의 퇴출은 그의 등장만큼 웅장했다. 요세푸스는 아그립바가 44년에 황제의 축제에 참석하기 위해 가이사랴에 나타난 것을 묘사하면서, "완전히 은으로 짠 옷을 입었다"고 했는데, 그 옷은 아침햇살에 반사되어 "놀랍게 빛났으며 그 번쩍거림은 자세히 살펴본 사람들에게 두려움과 경이감을 불러일으켰다." 이것은 겸손한 속국왕의 의복이 아니라, 왕적인 메시아(a royal messiah)의 의복이었다. 요세푸스는 계속해서 어떻게 아그립바의 "아첨꾼들이 목소리를 높여, 그에게 전혀 이로울 것이 없었지만, 그를 신으로 불렀는지"를 보도했다. 사도행전 12:21-23은 비슷한 이야기를 전하는데, 아그립바가 가이사랴에 나타났고, 그 앞에 모인 사람들이 외치면서 그가 "사람의 목소리가 아니라 신의 목소리"임을 확신시켰다고 한다. 이런 메시아 행세의 결과는 예상할 수 있는 것이었다. 즉 로마의 독살, 일격, 심장마비, 아니면 하나님의 천사들이 내리친 것(행 12:23)이었든 간에, 아그립바의 통치는 그 시작처럼 갑자기 기적적으로 끝장났다.

아그립바가 죽자, 이스라엘 백성은 지독한 무력감에 사로잡혔을 것이 분명하다. 확장된 유다 왕국은 로마제국 행정장관들의 직접 통치를 받게 되었는데, 그들은 오직 제국의 이해관계만 유념했다. 그 이후 몇십 년 동안 성령 충만한 예언자들이 계속 예루살렘에서 등장하여, 열렬한 지지자들을 모아 하나님 나라가 동터오고 있으며, 로마제국은 갑자기 무너질 것이라고 주장했다. 그러나 우리가 아는 한, 이런 대중운동 가운데 어느 것도 조직을 갖거나, 예수의 추종자의 공동체(이제는 예수의 형제 야고보가 이끌었다)와 같은 장기적인 지원체계를 갖지 못했다. 비록 초기 기독교의 전통적인 역사들에서는 야고보가 비교적 사소한 역할을 맡은 것으로 나오지만, 요세푸스의 독립적 증언은 야고보가 예루살렘에서 잘 알려졌고 존경받는 인물이 되었음을 시사한다. 교회사가 헤게시푸스는 야고보를 경건하며 제사장적 인물로서, 아마포 옷을 입고 종종 성전에서 "무릎을 꿇고 백성들의 용서를 구함으로써, 그의 무릎이 낙타의 무릎처럼 단단해졌는데, 하나님을 예배하면서 계속 무릎을 굽혔기 때문"이라고 했다. 이런 묘사의 역사적 신빙성 여부와 상관없이, 우리는 나중의 발전을 통해서, 그가 왕 없는 왕국을 회복하려는 원래의 생각에 새로운 목소리를 냈으며, 이스라엘이 하나님과 맺은 언약에 깊이 헌신했음을 알 수 있다. 40년대 후반에 이르러, 안디옥 크리스천들의 왕성한 선교 활동이 그 주변 지역들의 이방인들에게 영향을 끼치고 있다는 소식이 예루살렘 공동체에 전해졌을 것이다. 사도행전 11:27-30은 그 두 공동체 사이의 접촉에 대한 기억을 보존하고 있으며, 또한 적어도 한 번 안디옥 교인들이 예루살렘에 금전적 지원을 했음을 전해준다. 이방인들에게 선교하는 것은 담대하면서도 미묘한 도전이었다. 예루살렘의 예수 추종자들에게는, 특히 불신앙적인 아그립바의 메시아 행세가 끝장나고 다시 로마의 직접 통치가 시작된 이후, 이스라엘의 갱신은 일차적으로 긴박한 중요성을 지녔으며, 또한 모세 언약의 율법들을 준수하는 것은 바꿀 수 없는 반석으로서, 그 반석 위에 하나님 나라가 동터올 것이며 민족들에 대한 선교가 세워질 것이라고 확신했다.

이처럼 시온에서부터 전파된 말씀과 안디옥 공동체의 선교적 독립성은 갑자기 그 핵심까지 흔들렸다. 사도들의 지칠 줄 모르는 설교를 통해 갱신운동에 매혹당했던 그리스인들, 시리아인들, 사이프러스인들, 갈라디아인들이 하나님의 거룩한 백성의 완전한 회원들이 되기를 원했다면, 그들은 자유롭게 그렇게 할 수 있었으며, 심지어 그렇게 하는 데 축복을 받기도 했다. 그러나 예수의 추종자 가운데 이스라엘의 갱신을 유지하고 싶었던 그 운동의 몇몇 앞장섰던 사람들의 견해에 따르면, 하나님 나라에 동참하고자 하는 사람들은 누구나 준수해야만 하는 몇 가지 기본적 의무가 있었다. 사도행전 15:1에 따르면, 안디옥 공동체 안에서 심각한 대결이 벌어졌는데, 그 이유는 "몇몇 사람이 유다에서 내려와서, 신도들을 가르치기를 '여러분은 모세의 관례대로 할례를 받지 않으면, 구원을 얻을 수 없습니다' 하였기" 때문이다. 할례를 요구한 것, 그리고 할례가 함축하는 이스라엘의 제의 율법을 준수할 것을 요구한 것에 대해 흔히 신약성서 주석가들은 보편주의로부터 후퇴한 편협한 요구로 간주했지만, 보다 정확한 이해는 그 특수한 역사적 맥락에서 연대성을 요청한 것으로 볼 수 있다. 아그립바가 죽고 유다에서 제국의 통치가 다시 시작되자, 많은 사람은 모세 율법을 준수하고, 그 독특한 달력, 축제 절기들, 삶의 주기에 대한 축하 행사들, 그리고 사회적 규정들을 준수하는 것이 로마제국의 우상숭배와 불평등에 대해 이스라엘 백성이 저항할 수 있는 유일한 효과적 방법이라고 믿었다. 예수의 부활은 사실상 구원의 시대의 시작을 알리는 신호였을 테지만, 모든 연관된 성서적 언급들은 그 구원이 갱신되고, 순수해지고, 궁극적으로는 확장된 이스라엘의 구원이며, 그 이스라엘 안에서 또한 그 이스라엘을 통해서, 의로운 이방인들도 구원받을 수 있다고 암시했다. 따라서 "몇몇 사람이 유다에서" 안디옥으로 내려온 것은 아마도 예수운동의 지역적 분파의 도움을 받았을 것이며, 반드시 예수운동의 보편적 시야를 거부했던 것은 아니며, 안디옥 공동체가 이방인들에게 선교하는 것을 거부했던 것이 아니라 오히려 공통의 관점을 강화하고, 그 모든 활동을 위한 목적을 강화하려던 것이었다.

그러나 40년대 말에는, 어느 단일 분파(지역에서 형성되었든지 아니면 예루살렘에서 내려왔든지 간에)도 서로 다른 생각을 하는 사람들에게 성서의 해석을 쉽게 부과할 수 없었다. 한 세기 이상이 지나야 비로소 기독교가 어떤 의미에서든 제도화된 종교로 인정받을 수 있었다. 즉 하나의 획일적 조직구조, 표준적 교회 직책, 또는 정통 신학을 가진 종교로 인정받을 수 있었다. 그러나 당시에는 예수운동이 여전히 서로 흩어져 있던 예언자들, 교사들, 선교사들, 마을 공동체들과 도시의 모임들의 네트워크로서, 이스라엘 땅 전역과 중요한 디아스포라 중심지들에 펼쳐져 있었고, 예수의 부활과 지상에서의 목회의 중요성에 대해 서로 다른 이해를 하고 있었다. 안디옥처럼 대도시에서는 많은 작은 가정 교회들

(house-assemblies)이 여러 구역과 교회에 흩어져 있었으며, 도시 전체의 크리스천들이 모두 모이는 **총회**(general meetings)는 전례가 없었거나 드물었다. 그러나 이 새로운 논쟁(할례처럼 이방인에게 율법 준수를 요구하는 것에 대한 논쟁)은 안디옥 공동체 전체에서 벌어졌으며, 매우 신랄한 논쟁이었기 때문에, 찬반 양측의 의견이 모두 강력했다. 이방인 멤버들에게 할례를 요구하는 것에 반대한 입장은, 하나님을 두려워하는 사람들과 호의적인 이방인들이 회당에 참석했지만 결코 그들에게 할례를 요구하지 않았던 전통을 지적했다. 그럼에도 불구하고 예루살렘 공동체는 일정한 영적 권위를 가졌으며, 그들의 입장을 무조건 거부할 수 없었다. 따라서 사도행전 15:2에 따르면, "바울과 바나바 두 사람과 그들 사이에 적지 않은 충돌과 논쟁이 벌어졌다. 드디어 안디옥 교회는 이 문제로 바울과 바나바와 신도들 가운데 몇 사람을 예루살렘으로 올라가게 해서, 사도들과 장로들을 찾아보게 하였다." 교리적인 차이를 해결할 수 있을 것인지를 알아보기 위해서였다. 이 결정으로 예수운동의 역사에서 하나의 전환점이 만들어졌다. 즉 안디옥의 성령 충만한 사도들이 예루살렘의 사도들과 다투어야만 했는데, 예루살렘의 사도들은 로마와 묵시종말적 대결을 벌이던 당시에 예수운동의 이데올로기적인 일관성 문제에 더욱 관심을 기울이고 있었다.

안디옥에서의 할례 논쟁과 그 결과는 성서에 지도자들 사이의 충돌(바울과 바나바 대 야고보와 기타 예루살렘의 "기둥들")로 묘사되어 있지만, 우리는 이 두 공동체 사이의 관계에 일반적인 변화가 일어난 것을 반영하는 것일 수 있음을 인식해야만 한다. 바울은 **예루살렘**에 올라가기로 결정한 것에 대해 나중에 묘사하면서, 안디옥 공동체가 처음 외국인 선교를 하기로 결정한 것에 대한 사도행전의 기록처럼, 외부의 영향력이나 내부의 토론에 대한 언급을 회피한 채, 이런 운명적인 발걸음이 자기에게 주어진 "계시"를 따른 것이라고 말한다(갈 2:2). 나중에 바울이 갈라디아 교인들에게 편지를 쓸 때, 바울은 개인적 고려나 정치적 고려라기보다는 어떻게 하나님의 영감이 자신의 활동 방향을 지시했는지를 강조하려 했다. 바울은 자신이 이사야서에 나오는 신실한 종의 역할, 즉 하나님이 비이스라엘 사람들에게 설교하도록 "모태로부터 불러주신"(사 49:1; 갈 1:15) 신실한 종의 역할을 완수하도록 위임하셨다고 믿었다. 이사야 예언자는 많은 곤경과 방해를 직면할 운명이었으며, 그중에는 "내가 한 것이 모두 헛수고"(사 49:4)라는 두려움도 적지 않았다. 따라서 바울이 예루살렘에 간 것은 비록 안디옥 공동체의 많은 대표단의 한 사람으로서 갔으며, 보다 연장자이며 입지가 확실했던 바나바가 그 일행의 지도자였다고 생각하는 것이 합리적이지만, 바울은 이 에피소드를 전하면서 자신이 옳았음을 확인받고 싶었던 에피소드로 만들려 했다. 즉 갈라디아서 2:1에서 바울은 이렇게 지적한다. "나는 바나바와 함께 다시 예루살렘에 올라갔습니다. 나는 이방 사람들에게 전하는 복음을 그들에게 설명하고, … 그것은, 내가 달리고 있는 일이나 지금까지 달린 일이 헛되지 않게 하려고 한 것입니다."

여하튼, 의로운 이방인들이 하나님의 영광에 귀를 기울이고 마지막 구원의 때에 하나님 나라에 들어간다는 고대의 예언을 성취한다는 바울의 주장과 비전은 그의 신학적인 창안이라고 볼 수 없다. 이런 개념은 오랫동안 유대교의 예언적 상상에서 강력하며 설득력 있는 요소였다. 특히 이사야, 예레미야, 미가, 스바냐, 스가랴의 예언들에서 그런 요소가 매우 분명할 뿐 아니라, 후대의 토비트, 에녹서, 희년서에서도 마찬가지였다. 대부분의 유대인에게는 이방인들이 대규모로 개종하는 것이 멀게 느껴지는 기대였지만, 예수운동 안에서는 주로 안디옥 공동체의 바울 집단의 노력 덕분에, 이스라엘의 하나님의 말씀과 임박한 심판의 날에 대한 메시지가 먼 곳에서도 전파되었고 회당 공동체와 아무런 연관성이 없던 사람들에게도 전파되었다. 그러나 예수운동의 지도력은 이제 몇 가지 실천적 질문들에 직면하게 되었는데, 그런 질문들은 여행하는 사도들이 묵시종말적 열심 때문에 다루지 않았던 질문들이었다. 사도들의 설교를 통해 눈을 뜬, 영에 충만한 이방인들이 실제로 **하나님의** 성령에 사로잡힌 것을 어떻게 알 수 있는가? 그들이 율법을 준수하는 이스라엘 백성과는 어떻게 관계를 맺어야만 하는가? 하나님 나라에 대한 그들의 결단이 얼마나 깊은지, 얼마나 오래 지속될 것인지를 어떻게 판단할 수 있는가? 심판의 날이 오기까지 시간이 얼마나 남아 있든지 간에 그런 외부인들의 결단을 최소한 입증하거나 규제할 방법을 찾아야만 했다. 이 똑같은 목적을 달성하기 위해서, 다른 유대인 집단들은 다양한 **입문(입회) 절차**(initiation procedures)와 분류 기술을 발전시켰다. 당시 에세네파와 쿰란 공동체의 엄격한 규칙들은 외부인들이 자신들의 종말론적 공동체에 완전한 회원으로 받아들여지기 전에 몇 가지 점차 어려운 의식들과 의무들을 거치도록 요구했다. 그러나 당시에도 모두가 똑같이 엄격한 수준에 도달해야만 했던 것은 아니었다. 요세푸스에 따르면, 독신자들의 에세네파는 결혼한 사람들에게 준회원 자격을 부여하여 약간 다른 규칙들을 따르도록 허용했다. 마찬가지로 바리새파 운동에서는 가입하려는 사람들이 완전한 회원으로 인정받기 전에 몇 단계의 훈련과 준수 과정을 거치도록 했다.

예수운동 역시 이와 같은 절차를 도입하여 과거에 이방인이었던 사람들을 공식적으로 그 친교 회원으로 가입시킨 것으로 보인다. 안디옥에서 논란이 벌어지기 전까지는 (아마도 세례식을 제외하고는) 공식적인 가입 절차나 회원 등급에 대한 증거가 없다. 그러나 사도행전 15:19-21은 안디옥의 대표들이 참석한 가운데, 야고보가 예수를 믿는 이방인들을 위한 최소한의 행동 규범을 구체적으로 마련했다고 말한다(일부 학자들은 이런 규범이 나중에 마련되었다고 주장한다). 그들은 네 가지 기본 율법을 준수해야 했다. 즉 "우상에게 바친 더러운 음식, 음행, 목매어 죽인 것, 피를 멀리하는 것"이다. 고대의 레위기 규정(레 17:8-9, 10, 13; 18:26)은 그들을 "이스라엘 백성과 함께 사는 외국 사람들(sojourners)"로 구분하는데, 그들은 출애굽 이후 이스라엘 백성과 동행했던 외부인들로서 율법의 완전한 책임을 떠맡지 않은 사람들이었다. 그러나 그 네 가지 기본 율법을 준수하도록 요구한 것은 분명히 최소한의 요구였지만, 바울이 나중에 갈라디아서, 고린도서, 빌립보서에서 보여준 것처럼, 예수의 사도들 가운데 목소리가 큰 사도들은 이방인 신자들에게 개종의 공식적 의식으로 할례를 요구하곤 했다. 그래야만 그들이 갱신된 이스라엘의 완전한 회원이 될 수 있다는 주장이었다. 그러나 예수운동 안의 이런 분열을 피할 수 있게 된 것은 이방인 신자들이 할례를 **강요받지** 않아도 된다는, 법적으로 인정된 **이방인 신자**(Gentile believer) 범주가 확립되었기 때문이다. 바울은 나중에 이 결정에 대한 자신의 만족스러움을 회상했다. 그는 디도라는 이름의 청년을 데려와 안디옥의 비이스라엘 크리스천의 믿음과 의로움을 드러냈기 때문이다. 이것은 효과적이었다. 바울이 쓴 것처럼, "나와 함께 있던 디도는 그리스 사람이지만, 할례를 강요받지 않았습니다"(갈 2:3).

예루살렘 회의는 유대인들과 이방인들 모두를 포함하는 운동에서 새로운 친교와 목적의식을 공유함으로써 마무리된 것처럼 보이는데, 이런 감정은 특이하게 뿌리내린 것으로 드러났다. 그 모임에 대한 바울의 마지막 회상은 예루살렘의 지도력이 "가난한 사람을 기억해 달라고 한 것인데, 그것은 바로 내가 마음을 다하여 해 오던 일입니다"(갈 2:10)라는 점이었다. 전통적으로 학자들은 이 구절을 바울이 예루살렘 공동체의

"가난한 사람들"에게 때때로 금전적으로 구제금을 보내겠다는 자발적이며 개인적인 서약을 가리키는 것으로 해석했다("가난한 사람들"은 그 지도자들에 대한 순전히 영적이며 시적인 표현이라는 점과 함께). 그러나 그 구절은 단지 바울과 바나바뿐 아니라 더 넓게 안디옥 공동체가 예수운동 전체의 궁핍한 사람들을 지원하기로 합의한 것을 가리킬 수도 있다. 우리는 이미 예루살렘 공동체가 어떻게 그 도시에서 독특한 공동체적 생활방식을 만들어냈는지를 보았다. 그들은 자신들의 모든 사적인 재물을 공유하고 "각 사람에게 필요에 따라"(행 4:35) 분배했다. 따라서 예루살렘의 사도들이 설립한 적어도 몇몇 디아스포라 예수운동 모임 역시 이런 공유의 원칙에 기초했을 것으로 생각하는 것이 합리적이다. 그처럼 도시 안의 유토피아적인 마을들의 생존 가능성은 로마제국의 경쟁적이며 위계적인 경제 안에서 불가능하지는 않더라도 매우 어려웠을 것이다. 따라서 안디옥의 대표들은 교리적 문제 때문에 예루살렘 지도자들과 허심탄회하게 만남으로써, 예수운동의 물질적 생존을 위한 **경제적 지원 프로그램**에서 서로 협력하도록 합의했을 것이다. 실제로 바울은 유다 지역의 모임들을 위해 "구제금"을 모은 것이 크리스천들의 연대감을 보여준 중요한 사건으로 간주했을 것이다.

안디옥의 대표들은 북쪽으로 돌아갔고 예루살렘 공동체와 새로운 몇 가지 합의를 통해 연결되었다. 그러나 새로운 문제들에 대한 논쟁이 오래지 않아 벌어졌다. 만일 할례를 받지 않은 외국인 개종자들을 참된 이스라엘 백성이라기보다는 "외국인들"(sojourners)로 간주해야 한다면, 안디옥에서 유대인들과 이방인들이 인구 밀집 지역에서 함께 살며 자유롭게 섞이던 많은 가정 교회에서, 그들 사이에 어떤 구분을 해야만 하는가? 이 문제에 관해서도 우리는 보다 복잡하고 공동체 전반의 변화를 보여주는 중요 인물들 사이의 충돌에 관한 성서 이야기를 볼 수 있다. 갈라디아서 2:11-13에 따르면, 갈릴리 어부 출신에서 사도가 된 베드로가 예루살렘 회의 직후 안디옥을 방문하여, 유대인과 이방인들이 뒤섞인 식탁교제에 기꺼이 참석했다. 그러나 예루살렘에서 온 대표자들(갈 2:12에 따르면 "야고보가 보낸 사람들")이 베드로를 강하게 꾸짖었다. 그들은 이방인들과 유대인들이 따로 식탁교제를 축하해야 한다고 요구했다. 그들의 주장은 분명히 설득력이 있었다. 그 이유는 바울이 나중에 보고하기를, 베드로뿐 아니라 바나바와 안디옥 공동체의 "나머지 유대인들"도 다시 물러나 따로 모였기 때문이다(갈 2:13). 안디옥의 흩어진 크리스천 가정교회들은 이처럼 적어도 일시적으로는, 토라를 지키는 회원들 모임(유대인들과 완전한 이방인 개종자들의 모임)과 종교의식에서는 비록 구분되지만 하나님의 새로운 백성을 함께 이루는 "외국인들"의 모임으로 분열되었다. 사도 베드로가 안디옥에 더 오래 머물게 된 것은, 이스라엘의 갱신을 위한 본래의 운동과 밀접하게 관련되었으며 또한 안디옥의 첫 번째 "주교"로 오래 기억된 교회 전통과 관련된 것으로서, 이런 사태의 변화를 반영하는 것일 수 있다. 그러는 동안에 적극적인 선교활동은 계속되었다. 사도행전 15:39은 바나바가 예수의 말씀을 전파하기 위해 다시 그의 고향 키프로스로 갔다고 말하며, 다른 1세기 자료는 안디옥이 계속해서 초기 기독교의 가장 중요한 중심지 가운데 하나였다고 말한다.

그러나 안디옥 공동체의 회원 가운데 적어도 한 사람은 이처럼 새로운 조직 운동에 함께 하기를 거부했다. 바울은 하나님 나라가 이미 동터 오고 있다고 굳게 믿어서, 유다 사람들의 반로마적 정치 아젠다가 무엇이든 간에, 바울 자신의 비전은 완전히 성령에 이끌리며 이방인들에게 율법에서 자유를 선포하는 사명으로서 하나님의 영감을 받은 것이라고 믿었다. 비록 예수가 십자가 처형 이후에 베드로와 야고보, 그리고 열두 제자, 예루살렘의 다른 형제들에게 나타난 것이 예수운동에서 전설적인 것이 되었지만, 바울은 자신이 똑같은 사도라고 주장했다. 바울은 다마스쿠스로 가던 길에서 "맨 나중에 달이 차지 못하여 태어난 자와 같은 나에게도 나타나셨습니다"(고전 15:8)라고 말하기 때문이다. 바울은 몇 년 동안 자신이 이해한 대로 예수의 복음을 적극적으로 설교해 왔으며, 이방인들이 하나님 나라의 도래를 위해 기쁘게 노래하며 기도하는 것—그들 나름의 방식과 그들 나름의 표현으로, 종교의식적인 요구나 특수한 범주화 없이—은 계속되는 세상 구원의 본질적 부분이라고 확신했다. 이사야가 주장하지 않았던가? "이방 사람이라도 주께로 온 사람은 '주께서 나를 당신의 백성과는 차별하신다' 하고 말하지 못하게 하여라. 고자라도 '나는 마른 장작에 지나지 않는다' 하고 말하지 못하게 하여라"(사 56:3). 비록 바울은 전도여행들을 통해 서서히 자신의 예언자적인 운명이 이방인들의 사도로 독특하게 위임받은 것임을 인식하게 되었을 것이지만, 당시 바울은 동료들로부터 배반당했다고 느꼈으며, 하나님 나라가 확립되는 것은 성령 충만한 이방인들의 모임을 통해서 이루어질 것으로서 이제는 자신에게 달려 있다고 열정적으로 믿었다. 심판의 날은 빠르게 다가오고 있으며, 안디옥과 예루살렘의 권위자들이 무엇을 믿든지 간에, 바울은 예수의 말씀을 값없이 전파하는 일에 열중했다. 따라서 바울은 안디옥을 떠나 모르는 지역, 멀리 사는 사람들에게로 갔다. 마치 이사야의 말씀, 즉 "네가 내 종이 되어서, 야곱의 지파들을 일으키고 이스라엘 가운데 살아 남은 자들을 돌아오게 하는 것은, 네게 오히려 가벼운 일이다. 땅 끝까지 나의 구원이 미치게 하려고, 내가 너를 '뭇 민족의 빛'으로 삼았다"(사 49:6)는 말씀을 성취하려는 것처럼.

7장

# 성도들의 모임

토로스산맥(소아시아 남부)의 고산지대 너머에는 북쪽(아나톨리아 고원지대)으로 수백 마일에 걸쳐 갈라디아 지방의 태양에 달궈진 산지들이 펼쳐지고, 그 서쪽 끝에는 들쑥날쑥한 에게해의 해안지방과 섬들이 자리 잡고 있다. 그 지역에 살던 여러 인종 집단의 자랑스러운 역사와 고대 전통들은 서서히 고통스럽게 로마제국에 의해 파괴되고 있었다. 바울이 독자적인 선교여행을 떠난 시리아와 길리기아의 그리스화된 도시들의 관점에서 보면, 토로스산맥 너머의 지역들은 멀리 떨어진 신화, 괴물, 영웅들의 땅이었다. 그리스인, 마케도니아인, 크라키아인, 트로이인, 아마존인, 브루기아인, 그밖에 아나톨리아인으로 분류된 사람들의 땅으로서, 이들은 고전 역사가, 시인, 미술가들의 작품에서 수백 년 동안 칭송되었다. 그러나 제국의 권력 균형과 지방 행정의 관점에서는, 이들 전설의 땅과 주민들은 이제 정복되었고, 완전히 인위적인 네 개의 방대한 지방-아가야, 마케도니아, 아시아, 갈라디아-으로 나뉘었고, 그 각 지방을 통치한 로마 총독은 주둔부대, 소수의 회계 관리인, 신하들과 서기관들을 거느리고 있었다. 이런 지방 조직이 존재한 단 하나의 이유는 각 지역을 경제적으로 발전시켜 효과적으로 착취함으로써 자원, 곡물, 공예품, 상업이 계속 유통되고, 무엇보다 세금을 잘 걷어 로마에 바치도록 하기 위한 것이었다. 이 목적을 위해 중요한 무역로를 따라 새로 도로와 도시들을 건설했으며, 로마 양식의 행정 건물, 시장, 극장, 그리고 지방의 신을 섬기던 성소들 중에서, 황제들을 위해 인상적인 신전들을 세웠다. 그러나 인구 대다수(전체의 90% 정도)는 그 주변의 농촌 지역에서 농사와 목축으로 생존에 허덕이고 있었기 때문에, 자신들의 농경지와 목축지 한복판에 대리석으로 세워진 그 작은 섬들은 새로운 정치경제 질서의 경찰서와 세무서에 불과한 것으로 간주했다. 또한 많은 갈라디아인들, 마케도니아인들, 아가야인들 가운데 카이사르의 지배를 통해 적어도 즐거움보다는 고통을 느꼈던 사람들에게는, 바울이 그 지역에 전파한 복음이 공동체에 대한 새로운 감수성과 결국에는 로마로부터 자유를 얻게 되리라는 전망을 되찾을 수 있게 해주었다.

48년부터 56년까지 거의 십 년 동안 바울은 갈라디아, 마케도니아, 아가야, 아시아 지방을 두루 다녔다. 때로는 혼자서, 흔히 두세 명과 동행하면서 지칠 줄 모른 채, 조만간 세상을 휩쓸 것이라고 믿었던 임박한 변화를 설교했다. 농촌 지역에서 짓밟히던 농민들은 심판의 날이 다가온다는 소식에 기쁘게 반응했다. 그날이 오면 자신들의 무거운 짐이 사라질 것이며, 야심이 많은 지주들과 냉혹한 토지 관리인들이 마침내 마땅한 대가를 치를 것이기 때문이었다. 바울은 군중이 밀집한 도시의 거리와 작업장에서도 설교했는데, 품팔이 노동자들, 노예들, 계약 장인들은 자신들의 미래를 다시 통제할 수 있게 되리라는 꿈을 꾸었다. 자신들이 죽기 전에 로마제국의 권력과 경제적 불평등이 무너지는 것을 보게 될 것이라고 자신들을 다독였다. 그러나 바울운동의 역사와 발전, 그리고 그것이 후대의 유럽과 지중해 지역의 종교 역사에 끼친 영향을 재구성하기 위해서는 우리가 갖고 있는 성서의 두 가지 중요한 자료―신약성서에 보존된 바울의 편지들과 사도행전의 이야기―의 가치와 한계를 모두 인식해야만 한다. 우리가 앞장에서 지적한 것처럼, 사도행전은 매혹적 이야기를 들려준다. 흥분하게 만드는 모험과 감동적인 연설로 가득한데, 바울의 일생을 그 지리적 경로를 따라 다소에서부터 다마스쿠스, 아라비아, 예루살렘, 안디옥, 소아시아, 마케도니아, 아가야, 아시아를 거치고, 마지막에 치명적인 유다 지방으로 돌아왔다가 로마로 가는 과정을 추적한다. 하나의 생생한 장면에서부터 다음 장면으로 계속 이동하면서, 그 본문은 긴 여정과 오랜 기간을 단 몇 개의 전환 단어들로 묘사하지만, 빌립보, 데살로니가, 고린도, 에베소 같은 도시들에서의 집중적인 선교 활동에 대한 보고는 단지 몇몇 개인 이름을 언급하는 일화들로 축소되어 있다.

이런 문학적 접근방식은 분명히 힘이 있다. 즉 사도행전은 서사시 부분이 포함된 역사적 야외극(a historical pageant)으로서, 사도행전에 언급되는 구체적 이름과 장소들은 그 전하는 깊은 영적 메시지보다 훨씬 덜 중요하다. 바울을 비롯한 처음 사도들의 광범위한 여행 이야기를 다시 들려주면서, 사도행전은 본래 갈릴리와 유다 지역에서 시작된 갱신운동이 전 세계적 차원으로 자리 잡기 시작한 복잡하고 긴 과정을 생생하게 개인적 이야기로 전해준다. 사도행전을 바울이 여행한 각 지역에서 실제로 그에게 무슨 일이 벌어졌는지를 문자적으로, 저널니스트처럼 연대기적으로 기록한 이야기로 간주하는 것은 그 저자의 믿음, 즉 기독교가 하나님의 예정대로 승리한다는 것에 대한 믿음을 시적으로 표현한 것이라는 사도행전의 가치를 오해하는 것이다.

그러나 사도행전이 온 대륙과 바다에 걸쳐 펼쳐진 성서의 서사시라면, 바울의 편지들은 혁명적인 발전 과정에 대해 손으로 쓴 기록으로부터 추출한 것이다. 즉 지하에서 열정적으로 쓴 기록들을 수집한 것이다.

바울의 편지들은 그리스도의 십자가 처형과 부활의 의미, 구원, 믿음, 율법, 역사의 본질에 대한 성서의 언급들과 복잡한 논증을 엮어서, 묵시종말적 기대를 지닌 급진적 운동의 굴곡과 반전을 전해주는데, 여기서 사회 당국자들, 종교적 라이벌들, 믿음이 없는 제자들은 바울과 그 동행자들에게 계속 위협적 존재들이었으며, 또한 그 운동이 성공할 전망은 흔히 보이지 않았다. 비록 바울의 편지들이 신약성서에서 별도의 "책들"로 받아들여졌으며 오랜 세월 동안 시간을 초월하는 신학적 에세이들로 해석되어 왔지만, 우리는 그 각각의 편지(그리고 때로는 각각의 편지 **안에 들어 있는** 특별한 구절들)가 **특정한 역사적 맥락**에서 작성되었다는 사실을 기억해야만 한다. 바울은 자신을 따르는 여러 집단에게 편지를 보내 회중에게 큰 소리로 낭독하도록 의도했지만, 결코 자신의 복음에 대해 전체적으로 설명할 의도는 아니었고(그는 아마도 과거에 개인적으로 만나 그런 설명을 했을 것이다), 그를 따르던 특정 집단 사이에서, 특정한 장소와 시간에서 생겨난 질문들이나 당면한 논쟁에 대해 가장 효과적인 방식이라고 믿었던 주장들만 포함하기 위해 편지를 썼다.

따라서 오늘날 바울의 편지를 읽는 우리는 바울과 그의 공동체 사이에 오고 간 대화의 핵심에 대해서만 이따금 파악할 뿐이다. 또한 오늘날 학자들이 바울과 그 추종자들 사이의 관계의 성격을 재구성하는 작업이 훨씬 어려워진 이유는 신약성서에 바울의 이름으로 된 편지들 열네 개 가운데 **오직 일곱 개만** 진짜 바울이 쓴 편지라는 점에 대해 학자들이 합의를 보았기 때문이다(로마서, 고린도전서와 후서, 갈라디아서, 데살로니가전서, 빌레몬서, 빌립보서). 나머지 편지들 일곱 개(데살로니가후서, 에베소서, 골로새서, 디모데전서와 후서, 디도서, 히브리서)는 문체와 주제가 분명히 다르다는 사실에 근거해, 바울의 추종자들의 **제2 세대**의 작품이며, 따라서 간접적으로만 바울의 업적을 추적하는 역사적 가치를 지닌 것으로 판단된다. 따라서 바울의 진정한 편지들만 검토하고(편지들의 내적인 증거와 사도행전의 전체적 틀이 제시하는 연대기적 순서에 따라), 또한 클라우디우스 황제(42-54년)와 네로 황제(54-68년)의 통치 기간에 그리스와 소아시아에서 벌어진 역사적 사건들과 고고학적 유물들에 비추어 분석해야만, 바울의 기독교가 점차 명료해진 과정을 새롭게 이해하기 시작할 수 있다.

도대체 어떻게 한 사람이 오직 한두 명의 친구들의 도움을 받아서, 수천 제곱마일에 걸쳐 있는 산맥, 바다, 섬들의 방대한 지역 주민들에게 하나님의 구원의 말씀을 전할 수 있었는가? 그는 어떻게 세상의 민족들 사이에 흩어져 살던 몇몇 의로운 사람들에게 그들이 세상의 악한 자들의 삶의 방식과는 떨어져서, 수천 년 동안 펼쳐져 왔던 하나님의 드라마의 임박한 클라이맥스를 기다리도록 설득할 수 있었는가? 그는 자신이 방문했던 지역에서 로마제국의 지배가 어떤 모습으로 드러났는지를 인식하고, 또한 예수운동의 핵심 이미지와 이상을 각 지역 주민의 구체적인 문화적 전통에 적응시킴으로써, 지방의 저항운동과 갱신된 공동체들의 네트워크를 조직할 수 있었다.

바울이 바나바와 함께했던 처음 여행에서, 그는 세바스테 도로를 따라 토로스산맥을 넘어 비시디아 안디옥, 이고니움, 더베, 루스드라에 도달했으며, 사도행전 15:41에서 바울이 베드로와 바나바와 심하게 다투고 갈라진 직후 시리아와 길리기아로 되돌아간 것으로 말한 것은 놀라운 일이 아니다. 이번에는 동행자가 오직 한 사람이었는데, 그는 사도행전에서는 실라(Silas)로, 바울의 편지들에는 실바누스(Silvanus)로 불리는 인물로서 "예언자"(행 15:32)로 나오는데, 그는 모세 율법을 철저하게 지키는 것보다 성령에 의존하는 바울에게 자연스럽게 동조했던 것으로 보인다.

바울이 루가오니아 지방의 도시 루스드라에 두 번째 방문했을 때는 디모데라는 청년의 도움을 받았는데, 그가 할례를 받았다는 것(행 16:3)은 그가 안디옥의 초기 선교의 결과로서 예수운동에 이끌렸음을 암시한다. 그러나 바울, 실라, 디모데는 분명히 이 지역에 오래 머물지 않았거나 새로운 모임을 결성하지 않았다. 사도행전에 따르면, 그들은 곧 "브루기아와 갈라디아 지방을 지나"(16:6) 북쪽으로 떠나, 이미 그 길을 가던 무역상, 순례자, 군인들과 제국의 관리들과 합류했다. 일부 학자들은 그들이 계속해서 북서쪽으로 에게해와 마케도니아를 향해 나아갔다고 주장하지만, 다른 학자들은 바울 일행이 북쪽으로 갈라디아의 고원지대에 흩어져 있던 마을들로 가서 극적으로 새로운 선교사역을 시작했다고 주장한다. 바울 일행이 소아시아의 이처럼 멀리 떨어져 있는, 주로 농촌 지역에서 처음으로 독자적인 "성도들"의 모임을 시작했다고 생각하는 데는 충분한 이유가 있다.

북부 갈라디아 지역은 유대인들이 유랑하던 지역이 아니었다. 길리기아, 시리아, 유다 지방의 고대 무역 중심지들과는 대조적으로, 또한 토로스 지방의 로마식 시장 도시들과도 대조적으로, 거의 도시화되지 않은 중부 아나톨리아 지역은 밀밭이 펼쳐진 곳으로서, "갈리아인"(Gauls), 또는 "갈라디아인들"(Galatians)이 흩어져 살던 지역이었는데, 이들은 농부들과 목축인들로 구성된 고립된 주민들로서 웨일어와 게일어 비슷한 언어를 사용했고, 수백 년 전 자신들의 고향이던 유럽에서부터 자신들을 이끌었던 영웅적인 켈트족 추장들에 대한 기억을 경축했다. 성서 전통은 이들을 노아의 아들 야벳의 후손들, 특히 야벳의 장남 고멜의 후손들로 생각했다. 그러나 그리스인들과 로마인들은 갈라디아인들을 맹렬하고 전쟁을 좋아하는 북쪽 사람들로서, 초기 그리스 왕들의 시대에 유럽에서 소아시아로 대거 이주한 사람들로만 알았다. 갈라디아인들은 오랫동안 조상들의 관습을 지켜 무질서한 공동체 잔치를 벌였으며 가난한 사람들을 지원했고, 공동체 전체에 영향을 미치는 문제들을 논의하고 결정하기 위해 마을 모임을 가졌다. 그러나 점차 침략하거나 용병에 종사하던 일을 포기하고 중부 아나톨리아 지역에 정착하였는데, 계절에 따른 강수량이 농업을 가능하게 했기 때문이다. 이렇게 되었을 때, 갈라디아인 추장들은 그리스-로마 문화의 매력에 빠져 결국 로마인들의 속국왕이 되었고, 로마인들의 생활방식을 채택했는데, 그것은 주변의 그리스 왕국들과 도시국가 귀족들의 생활방식과 구분할 수 없는 것이었다. 그 결과 갈라디아인들의 대다수는 세금과 조공을 바치는 농민 지위로 격하되어, 자신들이 생산한 곡식과 가축의 나머지로 가까스로 생존하고 있었다. 기원전 25년에 갈라디아의 강력한 왕 아민타스가 죽자, 로마는 재빨리 이 광대하고 전략적으로 중요한 왕국을 소아시아에 합병시켜, 고위 총독을 파견하고 숙련된 군단 병력을 보내 새로 생겨난 "갈라디아" 지방을 평정하고 통치했다.

갈릴리나 유다 지방에서처럼 로마의 지배는 갈라디아의 **경제와 사회 생활**의 성격에 큰 변화를 초래했다. 고전 역사가 스티븐 미첼(Stephen Mitchell)은 불길하게 친숙한 역사적 과정의 요점들을 재구성해 주었다. 즉 제국에 합병되고 세금을 내게 됨으로써 갈라디아의 농촌 주민들은 점차 정부 관리들, 지역의 귀족들, 그리고 독립적인 로마 사업가들이나 중개인들(*negotiatores*)에게 빚을 지게 되었는데, 세금을 내기 위해 부족의 땅을 팔거나 즉시 대출을 받기 위해 미래의 수확량을 담보로 잡히고 그들로부터 현금을 얻었기 때문이다. 그 결과 **부채의 수렁**에 더욱 깊이 빠져들어 땅을 빼앗기게 되었고, 겨우 생존하던 농민들과 목축인들은 거대한 장원의 노동자로 전락했으며, 그 장원은 부재지주라는 새로운 계급이 소유했다. 부재지주들은 멀리 떨어진 지방의 수도 앙카라에 거주했고, 관리인들과 세금 징수원들(보통 과거에 대지주들의 노예들)에게 맡겼는데, 이들은 점차 갈라디아 농민들의 삶을 지배했다.

바울은 나중에 회상하면서, 자신이 실라, 디모데와 함께 갈라디아 지방을 다닐 때, 만나는 사람들에게 하나님이 기적을 통해 성령을 생생하게 보여주셨다고 했는데(갈 3:2-5), 이것은 즉각적 치유, 귀신축출, 방언을 묘사하는 일반적 방식이었다. 실제로 우리는 바울이 쓴 갈라디아서에서, 초기에 주민들의 열심에 대한 기억을 볼 수 있는데, 이것은 과거에 갈릴리와 유다 지역을 휩쓸었던 운동을 명백하게 기억나게 해준다. 바울은 나중에 많은 갈라디아 사람의 가슴속에 "하나님께서 그 아들의 영을 우리의 마음에 보내 주시고 우리가 하나님을 '아바, 아버지'라고 부를 수 있게 하셨습니다"(갈 4:6)라고 표현하여 깊은 개인적 체험을 생생하게 묘사했다. 이 본문에서 많은 주석가들이 지적한 것처럼, 단순히 주님의 기도나 표준적인 세례 예문의 암송으로 볼 이유는 없다. 하늘에 "외쳤다"는 뜻의 그리스어 동사 '크라제인'(krazein)은 성령에 사로잡히거나 난폭한 황홀경에 빠져 외친다는 의미로서, 갈라디아에서의 바울의 선교가 조용한 영적인 교육 프로그램, 즉 이방인들을 유일신의 영적인 유익함으로 개종시킨 방법이 아니었음을 암시한다. 그 대신에 성령에 충만하여 갈라디아 사람들을 새로운 운동에 참여시키고, 그리스 로마의 이방 종교를 단념하도록 확신시킨 활력을 드러낸 것이었다. 이방 종교의 공식적인 제의들과 특권 이데올로기는 그들을 자유롭지 못하게 묶어놓고 있었다. 바울은 갈라디아 사람들에게 "하나님이 아닌 것들에게 종노릇하던 것"을 포기하고 또한 "천하고 유치한 교훈"의 노예가 된 것에서 벗어나도록 간구했다(갈 4:8-10).

따라서 바울이 갈라디아 농촌 지역에서 사역한 것은 이스라엘의 갱신운동과 아직은 분명히 같은 의미는 아니었지만, 그것과 병행되는 갱신운동을 시작한 것으로 보아야 한다. 바울이 갈라디아에 세운 '에클레시아'(ekklesiai) 또는 "모임들"(assemblies)은 갈라디아의 전통적 공동체 생활을 부흥시킨 것이었다. 그의 실천적 가르침들, 즉 "사랑으로 서로 종이 되십시오"(5:13), "욕망을 따라 살지 말고 성령께서 인도하여 주시는 대로 살아가십시오"(5:16), "스스로 속이지 말고, 서로 노엽게 하거나 질투하거나 하지 마십시오"(5:26), "서로 남의 짐을 져 주십시오. 이런 방법으로 그리스도의 법을 성취하십시오"(6:2) 같은 가르침들은 가난한 소작농들의 실천적 윤리로 이해해야만 한다. 그들의 경제적 생존을 가장 잘 이룰 수 있는 것은 공동체의 규율과 협력 활동을 통해서이지, 개인주의의 냉혹한 혼란을 통해서가 아니라는 점이다. 바울의 편지들 속에는 바울의 복음에 대한 힌트만 주어졌지만, 그것을 보다 상세하게 설명하면, 바울의 복음이 갈라디아인들에게 저항의 전략을 제공한 것이지, 단순히 삶의 다른 측면들과 깔끔하게 분리할 수 있는 "종교"만 제공한 것이 아니다. 바울이 갈라디아인들에게 "그리스도께서 우리를 해방시켜 주셔서 자유하게 하셨습니다. 그러므로 굳게 서서, 다시는 종의 멍에를 메지 마십시오"(갈 5:1)라고 확신시킨 것은 바울이 로마의 구체적인 정치경제적 체제를 가리키면서 말한 것임을 인식하는 것이 중요하다.

우리는 사도행전이나 바울의 편지들을 통해, 바울이 자신의 선교를 위한 구체적 시간표나 지리적 한계를 갖고 있었다는 인상을 받지 않는다. 바울은 안디옥에서 가져온 한정된 기금 때문에 자신과 실라, 디모데가 무한정 여행할 수 없다는 것을 알았을 것이다. 그들은 성령에 감동받은 사람들의 관대함에 의존해서 식량과 거처를 제공받아야 했을 것이다. 실제로 그들의 경험은 분명히 안락하지도 않았고 쉽지도 않았을 것이다. 바울은 나중에 회상하기를, 자신이 "육신의 병" 때문에 여행을 계속할 수 없어서 갈라디아에서 복음을 전하기 시작했으며, 그의 선교가 번창한 것은 오직 그 지역 사람들이 자신의 병 때문에 자신을 받아들였고 환대하며 자신을 "하나님의 천사"(갈 4:13-14)로 영접했기 때문이라고 말했다. 그러나 이처럼 확정된 여행계획이 없었기 때문에 바울은 제국의 동부 지방에서 로마의 통치의 서로 다른 많은 현실을 볼 수 있었고, 또한 자신의 운동이 세계적이며 동시에 지역적이어야 한다는 것을 인식할 수 있었다. 이런 통찰력에 초기 기독교의 확장과 발전을 위한 중요한 열쇠가 있다.

그들이 어떻게 다음 선교지로 마케도니아 지방(그리스 북동부)을 선택하게 되었는지는 여전히 수수께끼로 남아 있다. 비록 사도행전은 바울의 선교여행에서 겪은 많은 사건을 하나님의 보다 큰 예정 속에 끼워 맞추려는 일관된 문학적 목적을 갖고 있어서, 인간적인 고려보다는 하나님의 인도하심을 암시하지만, 그들의 선교여행을 결정하는 데서 단호한 모습이기는 하지만 말이다. "성령이 아시아에서 말씀을 전하는 것을 막으시므로, 그들은 브루기아와 갈라디아 지방을 지나, 무시아 가까이 이르러서, 비두니아로 들어가려고 하였으나, 예수의 영이 그것을 허락하지 않으셨다. 그래서 그들은 무시아를 지나서 드로아에 이르렀다. 여기에서 밤에 바울에게 환상이 나타났는데, 마케도니아 사람 하나가 바울 앞에 서서 '마케도니아로 건너와서, 우리를 도와주십시오' 하고 간청하였다. 바울이 그 환상을 본 뒤에, 우리는 곧 마케도니아로 건너가려고 하였다. 마케도니아 사람들에게 복음을 전하게 하시려고 하나님께서 우리를 부르신 것이라고, 우리가 확신하였기 때문이다"(행 16:6-10).

바울이 마케도니아에 도착했을 당시, '마케도니아'라는 이름은 그리스-로마 세계 전역에서, 그리스 왕국들을 창설한 알렉산더 대왕의 고향으로 알려진 전설적 지역이었지만, 바울 일행은 전에 경험했던 것과는 전혀 다른 사회정치적 현실에 직면했다. 한 세기 이상 동안 전쟁과 경제적 착취에 시달린 후, 마케도니아는 거의 황폐된 지방이 되어 전적으로 로마 총독의 변덕과 지시에 복종하였는데, 로마 총독은 항구 도시 데살로니가에 살고 있었다. 그 주변 지역 사람들은 로마 당국이 에게해(그리스 동부)와 아드리아해(그리스 서부)를 연결하는 중요한 동서 고속도로인 에그나티아 도로의 안전을 확보하기 위해 설립한 몇몇 작은 "도시들" 주변의 마을들에 모여 살았다. 오직 북부 마케도니아의 산악 지역에서만 고대 부족 연맹인 '코이나'(*koina*)가 여전히 기능을 발휘하고 있었다. 바울이 여행했던 해안 평야지역과 도시들에서는 마케도니아인들의 민족적 정체성과 조직들이 거의 완전히 사라졌다.

사도행전 16:11-40은 바울이 마케도니아 지방에 도착하여 전도한 것에 대해 자세히 기록하고 있다. 즉 소아시아의 드로아에서 배를 타고 에게해를 건너 네아볼리에 상륙한 후, 바울 일행은 내륙으로 들어가 "빌립보에 이르렀다. 빌립보는 마케도니아 지방에서 첫째가는 도시이고, 로마 식민지였다"(행 16:12). 그들은 빌립보에서 집주인, 노예 소유자들, 도시의 유지들, 제국의 관리들처럼 완전히 도시화된 풍경 속에서 전도했다. 그러나 빌립보에서 고고학적 발굴을 한 결과, 바울이 이 도시를 방문했던 49년이나 50년에 엄격한 의미에서 도시 선교를 했을 것 같지는 않다는 점을 알 수 있다. 빌립보의 도시 지역은 고작 1/4 제곱마일에 지나지 않아, 광장, 극장, 목욕탕, 신전들과 운동장 등 시민 생활의 중심지조차 너무 비좁은 상태였기 때문이다. 더군다나 인근 지역에 대한 철저한 발굴과 고대 무덤의 비문들을 살펴본 결과, 빌립보의 도시 중심지는 마을, 장원, 작은 부락, 작은 도시가 복잡하게 연결된 중심지로서, 도시와 시골의 경제가 밀접하게 뒤섞이는 곳이었다. 그러나 마케도니아 지방 전체에서, 제국의 정치적 권리와 경제적 이익은 결코 평등하지 않았다. 즉 그 지방에 새로 이주한 로마의 식민자들은 직접세를 면제받았을 뿐 아니라,

그들만이 지방정부의 지도자들로 복무할 자격이 있었다. 즉 그들만이 지역의 농민들로부터 세금을 징수하는 것을 감독하고, 대출금을 상환하고 임대료를 지불하는 것을 감독할 자격이 있었다.

이처럼 권리를 박탈당한 지역 주민들에게 바울이 전한 하나님 나라의 멤버십은 새로운 힘을 얻는 수단이 되었고, 여기서 바울은 당시 마케도니아의 현실에서 비롯된 모델을 사용하여 새로 형성된 그들의 공동체들의 성격을 정의했다. 바울은 자신이 여행한 모든 지역의 상황을 예리하게 관찰했음이 분명하다. 그는 또 로마의 식민지에서 주민들이 사회 문제에 대한 완전한 참여에서 어떻게 배제되었는지를 인식한 후, 빌립보 지역에 세운 모임들의 구성원들에게 그들이 이제 하늘의 왕국(politeuma)에서 자신들을 일등 시민으로 간주할 수 있다고 확신시켰다(빌 3:20). 지방 귀족들과 로마 관리들은 로마의 지방법률을 통해 모든 권력과 영향력을 행사했지만, 크리스천들의 상호 지원과 협동의 왕국(commonwealth)은 구원자(soter) 예수 그리스도의 다시 오심(재림)을 통해, 다른 모든 것보다 위로 올라갈 것이다. 그때까지 크리스천들은 서로 간의 공동체적 유대를 강화해야 하며, "한 정신으로 굳게 서서, 복음을 믿는 일에 한 마음으로 힘을 합하여 함께 싸울"(빌 1:27) 필요가 있다. 바울이 권고한 것, 즉 "어떤 일을 하든지, 다툼이나 허영으로 하지 말고, 겸손한 마음으로 하고, 서로 자기보다 남을 낫게 여기십시오. 또한 여러분은 자기 일만 돌보지 말고, 서로 다른 사람들의 일도 돌보아 주십시오"(빌 2:3-4)라는 권고는 분명히 시대와 상관없는 윤리적 이상으로 볼 수 있지만, "구부러지고 뒤틀린 세대"(빌 2:15)에 대한 저항을 위한 실천적 정치적 관점으로도 **보아야만** 한다는 것이 우리의 주장이다. "구부러지고 뒤틀린 세대"란 말은 당시에 재물, 사회적 지위, 제국의 권력 구조 안에서의 위치가 아우구스투스 시대의 핵심적 가치였기 때문이다.

빌립보의 바울 추종자들은 자신들의 구원을 실현하기 위한 실천적 단계로 자발적인 경제적 결단을 했는데, 그런 결단이 없었다면 그 운동은 발전하지 못했을 것이다. 바울은 나중에 감사하면서 이렇게 회고했다. "빌립보의 교우 여러분, 아시는 바와 같이, 내가 복음을 전파하던 초기에, 마케도니아를 떠날 때에, 주고받은 일로 나에게 협력한(partnership with me) 교회는 여러분밖에 없습니다"(빌 4:15). 이런 "파트너십" 또는 '코이노니아'(koinonia)는 재정적 희생의 형태로 나타나, 하늘 왕국의 시민들이 기금을 마련하여, 복음이 더욱 널리 전파되도록 공동체의 자원을 공유하는 형태였다. 바울의 인도 아래 마침내 빌립보에 영구적인 조직이 형성되기 시작했는데, 에바브로디도, 글레멘드, 순두게, 유오디아 등 그 지역 사람들의 적극적인 참여가 있었다. 그들에 대해 바울은 "나의 동역자들로 그들의 이름이 생명책에 기록된"(빌 4:3) 사람들이라고 표현했다. 그리고 빌립보에서부터는 바울의 선교가 단지 성령에 의해 직접 인도받고 낯선 사람들의 친절로 뒷받침되던 막연한 떠돌이의 선교가 아니었다. 그의 선교는 자의식적으로 독립적인 묵시종말적 운동이 되어, 새로운 사회질서라는 이상에 헌신하였다. 그 구성원들 모두는 자신들의 유동자산에서 상당 부분을 전도와 사회복지를 위해 떼어놓도록 기대되었는데, 그들은 때를 기다려야만 하며 또한 로마제국의 권력 구조 **안에서** 하나의 공동체로서 생존해야만 한다는 것을 충분히 인식하고 있었다.

데살로니가에서는 극적인 사건이 벌어졌는데, 이 사건을 통해 바울은 부활하신 예수를 명확하게 **제국적** 이미지로 묘사하게 되었다. 바울은 빌립보를 떠나 그 지방의 수도였던 데살로니가로 갔다. 하나님 나라의 말씀을 로마의 지방 마케도니아의 행정 중심지에 전파하기 위해서였다. 그러나 데살로니가에 도착하자마자 바울은 황제의 장악력이 비천한 상인, 기술자, 노예, 종, 날품팔이의 마음과 정신을 얼마나 확고하게 사로잡고 있는지를 발견했다. 그들은 과거 몇십 년 동안 농촌 지역에서 살다가 점차 매우 계층화된 도시경제 속으로 유입되었던 것이다.

바울이 데살로니가 사람들에게 보낸 편지에는 그가 세운 공동체가 주로 가난한 사람들이었고, 제국의 도시에서 전형적으로 나타나는 다양한 계층을 보여주지 않았음을 시사하는 부분이 있다. 바울은 마케도니아 신자들의 "극심한 가난"을 강조했으며(고후 8:2-4), 또한 데살로니가 교회의 구성원들에게 "조용하게 살기를 힘쓰고, 자기 일에 전념하고, 자기 손으로 일을 하십시오"(살전 4:11)라고 구체적으로 권면한 것은 그들이 주로 노동자들이거나 기술자들이었음을 암시한다. 그들의 영적 상태는 바울의 복음을 받아들일 준비가 되었던 것처럼 보인다. 오늘날 많은 학자는 마케도니아의 토착적 카비루스(Cabirus) 숭배는 데살로니가와 그 인근 지역의 디오니소스(Dionysus) 형태의 예배로서, 갈릴리의 십자가에 달렸다가 부활한 메시아의 이미지와 분명한 유사성이 있다고 지적했다. 카비루스는 전설적 영웅으로서, 그의 형제들에 의해 배반당해 살해되어 왕권의 상징들과 함께 매장되었는데, 언젠가는 데살로니가의 짓밟힌 사람들을 돕기 위해 다시 돌아올 것으로 기대되었다. 카비루스는 노동 계급의 반신반인(半神半人)으로서 흔히 대장장이의 망치를 든 모습으로 그려졌고, 그에 관한 이야기는 그가 궁핍한 사람들을 위해 위대한 마술을 행한 이야기들이었고, 그의 힘은 풍작(다산)과 성적인 성취를 회복하고, 노예들을 해방시킨 힘이었다. 그러나 제국의 초기 시대 동안에는 데살로니가의 지배계층이 점차 카비루스 숭배를 확립된 민간 의식에 통합시킴으로써, 그들 자신의 권력과 명성을 공개적으로 경축하는 의식에 통합시켰다. 이런 숭배의 무의미함은 바울의 운동에 가담한 사람들에게 명백했다. 바울은 나중에 회상하면서, "우리가 여러분을 찾아갔을 때에 어떠한 영접을 받았는지, 어떻게 해서 여러분이 우상을 버리고 하나님께로 돌아와서 살아 계시고 참되신 하나님을 섬기는지, 어떻게 해서 여러분이, 하나님께서 죽은 사람 가운데서 살리신 그분의 아들, 곧 장차 닥쳐올 진노에서 우리를 건져 주실 예수께서, 하늘로부터 내려오시기를 기다리는지를 퍼뜨리고 있습니다"(살전 1:9-10)라고 말했다.

사도행전은 바울의 데살로니가 선교에 관해 오직 대중 설교와 종교적 논쟁만 전하지만, 바울이 그 도시의 일상에 빠르게 정착했고, 오래 머물기 위해 스스로 직업을 찾은 것이 분명해 보인다. "여러분은 우리의 수고와 고생을 기억하고 있을 것입니다. 우리는, 여러분 가운데 누구에게도 폐를 끼치지 않으려고 밤낮으로 일을 하면서, 하나님의 복음을 여러분에게 전파하였습니다"(살전 2:9). 바울이 데살로니가 교인들에게 권력 기관에 적극 저항하거나 세금과 임대료를 내지 말라고 격려했음을 시사하는 것은 없지만, 교인들의 새로운 생활방식은 로마제국의 효율성과 이윤추구라는 냉혹한 생각에 동조하는 것이 분명히 아니었다. 공동체가 전부였고, 개인적인 지위는 경멸할 것이었다. 바울은 떠난 직후에 그들에게 이렇게 썼다. "형제자매 여러분, 여러분에게 권면합니다. 무질서하게 사는 사람을 훈계하고, 마음이 약한 사람을 격려하고, 힘이 없는 사람을 도와주고, 모든 사람에게 오래 참으십시오. 아무도 악으로 악을 갚지 말고, 도리어 서로에게, 모든 사람에게, 항상 좋은 일을 하려고 애쓰십시오"(살전 5:14-15). 그리고 이 운동의 정치적 의미는 대안적 질서를 확립함으로써, 세금 징수원, 관리, 지방의 귀족들이라는 권력의 위계적 질서에 반항하는 것이었다.

데살로니가에서의 공식적인 황제숭배는 다른 모든 지방 도시에서와 마찬가지로 로마에 대한 충성을 공개적으로 표현하는 것일 뿐 아니라 로마제국의 기초가 되었던 **후견인과 의뢰인의 전체 구조**를 상징적으로 뒷받침하는 것이었다. 바울이 마케도니아를 여행하던 바로 그때 클라우디우스(글라우디오) 황제는 자신의 신적인 지위에 대한 평판에서 변화를 결정하던 중이었다. 그는 통치 초기에, 예를 들어 알렉산드리아 사람들에게 자신의 이름으로 신전을 건축하지 못하도록 엄격하게 금지했지만, 이제는 지방들에서 자신을 예배하도록 적극 권장했고, 아우구스투스의 특징적 호칭인 "세상의 구원자"(savior of the world) 호칭을 채택했다. 비록 클라우디우스 황제가 마케도니아 사람들에게 자신의 영광을 보여주기 위해 에그나티아 도로를 따라 황제 행렬을 과시했다는 기록은 없지만, 황제의 피지배자들을 놀라게 하려고 사용된 호화스러운 왕의 이미지들은 공공 조각과 시각 예술의 일반적 특징이었다. 따라서 우리는 바울이 데살로니가 교인들에게 쓴 편지에서 바울이 황제의 표준적 이미지에 직접 도전하는 새로운 그리스도 이미지를 불러일으키기 시작했음을 알 수 있다. 그리스도의 보편적인 지배는 여전히 감추어져 있었을 테지만, 그의 임박한 '파루시아'(parousia), 즉 "오심"은 로마의 어떤 승리나 군사 작전보다 훨씬 더 인상적이었을 것이다.

점점 더 바울은 그리스도의 권능을 제국의 관용어로 이해하여 표현하게 되었다. 심판의 날을 예상하면서 그는 나중에 데살로니가 교인들에게 확실한 제국의 이미지로 편지를 썼다. "주께서 호령과 천사장의 소리와 하나님의 나팔 소리와 함께, 친히 하늘로부터 내려오실 것입니다"(살전 4:16). 바울은 데살로니가 교인들에게 하늘 황제의 궁전 경비병이 되라고 초대하면서 "믿음과 사랑을 가슴막이로 하고, 구원의 소망을 투구로 씁시다"(살전 5:8)라고 말한다. 이런 이미지는 유대인들의 묵시종말적 이미지에서 차용한 것으로서 로마인들의 통치를 시각적으로 상징하는 것과 분명하게 연결되어 있다. 바울과 그가 세운 데살로니가 교회가 강한 적대감과 "박해"를 받게 된 것은 놀라운 일이 아니다. 바울의 운동이 적어도 그 언어와 이미지 사용에서 로마의 합법성에 도전하고 있었기 때문이다. 그처럼 날카롭게 묵시종말론적으로 선동하는 것은 정치적으로 엄청난 문제였다. 당시는 허락받지 않은, "선동" 집단에 대해 공적인 탄압이 강해지던 때였기 때문이다. 나중에 수에토니우스가 쓴 연대기에 따르면, 로마에서 클라우디우스 황제가 일부 유대인들을 추방한 이유는 그들이 "크레스투스(Chrestus)의 선동으로 계속해서 소동을 일으켰기" 때문인데, 여기서 '크레스투스'란 말은 로마에 세워진 예수운동의 또 다른 분파를 가리킨 말임이 분명하다. 따라서 바울이 데살로니가에서 한 설교의 정치적 의미는 당국자들에게 분명했음이 틀림없다. 사도행전 17:6에는 바울을 고발한 자들이 데살로니가 당국(politarchs)에 "세상을 소란하게 한 그 사람들이 여기에도 나타났습니다"라고 보고했는데, 어떤 의미에서는 그들의 고발이 사실이었다. 바울이 조직하고 있었던 대안적인 사회(a countersociety)는 세상을 정복하는 황제에게 충성하는 사회였는데, 그 황제의 이름은 카이사르가 *아니었다*. 그리고 그것은 로마의 질서에 반대하는 선동으로서, 단순히 그 도시의 유대인들만 관심을 기울였던 종교적 이단의 문제가 아니었다.

이에 대한 바울의 반응은 로마제국의 심장을 향해 밀어붙이는 것으로서, 자신의 운동이 로마가 지배하는 현실로부터 물러서는 것이 아니라 정면으로 맞서야 한다고 더욱 확신하게 되었다. 바울이 그 후 마케도니아를 떠나게 된 것에 대해, 데살로니가전서에서 그가 얼마 동안 "우리만 아테네에 남아 있기로 했습니다"(3:1)라는 말 이외에는 다른 말을 듣지 못한다. 사도행전 17:10-15은 복음 전도를 위한 모험, 억압하는 폭력, 그리고 대담한 탈출에 관한 흥미로운 이야기를 제공한다. 우리는 바울이 밤에 데살로니가에서 탈출한 이야기, 바울이 마케도니아 남부 도시 베뢰아에서 잠시 선교한 이야기(그 지역의 회당에서 설교하고 이어서 유대인들이 박해한 이야기)를 읽는다. 실라와 디모데는 베뢰아에 숨어 있었지만, 바울은 아가야 지방을 향해 남쪽으로 떠났다. 바울이 아가야에 도착한 후 바울은 실라와 디모데에게 가능한 한 빨리 자기에게 오라고 지시했다. 바울은 비록 데살로니가 교회에 돌아가고 싶었지만, 위험이 너무 컸다. 바울이 데살로니가전서 2:18에서 표현한 것처럼, "사탄이 우리를 방해했습니다." 그러나 이때에 이르러서는 바울이 지리적 또는 정치적 경계선을 넘는 것이 문제가 되지 않았다. 그는 더 이상 회복시킬 신중한 사람들이나 정체를 알 수 있는 사람들을 찾아다니지 않았기 때문이다. 바울이 갈라디아를 떠난 후에 경험한 것은 이 "악한 세대"에 사람들이 절망적으로 뒤엉켜 서로 악을 쓰면서 싸우는 실정이었다. 지역 전체의 차원에서 제국의 구조를 통해서 사람들은 서로 싸웠으며, 또한 어디에서나 정치적 후견인 제도와 경제적 불평등의 현실 때문에 서로 싸웠다.

이제 바울에게 도전은 더 멀리 나아가, 로마제국 전역에 메시지를 전하는 것이었다. 그가 행한 기적들과 그가 세운 모임들 자체가 끝이 아니었다. 제국의 오만함과 경제적 억압이 더욱 극심해져도 바울과 그의 추종자들은 하나님의 임박한 개입에 대한 희망을 간직했다. 이것은 단순히 추상적인 영적 은유이거나 멀리 떨어져 있는 기대만이 아니라 그들이 조만간 "이 악한 세대"가 완전히 파괴될 것을 목격하게 되리라는 생생한 희망이기도 했다. 바울은 충격적인 신비한 계시 가운데 그 위대한 해방의 순간을 생생하게 엿보았는데, 그때는 그리스도가 지상에 돌아와 모든 혐오, 악, 고난을 정복할 것이다(살전 4:16-17). 그 순간은 두려운 보복의 때가 될 것으로서, "그리스도께서 모든 통치와 권위와 권력을 폐하시고, 그 나라를 하나님 아버지께 바치실 것입니다. 하나님께서 모든 원수를 그리스도의 발 아래에 두실 때까지, 그리스도께서 다스리셔야 합니다"(고전 15:24-25). 제국이 팽창하며, 경제적 불의와 사회적 긴장이 높아지던 당시에 바울은, 제국 전체에서 모든 권력을 가진 황제의 희생자들이 아니라 수혜자가 되는 꿈을 꾸던 고난당하며 권리를 빼앗긴 사람들의 운동을 벌이기 시작했던 것이다.

50년 가을에 이르러서는 갈라디아 지방의 산악지대에 흩어져 있는 마을들에서, 또한 마케도니아의 도시 빌립보 주변의 시골 지역에서 매주 모임을 통해, 그리고 마케도니아 지방의 수도 데살로니가에 있는 작업장과 밀집한 집들 가운데, "성도들"의 작은 공동체들이 정기적으로 모여 함께 식사하고 찬송을 부르며 치유하는 모임을 가졌으며, 주님의 오심을 기쁘게 기다렸다. 이처럼 다양한 교회(ekkkesiai)의 종교의식들과 표현들은 그 최초의 조직 단계에서 극적으로 서로 달랐다. 바울의 복음 메시지는 아나톨리아의 방대한 장원에서 평생 일했던 시골 사람들에게, 마케도니아의 새로 세워진 제국 도시들의 대리석 주랑과 신전이 보이는 밭에서 일하는 농민들에게, 또는 도시의 소란함과 거래에 생존이 달렸던 기술자들과 노동자들에게는 그 의미가 매우 달랐을 것이다.

이처럼 다양한 교회의 구성원들이 사용하는 언어, 방언이 서로 다를 뿐 아니라 사회계급과 세계관도 서로 다르기 때문에, 비록 그들이 실제로 바울의 가르침, 즉 이처럼 하나님의 택함을 받은 사람들의 새로운 전 세계적 운동에서는 "유대 사람이나 그리스 사람이나, 종이나 자유인이나, 남자나 여자나 차별이 없습니다"(갈 3:28)라는 가르침을 원칙상 받아들였다 하더라도 쉽게 하나의 회중 안에서 서로 얼굴을 맞대면서 함께 뒤섞이지는 못했을 것이다. 다양한 공동체들의 문화적인 독특성 때문에 각각의 공동체가 초점을 맞추게 된 것은 가난과 억압이라는 **지역의** 상황이 곧 변화될 것이라고 희망하고 헌신하는 경향이었다. 따라서 진정한 의미에서 전 세계적인 운동이 일어날 가능성을 약화시키고 있었다. 아마도 이런 이유로 예수 그리스도라는 인물에 종교의식의 초점을 맞추는 것이 바울의 운동에서 가장 중요한 의미를 갖기 시작했을 것이다. 즉 예수 그리스도는, 복잡하며 많은 측면의 가치, 상징, 행동을 인격화된 형태로 표상함으로써 그 **전체로서** 유대인, 그리스인, 갈라디아인, 마케도니아인 사이의 문화적 차이점들을 초월할 수 있었고, 또한 **구체적으로는** 각 집단의 갱신과 부활에 대한 독특하며 문화적으로 강력한 이미지를 제공했다. 따라서 바울의 편지들의 어떤 곳에서는 예수 그리스도가 십자가에 달린 희생자로 나타나며, 다른 곳에서는 자기를 희생하는 신적인 인물로 나타나며, 또한 로마 권력의 표현 방식이 더욱 깊게 새겨진 곳에서는 그의 원수들에게 복수하기 위해 오실 군사적 정복자로 나타났다.

이처럼 바울의 여러 그리스도 이미지는 역사적 인물 예수와 극적으로 달랐다. 역사의 예수는 바울이 선교하던 때보다 한 세대 전에 멀리 떨어진 갈릴리에서 헤롯 안티파스가 통치하던 때에 살았으며 예루살렘 당국자들에 맞서서 열정적으로 예언자적 시위를 벌이다가 그의 생을 마쳤다. 바울의 운동에 참여한 사람들이 찬송과 종교의식을 통해 존경을 표했던 예수 그리스도는 거의 추상적 의미에서 구원하는 능력의 원천이며 보편적인 보호자, 구세주로서, 조만간 구름을 타고 재림하여 믿는 사람들을 구원하며, 현재의 악한 세상을 끝장낼 승리자였다. 갈릴리에서 예수가 십자가에 처형되기 이전의 삶에 대해 바울이 제공한 세부 사항들은 너무 불충분해서 거의 중요하지 않을 정도였다. 바울은 지상의 예수가 "여인에게서 태어나고 또한 율법 아래 놓였던"(갈 4:4) 유대인이었고, 고대 유다 지역 사람들의 왕적인 유산을 물려받아 "육신으로는 다윗의 자손"(롬 1:3)이라고 연결 지었을 뿐이다. 그러나 바울은 자신의 추종자들에게 예수의 가르침과 치유에 관해 자세히 가르쳤다는 어떤 암시도 없으며, 심지어 여전히 갈릴리와 페니키아 남부 마을에 살면서 어업에 종사하거나 소작농으로 밭을 갈면서 자신들의 기억 속에 살아 있는 예수의 영감 넘치는 가르침들과 비유들을 간직하려고 애썼던 예수의 친척들과 초창기 추종자들을 바울 자신이 직접 만나 예수에 관해 알아보려고 노력했다는 암시도 찾아볼 수 없다.

바울이 예수의 삶에 관해 알게 된 정보의 중요한 출처는 예루살렘에 있던 열두 사도를 통해서였다. 어찌 되었든 간에 바울이 가장 관심을 기울인 것은 지상의 예수(earthly Jesus)가 아니라 예수의 순교와 하늘의 신원(heavenly vindication), 즉 어떻게 "그리스도께서 성경대로 우리 죄를 위하여 죽으셨다는 것과, 무덤에 묻히셨다는 것과, 성경대로 사흘째 되는 날에 살아나셨다는 것과, 게바에게 나타나시고 다음에 열두 제자에게 나타나셨다고 하는 것"(고전 15:3-5)이었다. 바울에게 십자가 처형이 중요한 것은 비극적인 불의나 특별한 정치적 대의를 위해 고귀한 지도자가 희생된 것이 아니었다. 바울은 예수의 십자가 처형을 오히려 우주적 차원의 사건으로, 모든 세상 사람들의 정치적이며 영적인 운명이 걸려 있는 신적인 드라마의 한 사건으로 해석했다.

바울에게는 예수 그리스도에 관한 지식을 얻는 것─그리고 신자들이 성령의 치유하며 구원하는 능력과 계속 접촉하는 것─은 일차적으로 기억이나 기록된 전승을 통해 얻어지는 것이 아니라, 공동체들의 집단적 열정, 즉 현재의 삶 속에서 겪는 긴장과 갈등으로부터 도피하려는 공동체들의 집단적 열정을 통해 얻어지는 것이었다. 성도들의 모임에서는 어느 인간 통치자나 후원자에게 절을 하거나 경배를 표할 필요가 없었으며, 복음이 "말로만이 아니라, 능력과 성령과 큰 확신으로"(살전 1:5) 전파되어, 허약하고 고통받고 무기력한 사람들을 실제로 변화시켰다. 우리는 바울의 추종자들에게 영향을 끼쳤던 육체적 치료의 성격과 범위, 또는 항구성을 평가하거나 그 밖에 성령의 이런 기적들을 평가할 수단이 없지만,

그 사건들은 예수 그리스도를 단순히 하늘의 후원자만이 아니라 그의 순교와 모방을 위한 모델로 봄으로써, 사람들의 행동과 공동체의 정서를 적극적으로 변화시킨 불꽃을 일으켰던 것으로 보인다. "어떤 일을 하든지, 다툼이나 허영으로 하지 말고, 겸손한 마음으로 하고, 서로 자기보다 남을 낫게 여기십시오. 또한 여러분은 자기 일만 돌보지 말고, 서로 다른 사람들의 일도 돌보아 주십시오. 여러분은 이런 태도를 가지십시오. 그것은 곧 그리스도 예수께서 보여주신 태도입니다. 그분은 하나님의 모습을 지니셨으나, 하나님과 동등함을 당연하게 생각하지 않으시고, 오히려 자기를 비워서 종의 모습을 취하시고, 사람과 같이 되셨습니다"(빌 2:3-7).

그러나 이것은 고분고분한 순종의 복음이 아니라 실천적 행동 방식의 토대로서, 여기서는 황제, 지주, 짓밟는 개인들의 지배 문화가 진정한 신자들의 삶에서 차단될 수 있을 뿐 아니라 결국에는 파멸될 운명이었다. 바울은 구체적인 역사적 맥락 속에서 살았으며, 특정한 지역들을 여행했다. 이런 점을 이해해야만 우리는 그가 맞섰던 악들, 즉 "음행과 더러움과 방탕과 우상 숭배와 마술과 원수맺음과 다툼과 시기와 분노와 이기심과 분열과 분파와 질투와 술취함과 흥청거리는 연회와, 또 이와 비슷한 것들"(갈 5:19-21)이 제국의 무기력한 백성들 사이에 너무 흔했던 행동들이었음을 이해할 수 있다. 바울의 추종자들이 이런 행동을 버리지 않는다면, 그들은 세상을 변화시키는 영향을 끼치는 데 무력한 상태로 남아 있거나 그런 변혁 집단의 일부가 되지 못했을 것이다. 이런 의미에서 예수의 이미지는 제국에 의해 채찍을 맞고 조롱당하고 사지가 절단당하는 공동체들의 경제적 및 영적 부활이라는 대의에서 실천적 자기희생의 모델을 제공했다.

십자가는 로마의 폭력의 상징이 되었을 뿐 아니라 감히 그 폭력의 불가피성에 저항한 신자들의 믿음에 대한 상징도 되었다. 갈릴리와 유다 지역에 세워졌던 십자가 만큼 많은 십자가가 마케도니아 도시 외곽과 갈라디아 지방에도 세워졌는데, 이것은 제국의 당국자들이 반역자, 배반자, 범죄자, 도망친 노예로 낙인찍은 사람들을 처리할 수 있었던 궁극적 테러를 보여주었다. 대다수 사람에게 십자가에 달린 훼손된 육신들의 광경, 그리고 죽은 다음에도 매장될 희망이 없어서 존엄성마저 박탈당한 모습은 많은 사람들이 극소수의 교만을 뒷받침하는 노동과 헌신의 체제에 복종하고 수동적 태도를 갖도록 조장하기에 충분했다. 갈릴리와 유다 지방의 갱신운동의 초기 표현들은 순교에 대한 많은 상징과 성서 전통을 갖고 있었는데, 그 전통에서는 이스라엘 백성을 위한 자기희생의 정확한 방법은 순교 사실 자체보다 중요하지 않았다. 바울에게는 십자가가, 사람들에게 익숙한 문화적 상징을 그 정반대되는 상징으로 변화시키는 매우 중요한 방법이었다. 테러가 희망이 된 것은 십자가를 상징으로 이용하여, 제국의 다양한 피지배 백성들 사이의 문화적 차이를 연결시키는 다리를 상징하는 것으로 만들었기 때문이다. 끔찍한 체념이 기쁜 예상이 된 것은 로마인들이 사용한 괴기한 처형 방법이, 의로운 사람들에게 임박한 구원과 악한 사람들의 파멸의 징조로 바뀌었을 때였다. 나중에 바울이 표현한 것처럼, "이 세상 통치자들 가운데는, 이 지혜를 안 사람이 하나도 없습니다. 그들이 알았더라면, 영광의 주를 십자가에 못박지 않았을 것입니다"(고전 2:8). 바울은 갈라디아서에서 "이제 사는 것은 내가 아닙니다. 그리스도께서 내 안에서 사시는 것입니다"(2:20)라고 말했다.

따라서 50년 가을에 이르러, 바울이 아가야 지방의 수도 고린도를 향해 갈 때, 갈라디아와 마케도니아 지방에 흩어져 있던 성도들의 모임은 완전히 새로운 운동을 표상했다. 예수운동의 다른 사도들은 로마제국의 유대인 디아스포라 중심지들에서 설교하면서, 유대인들과 하나님을 두려워하는 이방인들이 함께 이스라엘의 갱신을 위한 운동에 가담하도록 요청했다. 그러나 바울은 이미 인간의 역사를 이해하는 데서, 서로 구별된 민족 사이의 상호작용으로 보던 경향에서 벗어나, 지중해 지방에 흩어져 있는 공동체들에서 비슷한 생각을 가진 개인들이 폭력과 불평등이라는 구조와 사회적 관계에 맞서서 투쟁하는 것으로 바뀌기 시작했다. 비록 바울의 모임들은 여전히 그 문화 전통, 언어, 습관에서 매우 독특했지만, 그는 그들을 하나의 새로운 지구적 공동체(a new kind of global community)로 만들려고 했다. 즉 하나님 나라에 가담하고 싶은 그들 각자의 욕구와 새로운 공동체 생활방식으로 그 헌신을 살아내려는 욕구를 통해, 하나님이 양자로 삼은 의로운 형제자매들의 가족으로 만들려고 노력했을 것이다.

이처럼 성스러운 인간 가족이라는 새로운 이미지의 중심에는 그리스도 예수가 있었는데, 그는 더 이상 이스라엘의 순교한 예언자가 아니라 초월적 인물이었다(의도적으로, 아이러니하게, 당시 후견인을 가리키는 언어인 '키리오스[*kyrios*]' 즉 "주님"으로 불렀다). 이 인물은 제국의 정치 경제적 위계질서의 토대였던 후견인, 즉 평판을 의식하며 복종을 요구하는 익숙한 후견인에 대한 안티테제였다. 바울의 공동체들 각각은 자신들이 귀하게 간직했던 그리스도라는 특수한 이미지 안에서 가장 깊은 희망과 최고의 이상이 성취된 것을 발견할 수 있었다. 그 모든 공동체는 점차 예수의 삶이라는 역사적 사실로부터 벗어나게 되었다. 그러나 그리스도라는 이 탈역사화된 인물은 지역의 감수성과 조건들에 강력하게 적응하던 단순한 신비적 비전이 아니었다. 그 복잡성과 모호성 가운데, 그리스도는 새로운 공동체들을 하나로 묶어주었다. 이런 점에서, 갈라디아와 마케도니아 마을과 도시들에서는 새로운 기독교가 태어나게 되었다.

8장

# 충돌하는 영들

　바울은 영혼 없는 도시 속에 생명의 기운을 불어넣을 장소로 고린도보다 더 적합한 도시를 선택할 수는 없었을 것이다. 고린도(아테네에서 서쪽으로 78km 거리)는 아가야 지방에서 가장 크고 매우 번성한 도시로서, 당시에 가장 현대적이며 냉혹한 대도시 중 하나였기 때문이다. 로마인들이 불태우고 약탈한 유명한 고전적 도시의 폐허 위에 새로 세워진 고린도는 전체 지중해 지역과 주민들로부터 재화를 빨아들였다. 기원전 44년에 공식적으로 로마의 식민지(Laus Julia Corinthiensis)로 세워진 고린도는 에게해(그리스 반도 동쪽)와 아드리아해(그리스 반도 서쪽) 사이의 좁은 지협에 걸쳐 있으며, 처음에는 그 주민이 주로 이탈리아, 그리스, 시리아, 이집트, 유다 지역 출신의 자유를 얻은 노예들로서 급하게 (식민지 개척을 위해) 모집된 사람들이었기 때문에, 모두 큰 야망을 품고 있었고 잃을 것이 없는 사람들이었다. 이처럼 민족들의 교차로에 새롭게 세워진 도시에서 단 몇 년 사이에 정착민들이 엄청난 이익을 남기는 상업을 발전시켰기 때문에 지중해 각지로부터 수천 명의 새로운 이주민들이 들어왔고, 지역의 자수성가한 남녀 유지들은 막대한 재물을 쌓게 되었다. 그러나 바울이 고린도에 도착할 당시, 그 도시의 찬란한 대리석 신전들, 부산한 상업 중심지, 교외의 부자들과 유명인사들을 위한 멋진 집들과 밀집한 작업장들, 냄새나는 산업구역들, 부둣가 근처 선원들의 지저분한 여관들과 창고들이 서로 조화를 이루지 못한 채 뒤섞여 있는 모습은 모든 사람의 번영을 약속한 황제의 약속이 거짓말이었음을 드러냈다. 고린도의 팽팽하며 매우 불평등한 인간관계는 바울로 하여금 로마의 후견인 제도와 권력 구조—도시의 길거리와 작업장, 개인 집들에서 일상적 차원에서 거의 무의식적으로 나타났다—가 하나님 나라를 건설하는 데 가장 큰 방해물이었음을 깨닫게 했을 것이다.

바울의 초기 선교여행의 중요한 사건들과 달리, 고대 고린도는 광범위하게 발굴되었으며, 초기 제국 시대의 최소한 도시 중심지의 구획도(배치도)는 분명하다. 도시 중심의 인상적인 광장은 신전들과 사당들로 가득했는데, 그 건물들은 황제와 율리오-클라우디아 황족의 여러 사람에게 봉헌된 것들로서, 오래된 그리스 신전들 곁에 세워졌던 것들이다. 신약성서 학자들은 고린도에 대한 첫인상을 추측하기 위해 상상에 의한 여행 일정을 내놓았다(발굴을 통해 드러난 지역들을 바울이 걸어다녔을 것으로 생각했다). 그러나 고린도에서 바울에게 일어난 일을 이해하는 것은 관광의 문제 이상이며, 대리석 기념물들과 성서 본문을 연결하는 문제보다 훨씬 크다. 로마 시대의 고린도에서의 "실제 삶"은 당사자가 누구이며, 얼마나 부자인지, 사회적 계층구조에서 얼마나 높은 위치에 있는지에 따라 매우 달랐다. 마케도니아의 작은 도시들과 갈라디아의 도시들에서는 황제의 통치가 전통적 사회구조와 공동체의 정체성에 큰 영향을 끼치고 있었지만, 고린도에서는 고향을 떠나 뿌리뽑힌 개인들이 서로 뒤섞여 있었기 때문에, 가장 성공한 사람들은 자신들의 과거 불쾌한 낮은 지위와 민족적 정체성을 벗어버릴 이유가 충분했다. 즉 고린도 사람들은 유대인, 그리스인, 시리아인, 이집트인 자손이든 간에, 그들의 공통된 목표는 로마의 질서에 동화됨으로써 시민의 명예를 얻고 물질적으로 성공하는 것이었다. 고린도가 용광로였다면, 그 구성원들의 독특성은 대부분 녹아서 사라졌다.

바울은 이미 갈라디아, 데살로니가, 빌립보에서 했던 것과 마찬가지로, 고린도에서도 신학만이 아니라 "성령의 능력이 보여준 증거"(고전 2:4), 즉 기적적 치유, 귀신축출, 영에 사로잡힘을 통해 고린도의 잠재적 추종자들에게 큰 인상을 주었다. 얼마 후에 바울은 그 사람들의 즉각적인 열심과 에너지를, 장기간의 안정된 회중의 신실한 믿음으로 변화시키는 데 성공했다. 바울이 나중에 그 교인들에게 쓴 편지에서 언급한 것을 보면, 고린도에서 그의 운동은 점차 도시 전역에 흩어져 있는 작은 가정 교회들(ekklesiai)의 네트워크 형태를 갖게 된 것으로 보인다. 빌립보와 아마도 데살로니가에서는 그런 가정 교회 모임이 더 일찍 조직되었을 수 있지만, 고린도처럼 매우 큰 도시에서는 개인의 집안 식구들—확대된 친족 집단이나 마을보다는—이 바울의 운동이 기반으로 삼았던 중요한 사회 단위가 되었던 것으로 보인다. 성서의 자료를 통해서 우리는 가정 교회가 "본도 출신의 유대인 아굴라와 그의 아내 브리스길라"(행 18:2)의 집에서 모였으며, 다른 모임들은 그리스보, 가이오, 스데바나—이들은 바울이 세례를 준 유일한 고린도 사람들이었다(고전 1:14-16)—의 개인 집에서도 모였음을 알 수 있다. 그러나 우리는 이런 개인들 모두가 반드시 부자였다고 생각해서는 안 된다. 로마인의 가정생활에 대한 발굴조사를 통해 드러난 것은 대도시들에서는, 심지어 가장 비천한 가게 주인이나 기술자들조차도 직계가족, 하인, 노예들을 거느리고 있었다는 사실이다. 집안 식구들은 로마 시대 모든 도시의 기본적 구성이었다. 따라서 고린도에서 가정 교회들이 세워진 것은 초기 기독교의 또 다른 명백한 문화가 발전했음을 보여주는데, 이것은 바울이 로마제국의 기본적 사회 형태를 하나님 나라의 목적에 맞게 바꾸기로 함으로써 가능하게 된 문화적 발전이었다.

시간이 지나면서 바울은 점차 고린도의 신실한 동역자들과 열성적인 지역의 후원자들에게 의존하게 되었으며, 이런 점에서 고린도에서의 그의 활동은 유랑하는 목회보다는 정착된 종파의 성격을 갖기 시작했다. 바울의 가장 중요한 동역자들은 브리스길라와 아굴라인데, 사도행전 18:2은 그들이 고린도에 새로 이주한 사람들이라고 말한다. 그들은 "글라우디오 황제가 모든 유대 사람에게 로마를 떠나라는 칙령을 내렸기 때문에 얼마 전에 이탈리아에서 온 사람들이다." 브리스길라와 아굴라가 로마에서 추방되었다는 이 수수께끼 같은 보도에 대해 많은 학자는 "크레스투스"라는 비밀에 싸인 인물이 유대인 공동체 안에서 일으킨 소요사태와 연관 지었으며, 흔히 브리스길라와 아굴라가 로마로부터 도망친 크리스천 활동가들이었다고 주장하기도 했다. 실제로 사도행전이나 바울 자신의 편지들 어디에도 바울이 이 부부를 개종시켰다거나 세례를 주었다는 기록이 없으며, 바울은 그들과 긴밀하고 지속적인 유대관계를 형성했던 것으로 보인다. 바울과 그들이 협력한 데에는 경제적 요인도 있었을 것이다. 즉 사도행전 18:2-3은 그들이 "생업이 서로 같았다"고 말하는데, 바울이 "그들 집에 묵은" 것은 복음을 전파하기 위해서만이 아니라 스스로 생계를 유지하기 위한 목적도 있었다. 이처럼 바울이 고린도에 약 18개월 동안 머물렀다(50년 가을부터 52년 여름까지)는 것은 그의 초기 선교와 매우 달랐음을 보여준다. 바울은 다른 크리스천 활동가들에게 가담했을 뿐 아니라 아가야 지방의 가장 큰 도시에서 영구적인 주민이 되어, 자신의 복음을 설교하고 또한 직접 고린도의 분주한 경제에 참여함으로써 생계를 유지했다(참조, 고전 4:12).

그러나 바울은 그의 모든 모임에서 지도자의 위치를 유지하려고 작정했다. 그는 고린도에서 자신의 사역을 시작하자마자(아마도 51년 초) 데살로니가로부터 마음 아픈 소식을 들었는데, 그 소식은 전혀 예상하지 못했던 것이 아니라면, 자신이 3년 동안 데살로니가에 세웠던 공동체들의 존속을 위협하는 부단한 사회적 압력이나 "환난"을 상기시켜 주었다. 바울은 갈라디아와 마케도니아에서 새로 세례를 받은 그의 추종자들에게, 만일 그들이 제국 사회의 악한 길에서 벗어나 경건하게 산다면, 모두 하나님 나라가 동터오는 것을 보게 될 것이라고 약속했었다. 그러나 바울이 데살로니가를 떠난 지 몇 달 만에, 그 공동체의 신실한 사람들 가운데 몇 사람이 죽었다. 큰 슬픔과 점증하는 불확실성 속에서 데살로니가 교인들은 급히 바울에게 편지를 보내 몇 가지 기초적 질문들에 대해 대답을 듣고자 했다. 그 의로운 형제자매들의 때 이른 죽음에 대해 바울은 어떻게 설명할 수 있는가? 그들은 이제 하나님 나라에서의 몫을 박탈당한 것인가? 그 도시 당국자들에 의해, 그리고 아마도 그들 자신의 비기독교인 친척들에 의해 계속 핍박과 박해를 당하는 것이 정말로 세상 끝날 때 보상을 받을 것인가? 이런 질문들에 대한 바울의 감정적 응답은 신약성서에서 데살로니가전서로 알려진 문서로서, 바울이 쓴 편지들 가운데 남아 있는 최초의 문서이다. 이 편지는 이제 수백 마일에 걸쳐 흩어져 있는 성도들의 모임들에 대해 바울이 무엇보다 운동의 일관성을 유지하려 했음을 보여준다.

에피큐로스와 같은 철학자들이 구체적인 제자들에게 쓴 개인적 성격 형성의 편지들과는 대조적으로, 바울의 초점은 그의 **전체** 운동의 통일성에 맞추어져 있다. 바울은 데살로니가 교인들이 "많은 환난 가운데서도, 성령이 주는 기쁨으로 말씀을 받아들여서, 우리와 주님을 본받는 사람이 되었습니다. 그래서 여러분은 마케도니아와 아가야에 있는 모든 믿는 이들에게 모범이 되었습니다"(1:6-7)라고 칭찬한다. 바울은 그들의 공동체를 하나로 유지해 주며 또한 지배적인 후견인 체제와 경제적 의존성에서 벗어나게 해주는 윤리적 교훈들을 다시 열거한 후("조용하게 살기를 힘쓰고, 자기 일에 전념하고, 자기 손으로 일을 하십시오. 그래서 여러분은 바깥사람들을 대하여, 품위가 있게 살아가야 하고, 또 아무에게도 신세를 지는 일이 없게 해야 할 것입니다"[4:11-12]). 그들의 사랑하는 사람들이 죽은 것은 슬픔의 원천이어서는 안 되며 오히려 묵시적인 위로와 지속적인 믿음의 원천이라고 확신시켜 주었다. 왜냐하면 주님이 오시면, "그리스도 안에서 죽은 사람들이 먼저 일어나고, 그다음에, 살아 남아 있는 우리가 그들과 함께 구름 속으로 이끌려 올라가서, 공중에서 주님을 영접할 것입니다. 그리하여 우리가 항상 주와 함께 있을 것"(4:17)이기 때문이다. 문학적 주제와 종교적 개념의 관점에서 볼 때, 사면초가에 시달리던 신자들에게 쓴 이 권면의 편지는 마카베오 이전 시대에 박해받던 유대인들에게 다니엘서의 저자가 부활을 확신시켜 주던 것과 비슷했다. 그러나 바울은 지금 이스라엘의 의로운 자들에 대한 전통적 약속을 능숙하게 활용하여, **다른** 민족들 사이에서 살아가던 그의 추종자들의 연대감을 유지했으며, 부활과 하늘의 세력의 개입에 대한 언어를 개작하여 당시의 정치경제적 기존 질서에 대한 신자들의 치열한 저항을 계속하도록 격려했다.

51년 봄, 새로 공격적인 총독(루시우스 이우니우스 **갈리오**라는 이름의 탁월한 로마인)이 고린도에 도착한 것은 그 이후 사건 전개에서 중요한 의미가 있다. 갈리오는 사도행전에 이름이 언급된 소수의 로마인 관리 가운데 하나로서, 그의 역사적 존재는 독립적으로 증명할 수 있다. 즉 타키투스, 디오 카시우스, 플리니의 저술에 그의 정치적 경력이 언급될 뿐 아니라 1907년에 델피에서 라틴어 비문 조각이 발견되었는데, 이

비문은 갈리오 총독이 아가야 지방에서 제국의 발전에 적극 참여했음을 강조한다. 이 비문은 또 바울이 첫 번째로 고린도에서 선교했던 중요한 연대기에 대한 단서를 제공한다. 왜냐하면 이 비문은 갈리오 총독이 51년 봄부터 52년 봄까지 정상적으로 1년 동안 복무했음을 시사하기 때문이다. 우리가 이제 알게 된 것은 고린도에서 바울의 운동이 설립된 것은 정확히 아가야 지방에서 제국의 기관들이 더욱 공격적으로 바뀌고 있을 때였다는 사실이다. 만일 우리가 사도행전의 이야기처럼 바울이 고린도에서 갈리오 총독을 만난 것(18:12-17)을 분쟁에 대한 천상의 버전, 즉 그 분쟁 때문에 결국 바울이 고린도에서 환영받지 못하는 인물(persona non grata)이 된 사건에 대한 하늘의 버전으로 인정한다면, 우리는 또다시 바울 사역의 일차적인 정치적 맥락을 인식할 수 있다. 바울은 유대인 이단자라기보다는 로마의 질서에 반대하는 선동가로 간주되었다. 바울이 계속해서 아가야, 마케도니아, 그리고 아마도 갈라디아에서 "체제전복적인" 공동체들과 정기적으로 접촉하자, 바울은 제국 당국의 정탐꾼들과 정보원들의 주의를 피하는 것이 점차 어렵게 되었을 것이다. 비록 사도행전은 바울이 고린도를 떠난 것이 유대인들의 적대감 때문이었던 것처럼 비난하지만, 장차 바울에게 가장 위험한 적이 된 것은 제국이었음이 분명하다. 따라서 바울은 아가야 지방에서 18개월을 보낸 후 52년 여름에 고린도를 떠나 배를 타고 에게해 연안의 또 다른 크고 번창한 로마 도시(소아시아 서쪽 끝의 에베소)를 향해 갔으며, 그곳에서 바울은 그의 모든 공동체를 하나의 거대한 세력으로 만들어 제국의 영적이며 사회적인 파산에 맞서도록 조직할 계획이었다.

불과 2~3년 전에 바울 일행이 갈라디아(소아시아 중부)에서 북서쪽으로 출발했을 때, 그는 소아시아 서쪽 해안에 있는 "아시아" 지방을 거쳐서 가는 것을 애써 피했다. 그러나 이제 그가 선택한 여행 경로는 좁고 비옥한 농경지, 구불구불한 강의 계곡들, 그리고 번창한 해안가의 거점 도시들이었고, 이 여행은 그의 가장 길고 공격에 많이 노출된 선교여행으로서, 결국 약 2년 반 동안 계속된 여행이었다. 바울은 그리스도의 말씀을 멀리 유럽 북부의 산악지대와 삼림지대에 사는 낯선 사람들에게 전파하는 대신에, 다시 에게해를 건너 제국 동쪽 지방의 그리스어를 말하는 대도시 사람들에게 전파하고, 그의 공동체들의 연대성을 더욱 강화하기 위해 힘을 쏟을 계획이었다. 아굴라, 브리스길라와 기타 동역자들(이들은 모두 고린도에서 출발했다)과 함께 대도시 에베소에 도착한 바울은 아시아 지방의 수도 에베소에서 자신의 입지를 구축했는데, 에베소의 유명한 아르테미스(아데미, 행 19:34) 신전은 지중해 전역에서 순례자들과 관광객들을 끌어모으고 있었다.

비록 우리는 바울의 선교여행에서 이 단계의 사건들의 순서에 대해 확신할 수 없지만(사도행전 18:18-19:1은 바울이 에베소에서 사역을 시작한 것이 오래 연기되었던 재회를 위해 안디옥으로 되돌아가, "갈라디아 지방과 부르기아 지방"을 다닌 후였다고 암시한다), 아굴라와 브리스길라는 곧 에베소에 자신들의 가정 교회를 설립했으며(고전 16:19), 바울은 고린도에 남겨놓고 떠났던 일, 즉 도시 사람들에게 설교하고(때로는 도시 근처 시골 사람들에게도 설교했을 것이다, 행 18:23), 영적인 권능을 행사하고, 새로 세례를 받은 추종자들이 이끌던 새로운 가정 교회들을 조직하는 일을 계속했던 것으로 보인다. 과거에 바울이 고린도에 도착하자마자 브리스길라와 아굴라와 힘을 합쳤던 것처럼, 이제는 알렉산드리아 출신 유대인으로서 말이 유창했던 유랑 설교자 **아볼로**와 힘을 합쳤는데(행 18:24), 아볼로는 결국 기독교에 대해 매우 다르게 이해하고 있다는 사실이 드러나게 된다. 그러는 동안에, 이 새로운 선교 지역에서의 활동은 확장되고 있었다. 바울의 오랜 동역자인 안디옥 출신의 디도가 도착하여, 인근 지역 사람들에게 바울의 복음을 전파함으로써, 마침내 바울의 복음이 에베소 동쪽으로 전파되었고, (소아시아 중서부 브루기아 지역의) 루쿠스 계곡 입구에 있는 도시들인 헤에로볼리, 라오디게아, 골로새에서 새로운 교회들을 설립하는 것을 도왔다.

바울이 이처럼 (소)아시아의 내륙 계곡에 사는 사람들에게 그리스도의 말씀을 전파하고—또한 현실 권력에 저항하기 위한 실천적 전략을 가르침으로써—바울은 자신이 4~5년 전에 그의 첫 번째 교회들을 세웠던 갈라디아 고원지대의 (서쪽) 끝에 이르게 되었다. 그리고 바울이 에베소에 도착한 지 얼마 지나지 않아, 그는 예상하지 못했던 반대에 부딪혔는데, 그것은 "다른 복음"을 전하는 설교자들이 갈라디아 교회들 사이에 바울은 거짓 교사라고 비난하고, 이스라엘 백성의 **진정한** 갱신운동에 가담하도록 촉구하고 있었던 것이다. 우리는 이런 경쟁자들의 정체성에 관해 정확한 정보를 갖고 있지 못하지만, 바울이 나중에 갈라디아 교인들에게 쓴 편지에서 밝힌 바에 따르면, 그 반대자들은 율법(토라)을 준수하는 입장에서 예수운동을 이해했다는 점에서, 안디옥 공동체를 방문했던 "야고보가 보낸 사람들"의 가르침을 생각나게 만든다.

바울은 자신의 배타적 선교 지역이라고 믿었던 지역에 이런 경쟁적 사도들이 들어온 것에 대해 공포와 분노로 반응했다. 그 이상이었다. 즉 바울은 이처럼 율법을 준수하는 새로운 사도들은 갈라디아 교인들에게 큰 피해를 초래할 것이라고 믿었다. 갈라디아 고원지대의 마을 사람들이 하나님 나라에서 몫을 얻기 위해서는, 자신들의 마을 전통을 포기하고 대신에 이스라엘의 축제, 율법, 종교의식을 받아들여야 한다는 그들의 주장은 바울 자신이 몇 년 동안 수고했던 모든 노력에 대해 직접 도전하는 것이었다. 바울은 갈라디아 지방을 여행하면서 점차 그들의 정치경제적 고통을 이해했기 때문에, 바울은 자신이 그 새로 도착한 사도들보다 훨씬 더 어떻게 해야 갈라디아의 농민들이 제국의 새로운 조건 아래에서 생존할 수 있으며, 또한 어떻게 그들 나름대로 하나님 나라를 상속받을 수 있는지를 잘 알고 있다고 믿었다. 따라서 바울은 그의 추종자들 가운데 일부가 그 자신의 운동을 포기하고 대신에 안디옥과 예루살렘 중심의 이스라엘 갱신운동에 설득당할 것을 염려하여, 서둘러 "어리석은 갈라디아 사람들"에게 격정적인 권고의 편지를 써서, **그들이** 갈라디아인으로서 얻으려고 애써야 할 보상에서 눈을 떼지 말도록 호소했다. 갈라디아서로 알려진 이 문서에 대해, 기독교 신학자들은 오랫동안 특수주의적 "유대교"(particularist Judaism), 즉 "공적"(meritorious works)과 위선적인(엄격한) 종교의식에 대한 율법 준수를 통한 자기 의로움(self-justification)에 사로잡힌 유대교에 대한 철저한 거부로 간주했다. 그러나 우리는 이 편지의 추상적이며 신학적인 해석에 주목할 것이 아니라, 그 작성 당시인 53년의 구체적인 역사적 맥락에 주목해야만 한다. 바울은 이 편지에서 갈라디아 사람들에게만 말하고 있으며, **그들을 위한** 이스라엘 율법의 가치를 거부하고 있다.

바울의 눈에는 갈라디아 사람들이 율법을 따르는 것이 마치 갈릴리와 유다 지방 사람들이 갑자기 켈트족 전사들처럼 잔치를 벌이고 술을 퍼마시거나 갈라디아의 농민 전통을 따르는 것처럼 엉뚱하며 파괴적인 것처럼 보였을 것이다. 바울이 자신의 유대인 전통과 그 전통이 이스라엘 백성에게 주는 가치에 대해 무슨 생각을 했든지 간에, 갈라디아서에 나타난 바울의 복음은 그 지역 사람들에게 **그들을 위한** 하나님의 약속의 진정한 의미라고 그가 믿는 것을 보여주기 위한 것이었다. "그리스도께서 우리를 해방시켜 주셔서, 자유하게 하셨습니다. 그러므로 굳게 서서, 다시는 종의 멍에를 메지 마십시오. 나 바울이 여러분에게 말합니다. 여러분이 할례를 받는다면, 그리스도는 여러분에게 아무런 유익이 없습니다"(갈 5:1-2). 바울은 갈라디아 지방의 공동체들이 지주와 지배자들 아래에서 고통받는 것을 목격했기 때문에, 이스라엘의 율법은 그들에게 상관없는 전술이며 위험한 이탈이라고 주장했다. 그는 자신이 세운 교회들을 자신의 복음에서 벗어나게 하려는 사람들만을 경멸했다. "우리가 전에도 말하였지만, 이제 다시 말합니다. 여러분이 이미 받은 것과 다른 복음을 여러분에게 전하는 사람이 있다면, 그가 누구이든지, 저주를 받아야 마땅합니다"(갈 1:9).

바울은 갈라디아와 마케도니아를 여행하면서, 창조적인 나눔의 원리를 교회 구성원 각자의 실천적 요소로 만들었고, 각 공동체의 경제적인 수입의 일부를 하나님 나라의 사역을 위해 따로 떼어놓도록 격려했다. 바울은 전에 갈라디아 교인들에게 "서로 남의 짐을 져 주십시오"(6:2)라고 촉구했으며, 또한 빌립보 교인들이 그에게 제공한 물질적 도움에 크게 기뻐했다. 그러나 바울은 이제 자신의 운동이 외부의 압력에 취약한 때문에 예수운동의 각각의 공동체(자신이 이방인들 사이에 세운 교회들과 안디옥과 예루살렘의 교회들 모두)가 그만큼 자율성을 갖게 되었음을 깨달았다. 이제 필요한 것은 전대미문의 협력과 자원의 공유를 통해서 **모든** 사람의 예속상태를 극복하는 일이었다. 그래서 바울은 갈라디아 사람들에게 "유대 사람이나 그리스 사람이나, 종이나 자유인이나, 남자나 여자나 차별이 없습니다. 그것은 여러분이 그리스도 예수 안에서 다 하나이기 때문입니다"(3:28)라고 썼다. 이로써 갈라디아, 마케도니아, 아가야의 모든 교회가 **모금 형태로** 전체 운동의 통일성을 보여주고, 예루살렘 공동체의 물질적 유익함을 위해 함께 일하는 생각이 태어났다. 이렇게 모금된 돈은 각 지방 교회 대표로 선택된 "성도들" 대표가 예루살렘에 전달함으로써 각 공동체의 지역적 지평을 확대할 것이며, 또한 거룩한 도시 예루살렘으로 들어가 세상 끝날 때 의로운 이방인들이 시온을 향해 나아간다는 이사야 예언자의 환상을 실현하게 될 것이었다. 그 효과는 하나님 나라의 실현을 위한 이방인들의 헌신과 가치를 드러낼 것이며, 또한 바울은 이를 통해서 예루살렘과 안디옥에 근거한 사도들의 반대를 무마할 것을 희망했다. 그러나 그는 고린도에서 새로 심각한 문제가 일어나 자신의 모금 계획이 수포로 돌아갈 수 있는 위협이 생길 것은 예상하지 못했다.

바울이 고린도에 세운 최초의 가정 교회들—그가 나중에 "아가야에서 맺은 첫 열매"(고전 16:15)라고 자랑스럽게 말한 성도들—은 심지어 바울이 에베소를 떠난 후에도 임박한 하나님 나라에 대한 믿음을 유지했으며, 그들은 바울의 지도력을 방어하기 위한 임박한 싸움에서 보루가 될 사람들이었다. 고린도의 가장들인 그리스보, 가이오, 스데바나의 식구들 전체는 바울이 개인적으로 세례를 주었는데(고전 1:14-16), 이들 가장들은 제국의 경제 한복판에서, 또한 그것에 직면하여, 재림(파루시아) 때까지 생존의 도전을 받아들였던 도시 운동의 핵심이었다. 우리는 그 가장들이 구체적으로 어떤 상업이나 기술에 종사했는지에 대해 알지 못하지만(예외적으로 아굴라와 브리스길라는 "천막 만드는 사람들"이었다), 그들 각자는 생계를 유지할 수 있는 경제적 수단을 갖고 있었던 것으로 보인다. 바울은 나중에 스데바나의 식구와 브드나도("행운아")와 아가이고("그리스인")를 연결시켰는데, 몇몇 학자들은 이들이 스데바나의 노예였다가 자유를 얻은 사람 또는 집안 노예였다고 본다. 그러나 개인 가장들은 고린도와 같은 거대한 제국 도시 안에서 결코 완전히 독립적이거나 자율적이었을 수 없었다. 경제생활은 개인적 관계의 복잡한 네트워크를 통해 이루어졌기 때문에 가장 비천한 기술자나 날품팔이조차도 제국 전체의 상업과 교역 통로에 연결되었다.

이 연결의 핵심은 "후견인들"의 역할이었는데, 그들은 부유하며 저명한 시민들로서, 여러 시민 집단, 상업조직, 종교적 의식에 정치적 지지와 재정적 후원을 제공함으로써, 사람들 사이에 접촉이 더욱 활발하게 되고 사업적 계약이 마무리되었다. 후견인 체제의 이런 패턴이 지닌 경제적 측면은 많은 직업적 조직(*collegia*)의 회원권이 특정 상품의 거래자에게만 국한되었다는 사실을 통해 분명히 나타났다. 예를 들어, 이탈리아 항구 도시 오스티아와 푸에톨리에서 발견된 비문들에는 염색업자, 유리 제조자, 선원, 포도주 판매자, 곡물 거래자 등의 직업적 조직에 대한 증거가 나타났으며, 로마화된 항구 도시 고린도에서도 상당히 비슷했을 것으로 추정된다. 많은 경우에 로마의 원로원 출신이나 기병대 출신의 귀족들만이 도시의 행정장관이나 직업적 조직의 후견인(그에 따른 모든 지위, 정치적 특권, 경제력과 함께)이 될 수 있었지만, 고린도처럼 여러 언어를 사용하는 도시에서는 스스로 누군가의 후견인이 되어 사회적 지위와 경제력을 동시에 높이려고 열심히 추구한 야심가들과 노예에서 해방된 신흥 부자들이 많이 있었다. 그 결과 바울이 고린도에 세운 독립적 가정교회들 — 여러 직종의 자활적인 식구들로 구성된 — 의 네트워크는 당연히 새롭게 계층 상승한 도시 성도들의 후견인 활동을 위한 매력적인 기회를 제공했을 것이다.

바울이 고린도를 떠난 직후에 새로운 사람들이 그 운동에 가담했으며, 그들의 행동 때문에 바울의 초기 추종자들은 즉각 염려하게 된 것으로 보인다. 나중에 바울은 고린도에 편지를 보내 그들에게 믿음 위에 굳게 서서 "부도덕한 자들과 상종하지 말라"(고전 5:9)고 지시했다. 이것은 분명히 교인들이 어울려 살아야 하는 일반적인 이방인들을 가리키는 것이 아니었다. 바울이 강조한 것은 "이 세상의 음행하는 자들이나, 탐욕을 부리는 자들이나, 약탈하는 자들이나, 우상을 숭배하는 자들과는 아주 상종하지 말라는 뜻이 절대로 아닙니다. 그러려면, 여러분은 이 세상 밖으로 나가야 할 것입니다. 그러나 이제 내가 여러분에게 상종하지 말라고 쓴 것은, 만일 형제나 자매라고 일컫는 사람이 음행하는 자이거나, 탐욕을 부리는 자이거나, 우상을 숭배하는 자이거나, 사람을 중상하는 자이거나, 술 취하는 자이거나, 약탈하는 자이거나 하면, 그런 사람과는 함께 먹지도 말라고 한 것입니다"(5:9-11)이기 때문이다. 신약성서 학자 존 처우(John Chow)는 이 "부도덕한 자들"은 다시 예전처럼 타락한 상태로 되돌아간 사람들뿐 아니라 후견인이 되려는 사람들, 즉 그리스도의 복음에 대해 입술로만 충성하며 고린도의 크리스천들에게 상당한 재정적 지원을 제공하여, 당시 고린도의 이방인 귀족들과 시민 지도자들처럼 여러 상업조직과 종교적 제의에 기여함으로써 자신의 충성스러운 의뢰인들을 얻고 동시에 자신의 사회적 지위를 높일 수 있었던 사람들처럼 되려는 교인들도 가리키는 것으로 보아야 한다고 설득력 있는 주장을 펼쳤다.

수많은 신약성서 학자가 고린도에 세운 바울의 **교회들**(ekklesiai)과 당시 도시의 **직업적 조직들**(collegia) 사이의 유사성을 지적했으면서도, 그 둘이 형태상 점차 비슷해지는 것이 사실상 바울을 매우 두렵게 만들었을 것이라는 점을 파악하지 못한 것은 아이러니하다. 고린도 사람들에게 보낸 편지를 통해, 우리는 그 도시의 교회(직업적 조직처럼)를 후원한 것이 바로 그 모임 장소와 공동 잔치를 위한 음식과 비용을 제공한 부유한 후견인들의 기부금이었으며, 반면에 그들은 그런 기부를 통해 구성원들의 정치적 충성을 얻었으며, 잔치 식탁에서 항상 칭찬받고 상석에 앉는 보답을 얻었다는 사실을 알 수 있다. 그것은 분명히 바울의 의도가 아니었다. 바울은 교회 안에서의 후견인이라는 개념 자체가 자신의 지도력에 대한 직접적인 모욕이라고 생각했기 때문이다.

오래지 않아 몇몇 새로운 사도들이 고린도에 도착하여, 바울이 강조했던 공동체의 연대성을 훼손시키고, 바울의 운동을 이제는 후견인들이 더욱 장악하도록 만든 여러 가지 신학적으로 새로운 사상들을 가르쳤다. 그 새로운 사도들 가운데 가장 중요한 인물이 불가사의한 "아볼로"(고전 3:5-9)인데, 그는 사도행전에도 언급되어 있다. 아볼로는 예수운동의 신비종교적 설교자로서, 예수를 순교자라기보다는 "하늘의 지혜"인 소피아의 예언자, 즉 선택받은 사람들에게 하나님과 소통하는 신비한 수단을 제공한 예언자로 제시하기 시작했다. 실제로 아볼로를 비롯한 심령주의(spiritualist) 사도들은 예수운동의 새로운 후견인들을 위해 복무할 준비가 되어 있었을 것이다. 그런 사도들은 더욱 높은 차원의 의식을 얻기 위한 신비적이며 묵상적인 추구 자체를 목표로 설교했기 때문이다.

고린도 공동체들의 몇몇 후견인들은 곧바로 영적인 은사를 사회적 지위의 표시로 간주하기 시작했다. 왜냐하면 새로운 이방인 종교 제의와 개인 구원의 새로운 시대 이데올로기의 신비주의적 제의가 계층 상승을 원하는 로마인들의 저녁 식사 후 유희로 인기를 끌던 당시에, 예언자적 황홀경과 방언을 말하는 것은 고린도의 크리스천 모임들에 참가한 일부 사람들에게 영적으로 앞서 나가는 사람들의 유력한 무기로 간주되기 시작했기 때문이다. 우리는 나중에 바울이 쓴 편지들을 통해, 일부 교인들이 다른 교인들보다 훨씬 더 성령에 직접 접근하고 있음을 자랑했다는 것을 알 수 있다. 그들은 이처럼 모든 지식과 지혜의 신적인 원천에 직접 접촉한다고 주장함으로써, 자신들이 영적인 의미에서 이제 "능력이 있고," "풍요하며," "고귀한 태생"이며, "왕들"이라고 믿게 되었다. 이처럼 예수운동에서 자신들이 영적인 "귀족"이라고 느끼게 됨으로써 그들은 하나님의 축복을 완전히 얻기 위해 그리스도의 재림을 기다릴 필요가 없다고 확신하게 되었다.

아볼로의 영적인 가르침과 그들 자신의 신적인 각성 체험을 통해서 바울의 교인들 가운데 계층 상승을 하던 많은 사람들은 자신들의 영혼이 불멸하며, 또한 하나님의 성령과 친밀한 교통을 허락받았다고 확신하게 되었다. 만일 사람들이 이런 "불멸"을 정신의 내적인 상태로 간주하고, 세상에서의 모든 활동을 완전히 대수롭지 않은 것으로 간주한다면, 고린도 교회의 지도자들이 주간 모임 이외에 자신들의 삶을 대체로 과거처럼 살아간다고 해서 무슨 차이가 있겠는가? 제국의 도시 고린도의 일상생활에서 영향력을 끼치고 경제적으로 성공할 기회가 주어지는 것이, 오직 중요한 시민 행사와 종교적 축제에 참여하는 사람들뿐이라면, 그들이 애국적인 행사에 단순히 참여한다고 해서 무슨 차이가 있겠는가? 결국 바울 자신도 대리석, 청동, 진흙, 또는 나무로 만든 이방인들의 우상이란 "아무것도 아닌"(고전 8:4) 것이라는 점에 동의했을 것이다. 그렇다면, 그들이 아프로디테, 아스클레피우스, 심지어 카이사르를 예배하는 공적인 행사에 참여하더라도 **실제로는** 그런 신들을 믿지 않는다면 도대체 무슨 해가 되겠는가? 또한 그들이 계속해서 지역의 귀족 가문과 결혼하려 하고, 심지어 아들이 자신의 귀족 배경을 확대하기 위해 자신의 계모와 결혼한다고 해서 무슨 차이가 있겠는가?(고전 5:1). 도대체 왜 성공한 가장들은 노예들에 대한 소유권을 주장할 수 없으며, 그들이 해방시킨 노예들의 수입 가운데 법적인 몫을 차지하기 위해 법정에 고발해서 재정적 이익을 추구하는 것을 금지하는가? 그 노예들과 해방시킨 노예들이 그리스도 안에서 형제자매들일지라도 말이다(고전 6:1-8).

교회 공동체의 집단적 행동은 더 이상 고린도 교회들의 교인 숫자가 늘어난 중요한 원인이나 일차적인 동기가 아니었다. 한동안 고린도 교회들의 일반 구성원들 가운데 일부 신비주의에 경도된 사람들은 정상적인 공동체 생활을 포기하고 모든 지혜의 원천인 소피아에 대한 신비주의적 명상을 추구했다. 그들에게 예수는 단지 하나의 통로에 불과했다. 아볼로의 명상 방법에 숙달된 사람들은 자신들을 "영적인 사람"(pneumatikoi, spirituals)이라 불렀으며, 천상의 소피아가 정기적으로 자신들에게 최고의 축복에 대한 비전과 완벽한 기쁨을 전해준다고 믿기 시작했다. 그들은 또한 자신들의 불멸의 영혼이 '그노시스'(gnosis), 또는 각성된 지식을 소유하였으며, 이로써 자신들은 나머지 인류와 다르다고 믿게 되었다. 이러한 영적인 엘리트 의식은 많은 남녀로 하여금 소피아를 자신들의 하늘의 "배우자"로 생각하게 했다.

이것은 결혼한 사람들에게 이제까지의 배우자들과 육체적 분리를 뜻했으며, 결혼하지 않은 사람들에게는 장차 결혼이나 성적인 관계를 단념하고 결과적으로 일종의 영적인 "처녀성"을 유지하는 것을 뜻했다. 어느 경우든, 공동체의 정상적인 생활은 붕괴되었고, 소피아와의 친밀한 교제를 통한 개인적인 영적 변화를 추구하는 것이 특히 고린도 교회의 여성들 가운데서 인기를 끌게 된 것으로 보인다. 여성들은 헬레니즘과 로마 사회에서 일반적으로 무기력한 입장에 있었기 때문에, 영적인 독신주의가 그런 무기력함에서 벗어나는 효과적인 방법이었을 것이다. 여성들은 모든 계층에서 흔히 열두 살이나 열세 살 나이에 훨씬 나이 많은 남편들(그들의 평균수명은 약 40세에 불과했다)과 결혼하여 첫 남편에게서 자녀들을 낳고, 첫 남편이 사망한 후에는 재혼하여 새로운 남편에게서 또다시 자녀들을 낳아야 했다. 법적으로 남편과 남성 친척들에게 의존되어 있었던 여성들은 권리가 거의 없었고, 성적으로 속박되어 있었으며, 식구들을 돌볼 책임이 있었다. 그러나 이제 갑자기, 하늘의 소피아와의 새로운 관계—소피아의 사자(emissary)인 예수에 대한 신비적 명상을 통해 얻게 된 관계—를 통해, 바울의 교회들의 일부 여성들은 자신들이 억압적인 가부장 제도로부터 높은 영적 지위와 자유를 얻을 수 있다고 느꼈다.

이처럼 예상하지 못했던 사태에 대해 바울은 53년 가을에 주목하게 되었다. 당시에 바울은 안디옥에 근거한 사도들이 갈라디아의 교회들에 영향을 끼치는 것에 맞서 싸우고 있었다. 바울운동의 원래 이상에 충실했던 고린도 교인들은 점차 절박하게 되었으며, 바울이 그들의 질문들에 대해 확고한 권면과 적절한 성서 인용을 통해 편지를 쓸 준비를 하고 있었을 때, 그는 몇몇 교인들로부터―바울은 그들을 수수께끼처럼 "글로에의 집 사람들"(고전 1:11)이라고 밝혔다―고린도 공동체의 여러 분파 사이에 공개적 분열이 생겼다는 말을 들었다. 가이오, 그리스보, 스데바나 집의 사람들은 바울과 그의 원래 가르침에 충실한 채 남아 있었지만, 다른 사람들은 떨어져 나가서 기독교 신앙의 다른 체계에 충성한다고 글로에의 집 사람들은 보고했다. 이처럼 자신들의 모임을 특정한 교사와 동일시하면서, 어떤 사람들은 "나는 바울 파다"고 주장했고, 다른 사람들은 "나는 게바 파다"고 자랑하고, 또 다른 사람들은 "나는 아볼로 파다"고 주장했다(고전 1:12). 이처럼 아가야 지방의 성도들 사이에 분열이 통제할 수 없게 되자, 바울은 만일 고린도 교회들 안에 이런 후견인, 개인주의, 영적 엘리트주의를 그냥 내버려둔다면, 자기 운동의 주춧돌이 파괴될 것이라고 믿었다.

이제 고린도 교회 안의 후견인들과의 전면전이 불가피하게 되자, 바울은 고린도의 모임들에서 이처럼 파괴된 정신을 단번에 부흥시킬 무엇인가를 해야만 했다. 고린도 교회의 위기는 바울을 움직여 고린도전서라는 그의 가장 중요한 편지들 가운데 하나를 작성하게 했다. 비록 이 편지에서 논의된 다양한 문제들은 오랫동안 교회 안에서 인간의 잘못과 교회 주변의 하나님을 믿지 않는 자들의 유혹을 받는 모든 대도시 교회의 추상적 관심 사항들이라고 해석해 왔지만, 일차적으로 그 원래의 역사적 맥락에서 평가해야만 한다. 바울의 중요한 관심 사항들에는 자기 남편들과 별거하는 여성들이 있었다. 그들에 대해 바울은 다시 결혼생활로 돌아가라고 권면하면서, "아내는, 남편이 살아 있는 동안에는, 남편에게 매여 있습니다"(고전 7:39)라고 말했다. 페미니스트 학자들은 이 본문을 증거로 바울 자신이 로마 사회의 가부장적 구조에 대해 눈을 감았다고 비난했다. 비록 바울이 전에 갈라디아인들에게 "예수 그리스도 안에서는 남자나 여자나 차별이 없습니다"(3:28)라고 말했지만, 바울은 남자와 여자 사이의 계속된 구조적 불평등에 대해 도전하는 것을 이해하지 못했다는 비난이다.

그러나 바울이 "영적인" 여성들의 고통을 완전히 이해하지는 못했다 하더라도, 고린도 교회에서 자신의 중요한 반대자들로 지명한 집단에 대해서는 완곡하게 말하지 않았다. 그들은 작은 집단으로서 자신들이 예수 운동의 후견인이 됨으로써 자신들의 사회적 지위를 높이려고 시도하던 사람들이었다. 이들의 행동은 고린도의 다른 유명인사들이 사회단체와 종교 제의에 후견인이 됨으로써 자신들의 지위를 높였던 것과 마찬가지였다. 신약성서 학자 존 처우는 바울이 다른 각각의 문제들, 즉 영적인 황홀경에 빠지는 위험성(고전 12-14장), 이방 신전들의 희생제사와 잔치에 참여하는 문제(고전 8-10장), 편의나 지위를 위한 결혼(고전 5:1), 주님의 만찬에서의 계급 차별(고전 11:19), 교인들 사이에 세속 법정에 고소하는 문제(고전 6:1-8)는 모두 부유하고 지위 상승을 바라는 "후견인들"이 저지르기 쉬운 문제들이었지, 노동자와 노예들처럼 사회의 하층계급이 저지른 문제가 아니었음을 보여주었다. 그러나 바울은 분명히 논쟁을 통해 그 싸움의 형세를 바꾸기에는 충분하다고 믿지 않았다. 그래서 바울은 고린도 교회의 모든 구성원이 (예루살렘의 성도들을 위한) 구제금 모금에 참여함으로써, 실천적 자기희생의 프로그램을 공유하기를 원했다.

바울은 갈라디아 교인들에게 가르쳤던 것처럼, 고린도 교인들도 예루살렘 성도를 위한 구제금에 참여하여, 자신들의 재물을 기꺼이 내어주며 예수운동을 뒷받침함으로써 현재의 악한 질서에 맞서 싸우는 모습을 보여주도록 했다. 그러나 고린도에서는 이 프로젝트가 단순히 예수운동 전체의 단합을 위한 것만은 아니었다. 고린도에서 예루살렘을 위한 구체적 모금 **방식**은 그 도시의 후견인들이 만든 위계적 지위체계(hierarchy of status)를 직접 타격하는 것이었다. 즉 몇몇 부자들의 기부금에 의존하는 대신에, 아무리 가난해도 모든 구성원이 최선을 다해 헌금하도록 요청하고, 또한 그렇게 함으로써 모두가 동등한 몫을 받도록 했던 것이다. 바울은 고린도 교인들에게 쓴 편지의 마지막에서, "매주 첫날에, 여러분은 저마다 수입에 따라 얼마씩을 따로 저축해 두십시오. 그래서 내가 갈 때에 그제야 헌금하는 일이 없게 하십시오"(고전 16:2)라고 지시했다.

바울이 고린도 사람들을 지배했던 후견인 체제에 대해 반격한 것은 적어도 처음에는 성공했던 것처럼 보인다. 바울은 동역자 디모데와 나중에는 디도를 고린도에 보내 구제금을 모으기 시작했고, 자신이 직접 고린도에 갈 계획도 세웠다. 그러나 바울과 그 지지자들의 최종적 승리는 확보되지 않았다. 고린도 교회들의 후견인 지도자들은 예수운동을 장악하는 데 자신들의 특권이 걸려 있었기에 순순히 포기할 마음이 없었기 때문이다. 54년 여름에 그들은 바울의 노력을 뒤집어엎기 위해 새로운 설교자들과 교사들 집단을 받아들였는데, 바울은 나중에 그들을 "거짓 사도요, 속이는 일꾼들이어서, 그리스도의 사도로 가장하는 자들"(고후 11:13)이라고 불렀다. 바울의 편지들 어디에도 그들의 이름이 분명히 언급되지는 않지만, 그들은 널리 존경받고, 또한 갱신운동의 다른 지도자들(아마도 안디옥과 예루살렘의 지도자들)과도 잘 연결되었던 것처럼 보인다. 왜냐하면 그들은 "추천장들"을 지녔으며(고후 3:1), 자신들이 "히브리 사람," "이스라엘 사람," "아브라함의 자손," "그리스도의 일꾼(ministers, diakonoi)"임을 강조했기 때문이다(고후 11:22-23). 실제로 이렇게 자칭하는 용어들이 의심스러운 것은, 1년 남짓 전에 갈라디아 교인들 사이에서 활동했던 율법을 준수하는 선교사들도 이런 자칭 용어들을 사용했을 것이기 때문이다.

이제 그들은 고린도 교회 안에서 예수 부활의 의미에 대한 확정적 해석자들로서 자신들의 권위를 확립하기 위해, 바울의 사도 자격을 공격함으로써 바울의 가르침을 가차없이 매도하고, 또한 그의 사도적 권위를 무너뜨리기 위해 그의 재정적 부적절함을 비난하고(고후 11:7-10), 심지어 바울이 고린도 성도들 가운데 가장 가난한 사람들에게마저 "헌금"을 갈취했다고 비난했다(고후 12:14-18). 이것은 고린도 공동체 안에서 단순히 신학적 논쟁이 아니라 정치적 투쟁이었다. 이 새로운 사도들은 아볼로와 기타 "영적인" 사도들이 분명히 그랬던 것처럼(고전 9:6), 지역 교회의 후원자들에게서 재정적 지원을 기쁘게 받았기 때문이다. 그것은 바울에게는 궁극적 배반이었다. 이런 "가장 위대하다는"(superlative) 사도들(고후 11:5)이란 바로 로마의 억압을 가능하게 만든 후견인 체제와 지위 구조에 항복한 자들이라고 바울은 믿었기 때문이다. 제국의 화려한 옷을 입고 특권을 누리며 개인적으로 과장된 칭찬을 추구하는 정신이야말로 바울에게는 궁극적 악처럼 보였다. 그래서 바울은 나중에 "사탄도 빛의 천사로 가장합니다. 그러므로 사탄의 일꾼들이 의의 일꾼으로 가장한다고 해서, 조금도 놀랄 것이 없습니다"(고후 11:14-15)라고 회고했다.

바울이 54년 여름에 에베소에서 이런 "가장 위대하다는 사도들"이 도착했다는 말을 들었을 때, 그는 서둘러 고린도 교인들을 향해 또 다른 편지를 썼다(많은 학자의 문학적 분석에 따르면, 이 편지는 고후 2:14-6:13에 보존되어 있다). 이 편지에서 그는 자신의 외롭고 독립적 사도로서의 경력을 방어하고, 계속해서 하나님 나라의 열쇠는 율법 준수보다는 성령이 우선함을 강조했다. 여기서도 그의 말은 유대교 자체에 대한 비난이 아니라, 고린도 교인들이 당면했던 그들의 특수한 역사적 상황에서의 수사학적 권면으로 이해해야만 한다. 바울의 흔히 치밀하며 복잡한 신학적 주장에서 나타나는 것은 의로운 사람들의 진정한 싸움은 더 이상 이스라엘 백성과 로마제국 사이에만 국한된 것이 아니라는 그의 주장이다. 진짜 싸워야 하는 적은 공격적이며 소유욕을 추구하는 개인주의로서, 이런 정신은 로마 사회에서 매우 칭찬받는 것으로서 일상생활의 가장 순전한 사회적 구조와 종교적 구조 속에까지 뿌리 깊게 배어있던 정신이었다.

바울은 고린도전서 5-6장에서 신실한 사람들은 권력과 착취의 사회 질서—후견인과 의뢰인 체제와 제국의 질서에 대한 복종—가 유혹하는 것을 경멸하고, 그런 것에 항복한 자들과는 상종하지 말아야 한다고 주장했다. 바울의 고린도서에서 오랫동안 논쟁이 된 구절(고후 6:14-7:1)은 이런 위기에 정확히 맞는 것으로 보인다. 여기서 바울은 고린도 교인들에게 "믿지 않는 사람들과 멍에를 함께 메지 마십시오. 정의와 불의가 어떻게 짝하며, 빛과 어둠이 어떻게 사귈 수 있겠습니까? 그리스도와 벨리알이 어떻게 화합하며, 믿는 사람과 믿지 않는 사람이 어떻게 한 몫을 나눌 수 있습니까?"(고후 6:14-7:1)라고 경고한다. 바울은 자기 비전의 중심 요소에서 물러나기를 거부했다. 즉 성도들은 출신 국가가 어디이든 간에 제국의 사회적 구조 속에 동화되지 않도록 해야만 한다는 것이다.

그러나 바울이 54년 가을에 직접 고린도를 방문한 것조차도 그 대세를 바꾸는 데 성공하지 못했다. 사실상 그의 고린도 방문은 굴욕적 재앙이었다. 바울이 나중에 쓴 편지에서 제공한 몇 가지 세부 사항들을 통해 최소한 특정한 한 개인이 교인들 앞에서 바울을 공격하고 모욕했다는 것을 알 수 있다(고후 2:1-5). 바울의 반대자들은 그가 가난한 교인들을 영원히 갈취하려고 했다고 비난했으며, 바울은 혼자 이런 비난에 직면하여 자기 경력과 정직성을 심판하는 적대적인 모임을 극복할 수 없었다. 그 모임에서 후견인들(그들은 여전히 모임의 비용을 지불하고 상석에 앉았으며, "가장 위대하다는 사도들"의 지원을 받았다)은 배심원이며 동시에 재판장 역할을 했기 때문이다. 그래서 바울이 고린도를 "고통스럽게 방문한" 후 에베소에 되돌아갔을 때(고후 2:1), 고린도의 후견인들이 승리한 것을 그대로 내버려 둔다면, 자신의 모든 교회를 위험에 빠뜨릴 것이라고 크게 우려했다. 바울은 쓰라린 마음과 비난하는 마음을 억제하지 못한 채, 나중에 "눈물의 편지"(고후 10-13장)라고 부른 것을 작성했다. 바울은 자신의 사도적 능력에 대한 인신공격에 대응하여, 자신이 복음을 위해 오랫동안 개인적으로 겪은 시련과 환난을 열거했다. 즉 공적인 채찍을 맞음, 구타, 돌 맞음, 난파, 강도당한 일, 굴욕, 배반, 기진맥진하게 됨, 잠을 못 잔 것, 굶주림, 스트레스, 추위(고후 11:23-32) 등의 시련이었다. 그는 다시 자신의 복음은 사람에게서 온 것이 아니라 낙원에 대한 자신의 신비한 환상에서 온 것임을 강조하면서, "말로 표현할 수도 없고 사람이 말해서도 안 되는 말씀을 들었습니다"(고후 12:1-6)라고 말한다. 바울의 눈에 그런 경험들은 부활하고 다시 오실 그리스도의 이름으로 말하도록 위임한 하나님의 권능에 대한 자신의 독특한 이해의 증거였다.

이제 "눈물의 편지"에서 바울은 고린도 교인들에게 그들이 재난과 놀아나고 있다고 경고했다. 고린도의 후견인들은 교만하게도 자신들이 더 이상 형제자매들이 아니라 제국적 질서의 대리인들임을 증명했기 때문에, 바울이 그토록 오랜 세월 수고했던 예수운동을 구할 수 있는 것은 오직 하나님의 직접적 개입뿐이었다. 그래서 바울은 그들에게 간청했다. "여러분은 자기가 믿음 안에 있는지를 스스로 시험하여 보고, 스스로 점검해 보십시오 여러분은 예수 그리스도께서 여러분 가운데 계시다는 것을 알지 못합니까? 모르면 여러분은 실격자입니다"(고후 13:5). 바울은 이제 하나님 나라를 위한 전투는 더 이상 민족이나 영적인 자격증 시험 문제를 놓고 벌이는 전투가 아니라는 것을 분명히 파악했다. 그 전투는 이제 제국 전체에 걸쳐 권력, 지위, 후견인 체제라는 악한 영(evil spirit)에 사로잡힐 위험에 처한 의로운 사람들의 가슴과 정신 속에서 벌여야만 하는 전투였다.

바울이 고린도 교회에서 권위를 박탈당했음을 깨달은 바로 그때, 거대한 변화가 세계 전체를 휩쓸고 있었는데, 이런 변화는 궁극적으로 그 후 기독교 역사에 결정적 영향을 끼칠 것이었다. 54년 가을, 클라우디우스 황제의 통치 14년 동안의 학정은 그 불가피한 혼돈의 막바지에 이르러, 왕실은 포악함에 사로잡히고, 국가의 일상 문제는 점차 노예들에서 풀려난 폐쇄된 집단의 손에 맡겨졌다. 로마의 역사가 타키투스는 연달아 나타나는 기괴한 징조들이 거대한 파국이 다가오고 있음을 시사한다고 지적했다. "군기들과 군대의 텐트들은 하늘로부터 내려온 불 위에 세워졌다. 벌 떼가 카피톨리움(로마) 신전의 지붕에 둥지를 틀었다. 절반은 짐승인 아이들이 태어나며, 돼지가 매의 발톱을 갖고 있다." 역사가 수에토니우스는 이에 덧붙여서 그 불길한 징조들에는 "혜성으로 알려진 긴 머리의 별이 나타나" 클라우디우스 황제의 아버지 드루수스의 무덤을 쳤으며, "모든 행정장관 사이에 기이한 죽음"이 포함된다고 했다. 이런 징조들은 신이 정해준 세계의 수도라고 믿던 로마 시민들의 미신에 불안과 불확실성을 초래할 수밖에 없었다. 실제로 54년 10월, 거동이 자유롭지 못한 클라우디우스 황제가 그의 아내에 의해 독살되자, 로마 시민들은 놀라기보다는 오히려 안심했을 것이다. 며칠 후 클라우디우스 황제의 열

일곱 살 난 후계자 네로(Nero)가 새로운 황제와 구세주로서 신격화되어 장례식을 주관했다. 곧이어 네로의 기적적인 영아기와 아동기에 대한 이야기들이 떠돌게 되었는데, 이것은 스스로 신적인 존재임을 선언하기 위한 준비였다.

이때는 이미 율리오-클라우디우스 왕조가 왕권에 대한 풍자가 되었으며, 외국의 위협이 증가함으로써 내부의 억압에 대한 불신을 불러일으켰다. 제국의 동편 국경지대에서는 파르티아인들이 다시 공격적으로 완충지대였던 아르메니아를 습격하여 로마에 복종하는 속국왕을 쫓아냈다. 유다 지방 주민들은 점차 견딜 수 없게 되어 폭동과 사회적 무질서를 야기했다. 제국 전역에 걸쳐서 사건이 불행하게 전개되는 것을 막고자 희생양들을 찾았으며, 로마에 적대적인 행동가들이 어디에나 잠복해 있는 것으로 믿어졌다. 아시아 지방에서는 총독 마르쿠스 유니우스 실라누스가 네로 황제의 비밀 요원에 의해 살해되었는데, 총독이 새로운 네로 정권에 반란을 꾀했다는 혐의를 받았기 때문이었다. 그리고 공식적 억압이 시작되었다. 이처럼 정치적 불확실성과 폭동의 공포가 휩쓸던 시기에 아시아 지방의 예수운동 지도자들이 공적인 질서에 대한 위협으로 간주된 것은 놀라운 일이 아니다. 네로가 황제로 즉위한 직후 54년 가을에, 바울은 동역자들과 함께 체포되어 에베소 감옥에 투옥되었다.

우리는 바울이 투옥된 혐의를 확인할 수 없지만, 바울은 곧이어 쓴 편지에서, "형제자매 여러분, 우리가 아시아에서 당한 환난을 여러분이 알아 주기를 바랍니다. 우리는 우리의 힘에 겹게 너무 짓눌려서, 살 희망마저 잃을 지경에 이르렀습니다"(고후 1:8)라고 에둘러 말했다. 바울은 다른 편지에서 자신이 "감옥에 갇힌 것"과 "온 친위대"를 통해 자신의 설교가 성공한 것을 명확히 언급했다(빌 1:13). 사도행전은 바울의 에베소 사역에 대해 자세히 묘사하면서, 그의 투옥에 대해 전혀 언급하지 않지만,

큰 소동이 벌어져 바울의 에베소 사역이 결국 끝나게 되었다. 사도행전에 따르면, 에베소의 은세공 조합(그들은 외국의 방문객들과 순례자들을 위해 아르테미스 신전의 값비싼 기념품을 생산했다)이 바울에 맞서는 폭동을 선동했다. 그들은 바울의 사역이 성공하면 에베소의 후견인 신이었던 아르테미스에 대한 예배를 거부하게 만들어 자신들의 생계를 파괴할 것을 두려워했기 때문이다. 그래서 그들은 "우리의 이 사업이 명성을 잃을 위험이 있을 뿐만 아니라, 위대한 아데미 여신의 신당도 무시당하고, 또 나아가서는 온 아시아와 온 세계가 숭배하는 이 여신의 위신이 땅에 떨어지고 말 위험이 있습니다"(행 19:23-27)라고 선동했다. 후대에 기독교는 실제로 이방인들의 아르테미스 여신 숭배에 도전하여 극복할 것이었다는 점에서 사도행전의 이야기는 후대의 발전을 예상한 것인지 모른다. 그러나 보다 현실적인 역사적 재구성을 위해서는 54-55년 겨울에, 즉 황제가 바뀌던 긴장된 시기에, 바울이 로마의 질서에 대한 잠재적 위험 분자로 체포되었고, 또한 불평분자들에게 그의 반역적 사상을 전염시키지 못하도록 투옥당했다고 보는 것이 더욱 합리적일 것이다. 그것은 제국의 관리들 눈에 중범죄에 해당되었고, 바울은 나중에 이것을 암흑의 시기로 기억했다. "우리는 이미 사형 선고를 받은 몸이라고 느꼈습니다. 그것은 우리로 하여금 우리 스스로를 신뢰하지 말고, 죽은 사람을 살리시는 하나님을 신뢰하게 하려 하신 것입니다"(고후 1:9).

바울이 거의 10년 동안 여행하면서 설교하고 교회를 조직한 노력이 이제 로마의 감옥에서 외롭고 무기력하게 끝장나는 것처럼 보였다. 비록 바울에게는 위로해 줄 동역자들이 있었지만, 빨리 석방되어 자신의 사역을 계속하게 되기를 바라는 마음과 그리스도의 거룩한 순교자로서의 운명을 받아들이는 마음 사이에 찢겨졌다. 그래서 빌립보 교인들에게 이렇게 썼다. "내가 간절히 기대하며 바라는 것은 … 살든지 죽든지, 나의 몸으로 말미암아 그리스도께서 존귀하게 되시는 것입니다. 나에게는, 사는 것이 그리스도이시니, 죽는 것도 유익합니다. 그러나 육신을 입고 살아가는 것이 나에게 보람된 일이라면, 내가 어느 쪽을 택해야 할지 모르겠습니다. 나는 이 둘 사이에 끼어 있습니다"(빌 1:20-23). 바울이 투옥되었다는 소식은 바울이 마케도니아에 세운 교회들에게 빠르게 전달되었고, 빌립보 교인들은 항상 그랬던 것처럼 관대하게 반응하여, 에바브로디도라는 특출한 인물을 보내 바울의 간수들에게 뇌물을 주어 더 좋은 식사를 받게 함으로써 그가 감옥에서 겪어야 할 고난을 경감시키려 했다.

당시 빌립보 교인 중에는 예수운동에 가장 헌신한 특출한 사람들이 있어서, 바울은 그들에게 감사하면서 자기 신념의 핵심이 된 원칙을 강조했다. 정치적 선동이나, 계급전쟁, 또는 민족 해방을 위한 열심 이상으로 바울은 희생과 공유―금전적 공유와 영적인 자기비움―에 초점을 맞추는 것이 그리스도의 재림과 심판의 날이 올 때까지 하나님의 선택받은 자들이 어둠의 세력에 맞서 사용할 수 있는 가장 효과적인 무기라고 믿게 되었다. 따라서 빌립보 교인들의 은사는 관대한 제스처 이상이었고, 예배의 실천으로서 "아름다운 향기, 하나님께서 받으시는 제물, 곧 하나님을 기쁘시게 하는 제물"(빌 4:18)이었다. 그리고 만일 자기를 비운 공유의 원칙을 성실하게 따른다면 지상의 혁명은 그리스도의 재림 이전과 이후 모두에 영향을 끼칠 것이라고 바울은 빌립보 교인들에게 확신시켰다. "나의 하나님께서 그리스도 예수 안에 있는 영광 가운데서, 그분의 풍성하심을 따라 여러분에게 필요한 것을 모두 채워 주실 것입니다"(빌 4:19).

바울의 옥중서신들 가운데 하나로서 교회라기보다는 빌레몬이라는 개인에게 쓴 편지가 고작 단어 335개로 이루어진 짧은 편지이지만 신약성서에 하나의 별개의 "책"으로 보존된 것은 확실히 의미심장하다. 편지 첫머리에 인사말을 통해서 우리는 빌레몬이 (아마도 에베소에서) 교회 모임을 초대했던 가장이었으며, 바울이 그를 "사랑하는 우리의 동역자" (1:1)로 생각했음을 알 수 있다. 그러나 바울이 투옥되어 있던 기간에, 바울은 빌레몬에게 속했던 오네시모라는 이름의 도망친 노예에게 거처를 마련해주고 세례를 주었음이 분명하다. 집안 노예의 소유권은 심지어 크리스천이라 하더라도 제국 초기의 도시 상황에서는 전혀 이상한 것이 아니었지만, 바울은 여기서 특별한 요구를 했다. 오네시모를 그의 법적인 소유자에게 돌려보내면서, 바울은 빌레몬에게 즉각 오네시모에게 자유를 주도록 열렬히 요청했다. 그 이상이었다. **노예해방의 정상적 절차는 노예가 상당한 비용을 지불하고 자신의 자유를 산 후에도 후견인이 된 과거 주인에게 자기 수입의 일정 부분을 계속 지불해야만 했다.** 그러나 이런 정상적 절차와는 완전히 반대로, 바울은 빌레몬에게 오네시모를 "사랑하는 형제"(16절)로 받아들일 것을 간청하고, 또한 "그가 그대에게 잘못한 것이 있거나 빚진 것이 있거든, 그것을 내 앞으로 달아놓아 주십시오"(18절)라고 요청했다.

 이 요청에서 관건이 되는 것은 바울이 새롭게 초점을 맞춘 **사회적 비전**이었는데, 바울은 감옥에 갇혀 기운이 빠지고 또한 그의 공동체들의 네트워크가 해체될 지경에 있었지만, 자신의 사회적 비전을 굳게 간직했다. 바울은 자신을 가장 충성스럽게 지지하는 사람들에게조차 노예제도에 도전하는 것은 카이사르에 맞서는 유일한 효과적 타격이라고 믿었다. 비록 이제 갈라디아 공동체들의 운명은 불확실하고, 고린도는 실패한 것처럼 보이고, 마케도니아는 조만간 그의 대적자들 손에 떨어질 수 있지만, 바울은 후견인들과 의뢰인의 시대, 권력과 착취, 지위와 소유의 시대에, 십자가에 처형된 예수 그리스도를 모델로 한 철저한 자기희생의 활동을 계속하는 것만이 세상을 새롭게 하고 구원할 수 있을 것으로 믿게 되었다.

9장

# 하나님 나라의 돌풍

54-55년 겨울, 바울이 에베소의 감옥에 갇혀 쇠약해지면서 하나님의 개입을 열심히 기도할 때, 엄청난 기적이 일어났다. 바울이 마케도니아, 갈라디아, 아시아, 아가야 지방에 걸쳐 세웠던 성도들의 공동체들은 이제 전대미문의 통일체 행동으로 하나로 뭉쳤는데, 이것은 나중에 오랫동안 기독교 전통에 표지를 남겼다. 성도들은 로마제국에서 후견인의 권력과 일상생활의 냉혹한 논리에 직면하여, 바울이 시작했던 위대한 구제금 프로젝트에 전심을 다 함으로써 하나님 나라에 대한 그들의 헌신과 이해를 인상 깊게 외부로 보여주었다. 특히 고린도에서는 노동자, 상인, 기술자들이 지위가 높은 자들이 마련한 잔치 자리에서 끝자락으로 밀려나곤 했었지만, 이제는 그들이 상징적 반란으로 일어섰다. 즉 예수운동을 자신의 개인적 특권을 추구하기 위한 볼모로 잡은 귀족들과 "가장 위대하다는 사도들"에 맞서는 상징적 반란으로 일어섰다. 갈라디아 전역의 마을들, 빌립보와 데살로니가, 에베소와 같은 아시아 지방 도시들의 노동자 구역에 있던 바울의 다른 추종자들의 흩어져 있던 공동체들도 공동으로 협력했다. 주일마다 크리스천 형제자매들이 모여서 하나님께 감사하며 신앙

*257*

의 찬송을 부를 때, 동전 쌓이는 소리도 들을 수 있었다. 바울의 "성도들"은 달리 이방인 신들이나 카이사르에게 바쳤을 수 있는 동전들, 가족의 상속재산, 개인의 팔찌와 목걸이 등 흔히 값비싼 물건도 바쳐, 예루살렘에 전달할 경제적 저항을 함으로써 전 세계 유대인들과 이방인들의 시선을 끌게 되었는데, 이것은 하나님 나라를 상징하며 또한 그 나라가 오고 있음을 상징했다.

지중해 전역에 걸쳐 벌어진 사건들은 극적인 클라이맥스를 향해 나아가는 것처럼 보였다. 아우구스투스 카이사르가 거의 90년 전에 세운 거대한 지중해 제국은 이제 생명을 위협하는 변화를 겪게 될 참이었다. 시골 지역과 붐비는 도시 지역들에서 계속 증가하는 경제적 압력은 동쪽 지역의 심각한 군사적 위협과 결합되어, 궁극적으로 오랫동안 억눌러왔던 내부의 불만을 터뜨릴 용기를 줄 상황이 되었다. 제국의 새로운 통치자인 타락하고 자기중심적인 열일곱 살의 네로 황제의 탐욕과 교만은 그런 원인 가운데 단지 하나에 불과했다. 비록 네로 황제의 통통하고 방자한 대중적 이미지는 신격화된 아우구스투스 황제의 군살 없는 군인 이미지와 대조적이었지만, 다가오는 위기의 원인들은 최고 권력자의 개인적인 스타일에 있었다기보다 로마 제국주의의 구조 자체에 있었다. 관료적 중앙집중화의 영향은, 제국 전역에 걸쳐 후견인과 권력의 네트워크가 점차 모든 지역과 일상생활 속에 확장됨으로써 경제적 긴장과 시골 사람들의 불만에서 느낄 수 있었다. 계속 늘어나는 세금, 조공, 공적인 건설사업의 부담은 지역 귀족들의 재물과 안녕이 더욱 큰 압력을 받게 되었다는 뜻이며, 그들 자신의 생활방식을 유지하기 위해서 농민들과 직업을 찾기 위해 필사적으로 도시로 밀려든 뿌리뽑힌 노동자들이 더욱 큰 짐을 지게 되었다는 뜻이다. 네로 황제의 용감한 신세계에서, 경제적 생존과 사회적 지위를 위한 개인들의 무자비한 경쟁은 이타주의나 공동체적인 박애주의를 위한 여지를 조금도 남겨놓지 않았다.

따라서 갈라디아, 마케도니아, 아가야 지방의 크리스천들이 "예루살렘의 성도들 가운데 가난한 사람들을 위해" 헌금한 것은 당시의 지배적인 사회 분위기에 대한 실천적이며 상징적인 도전을 하기 위한 것이었다. 후견인, 상인, 토지 중개인, 또는 세금 징수원이 가져갈 수 있는 자신들의 재물에서 일부를 빼내어, 자신들과 아무런 혈족 관계나 정치적 연관성이 없는 사람들에게 내어줌으로써, 교회들은 철저한 자기희생 원칙에 헌신하고 있음을 보여주었고, 또한 그 원칙을 통해 특정한 사회적 변화를 초래하는 일에 초점을 맞추었다. 이 구제금 프로젝트는 바울이 오래전에 예루살렘 회의에서 동의했다는 가르침(갈 2:10), 즉 "가난한 사람들을 기억하라"는 가르침보다 훨씬 더 야심 찬 것이었다. 바울이 교회들의 모금 참여를 위해 사용한 핵심 용어는 '코이노니아'(koinonia), 즉 "친교"로서, 오래된 언약 전통(covenantal tradition)에 따라 마을 공동체에서 행해졌던 적극적 연대와 경제적 나눔과 똑같은 것을 표상했지만, 이제는 그 범위가 전 지구적인 것이 되었다. 바울의 훨씬 멀리 미치는 교회 네트워크는 이제 전 세계적인 예언자적 행동의 운동으로서의 성격을 강조한 "전례"(leitourgia)라는 조화된 행동에 열중했다. 그리스어 '레이투르기아'(영어로는 liturgy)는 보통 협소하게 번역되어 종교적 또는 제의적 활동을 뜻하지만, 고대 세계에서 이 용어는 도시의 시민들이 왕의 백성, 또는 신들에게 철저히 헌신하는 사람들로서, 공동선을 위한 모든 정치경제적 서비스를 뜻했다. 그리고 기금을 제공하여, 유다 지방 성도들의 공동체가 부자 후견인들에게 의존하지 않은 채, 또는 제국의 정상적 경제 네트워크에 항복하지 않은 채 생존하도록 예루살렘을 위해 헌금한 것은 근본적으로 하나의 정치적 행동으로 볼 수 있었다.

이런 노력이 장기적인 재정 재분배 프로젝트로 발전하도록 허락했다면, 제국 사회에 반대하는 초기 기독교의 투쟁이 상당히 다른 방향으로 전개될 수 있었을 것이다. 그러나 교회의 새로 형성된 통일성과 이 구제금 프로젝트에 대한 헌신의 운명은 곧이어 위험한 묵시적 도박으로 바뀌었다. 55년 봄에 바울은 갑자기 에베소의 감옥에서 풀려났고, (자신의 지도력 아래) 예루살렘에 구제금을 전달하는 일은 하나님 나라가 동터오는 데서 결정적인 사건들을 촉발할 것으로 확신하게 되었다. 바울이 감옥에서 풀려난 정확한 상황에 대해 우리는 완전한 역사적 침묵에 직면하지만, 그의 충실한 동역자들인 브리스길라와 아굴라가 이 석방에 관여했던 것처럼 보인다. 나중에 바울이 로마서에서 쓴 것처럼(16:3-4), "그들은 생명의 위협을 무릅쓰고 내 목숨을 살려 준 사람들"이다. 그가 제국의 감옥에서 사형수로 있다가 석방된 것에 관해 우리가 더 자세하게 알고 싶어하는 것처럼(그에 대한 고소가 유능한 법적인 개입을 통해 취하되었는가? 브리스길라와 아굴라가 바울의 대담한 탈옥을 도왔는가?), 바울이 얻게 된 새로운 자유는 그로 하여금 여러 교회에 대한 지도력을 다시 확립하고 그의 선교에서 새로운 치명적 단계를 시작하게 했다. 공동체들이 협동해서 일하는 흡족한 광경을 보기 위해 마케도니아에 도착한 바울은 구제금을 성공적으로 모은 것이 "하나님의 의로우심"(고후 9:9)을 드러낸 것이며, 또한 예언자 이사야가 하나님과 이스라엘 백성 사이에 새로운 언약을 세운 것과 연관시켜 표현한 것처럼 물질적인 축복이 넘치는 것이라고 칭찬했다. 55년 여름의 나머지 기간을 마케도니아에서 지내면서 공동체들을 보살피고 또한 구제금을 전달할 대표자들을 선출하는 일을 감독하면서 바울은 남서쪽으로 고린도를 향해 내려갔다. 동역자들과 함께 오순절 기간에 예루살렘에 갈 계획을 세웠던 것이다. 예루살렘에 도착한 바울은 당시에 전혀 예측할 수 없었던 방식으로 자기 운동의 역사와 성격을 바꾸게 될 것이었다.

갈라디아, 마케도니아, 아가야, 아시아 지방의 도시들에서 과거에는 이방인이었던 사람들의 신앙 공동체들이 자기들 재물의 상당 부분을 **내어놓음으로써** 하나님의 예비하시는 능력에 대한 그들의 절대적 믿음을 적극 보여줌으로써 구제금을 성공적으로 모금한 것은 바울이 보기에 세상을 변화시키는 성취였다. 비록 의심하는 사람들은 몇몇 흩어진 마을들의 모임과 단지 몇몇 도시의 가정 교회들(아마도 그 교인들 숫자는 몇백 명을 넘지 않았을 것이다)은 로마제국의 존재에 대한 현실적 위협이 될 수 없다고 주장했을 것이지만, 바울은 군사적 균형이라는 세속적 논리에 관심을 두지 않았다. 그는 고린도 교인들에게 "비록 우리가 속된 세상에서 살고 있지만 속된 싸움(a worldly war)을 하고 있는 것은 아닙니다. 우리는 세속의 무기를 가지고 싸우는 것이 아니라 아무리 견고한 성이라도 무너뜨릴 수 있는 **하나님의 강한 무기를 가지고 싸우는 것입니다**"(고후 10:3-4)라고 확신시켰다. 바울이 제국의 동부 지방들에서 사역한 것은 거의 끝나가는 것처럼 보였다. 왜냐하면 그 추종자들의 숫자는 많지 않았지만, 그는 자신이 하나님 나라의 잠재적인 상속자들을 모두 심어놓았으며, 그의 메시지에 대한 그들의 성령 충만한 응답은 그들이 하나님의 선택을 받았다는 것을 의미한다고 굳게 믿었기 때문이다. 지중해 동부를 중심으로 띠 모양을 이루는 넓은 지역에는 노아의 아들 야벳의 후손들이 많이 정착했는데—"예루살렘에서 일루리곤에 이르기까지"—바울은 그리스도의 복음을 충분히 설교했다고 믿었다(롬 15:19).

예루살렘에 많은 구제금을 전달한 것은 최고의 성취였지만, 최종적인 것은 아니었다. 이사야가 예측했듯이, 언젠가는 세상의 **모든** 백성의 의로운 대표자들이 시온에 헌물을 바치는 거대한 행렬에 참여해서 그들이 한 분 참되신 하나님을 예배하는 것을 상징할 것이다. "주를 섬기려고 하는 이방 사람들은, 주의 이름을 사랑하여 주의 종이 되어라. 안식일을 지켜 더럽히지 않고, 나의 언약을 철저히 지키는 이방 사람들은, 내가 그들을 나의 거룩한 산으로 인도하여, 기도하는 내 집에서 기쁨을 누리게 하겠다. 또한 그들이 내 제단 위에 바친 번제물과 희생제물들을 내가 기꺼이 받을 것이니, 나의 집은 만민이 모여 기도하는 집이라고 불릴 것이다. 쫓겨난 이스라엘 사람을 모으시는 주 하나님께서 말씀하신다. 내가 이미 나에게로 모아 들인 사람들 외에 또 더 모아 들이겠다"(사 56:6-8). 바울은 자신의 선교사역을 통해, 예언자 이사야가 오래전에 이방인들이 헌물을 갖고 예루살렘을 향해 행진할 것이라는 종말론적 예언이 곧 이루어질 것이라고 믿어 의심하지 않았다. 그러나 바울이 고린도에 도착해서 기쁜 환영을 받고, 그가 구제금을 호소한 것에 대해 즉각 관대한 응답을 받았지만, 그는 더 넓고 더 야심 찬 선교 현장을 바라보았다. 지중해 동부 지역의 반대편인 서쪽으로는 아직 예수 그리스도의 구원하는 희생과 임박한 재림에 대한 복음을 듣지 못한 사람들이 많이 있었기 때문이다. 바울은 이사야서의 마지막 장을 읽으면서, **의로운 사람들의 최종적 구원**은 자신이 세상 **모든** 민족의 대표자들을 효과적으로 모으기 전까지는 이루어지지 않을 것이라고 파악했던 것이다.

바울보다 젊었던 요세푸스는 그의 백과사전적 역사서『유대 고대사』(Jewish Antiquities)에서 노아의 아들 야벳의 후손들—그들 가운데 일부는 바울이 갈라디아, 마케도니아, 아가야, 아시아 지방에서 만났다—이 멀리 이베리아반도의 "가데이라" 또는 카디스(스페인 남서부 안달루시아 지방의 해안 도시)까지 퍼져 있다고 지적했다. 다른 전통들은 야벳의 아들 두발이 이베리아 사람들의 조상이며, 스페인은 성서에 나오는 다시스로서, 사람들이 알고 있는 세상의 끝이며, 야벳의 다른 후손들이 정착한 땅이라고 주장했다. 따라서 바울의 선교는, 세계를 둘러싸고 있는 큰 바다의 끝에 있는 허큘리스의 기둥에 도달할 때까지는 끝나지 않을 것이었다. 이사야서의 마지막 장이 세상을 구원하는 일을 돕기 위한 그의 선교의 궁극적 경계선들을 묘사하지 않았는가? "내가 그들의 일과 생각을 알기에, 언어가 다른 모든 민족을 모을 때가 올 것이니, 그들이 와서 나의 영광을 볼 것이다. 그리고 내가 그들 가운데 징표를 두어서, 살아 남은 자들을 다시스, 뿔, 활을 잘 쏘는 룻, 두발, 야완 민족들과 나의 명성을 들은 적도 없고, 나의 영광을 본 적도 없는 먼 섬들에게 보낼 것이며, 그들이 나의 영광을 모든 민족에게 알릴 것이다. 마치 이스라엘 자손이 주의 성전에 바칠 예물을 깨끗한 그릇에 담아서 가져 오는 것과 같이, 그들이 또한 모든 민족들로부터 너희의 모든 형제를 주께 바치는 선물로 말과 수레와 가마와 노새와 낙타에 태워서, 나의 거룩한 산 예루살렘으로 데려올 것이다. 주께서 말씀하신다"(사 66:18-20). 바울은 사도로서 자신의 사명이 단지 "일부" 이방인들, 또는 자신이 만난 이방인들만이 아니라 세상 끝에 있는 허큘리스의 기둥들까지, 노아의 모든 후손에게 복음 전파하는 것이라고 이해했다. 비록 바울은 개인적으로 받은 계시를 따라, 또한 자기 나름의 방책에 의지하면서, 항상 혼자 선교사역을 밀고 나아갔지만, 이제는 자신이 세운 공동체들을 유지할 일을 도와줄 협력자들이 필요했고, 또한 스페인으로 마지막 선교여행을 가기 위한 계속적 뒷받침이 필요했다. 바울의 마음속에서 공동체의 연대와 생존을 위한 실천적 프로그램은 훨씬 더 큰 묵시종말적 드라마로 바뀌고 있었다. 55-56년 겨울에 바울이 고린도에 머물면서 구제금을 예루살렘 "성도들"에게 전할 준비를 하는 동안, 그의 생각은 서쪽을 향하고 있었다. 그는 다시스(스페인) 선교여행의 성공을 확실히 하기 위해, 로마에 있는 예수운동 회원들에게 자신의 위대한 사역을 도와줄 것을 자세히 호소하는 글을 작성했다.

바울이 로마인들에게 쓴 편지는 신약성서에 보존된 그의 편지들 가운데 가장 긴 편지로서, 그의 신학과 역사관을 가장 포괄적으로 설명한 편지이기도 하다. 바울은 과거에 자신이 세운 교회들을 양육하고 격려하기 위해 편지들을 썼지만, 이제는 마음속에 다른 의도를 품고 있었다. 그는 편지 앞부분에서 자신이 제국의 수도를 방문한 적이 없다고 말하고(1:10), 또한 "하나님께서 사랑하셔서 당신의 성도로 부르심을 받은 로마에 있는 모든 신도에게"(1:7)라는 독특한 인사말은, 그의 편지들이 일반적으로 가리킨 교회 모임들(*ekklesiai*)과는 다른 형식임을 암시한다. 오늘날 많은 주석가들은 로마서가 고전 시대 문학적 관습에 따라 철학적 문제나 신학적 문제에 관해 작성한 "학자적 반박" 또는 수사학적 작문이라고 주장해왔다. 그러나 우리가 이제까지 살펴본 것처럼, 추상적인 철학적 문제와 신학적 문제는, 바울을 비롯한 예수운동의 회원들이 살고 있었던 보다 큰 정치경제적 상황과 문화적 환경으로부터 분리될 수 없다. 로마서가 나중에 신학자들과 교회 지도자들의 마음속에 어떤 반향을 불러일으켰든지 간에, 그 역사적 중요성은 바울이 (로마를 거쳐) 멀리 떨어진 로마제국의 서쪽 지방으로 가기 위해 예루살렘으로 떠날 준비를 하면서 직면했던 구체적인 정치적 도전들과 직접 관련된 것임에 틀림없다.

바울이 이방인들의 죄를 정죄한 것(롬 1:18-32)을, 하나님의 우선성과 삼라만상 안에 본래적인 신적인 균형을 인정하지 않는 **모든** 믿음체계와 사회적 행동에 대한 공격으로 읽는다면, 우리는 바울이 자신의 시대를 특징짓는 것이라고 믿었던 것, 즉 수단 방법을 가리지 않는 야심과 자기중심성을 정죄하고 있음을 볼 수 있다. 또한 **율법을 준수하는 유대인들**이 여전히 제국 사회의 죄와 폭력에 연루된 것을 비난한 것(2:13-29)에서, 많은 기독교 신학자가 주장했던 것과는 달리, 바울은 이스라엘의 전통들에 대해 무조건 정죄하고 있지 않다. 그는 오히려 이방인들과 유대인들 모두에게, 의로운 사람들이 하나님을 위한 자기희생과 온전한 헌신의 필요성에 대해 확고하게 주목하지 않는다면, 후견인 체제와 특권의 습관이 얼마나 유혹적이며 설득력이 강한지를 강조하고 있다. 바울에게는 예수 그리스도의 고난과 십자가 처형에서 드러난, 하나님의 구원하시는 능력에 대한 온전한 믿음이 생존을 위한 궁극적인 정치적 전략이었다. 바울에게 "죄"는 불의한 체제에 적극 참여하는 것이며, 또한 물질적 이익의 쾌락에 항복하는 것이었다. 바울은 당시나 지금이나 안락함을 누리는 사람들이 거의 받아들일 수 없는 철저하며 단호한 요구를 통해서, 로마의 크리스천들에게 그들의 묵시종말적 투쟁의 핵심은 후견인 체제, 권력, 특권으로서, 이런 것은 세상 어디에서나 권력의 덫과 우상숭배의 종교의식들을 통해 상징적으로 드러나고 있음을 확신시키려고 애를 썼다. 그러나 이것은 시대와 상관없는 윤리적 가르침이 아니었다. 바울은 이제 점차 인내심을 잃어가고 있었기 때문에, 로마의 공동체에게 즉시 자신을 도와 임박한 하나님 나라가 도래하도록 호소했다.

    이 도박은 엄청난 것이었다. 왜냐하면 바울은 자신이 이제까지 성취했던 모든 것을, 자신의 새로운 계획의 결과에 걸었기 때문이다. 바울이 인사말에서 언급한 이름들에 라틴어 이름, 그리스인, 유대인 등 이질적인 이름이 섞여 있다는 사실은 바울이 이미 로마에 있던 사람들의 전체 네트워크(롬 16:3-16)를 알고 있었음을 시사하며, 이제 필요불가결한 조직적 및 재정적 지원을 그들에게 요청했다. 바울이 **지하운동**을 조직하는 실천적 과제에 깊이 관여했음을 인식하는 것이 중요하다. 바울이 로마서에서 언급한 중요한 인물들 가운데 한 사람이 **뵈뵈**(Phoebe)라는 여성인데, 고린도 동쪽 항구 도시 "겐그레아에 있는 교회의 집사(the *diakonos*)"로 명시된다(16:1-2). 이름들의 긴 목록에서 가장 먼저 뵈뵈를 언급한 것과 남성의 직책인 '집사'로 부른 것은 뵈뵈가 특수한 역할을 맡았으며,

9장. 하나님 나라의 돌풍   *265*

바울이 뵈뵈를 자신이 신뢰하는 조수로 로마 교회에 소개함으로써 그의 스페인 선교여행을 위한 길을 준비했음을 시사한다. 바울이 "여러분은 성도의 합당한 예절로, 주 안에서 그를 영접하고, 그가 여러분에게 어떤 도움을 원하든지, 도와주시기 바랍니다"(16:2)라고 말한 것을 통해, 바울이 로마 교인들에게 뵈뵈를 환대하고 어떤 사업적 문제나 법적인 문제에서 뵈뵈를 도와달라고 요청했음을 알 수 있다. 바울은 자신이 예루살렘에 구제금을 전달하는 동안에 뵈뵈를 로마에 파견함으로써, 자신의 스페인 여행을 위한 병참기지를 로마에 세우려 했다. 사실상 많은 학자는 뵈뵈가 로마서를 갖고 로마에 간 것으로 생각했다.

이처럼 계획은 확정되었다. 바울이 예루살렘에 가는 심부름을 마치면, 세상의 서쪽 끝으로 가서, 인류 역사의 최종적인 단계가 초래되는 일을 시작할 것이다. 이제 우리는 바울의 로마서에서 아마도 가장 위대한 이데올로기적 창안과 만나는데, 그것은 장차 제도화된 기독교의 성격에 큰 영향을 끼친 것이다. 로마서 13:1-4은 이렇게 말한다. "사람은 누구나 위에 있는 권세에 복종해야 합니다. 모든 권세는 하나님께로부터 온 것이며 이미 있는 권세들도 하나님께서 세워주신 것이기 때문입니다. 그러므로 권세를 거역하는 사람은 하나님의 명을 거역하는 것이요, 거역하는 사람은 심판을 받게 될 것입니다. 치안관들은, 좋은 일을 하는 사람에게는 두려울 것이 없고, 나쁜 일을 하는 사람에게만 두려움이 됩니다. 권세를 가진 사람을 두려워하지 않으려거든, 좋은 일을 하십시오. 그러면 그에게서 칭찬을 받을 것입니다. 통치자는 여러분 각자에게 유익을 주려고 일하는 하나님의 일꾼입니다." 비록 많은 학자들이 이 구절을 전술적인 경고라는 맥락 안에 넣지만, 그 명백한 의미는 권력 실세의 통치에 대한 일시적 체념(temporary resignation)을 주장한다. 바울에게는 하나님이 권력을 재배치하실 때가 임박했으며, 예수운동을 위태롭게 만드는 것은 아무것도 해서는 안 되었다. 왜냐하면 "지금은, 우리가 처음 믿을 때보다, 우리의 구원이 더 가까워졌기 때문입니다"(13:11). 그러나 바울은 예루살렘에서 직접 대면하여, 예수운동의 지도자들이 한 번이라도 신실함을 보여줄 능력에 자신의 모든 희망을 걸었다는 점에서 엄청난 도박을 감행하고 있었다. 만일 그리스도의 재림이 어떤 방식으로든 지연된다면, 선량한 시민에 대한 바울의 가르침은 지상의 권력에 대한 계속적 복종의 신호가 될 따름이지, 진정한 자유인들의 비전을 지닌 공동체의 초석은 될 수 없었다.

이방인들의 당당한 대표들이 제국 동부 사방에서 재물을 갖고 와서, 예루살렘에 있는 예수운동의 가난한 사람들을 금전적으로 또한 영적으로 지원하는 광경은 하나님의 선택받은 사람들에게 이미 가능하게 된 능력을 보여주기 위한 것이었다. 그러나 그것은 예상하지 못했던 폭발적인 결과를 초래할 것이다. 한 세기 이상 동안 전 세계의 유대인 대상들이 매년 반 세겔의 헌금을 예루살렘 성전에 바치기 위해 디아스포라에서부터 산을 넘고 강을 건너고 바다를 건너 예루살렘에 오기까지 많은 길을 돌아왔기 때문이다. 그러나 그 매년의 표준적 헌금을 바치는 것이 가능했던 것은 아우구스투스 황제 시대 이래로 제국의 칙령과 율법을 통해 로마가 계속 허락했기 때문이다. 바울의 관점에서, 그리고 전년도에 구제금을 바친 교인들의 관점에서 볼 때, **그들의** 구제금은 오직 하나님만이 허락하신 것이다. 따라서 그들은 하나님의 보호 아래 진행한다고 믿었다. 그러나 바울은 동시에, 긴장과 민족적 감수성이 높았던 시대에, 율법을 준수하지 않고 할례도 받지 않은 이방인 교회의 큰 대표단의 선두에서 예루살렘에 도착하는 것은 **도발적인 행동**으로 보일 수 있으며, 아마도 그럴 것임을 인식했음에 틀림없다.

예루살렘은 어쨌건 이방인들이 성전의 안뜰에 들어가는 것 자체가 즉각적인 처형으로 처벌될 범죄로 간주하는 도시였다. 56년 늦은 봄, 예루살렘에는 오순절(히브리어로 '샤브옷,' "칠칠절")을 위해 많은 군중이 모여들었으며, 로마 당국과 성전관리들은 소요사태에 대비하고 있었다. 7주 전 유월절 기간에 "이집트인"이라고만 알려진 수수께끼 같은 예언자가 그의 추종자들과 함께 감람산에 나타나, 새로운 여호수아 행세를 하면서 예루살렘 주민들에게 해방의 날이 가까웠다고 설교했다. 로마군대는 즉각 그 이집트인이 몰고 왔던 군중을 폭력적으로 해산시켰지만, 그 예언자 자신은 도망쳤다. 그는 오순절이 다가올 때도 여전히 대범했으며, 로마 당국은 신경을 곤두세운 채, 그 자칭 예언자가 다시 예루살렘에 나타나 소요사태가 재발할 것을 두려워했다. 그뿐 아니라 예언자들이나 개혁가들이 나타나는 데는 더 큰 위험이 있었는데, 바울이 십 년 전에 예루살렘을 마지막으로 방문한 이래 예루살렘의 정세가 극적으로 바뀌었기 때문이다. 그 이유는 헤롯왕족의 특권이 축소되어 사치스러운 만찬, 대중적인 자선행사, 아그립바의 철저히 로마화한 아들 아그립바 2세에 의한 제사장 임명에 불과하게 된 상황에서, 계속해서 로마 총독과 현직 대제사장들 사이에 격렬한 권력투쟁이 발전했기 때문이다.

당시의 로마 총독은 펠릭스였는데, 그는 죽은 클라우디우스 황제의 막강한 그리스인 해방 노예 중 하나로서, 헤롯왕족의 공주 드루실라에 대한 구애에 성공하여 자신의 어린 아들 아그립바를 유다 왕권의 잠재적 후계자로 만들었다. 당시의 대제사장 아나니아는 네데배오의 아들로서, 야심이 만만치 않았다. 그는 거대한 성전의 최고 직책의 위치를 이용해 자기 가족의 재산을 늘렸고, 정치적 영향력을 확대했으며, 권력에 대한 욕망을 키웠다. 플라비우스 요세푸스는 나중에 아나니아의 노골적인 권력욕에 대해 이렇게 묘사했다. "이제 대제사장 아나니아는 매일 그의 명성이 더욱 높아졌으며, 시민들의 존경과 선의로 찬란하게 보상받았다. 그는 시민들에게 돈을 줄 수 있었기 때문이다." 요세푸스는 또한 아나니아에게는 "완전히 악당들인 하인들과 무도한 자들이 있어서, 그들은 타작마당에 가서 제사장들을 위한 십일조를 강제로 빼앗곤 했으며, 십일조를 내지 않는 사람들을 구타하곤 했다"고 보고했다. 이런 점에서 아나니아는 소아시아의 이방인 종교의 부유한 대제사장들이나 로마 통치 시대에 그리스의 존경받는 도시 귀족들과 전혀 다르지 않았는데, 이들은 도시 하층민들과 순종적 의뢰인들에게 공개 선물이라는 당근과 조직적 폭력이라는 잔인한 막대를 교활하게 사용함으로써 충성하도록 했다. 바빌로니아 탈무드(*Pesahim* 57a)에 아나니아가 한 끼에 3백 마리의 송아지, 포도주 300배럴, 산처럼 쌓인 새고기를 먹어 치운 적이 있는 탐욕스러운 폭식가였다고 기억한 전통이 남아 있는 것은 실제로 상징적 의미가 있을 것이다.

바울의 예루살렘 여행에 대해 남아 있는 유일한 기록인 사도행전 20:3-26:30는 분명히 예수의 마지막 여행을 생각나게 만든다. 그 본문은 바울이 갑자기 고린도를 떠난 것("유대인들이 그를 해치려고 음모를 꾸몄으므로" 그는 여행계획을 갑자기 바꾸었다), 북쪽으로 가서 마케도니아의 신실한 교인들과 마지막 유월절을 지내기로 한 것, 그가 배를 타고 소아시아 서부 해안을 따라 내려가 페니키아로 가면서 그의 모든 교회 지도자에게 작별 인사를 할 때 그가 받은 불길한 징조와 눈물겨운 작별, 그리고 마침내 가이사랴에서 예루살렘으로 올라가는 여행에 관해 말해준다. 예루살렘에서 바울은 "유대인들이 예루살렘에서 이 허리띠 임자를 이와 같이 묶어서 이방 사람의 손에 넘겨 줄 것이다"(행 21:11)라는 불길한 경고를 들은 후에, 바울과 그의 일행이 전혀 예상하지 못했던 것은 아닐지라도 불행한 운명을 맞게 되었다. 이 내러티브의 기본적 틀은

9장. 하나님 나라의 돌풍   269

그가 들렀던 기항지, 동행했던 대표단의 이름들에 대한 세부적인 묘사와 함께 역사적으로 그럴듯하게 보이지만, 바울의 예루살렘 여행의 핵심적 관심은 완전히 회피하고 있다. 구제금을 전달하는 것이 그동안 바울이 시간과 에너지를 집중한 것이었지만, 사도행전의 이 본문에서는 전혀 **언급조차** 되지 않고 있다.

오늘날 많은 학자는 사도행전 저자가 바울의 구제금 전달을 언급하지 않은 이유는 예루살렘 공동체가 구제금을 거절한 불쾌한 사실을 바울이 잘 알고 있었기 때문이라고 추측했다. 예루살렘 지도자들은 결국 민감한 정치적 위치에서, 로마의 지배와 서로 경쟁하는 제사장들 가문들 모두 아래에서 살고 있었다. 예수가 처형된 후 26년 동안 그들이 살아남았고 또한 이스라엘의 갱신에 대한 믿음을 지탱했던 것은 예언자적 은사, 자원의 공유, 그리고 (아그립바 1세의 통치 기간에 요한과 야고보의 처형, 그리고 베드로의 망명 이후) 권력 실세에 대한 직접적이며 공개적인 도전을 철저히 거부한 때문이었다. 그들은 하나님의 심판이 다가온다는 믿음, 그리고 율법을 지키고 순교한 예수에 대한 기억을 영예롭게 함으로써 이스라엘의 갱신에 헌신한다는 믿음을 통해서, 모세 언약에 대한 민족적 헌신이 부흥하는 데 영향을 끼치도록 노력했다. 그 공동체의 지도자였던 예수의 형제 야고보는 그의 의로움과 율법 준수로 인해 대중들의 큰 존경을 받았다. 따라서 바울이 이방인 대표단의 선두에서 예루살렘에 도착한 것은 예루살렘의 폭발적인 정치적 분위기에서 매우 도발적 행동이었을 것이지만, 우리가 갖고 있는 유일한 사도행전의 내러티브는 예루살렘 지도자들과 바울이 첫 번째 만남에서 무슨 일이 있었는지에 대해 매우 이상화된 묘사만을 전해준다.

사도행전은 바울이 조용한 존경과 명예를 받았다고 말한다. "바울은 그들에게 인사한 뒤에, 자기의 선교로 하나님께서 이방 사람 가운데서 하신 일을 낱낱이 이야기하였다. 이 말을 듣고서, 그들은 하나님께 영광을 돌렸다"(행 21:19-20). 이것은 물론 우리가 알고 있는 것처럼 바울이 예수운동의 율법 준수파와 오랫동안 싸웠던 것과 분명히 양립하지 않는다. 율법 준수를 강력히 주장한 그들은 야고보가 안디옥에 보낸 "어떤 사람들"(갈 2:12), 갈라디아에서 할례의 복음을 설교한 자들(갈 5장), 분명히 예루살렘에서 위임을 받아 고린도에 나타난 "가장 위대하다는 사도들"(고후 11장), 그리고 빌립보에서 할례의 필요성을 설교할 것이라고 바울이 두려워했던 "악한 일꾼들"(빌 3:2)이었기 때문이다. **그들은** 정확히 바울이 무엇을 설교하는지를 알고 있었고, 바울이 후견인 체제에 대해 급진적이며 보편적인 비판을 하는 데서 인내심이 없다는 것을 정확히 알고 있었기 때문에, 바울의 가르침은 이스라엘 민족이 로마에 맞서 투쟁하는 데 직접적 위협이 된다고 보았다. 따라서 바울이 예루살렘 공동체 지도자들과의 첫 번째 만남에 대한 사도행전의 기록이 구제금 문제를 전혀 다루지 않은 채, 주제에서 벗어나 야고보가 바울에게 지시한 값비싼 정결 예식에 관해서만 묘사한 것은 이해할 만하다. 야고보는 바울이 받는 비난, 즉 "당신이 이방 사람 가운데서 사는 모든 유대 사람에게, 할례도 주지 말고 유대 사람의 풍속도 지키지 말라고 하면서, 모세를 배척하라고 가르친다는"(행 21:21) 비난을 무마하기 위해 바울에게 정결 예식을 하고 머리를 깎게 하고 그 비용을 지불하라고 지시했다. 만일 사도행전이 무엇인가를 무시하거나 감추려고 했다면, 그것은 바울 자신이 로마서 15:31에서 명백하게 두려워했던 것임에 틀림없다. 즉 예루살렘 공동체 지도자들이 바울이 모금한 구제금을 거부하고, 자신의 예루살렘 선교가 로마 당국과 성전 당국에 의해 갑자기 폭력적으로 끝장나는 일이었다.

바울의 개인적인 증언은 그가 고린도에서 예루살렘으로 떠나기 직전에 쓴 로마서에서 끝나기 때문에, 그의 오순절 순례가 폭력적으로 클라이맥스에 도달한 것에 대해 우리가 갖고 있는 유일한 고대 자료는 사도행전 21:28-36의 이야기다. 이 이야기는 바울이 예루살렘 성전 뜰에서 "아시아에서 온 유대인들"이 "이 자는 어디에서나 우리 민족과 율법과 이곳을 적대해서 사람들을 가르칩니다. 더욱이 이 자는 그리스 사람들을 성전 안으로 데리고 들어와서, 이 거룩한 곳을 더럽혀 놓았습니다"라고 비난하면서 거의 린치를 당한 것으로 묘사한다. 사도행전은 이 비난이 거짓이라고 주장하지만, 우리는 바울이 쓴 편지들을 통해서, 바울이 성전 뜰에서 성전 대제사장들을 정죄하여, 그들이 스스로 유대인들이라 부르며 하나님과 자신들의 관계를 자랑하지만, 실제로는 도둑질, 간음, 횡령의 죄가 있다고 지적하는 예언자적 시위를 벌였을 가능성이 없지 않았을 것이라고 본다. 왜냐하면 바울은 로마서에서 "여러분은 율법을 자랑하면서도, 왜 율법을 어겨서 하나님을 욕되게 합니까?"(롬 2:23)라고 수사학적으로 선언했기 때문이다. 이스라엘의 거룩한 도시에서 율법을 축하하는 중심지에서, 그것도 시내산에서 율법을 주신 것을 기념하는 칠칠절 축제 기간에, 바울은 자신의 복음을 설교할 절호의 기회를 맞이했다. 바울의 복음에 따르면, 후견인 체제와 권력에 맞서 투쟁하는 것이 일차적인 명령이며, 또한 가장 막강한 제국의 당국자들과 이스라엘 백성의 지도자들은 비난을 피할 수 없었다. 당시에 바울은 마치 이사야가 마지막 때에 일어날 것이라고 예언했던 것처럼, 성령이 야벳의 의로운 아들들에게 시온에 헌물을 바치도록 요청했다고 믿었다. 분명히 사악한 자들은 조만간 하나님의 복수로 인해 고통을 느낄 것이며, 모든 민족의 의로운 자들은 하나님 나라를 상속받을 것이다. 이런 이단적인 설교에 대한 반응은 예상할 수 있었다. 바울은 즉시 로마 경비병들에게 체포되어 감옥에 갇혔다. 사도행전에 기록된 역사적 세부 사항 이야기는 바울이 성전 뜰에서 도발적인 시위를 벌였을 가능성을 뒷받침한다. 즉 사도행전은 바울이 처음에 로마 경비병들에게 몇 주 전에 예루살렘에서 폭력적 소요사태를 초래했던 이집트인 예언자로 오해받았던 것으로 말한다(행 21:38).

바울이 성전구역에서 체포됨으로써 벌어지게 된 사건들은 바울 자신의 교회들의 미래 성격을 결정하게 되며, 간접적으로 **예루살렘 공동체의 실질적 파괴를 초래하게 되었다.** 우리가 사도행전 22:1-21에 나오는 바울의 연설, 즉 그가 체포된 후 안토니아 요새(로마 병영)와 성전 사이의 계단에서 한 연설을 정확한 인용으로 간주하든 아니든 간에(요세푸스의 인물들이 국가적 위기나 개인적 위기에 했던 잘 짜인 연설과 흡사하다), 바울은 구제금을 전달함으로써 예루살렘 주민들을 그의 복음으로 개종시키지 **않았을** 뿐 아니라, 그는 성전의 행정관리들과 로마인들에게 예수 운동의 예루살렘 공동체와 자신을 향해 환영받지 못하는 시선을 끌었다. 바울은 해안 도시 가이사랴에 투옥되었고, 그에 대한 재판은 총독과 대제사장 사이의 사법 관할권 논쟁이 되어, 결국 바울은 제국의 법정에서 재판을 받도록 로마로 압송되게 되었다. 62년에 현직 대제사장 아나누스(요세푸스가 "성질이 급하고 괴상하게 대담한" 자라고 묘사한 아나누스의 아들)는 유다 지역 예수의 추종자들에게 일격을 가할 기회를 찾았다. "그래서 그는 산헤드린의 재판장들을 소집하여, 그리스도라고 부르는 예수의 형제 야고보와 몇 사람을 그들 앞에 데려왔다. 그는 그들이 율법을 어겼다고 고발했고 돌을 던져 죽이도록 했다"고 요세푸스는 기록했다.

야고보가 예루살렘에서 순교한 섬뜩한 세부 사항은 교회 전통으로 오래 보존되었지만, 그는 이스라엘 갱신 운동의 위대한 챔피언은 아니었다. 2세기의 교회 역사 기록자 헤게시푸스의 생생하며 매우 과장된 이야기에 따르면, 야고보는 "서기관들과 바리새파 사람들"에 의해 소환되어, 그의 죽은 형제 예수가 이스라엘의 순교한 구원자라는 믿음을 부인하도록 명령을 받았다. 그러나 그가 더욱 열렬하게 자신의 믿음을 선언하자,

그는 성전의 높은 난간에서 내던져졌고, 분노한 군중이 돌을 던졌으며 때려죽였다. 그러나 요세푸스는 그것이 성인을 피 흘려 죽게 한 살인의 공모자와는 거리가 멀지만, 유다 지역 사람들 대부분은 대제사장이 권력을 잡기 위해 잔인하게 행동한 것에 대해 공포로 반응했다고 말했다. 즉 "예루살렘에서 가장 정확한 정신을 지녔으며, 율법을 철저하게 준수하는 사람들은 이 일에 대해 매우 분개했다." 비록 그 분노는 예루살렘 사람들 사이에 일반적이었고, 아나누스는 권력에서 쫓겨났지만, 예수운동의 예루살렘 공동체는 결코 예전과 같지 않았다. 하나님 나라가 기쁘게 세워질 것이라는 현실적 희망은 그들에게서 사라졌다.

예루살렘 공동체를 20년 이상 인도했던 야고보라는 중심인물이 죽은 후에, 그 공동체는 도시에 평등주의적 마을을 세우려는 본래의 이상으로부터 서서히 멀어져갔고, 영감을 받은 사람들보다는 세습적 가문에 의해 지배되는, 보다 인습적인 종파로 바뀌어갔다. 비록 야고보는 예수와 혈연관계였지만, 예수운동 안에서 그의 명망은 그의 카리스마와 위대한 영적 권위에 기초했던 것으로 보인다. 그러나 야고보가 죽자, 예루살렘의 예수운동은 초창기의 철저한 반 군주적(anti-monarchic) 열정을 포기했다. 교회사가 유세비우스가 전해준 전통에 따르면, 예루살렘 공동체를 위한 새로운 지도자를 선출한 것은 예수의 나이 든 사도들과 제자들, 그리고 예수 자신의 남은 가족들의 엄숙한 비밀회의(conclave)였다. 예루살렘 공동체의 새로운 지도자로 예수의 사촌(글로바의 아들) 시므온을 선택한 것은 초기의 선출 방법(계시, 제비뽑기, 또는 성령의 은사) 대신에 보다 인습적인 가문의 원칙을 따랐음을 뜻했다. 메시아적인 왕실(messianic royalty)이 유토피아적인 "도시 속 마을"을 다스리게 되었다. 적어도 예루살렘에서는 "왕 없는 나라"라는 갈릴리의 원래 이상은 죽고 말았다.

한편 바울, 그리고 세상을 변화시키는 그의 위대한 묵시종말적 비전은 어떻게 되었는가? 사도행전은 바울이 체포된 상태로 유다 지방에서부터 풍랑 속에 서쪽 이탈리아로 압송된 잊지 못할 모험 이야기를 전해준다. 그가 네로 황제 앞에서 심리를 받고자 했기 때문이다. 이 이야기(행 27-28:1)에는 폭풍, 선원들, 항구들, 그리고 선박들에 관한 흥미로운 세부사항들로 가득하며, 그 절정은 갑작스러운 폭풍으로 바울이 탄 배가 난파되어, 완전히 문명화되지 않은 몰타섬(이탈리아반도 남쪽)에 이르게 된 아슬아슬한 이야기인데, 바울은 그 섬에서 몇 달 동안 원주민에게 기적을 행했으며, 마침내 날씨가 좋아져 "쌍둥이 형제"라는 이름의 알렉산드리아 배를 타고 이탈리아에 도착했다. 그들은 수라구사(시라쿠사, 시칠리아섬)와 레기온(레조디칼라브리아, 이탈리아반도 남쪽 끝)이라는 항구를 거쳐, 보디올(포추올리, 나폴리 서쪽)을 떠나 로마로 갔다. 사도행전 28:14-16은 그 후 바울의 육상 여행을 제국의 여행으로 묘사하고, 도중에 지지자들이 열광적으로 그를 맞이한 것을 전해준다. "거기 신도들이 우리 소식을 듣고서, 아피온 광장과 트레스 마을까지 우리를 맞으러 나왔다. 바울은 그들을 보고, 하나님께 감사를 드리고, 용기를 얻었다. 우리가 로마에 들어갔을 때에, 바울은 그를 지키는 병사 한 사람과 함께 따로 지내도 된다는 허락을 받았다."

사도행전에서 바울이 제국의 재판정을 대면하기 위해 로마에 도착한 이야기에서 전혀 언급되지 않고, 심지어 힌트조차 없는 것은 **네로 황제의 광기**가 더욱 심해지고 있었다는 사실인데, 이것은 당시에 살았던 사람들 가운데 아무도 무시할 수 없었던 것이다. 왜냐하면 바울이 로마에 도착한 당시—많은 학자들은 60년 봄으로 생각했다—스물세 살의 네로 황제는 점차 세계 구원에 대한 자신의 비전에 사로잡히게 되었기 때문이다. 뚱뚱하고 옷을 잘 차려입으며 버릇없는 황제는 자신이 통치하는 방대한 제국 전역에 고전 시대 그리스의 은총, 아름다움, 예술을 복원시킬 구원자로 운명지어졌다고 상상했고 심지어 그렇게 주장하기조차 했다. 사람들에게 불쾌감을 주는 그의 외모에도 불구하고(로마 역사가 수에토니우스에 따르면, 그는 불룩한 배, 약한 다리, 웅크린 목, 그의 몸은 "부스럼 투성이에 악취가 났다"), 네로 자신은 육체와 정신 모두에서 그리스 신처럼 생각했다. 그가 참여한 음악, 체육, 시 경쟁에서(그는 겁을 먹은 심판관들의 아첨 때문에 항상 우승했다), 그는 자신이 본을 보여 질서, 논리, 조화의 이상적인 영역을 창조하는 데 도움이 된다고 상상했다. 물론 그의 새로운 헬레니즘적 에덴동산은 그의 마음속에만 존재했고, 그것을 진지하게 간주한 것은 그의 신하들이 황제를 불쾌하게 만들 것을 두려워했기 때문이다. 수에토니우스는 네로의 광기를 혹평하면서, "아무리 급한 이유가 있어도 그가 발표하는 동안 아무도 극장을 떠날 수 없었다"고 말했다. "문들이 잠겨 있었기 때문에, 관객 중에 여인들이 출산을 하고, 남자들은 그의 낭독을 듣고 박수를 치는 게 너무 지겨워 뒷줄에서는 벽에서 떨어지는 소리가 들리거나, 아니면 죽은 체해서 매장을 위해 실려 나가기도 했다."

그러나 네로 황제의 광기 배후에는 묵시종말적 이데올로기가 깔려 있었다. 왜냐하면 네로는 세상의 새로운 시대가 조만간 동터오는 일은 놀라운 변화를 통해 시작되어야 한다고 정말로 믿었기 때문이다. 유대인들이 구원의 때에 하나님이 거룩한 도성 예루살렘을 새로 만들 것이라는 종말론적 비전과는 반대로, 네로는 자신이 제국의 위대한 설계사라고 믿고, 현재의 구불구불한 골목, 허물어져 가는 판잣집, 밀집한 시장을 대체할 새로운 로마의 대칭적인 대로, 신전들, 궁전, 광장을 설계하고자 했다. 나중에 아가야 지방의 고전 유적지를 돌아보면서, 그는 고린도에 들러 큰 의식을 치르면서, 고린도만과 에게해 사이의 협곡에 운하를 만들기 위한 첫 삽을 떴는데, 이 운하는 제국의 동과 서를 연결할 것이었다. 네로는 자신이 아폴로 신—장엄함과 신적인 질서의 정신—이 화육한 존재라고 상상하여, 공개적으로 수금을 연주하면서 머리에는 월계관을 썼는데, 수에토니우스에 따르면, "보랏빛 의복 위에 황금별들로 장식한 그리스식 겉옷을 입고 있었다." 네로는 로마 사람들이 오랜 세기 동안 속박되었던 구식 타부와 규제를 새로운 보편적 각성 규칙으로 대체할 새로운 시대를 시작한다고 상상했다. 그는 마르기온 수도교의 원천인 성스러운 샘에서 자신의 땀투성이 몸을 씻었으며, 자신의 해방 노예 도리포루스와 화려한 공개 결혼식을 올렸고, 또한 "아무도 자기 몸의 어느 부분을 순결하게 유지할 수 없다고 확신했지만, 대부분의 사람은 자신들의 은밀한 사악함을 감추었기 때문에, 만일 누군가 음란한 행동을 고백하면, 네로는 그의 다른 범죄들도 모두 용서했다"고 한다. 그는 자기 방식대로 자신이 '전통 그리스 종교의 현대화'(*hellenismos*)의 영감받은 예언자라고 상상했고, 또한 바울과 많은 다른 자칭 예언자처럼 지중해 전역을 다니면서 기적을 행하고 다양한 복음을 가르쳤던 사람들과 달리, 네로는 자신의 꿈을 실현할 지상의 권력을 갖고 있었다.

이것은 분명히 바울이 오랫동안 제국의 여러 곳을 여행하면서 설교하고 치유하고 공동체를 세우면서 꿈꾸었던 새로운 세상과는 다른 것이었다. 바로 이런 때에 바울이 로마에 있었다는 사도행전 이야기에 조금이라도 역사적 신빙성이 있다면, 바울과 예수운동의 다른 사람들이 로마에서, 새로운 시대가 시작되는 것에 대해 뒤틀린 환상을 품고 있었던 이런 과대망상적이며 독재적인 황제의 통치에 맞서서 격렬하게 반응했을 것이라는 결론을 피하기는 어렵다. 우리는 바울의 개인적 상황이나 심지어 로마 교회의 성격에 관해 아는 것이 거의 없지만, 로마서에 표현된 그의 생각을 통해서 우리가 알 수 있는 것은 그가 **역사의 정점**이 정말로 가까웠다고 믿었다는 점이다. 묵시종말적 논리의 기적적 유연성—세상의 가장 끔찍한 재난과 실망 속에서도 항상 하나님의 개입에 대한 새로운 징조와 낌새를 반드시 찾아낸다—에 비추어 볼 때, 바울과 그의 추종자들은 예루살렘에서 바울이 체포된 사건과 구제금을 잃어버린 사건이 뜻하는 것은 그리스도의 재림이 빠르게 다가오고 있다는 뜻이며, 또한 위대한 청소작업의 심판은 조만간 지상의 악한 자들에 대한 처벌로 나타날 것으로 해석했다고 보는 것이 합리적이다. "사람들이 '평안하다, 안전하다' 하고 말할 그때에, 아기를 밴 여인에게 해산의 진통이 오는 것과 같이, 갑자기 멸망이 그들에게 닥칠 것이니, 그것을 피하지 못할 것입니다"(살전 5:3). 또한 바울이 많은 이미지를 끌어다 사용한 예언자적 신탁의 언어에서는, 하나님의 복수의 날은 갑작스러운 진노로 세계에 닥칠 것으로 이렇게 그려졌다. "보아라, 주께서 화염에 싸여 오시며, 그의 병거는 마치 회오리바람처럼 올 것이다. 그의 노여움이 진노로 바뀌고, 그의 질책이 타는 불길이 되어 보응하려 하신다"(사 66:15).

그러나 마침내 그 거대한 숙청의 대격변이 닥쳤을 때, 그것은 바울이나 로마 교회가 결코 상상할 수 없었던 훨씬 끔찍한 형태로 왔다. 선별적 심판이라기보다는 대규모 파국으로서, 그들 역시 그 속에 삼켜질 판국이었다. 64년 7월 18일, 향기롭고 미풍이 불던 여름밤에 로마 중심지에 있던 키르쿠스 막시무스(고대 로마의 전차 경기장) 근처의 밀집한 상점들 한 곳에서 불길이 솟아올랐다. 시장의 매점들에 쌓인 값싼 직물, 향수, 기름, 가죽, 목재상품이 불길을 폭발적으로 키웠다. 타키투스는 이 재난에 대한 그의 유명한 기록에서 "바람이 심해 큰 불이 경기장 전체를 휩쓸었다. 벽에 둘러싸인 고급주택들이나 신전, 또는 그 불을 막을 수 있었던 어떤 차단물도 없었다. 우선 불은 지층 공간을 사납게 휩쓸었다. 그다음에는 언덕을 타고 올라갔지만, 다시 내려와 지층을 파괴했다. 어떤 대책도 소용이 없었다. 고대 도시 로마의 좁은 골목들과 불규칙한 구역들이 화재를 키웠다. 겁에 질려 비명을 지르는 여인들, 무기력한 남녀노소는 살아남기 위해 몸부림쳤고, 어떤 이들은 사심 없이 병약자들을 돕고 보살폈으며, 모두가 큰 혼란에 빠졌다. 사람들이 뒤를 돌아보자, 위협적인 불길이 자신들 앞에 솟아오르거나, 측면을 포위했다, 그들이 이웃 구역으로 도망치자 불길이 뒤따라왔다. 멀리 있는 구역이라고 믿었던 곳들조차도 불길이 휩쓸었다. 마침내 어디로 도망쳐야 할지 알 수 없게 되자, 사람들은 시골로 가는 길로 몰려들거나 들판에 누웠다. 모든 것을 잃어버린 사람들, 심지어 그날의 식량마저 잃어버린 사람들은 도망은 쳤지만 죽는 게 낫다고 생각했다. 사랑하는 사람을 구출하지 못한 이들도 마찬가지였다. 아무도 감히 불길과 싸우려 하지 않았다. 불길을 잡으려는 노력을 가로막은 것은 위협적인 깡패들이었다. 횃불을 공개적으로 던진 자들 역시 자신들은 명령을 받고 행동한다고 외쳤다. 아마도 그들은 명령을 받았을 것이다. 아니면 그들은 단지 마음대로 약탈하고 싶었던 것일지도 모른다."

화재는 6일 동안 계속되었고 마침내 스스로 꺼졌다. 로마의 14구역 가운데 10구역이 완전히 타버렸고, 수만 명이 죽었으며, 수만 명이 집을 잃었다. 거의 즉각적으로 돌기 시작한 소문은 네로 황제 자신이 화재를 명령하여, 새로운 로마를 건설하기 위한 그의 건설 계획을 실행하는 데 불편을 최소화하기 위해서였다는 소문이다. 로마가 불타는 동안 네로가 수금을 연주하지는 않았을 것이지만, 수에토니우스는 그에 대한 적대적 소문을 이렇게 기록했다. "네로는 매케나스 탑에서 화재를 지켜보면서 그가 '불길의 아름다움'이라고 부른 것에 도취했다. 그리고 비극 배우의 옷을 입고 '일리움의 약탈'을 처음부터 끝까지 불렀다." 그러나 재건축 사업이 진행되고, 로마의 중심에 자기를 위한 거대한 "황금집"을 건설할 계획을 발표하자, 그는 재빨리 자신에 대한 소문을 무마하기 위해 화재의 책임을 물을 완벽한 희생양을 찾았다. 결국 스스로 크리스천이라고 불렀던 중동 이민자들의 가증한 종파와 종교적 근본주의자들은 자신들이 세상의 종말을 가져올 것이라고 오랫동안 경고하지 않았는가? 적대적 관점에서 읽으면, 이사야의 신탁조차도 폭력적 혁명 문서로 읽을 수 있었다. "주께서 불로 온 세상을 심판하시며, 주의 칼로 모든 사람을 심판하실 것이니, 주께 죽임을 당할 자가 많을 것이다"(66:16). 적대적인 수사관들에게는 그런 식의 반체제적인 말이 로마 크리스천들의 운명을 결정하는 데 충분하고도 남았다.

로마의 역사가 타키투스는 어떻게 경멸당하는 소수집단을 공개적으로 박해하는 것—구경거리로 제공되는 것—이 황제에 대한 대중의 증오를 돌리는 데 사용될 수 있었는지를 엿보게 해준다. "인간의 재원이나 제국이 후하게 베풀거나, 신들이 달래도 그 화재는 방화였다는 사악한 혐의를 없애지 못했다. 소문을 없애기 위해 네로는 희생양을 날조하여, 악명 높게 타락한 크리스천들(사람들은 일반적으로 그렇게 불렀다)을 온갖 방법으로 처벌했다. 그들의 창시자 그리스도는 티베리우스 황제 통치 기간에 유다 지방 총독 본디오 빌라도에 의해 처형당했다. 그러나 일시적 차질에도 불구하고 그 치명적인 미신은 유다 지방(그 피해가 시작된)에서뿐 아니라 심지어 로마에서도 새롭게 터져 나왔다. 모든 더럽고 수치스러운 관행이 함께 로마에서 번창했다. 우선 네로는 크리스천을 자인하는 사람들을 체포했다. 그리고 그들에 대한 정보에 근거해서 많은 사람도 단죄했는데, 그들의 선동보다는 반사회적 경향성 때문이었다. 그들의 죽음을 조롱거리로 만들었다. 야생짐승 가죽을 입히고, 개들이 물어뜯게 만들거나, 십자가에 처형하거나, 어두워진 후에 횃불로 만들어 태웠다. 네로는 자신의 정원에서 이런 구경거리를 마련했고, 군중이 운집한 경기장에 전시했는데, 그는 전차 위에서 전차를 모는 사람처럼 옷을 입었다."

이것이 바로 사도행전에 따르면, 바울이 오랫동안 자신의 재판을 로마에서 황제 앞에서 받도록 요구했던 정의의 통치자였다. 사도행전이 바울의 마지막 운명을 언급하지 않은 채 끝낸 것은 이상한 일이 아니었다. 그 큰 신학적 의제 속에 포함하기에는 너무 고통스러운 또 다른 불쾌한 역사적 현실이었기 때문이다. 우리가 바울의 말년에 대해 갖고 있는 유일한 자료는 2세기로 넘어갈 무렵 클레멘트가 로마에서 쓴 첫 번째 편지에 보존된 송덕문이다. "질투심과 갈등을 거쳐 바울은 인내의 상(the prize of endurance)에 이르는 길을 보여주었다. 일곱 차례나 그는 감금되었고, 유배당했으며, 돌에 맞았지만, 동방과 서방 모두에서 전파자였으며, 믿음의 고귀한 명성을 얻었고, 온 세상에 의로움을 가르쳤으며, 그가 서방 끝에 도달했을 때 통치자들 앞에서 증언(martyresas), 곧 순교로 증언함으로써, 인내의 가장 위대한 본보기로 이 세상을 떠나 거룩한 장소로 들어갔다"(5:5-7). 유세비우스는 바울과 과거 갈릴리의 어부였던 나이 든 베드로에 관해 보다 간결한 전통을 전해주었다. 다마스쿠스의 길거리에서부터 가버나움 해변까지 그들의 긴 여정은 끝났다. "기록된 바로는 [네로] 통치 기간에 바울은 로마에서 참수되었으며, 베드로 역시 십자가에 처형되었는데, 이 기록을 확인할 수 있는 것은 그곳에 있는 무덤들이 여전히 베드로와 바울의 이름으로 되어 있다는 사실을 통해서다."

바울은 그리스도가 재림하여 "우리가 그들과 함께 구름 속으로 이끌려 올라가서, 공중에서 주님을 영접할"(살전 4:17) 위대한 휴거의 때를 맞이하지 못했다. 바울이 예루살렘에서 체포되어 로마로 압송된 후 새로운 교회를 세웠다는 증거도 없다. 바울의 개인적 에너지는 소진되었고, 향락에 빠진 광기의 황제가 내린 명령을 따르는 억압의 세력은 그의 목소리를 잠잠하게 만들었다. 그러나 바울이 갈라디아, 마케도니아, 아가야 지방에 세운 공동체의 회원들과 로마의 대화재에서 살아남았지만 곤경에 빠진 성도들은 옛날 히브리 예언자들이 예언했던 하나님 나라가 언젠가는 시작될 것이라는 확신 속에 삶을 이어갔다. 그날이 올 때까지 그들은 자신들의 삶 속에서 함께 할 수 있는 일들을 행하며, 굶주린 자신의 아이들에게 음식을 마련해주면서 최선을 다해 살아남아, 예루살렘을 위한 구제금 모금이라는 큰 프로젝트가 명백히 실패한 원인을 이해하게 되었고, 또한 네로의 악행이 명백히 성공한 원인, 그리고 그가 "그리스도의 원수"의 원형적 화신으로서 그의 "하나님은 배"이며, 그의 "영광은 그들의 수치이며, 땅의 것만을 생각하는"(빌 3:19) 존재임을 마침내 이해할 수 있게 되었다.

적어도 그동안은 제국의 지방 도시들에서 생활방식은 바뀐 것이 없었다. 로마에서는 화재로 전소된 구역들을 철거하고 새로운 시장과 집단주택들이 건설되었다. 권력과 후견인 체제를 통해 재화는 여전히 상층부에 집중되었고, 존경뿐 아니라 모든 곡물, 이윤, 임금에서 큰 몫을 차지한 것은 지주, 세금 징수원, 귀족, 그리고 상층부로 올라가는 기업들이었다. 고린도, 에베소, 데살로니가, 빌립보, 갈라디아에서 그리스도 안의 형제자매들은 달리 방법이 없이 일상을 살아야 했다. 도시의 분주한 시장에서 계속해서 상업과 제조업에 종사하고 사고팔고, 잠재적 고객들을 확보하고 자신들의 서비스와 완제품에 대한 최대한 이윤을 얻으면서, 자신들의 삶과 공동체가 살아남을 희망을 간직했다. 바울은 이미 로마서의 문제가 되는 구절에서 "위에 있는 권세에 복종해야 할 것," 그리고 할당된 세금을 바침으로써 "존경해야 할 이는 존경하도록" 권면했다(13:1-7). 바울 자신의 운명은 그런 권면에 의문을 제기하도록 만들었을 것이지만,

그 형제자매들이 순교자로서 하늘에서 그리스도를 만나기보다는 영광중에 재림할 그리스도를 기다리기를 선호했던 이들의 생존 문제로서, 그들은 일상적 삶의 불의함에 둔감해져야만 했다.

오직 그들의 기쁘고 성령에 감동된 모임들에서, 주님의 만찬을 기념하기 위한 정기적 모임에서, 그들 사이에 물질을 서로 나눔을 통해서, 그리고 새로운 회원들의 새로운 탄생을 뜻하는 엄숙한 세례식을 통해서만, 그들은 자신들이 결코 통제할 수 없는 제국의 상황에서 영적으로 생존하기 위한 종교적 의식체계를 완벽하게 만들 수 있었다. 바울의 중심적 공동체들에서는 예루살렘에 구제금을 전달하기 위한 여행계획이 실패한 것에 대한 쓰라린 실망감이 서서히 기억에서 사라졌고, 공동체들의 존재 목표는 점차 지상의 정치적 변화에 영향을 끼치는 것과는 상관이 없게 되었다. 구체화하던 "종교" 또는 기독교—여기서 우리는 십자가에 처형된 그리스도라는 생생한 중심적 이미지를 경축한다는 점에서 마침내 종교를 말할 수 있다—는 로마제국의 수많은 백성을 황폐하게 만든 무력감과 뿌리뽑힘의 감정을 다룰 수 있는 장기적인 방법을 제공했다. 그러나 세례자 요한과 예수가 이스라엘의 갱신을 추구하는 것으로 시작했던 운동, 그리고 로마가 점령한 유다 지방에서 다양한 이스라엘의 예언자들과 묵시종말적 집단이 시작했던 운동은 이제 제국의 세력에 맞서서 실천적인 범세계적 동맹을 형성하려는 목적과는 점차 멀어지게 되었다. 교회의 매주 모임은 십자가에 처형된 예수를 공경하는 찬양을 부르며 세례와 주님의 만찬을 통한 그리스도의 부활을 종교의식을 통해 재현함으로써 그것 자체가 거룩한 목적이 되었다.

날이 바뀌고, 주, 달, 해가 지나도록 하늘이나 땅에는 아무 변화가 없었기 때문에, 구원과 하나님 나라의 의미에 대한 새로운 이해를 발전시켜야만 했다. 바울은 십자가에 처형된 그리스도라는 중심인물을 이미 희생적 헌신을 뜻하는 적용 가능한 상징으로 바꾸었다. 바울의 추종자들은 계속해서 사악함이란 자연적인 것도 아니며 불가피한 것도 아니라고 믿었고, 하나님은 어떤 방식으로든 장차 어디에선가 의롭고 온순한 사람들이 이 땅을 확실히 상속하게 만드실 것이라고 믿었다. 그것은 또한 나사렛 예수가 설교하고 치유했던 갈릴리 농민들의 희망이기도 했다. 그러나 네로 황제 통치의 마지막 때에는, 아무도 크리스천들이라는 작은 집단을, 멸망할 수밖에 없는 이상주의자들과 꿈을 꾸는 사람들의 종파라고 무시하는 것을 사실상 비난할 수 없었다. 제국은 대중의 고분고분함과 질서를 확보하기 위해 엄청난 권력과 폭력을 자행할 수 있었다. 비록 길거리, 신전, 시장에서는 정글의 법칙이 우세했지만 말이다. 예수운동의 가장 유명한 지도자들은 제국 권력에 의해 처형당했고 치욕을 당했으며, 또한 갈라디아, 마케도니아, 아가야, 아시아 지방에 흩어진 교회들은 지하로 들어가 존재하고 있었다. 우리가 상상할 수 있는 가장 위대한 기적은 하나님 나라에 대한 꿈이 결국에는 살아남았다는 기적이다.

10장

# 카이사르의 승리

세상은 조만간 알아차릴 수 없을 정도로 변화될 것이었다. 하나님의 백성이 오랫동안 로마제국에 맞서서 투쟁한 것이 냉혹하게도 극적인 새로운 단계로 나아가고 있었기 때문이다. 또한 기독교의 궁극적인 성공의 열쇠 가운데 하나는 아이러니하게도 예루살렘 성전의 폭력적인 파괴와 예수와 첫 사도들이 살았던 세계가 완전히 황폐화한 것이다. 그렇게 되기까지 바울의 교회들은 자신들의 도시와 마을에서 모였으며, 안디옥의 큰 크리스천 공동체는 계속해서 그 갱신의 사도들을 오지로 파송했다. 그러나 그 운동의 탄생지인 이스라엘 땅에서는 조만간 지중해 세계 전체의 운명을 영원히 바꿀 유혈 투쟁이 일어날 것이었다. 그에 대한 경고는 모든 눈 밝은 관찰자들에게 명백했지만, 당시에 권력의 자리에 앉아 있던 사람들은 전혀 눈치채지 못하고, 염려하지도 않았던 것처럼 보인다. 네로 황제의 통치 12년째인 66년에, 한때 평화로웠던 갈릴리 구릉 지역은 끓어오르는 화산이 되어 폭력과 혼란 속에 폭발하여, 백 년 이상 동안 그 지역의 역사를 만들었던 왕궁과 귀족 특권층의 본거지를 파괴할 준비가 되어 있었다. 거의 40년 전에 나사렛 예수가 추종자들을 이끌고 다녔던 그 지역은 여전히 제국의 후견인 체제의 병폐 때문에 고난을 겪고 있었다. 농민들 대부분은 더욱 부채의 수렁 속으로 깊이 빠져들어 가고 있었고—또는 이미 소작농이나 도시의 노동자들이 되었다—로마화한 도시의 귀족들은 산업과 상업을 통해 풍요로운 삶을 누리면서 서쪽 로마를 바라보며 앞날을 기대했다.

갈릴리의 어떤 마을들에서는 예수의 말씀을 여전히 기억하고, 아마도 신자들의 모임에서 낭독하기도 했을 것인데, 주로 평등주의적 하나님 나라를 세우기 위한 분리, 갱신에 대한 요청의 말씀이었다. 다른 도시와 마을들에서는 헤롯왕가와 로마의 권력 구조에 복종하는 것이 너무 깊이 뿌리박혀서 그것에 도전하는 일은 거의 불가능했다. 그러나 티베리아스의 슬럼 지역, 타리카애의 생선 염장 회사들, 갈릴리의 구릉 마을들에서는 더 이상 참지 못하는 목소리들이 행동을 요청하고 있었다. 빈털터리가 된 농민의 아들들과 도시 하층민들, 그리고 사회 부적응자들은 무기를 수집하고 혁명을 외치고 있었는데, 그들은 혁명이 메시아 시대의 도래를 이루는 일이라고 믿었다. 그들의 일차 목표는 헤롯왕가의 대지주들과 저명한 제사장 가문의 재산과 특권이었다. 그러나 이것은 결코 카이사르의 통치 아래 있었던 무수한 사람들의 독특한 상황은 아니었다. 갈리아, 스페인, 브리튼에서는 대중의 불평이 표면 아래에서 끓고 있어서, 조건이 맞으면, 부자들에 대항하는 가난한 사람들의 산적 떼가 폭발적인 불길을 일으켜서 제국 전체를 집어삼킬 상황이었다.

처음 불길이 솟은 것은 지중해 동편 유다 지방의 행정수도였던 카이사리아 마리티마에서 분노에 찬 군중들에 의해서였다. 그 도시는 오늘날 고고학자들이 유다 지방의 "작은 로마"라고 부르는 곳인데, "헤롯왕의 꿈"으로서 해변 왕궁, 극장, 인상적 항구의 우아함 때문이다. 그러나 그 꿈이 악몽으로 바뀐 것은 수십 년 동안 그 지역의 그리스인 공동체와 유대인 공동체가 로마 귀족들과 지방 관리들의 호의를 얻기 위해 치열하게 경쟁하면서 서로 증오와 폭력을 일삼았고, 수지맞는 계약, 상업적인 편의, 공적인 사업을 얻어냈기 때문이다. 카이사리아에서 유대인들과 그리스인들 사이에 심한 폭력 사태가 발생한 것은 네로 황제가 등극한 직후였다. 그리스인 대표단과 유대인 대표단이 황제에게 자신들의 주장을 펼치기 위해 별도로 로마로 갔는데, 유대인들은 자신들의 전통적인 독특한 **평등권**(*isopolitea*), 즉 자신들이 황제숭배나 카이사리아에서의 이방 종교에 참여하지 않더라도 도시 생활에서 평등권을 허락받고자 했다. 이런 지역적 갈등에서 관건이 된 것은 제국 전체의 소수자 권리를 위해 엄청난 함의를 지닌 문제였는데, 그것은 유대인들과 같은 독특한 민족 집단이 그레코 로마 도시 한복판에서 계속 살아갈 수 있으며, 자신들의 고유한 관습, 예루살렘 제사장들과의 독특한 관계를 유지하면서도 여전히 제국의 충성스러운 백성으로 간주될 수 있는가 하는 문제였다.

사도 바울과 당시 잘 알려진 이방인 작가들과 철학자들은 각자 나름대로 제국의 중요한 도시들 안에서 민족적 갈등과 공존의 문제를 다루려고 시도했지만, 네로 황제는 사이코패스적인 그리스 애호가로서, 카이사리아의 폭력 사태를 특별히 잔인한 방식으로 해결했다. 66년 봄에 그는 유대인들에게 오랫동안 주어졌던 동등한 시민 권리를 무효화하는 칙령을 발표했다. 이처럼 유대인들의 독립적인 경제적 권리—아직 정치적 권리나 종교적 권리는 아니었다—를 박탈한 것은 네로나 그의 가까운 참모들이 상상할 수 있었던 것보다 훨씬 폭넓은 반발을 불러일으켰을 것이다. 그 칙령이 없었다면 단지 이웃 간의 언쟁에 불과했을 일이 역사의 과정을 바꿀 수 있는 폭발적인 상황을 초래했다. 66년 5월, 어느 안식일 아침에 그리스인 청년 하나가 당시 콧대가 꺾인 유대인들을 조롱하려고 그 도시의 회당으로 통하는 골목에 앉아 이방인 종교의식에 따라 새들을 희생제물로 바치기 시작했다. 유대인 예배자들이 몰려들어 성난 말들을 퍼붓다가 주먹다짐이 벌어져 결국 도시 전체의 **폭동**으로 번졌다. 곧이어 폭력은 이스라엘 땅 전역에서 폭발하여, 이스라엘 백성과 로마 황제들 사이의 오래 계속된 드라마의 클라이맥스로 치달았다.

거룩한 도시 예루살렘은 곧바로 반란의 중심지가 되었다. 당시 특히 잔인했던 로마 총독 게시우스 플로루스는 군대를 이끌고 예루살렘으로 들어와 성전구역 안에 군인들을 보내, 유다 지역 백성들이 제국에 내지 않고 밀렸던 세금을 갚도록 강압적으로 17달란트(은 700kg 이상)를 몰수했다. 성전의 신성함을 무자비하게 침해한 것에 대한 대중적 시위가 예루살렘 거리에서 벌어지자, 플로루스 총독은 자기 군인들—그들 상당수는 카이사리아의 가난한 그리스인 지역 출신들이었다—을 풀어 그들의 반유대인 증오심을 학살, 강간으로 발산하도록 했고, 그들은 예루살렘 시장과 거주 구역까지 약탈했다. 요세푸스에 따르면, 곧바로 시가전이 도시 전체에서 벌어져, "많은 평화로운 시민들이 체포되어 플로루스 총독 앞에 끌려왔는데, 그는 처음에 그들을 채찍질했고 이어서 십자가에 처형했다." 고위급 제사장들과 헤롯왕족은 충격을 받아 네로 황제에게 냉정하고 존경할 만한 호소를 촉구했다. 그러나 유다 지역의 많은 주민들에게는 화해의 시간이 끝났다. 예루살렘에서는 한 반란 분파가 힘을 얻어 성전구역을 통제했고, 2세기 전에 마카비 군대가 그리스의 안티오쿠스 군대에 승리했던 이후 처음으로, 외국 군대가 거룩한 도시 예루살렘에서 추방되어, 플로루스 총독과 그의 군대는 겁에 질려 도망쳤다. 아그립바 2세 왕과 그의 측근은 돌팔매질과 저주의 홍수 속에 예루살렘으로부터 쫓겨났다. 이처럼 **독립**을 위한 새로운 해결책을 분명히 보여준 가운데, 성전의 더 젊고 급진적인 제사장들은 카이사르보다는 하나님에 대한 자신들의 충성을 선언하고, 헤롯대왕 이래로 성전의 의식 가운데 하나였던 황제의 안녕을 위한 매일의 희생제사를 중단했다.

예수운동의 예루살렘 공동체 회원들이 이 폭력과 흥분, 그리고 66년 여름과 초가을 동안 유다의 임박한 해방에 대한 기대에 어떻게 반응했는지를 알려주는 자료는 우리에게 없다. 그러나 그들은 혁명적 열정이 타오르는 것에 영향을 받지 않을 수 없었을 것이다. 즉 66년 8월에는 급진적 제사장들과 시카리파(sicarii, 'knifemen')가 성전을 장악하여 대제사장이었던 아나니아와 헤롯왕가의 화려한 저택들을 불태웠다. 요세푸스에 따르면, 그들은 이어서 "대출업자들의 차용증서를 파괴하여 부채를 되찾지 못하게 함으로써 많은 채무자들의 인기를 얻고 부자들에 대한 가난한 자들의 봉기를 초래하고자 하는 마음으로" 문서보관소를 불태웠다. 로마의 통치에 저항하는 데 폭력은 오랫동안 전혀 성공적이지 않았으며 역효과를 냈지만, 이제 갑자기 이스라엘 백성을 해방할 기적적 힘을 갖게 된 것처럼 보였다. 유다 지방의 많은 주민들에게는 하나님의 도우심의 증거가 그 가을에 분명히 드러났는데, 시리아 총독 세스티우스 갈루스가 이끌고 내려왔던 거대한 군단 병력이, 반란군이 장악한 예루살렘을 잠시 점령했다가, 유다 게릴라들에 의해 참패하여 놀라서 패퇴했기 때문이다. 유다 지방과 베뢰아 지방의 농민 반란군은 오랫동안 억압자들과 경쟁자들로 보았던 그리스화된 도시들과 이웃 그리스인 마을들을 공격했다. 갈릴리 지방에서는 기샬라의 요한이라는 마을 지도자가 인근 지역들을 습격했고, 사피아스(요세푸스에 따르면, "뱃사람과 극빈계층의 우두머리")의 아들 예수가 이끈 티베리아스의 어부들과 도시 빈민들이, 거의 50년 전에 헤롯 안티파스가 건설한 화려한 왕궁을 약탈하고 불태웠다. 왕궁의 금으로 도금한 지붕이 뒤틀리고 금박이 휘날리며 열을 받아 깨어진 대리석이 붕괴하자, 반란군은 재빨리 왕궁의 가구, 장식품, 기타 보물들을 자신들의 가난한 호숫가 집으로 가져갔다.

이것은 네로 황제가 수행원을 대동하고 아가야 지방의 고대 신당들을 돌아보면서 마음속에 품었던 고전적 질서와 예술적 아름다움의 세계가 결코 아니었다. 그는 여행하면서 많은 운동 경기와 시적인 연주 경쟁을 벌였고 항상 승리하고 있었다. 항상 말썽을 일으키던 야만적인 유다 지방에서 로마 군단들이 패퇴했다는 소식을 듣자, 네로는 난폭하고 야비한 티투스 플라비우스 베스파시아누스(9-79년) 장군을 파견하여 자기 제국의 평화를 회복하게 했다. 베스파시아누스는 대머리에 목이 굵은 나이든 장군으로서 독일과 브리튼에서 군단들을 지휘했으며 또한 아프리카 지방의 총독으로서 패기를 입증했던 장군이다. 비록 최근에 네로가 끝없이 시를 읽는 동안 잠이 들어 네로의 미움을 샀지만, 베스파시아누스 장군은 67년 2월 유다 지방 작전의 지휘권을 받았다. 세 개의 완전한 군단 병력과 속국왕들인 코마뉴의 안티오쿠스, 에데사의 소해무스, 나바테아의 말리쿠스 2세, 그리고 유다의 아그립바 2세의 지원 병력을 거느리고, 유다 지방의 고집 센 반란 성향을 단번에 최종적으로 절멸시키기 위한 파괴와 노예 삼기의 잔인한 초토화 작전을 시작했다.

갈릴리 주민들은 로마군대의 분노에 찬 첫 공격을 받게 되었다. 갈릴리의 많은 사람들은 67년 봄과 여름에 로마인들의 예상되는 살육에 대비하여 도시와 마을을 방어할 준비를 했는데, 그 지휘관은 완전히 경험이 없는 서른 살의 요세푸스라는 "장군"이었다. 그는 예루살렘에서 갈릴리 지역을 방어하도록 파견되었다. 그러나 가을에 베스파시아누스가 도착하자 갈릴리 도시들과 마을들은 체계적으로 초토화되었다. 유대인 병력과 로마 병력의 첫 번째 교전이 요타파타에서 벌어졌는데, 요세푸스는 로마 군대로 도망쳤다. 가을이 되자 갈릴리의 인구는 영원히 변했고, 예수와 그의 초기 제자들이 알았던 세상은 단지 기억으로 바뀌었다. 갈릴리 전역의 도시들과 마을들은 불태워졌고 파괴되었으며, 수만 명의 남녀노소, 심지어 반란에 적극적 역할을 하지 않은 사람들조차 살육당하고 불태워졌거나 맞아 죽었다. 갈릴리의 수도 티베리아스는 항복했다. 로마의 항구적인 주둔부대가 설립되었다. 타리캐아(예수 시대 이전부터 갈릴리 바다 어부들이 잡은 생선들을 가져왔던 곳)라는 생선 염장 산업 도시에서는 베스파시아누스 장군이 승리자의 재판정을 열었다. 요세푸스에 따르면, 3만 명 이상의 갈릴리 전쟁 포로들이 노예로 팔렸고, 1,200명의 노약자 포로들(시장 가치가 없는)은 처형되었으며, "6천 명의 가장 강건한" 청년들은 아가야 지방에 제국의 노예로 보내졌는데, 네로가 여전히 머물고 있던 그 지방에서 그의 환상적인 고린도 운하를 파는 고된 노동에 투입하기 위해서였다.

갈릴리의 생존자들과 도망자들이 겁에 질린 채 반란군이 장악한 예루살렘으로 도망치자, 베스파시아누스는 68년 봄에 군대를 이끌고 남쪽으로 내려가면서 해안 평야, 사마리아, 요르단 계곡과 이두매 지방의 비옥한 농지를 초토화하고, 예루살렘과 유다 지방 중심지를 포위하여 더욱 올가미를 조였다. 한편 로마에서는 율리우스 카이사르 시대부터 계속된 율리오-클라우디우스 왕조가 내부에서 붕괴하고 있었는데, 네로 황제의 광기, 탐욕, 교만 때문이었다. 대화재 이후 네로 황제는 로마를 재건하고 제국 전체를 자신의 미적 감각에 따른 장식품으로 만들기 위해 상상할 수 없는 금액을 탕진해 왔다. 동방에서 반란의 불길이 타오르기 시작하자 사회적 불안이 제국 로마의 일상생활 표면 바로 아래에서 확산되었다. 65년에는 원로원의 가이우스 칼푸르니우스 피소가 주도한 네로 황제에 대한 궁정의 음모가 발각되어 마지막 순간에 수포로 돌아갔다. 그러나 그 이후 **공포** 정치—로마의 지도적인 시민들 십여 명을 고문하고 살해했으며, 의심의 그물에 걸린 불행한 평민들과 노예들은 말할 것도 없다—

는 사태를 더욱 악화시켰다. 68년 봄에 네로 황제가 그리스 여행길에서 돌아오고, 베스파시아누스 장군이 유다 지역에서 날뛰자, 제국이 지배하던 다른 발화점들에서 반란이 타올랐다. 멀리 떨어진 갈리아 지방(오늘날 프랑스, 서부 독일, 북부 이탈리아)에서는 본토 출신 총독 가이우스 율리우스 빈덱스가 갈리아 독립의 깃발을 올리고, 현재의 황제는 즉시 제거해야 할 2등급 현악기 연주자에 불과하다고 조롱했다. 더욱 심각한 위협은 곧 제국의 서쪽 끝에 있는 스페인에서 발생했는데, 그곳은 사도 바울이 한때 이사야의 예언을 성취할 꿈을 꾸었던 곳이다. 네로 황제에 반대하는 저항은 세르비우스 술피시우스 갈바라는 이름의 호전적인 귀족이 주도했는데, 그는 제국이 엄격한 아우구스투스 황제가 젊은 시절에 품었던 이상으로 되돌아갈 것을 요청했다.

처음에는 네로 황제가 어떤 희생을 치르더라도 권력의 통치를 고수하는 확고한 독재자 역할을 수행했다. 수에토니우스는 나중에 기록하기를, 네로가 반란이 확산된다는 소식을 듣자 자신의 모든 군대 사령관과 지방 총독들을 처형하겠다고 위협하고, 원로원 전체를 만찬에서 독살하고 심지어 야생짐승들을 로마 거리에 풀어서 모든 반란 활동을 꺾겠다고 위협했다. 그러나 이런 환상들은 물거품이 되었다. 68년 6월, 베스파시아누스 장군이 유다 지방 초토화 작전을 끝내고 포로들을 묶어 사해에 던져 발버둥 치는 광경을 즐기던 당시에, 네로 황제는 완전히 신경쇠약에 걸렸다. 반란을 일으킨 기병 파견대에 쫓긴 그는 겁에 질려서 로마에서 시골로 도망쳐 칼로 자살하면서 "나와 함께 위대한 예술가가 죽는다"고 선언했다.

네로의 후계자 갈바(Galba)는 구원자도 아니고 예술가는 더욱 아니었다. 제국의 열매는 자신의 사적 재산이라고 믿게 성장한 또 다른 교만한 귀족으로서, 그는 즉시 원로원, 군대, 지방, 그리고 로마 시민들을 멀리했다. 정치적 혼돈이 몇 달 동안 계속되었는데(나중에 유명한 "네 명의 황제의 해"로 부르게 되었다), 당시 갈바(네로의 어린 시절 친구 마르쿠스 살비우스 오토)와 또 다른 자칭 황제 아울루스 비텔리우스가 번갈아 가면서 서로를 내쫓고 자신이 황제라고 주장했기 때문이다. 로마의 미래는 또다시 경쟁자 사이의 유혈 충돌에 맡겨졌는데, 한 세기 전에 율리우스 카이사르가 암살되기 전에, 이런 충돌은 전면적 내전으로 치달았다. 이런 제국 전체의 혼돈 한복판에서 율리우스 카이사르의 조카 옥타비아누스(아우구스투스 황제)가 권력을 장악했고, 평화와 번영의 새로운 시대가 시작되었다고 선포함으로써 새로운 구세주가 나타나게 되었다.

오랜 세월 동안 민족 독립의 기초로 이용해 왔던 (구세주에 관한) 오래된 예언들이 이제 제국의 목적으로 채택된다는 것은 얼마나 역설적인가! 유대인 반란자들, 사해 종파들, 예수운동의 비전을 지닌 사람들의 희망과 꿈을 사로잡았던 메시아의 구원에 관한 똑같은 묵시종말적 예언에 대한 놀라운 수정주의적 해석을 통해, 갈릴리 요타파타 전투에서 로마군대로 망명한 유대인 변절자 요세푸스는, 유다 지방에서 일어나 세상을 정복할 메시아에 대한 성서의 예언이 바로 티투스 플라비우스 베스파니아누스 장군에게 **적용된다**는 것을 자신이 처음 깨달은 사람이라고 주장했다. 다른 사람들도 베스파니아누스 장군의 영광스러운 미래에 대해 비슷한 예언을 했다. 즉 라반 요하난 벤 자카이는 나중에 야브네라는 해안 도시에 위대한 랍비 아카데미를 설립한 사람이었고, 갈멜산의 이방인 사제들, 알렉산드리아에서 이집트 신 세라피스를 섬기는 신자들이 그런 예언을 제시했다. 그러나 진실은, 제국의 동방지역 전역에 걸쳐서 사람들은 귀족 경쟁자들의 탐욕(권력투쟁)을 위해 고난당하고 죽는 현실에 지쳐있었고, 사태를 바로잡을 **직설적인** 구세주를 갈망했다는 점이다. 베스파시아누스 장군의 부하들이 그를 로마의 적법한 황제라고 주장한 후에, 베스파시아누스는 또한 그 지역의 모든 속국왕의 충성을 받아냈다. 에데사의 소해무스, 꼬마젠느의 안티오쿠스, 그리고 헤롯왕조의 아그립바 2세와 그의 누이 버니게가 그에게 충성을 맹세했다. 타키투스에 따르면, "멀리 아시아와 아가야에 이르기까지 바다에 접한 모든 지방, 그리고 폰투스와 아르메니아에 이르는 모든 내륙이 충성을 맹세했다." 신적인 아우구스투스의 상속자 중에서 제국의 황제가 계승되어야 한다는 원칙은 이제 전형적으로 자수성가한 황제가 등극하는 것으로 바뀌었다.

베스파시아누스 황제는 자신의 임무를 맡기 위해 알렉산드리아를 거쳐 로마로 가기 전에 한 가지 획기적인 변화를 만들 필요가 있었다. 그는 자신의 장남 티투스 플라비우스 베스파시아누스(39-81년)에게 유다 지방의 반란을 완전히 끝장낼 과업을 맡겼다. 플라비우스 가문의 새로운 시대가 시작되는 마당에, 제국 백성의 반란이 계속되는 것은 있을 수 없는 일처럼 보였기 때문이다. 전략적이며 경험이 많은 티투스 장군은 로마인 군단들과 유다 지방에 이미 도착해 있던 보조 병력에 대한 지휘권을 갖고, 예루살렘을 함락시킬 준비를 했다. 70년 봄까지, 예루살렘에는 난민들로 가득했고, 서로 경쟁하는 지도자들 사이의 충돌로 인해 분열되어 있었지만, 하나님이 마침내 로마인들과의 전쟁에 개입하실 것이라는 희망 때문에 반란군 핵심부는 결심을 더욱 굳혔으며, 심지어 성벽 안에서 수천 명이 굶주림과 질병으로 죽어 나갔고, 또한 수천 명이 도시에서 탈출하다가 잡혀 죽었고, 로마 군인들의 여흥을 위해 십자가에 처형되거나, 무력한 전쟁포로가 되었다. 5월에 이르러, 티투스의 병력은 예루살렘의 외곽 요새를 돌파한 후 도시 둘레에 공성 보루를 세웠으며, 8월에는 성전 구역을 점령했다. 제사장들과 주민들은 기근, 질병, 로마군대의 계속된 출격에도 불구하고 여전히 하나님의 개입을 기다리고 있었지만, 티투스는 그 반란을 잔인하고 결정적 방식으로 끝낼 작정이었다. 다른 정복된 민족들의 신전들과 예배 장소는 (로마의 우월성과 황제숭배의 우선성을 적절하게 과시한 이후에) 그대로 유지하도록 허락했지만, 이스라엘 백성에게는 그런 것이 분명히 가능하지 않았다.

그래서 70년 8월 말(히브리 아브 월 9일)에, 예루살렘 성전은 공격을 받아 철저하게 약탈당한 후에 그 기초까지 파괴되었다. 9월 말에 이르러서는 예루살렘 북부의 마지막 유대인 저항 거점도 평정되었다. 그 후에 티투스는 예루살렘 전체를 파괴하도록 명령함으로써, 헤롯왕이 만들었던 요새의 세 망루만 남게 되어, 요세푸스에 따르면, "후세에 이 도시의 성격과 그 강력한 방어망이 로마인들의 기술력에 항복했음을 시사하도록" 철저히 파괴되었다. 베스파시아누스 황제와 티투스는 그다음 해 봄, 로마에서 위대한 승리를 경축함으로써 로마의 질서에 맞서는 반란이 끝났음을 표시하면서, 승리의 군대가 가져온 예루살렘 성전의 큰 황금촛대를 포함하여 전리품을 전시했다. 또한 전 세계 유대인들이 매년 예루살렘에 바치던 반 세겔의 헌금을 대신하여, 베스파시아누스 황제는 모든 유대인이 로마의 주피터 신전에 특별세(같은 금액)를 바치도록 명령했다. 이로써 약 40년 전에 예루살렘에서 예수에게 질문했던 세금 문제는 결정적으로 대답 되었다. 즉 이제는 카이사르에게만 조공을 바쳐야 한다는 것이다. 성전이 파괴되고 유다 지방과 갈릴리 지방이 모두 폐허가 되자, 더 이상 하나님에게 세금을 바칠 쉬운 방법은 없어졌다.

복수의 날은 이렇게 왔다가 갔다. 그리고 한때 화려했던 예루살렘에는 돌 위에 돌 하나 거의 남지 않았다. 그러나 부활한 예수 그리스도나 다른 어느 메시아적 인물도 땅에 내려와, 그토록 오랜 세월 동안 하나님의 백성을 위협했던 악한 통치자들과 억압자들을 파멸시키지 않았다. 비록 유다 지방과 디아스포라 전역에 걸쳐 일부 집단은 현재의 불행, 즉 상상할 수 없는 고난과 민족적 치욕에 달한 불행이 하나님의 최종적인 개입을 위해 필요한 전주곡이라는 희망을 고수했지만, 생존자들 대부분은 로마의 승리가 초래한 냉혹한 현실에 직면할 수밖에 없었다. 지난 몇십 년 동안 그토록 많은 고난을 초래했던 부채와 강탈의 똑같은 상태는 과거처럼 계속해서 사람들을 짓밟았다. 채권자와 지주들의 이름만 바뀌었을 뿐이다. 반란에 참여했을 것으로 의심받는 유다 지방 제사장들과 귀족들이 소유한 토지와 도시의 재산들은 이제 몰수되어, 주변의 헬라화한 도시국가들의 귀족들이나 기업가들에게 팔렸다. 또한 갈릴리와 유다 지방의 살아남은 사람에게는 새로운 지주들과 채권자들이 요구한 것이 더욱 많아졌는데, 그들은 매년 "유대인 세금"을 내기 위해 추가로 더 많은 동전이나 산물이 필요했기 때문이다. 이런 환란의 때에 하나님은 도대체 어디에 계시는가? 이스라엘 땅을 정복한 것이 하나님의 약속이 아니라 진노의 표징일 수 있었는가? 이스라엘 백성은 어떻게 살아남을 수는 있겠는가?

성전은 사라졌고, 독자적인 민족적 지도자도 없고, 수십만 명의 유다인, 갈릴리인, 베뢰아인 남녀노소가 살해당했거나 노예로 팔려간 상황에서, 이스라엘 땅과 (지중해 연안) 디아스포라에 흩어진 유대인 공동체들은 갑자기 홀로 남겨졌다. 예루살렘의 콧대 꺾인 제사장 귀족들은 자신들의 탐욕과 야심에 대해 오랫동안 정죄했던 사람들에 의해 "그것 정말 쌤통"이라고 간주될 수 있었을 테지만, 오랜 세월 동안 이어져 왔던 성전예배, 절기 축제, 정결 예식이 중단됨으로써 새로운 예배 방법과 정화 방법을 찾아야만 했다. 반란과 파괴의 대재앙에 대해 유대인들이 적응하려는 큰 그림에서는, 이스라엘 땅에서 예수운동의 다양한 분파들의 흩어진 추종자들이 택했던 대응책은 처음에 거의 주목받지 못했다. 라반 요하난 벤 자카이가 이끌었던 유대인 현자 집단은 지중해 연안에 로마인들이 점령한 얌니아(히브리어로 '야브네'로 더 잘 알려진 도시)에 자리를 잡고 새로운 생활방식을 위한 새로운 구조를 만들기 시작했는데, 이것은 결국 랍비 유대교(Rabbinic Judaism)로 알려지게 되었다. 이처럼 고통스럽지만 창조적인 영혼 탐구 과정은 예수운동 안에서도 마찬가지로 시작되었다.

하나님의 드라마에서 다음 단계에 관한 크리스천들의 사색에서는 더 이상 하나의 중심은 없었고, 심지어 하나의 중심적인 상징적 초점도 없었다. 즉 야고보의 죽음 이후에 예수운동에서 예루살렘 공동체가 어떤 영적인 권위를 계속 가졌다 하더라도, 예루살렘의 예수운동의 "기둥들"과 장로들은 반란, 폭력, 포위라는 소용돌이 속에서 흔적도 없이 사라졌던 것으로 보인다. 교회사가 유세비우스가 전해준 전통에 따르면, "예루살렘 교회의 회원들은 그곳의 받아들여질 만한 사람들에게 주어진 계시를 통한 신탁을 통해, 그 전쟁 이전에 도시를 떠나 베뢰아 지방의 펠라라고 부르던 도시에 정착하도록 명령을 받았다." 그리스인들과 유대인들 사이의 폭력이 격렬해지던 때에 이처럼 유다인 집단이 이웃 그리스인들의 도시로 도망쳤다는 이런 전통에 대해 오늘날 많은 학자는 역사적으로 의문시된다고 본다. 그러나 요단강을 건너 도망친 것에는 사실적인 근거가 없다 하더라도, 다른 유대인 집단들이 자신들의 민족적 삶을 재구성하고 새로운 종교적 기관과 법적 기관들을 세우던 바로 그 당시에 예수운동의 흩어진 분파들이 스스로 그 대재앙을 이해하려고 애쓰고 있었다는 사실은 부인할 수 없다.

(기원전 6세기에) 바빌로니아 사람들이 예루살렘 성전을 처음 파괴한 사건은, 결국 그 (불길에) 순화되고 회복된 이스라엘이 의로움 가운데 견디면서 하나님의 용서하심에 공적을 돌리고, 또한 약속의 땅으로 귀환하는 데서 도가니 역할을 했던 것과 마찬가지로, 초기 기독교 공동체의 성도들은 자신들이 복수의 날에 살아남은 것이 이스라엘의 의로운 남은자

들(the righteous remnant of Israel)로 선택되었다는 것을 뜻한다고 믿었다. 야브네의 랍비들은 성전이 없는 시대에 토라를 준수하는 적응 방법을 찾는 과업에 열심이었지만, 예수운동의 다양한 분파들—자신을 유대 민족의 구성원으로 보는 사람들, 그리고 세상의 모든 민족을 위한 미래의 구원을 꿈꾸던 사람들 모두—은 이스라엘의 민족적 기관들의 끝장을 초래한 놀라운 사건들의 반전에 대해 매우 다른 설명을 찾고 있었다. 또한 이제 마침내 "복음서들"이라고 알려진 문서들이 등장하게 되었는데, 이 문서들은 그리스어로 작성된 예수의 전기 네 개로서, 결국 초기 크리스천 공동체들 가운데 유포되었던 많은 서로 다른 복음서 중에서 최종 선택된 마태, 마가, 누가, 요한의 문서였고, 이 책들은 신약성서의 처음 네 권이 되었다. 1세기 마지막 기간에 현재 형태와 비슷하게 유포되기 시작한 이 복음서들은 기독교의 문학적 고전들일 뿐 아니라 핵심적 경전이지만, 이런 문서들은 또 예루살렘의 멸망과 플라비우스 왕조의 등장 이후 몇십 년 동안 다양한 기독교 공동체들의 자기 인식과 세계관에 대한 귀중한 증거를 보여준다.

시리아와 페니키아의 남부 마을들은 67년 가을의 끔찍한 초토화 작전을 직접 겪지 않았던 곳으로서, 예수와 그 1세대 추종자들이 시작한 갱신 운동이 여전히 남아 있던 곳이었다. 그들은 로마인들에 대한 반란이 시작됨으로써 이스라엘 백성 가운데 신실한 사람들에게 주신 약속이 거의 성취될 것으로 보였던 사태가 도대체 왜 틀어지고 말았는지에 대한 설명을 필요로 했다. 예수의 추종자들 가운데 적어도 한 집단이 보기에는 그 책임이 유대민족의 정치 지도자들과 종교 지도자들에게 있었고, 또한 그런 점에서 예수운동의 지도자들이 갈릴리의 뿌리를 포기하고 예루살렘에 중심지를 세운 것이 잘못이었다. 이것이 **마가복음**이 택한 관점이었는데, 마가복음이 성전의 파괴(명백히 최근의 파괴)를 암시한 것 때문에 오늘날 많은 학자는 마가복음을 70년 이후 오래 지나지 않아 작성된 것으로 본다. 오랜 세월 동안 교회 전통은 마가복음이 예루살렘 멸망 후에 로마에서 "요한 마가"라는 예루살렘 출신으로서 바울과 바나바의 초기 선교여행에 동행했던 인물(행 12:25)에 의해 작성된 것으로 간주했다. 그러나 이제는 점차 많은 학자들이 마가복음이 근동 지방 농민의 생활에 대해 정확히 알고 있으며, 예수 사역의 지리에 대해 친숙하다는 사실은 마가복음이 페니키아, 남부 시리아, 또는 데가볼리의 농경 지역에 살던 그리스어를 사용하던 예수운동의 작품이라는 증거로 보고 있다. 그리고 만일 우리가 "마가"를 유다 지역의 반란에 대한 로마의 진압이라는 구체적인 역사적 상황 속에서 기록된 일관된 이야기로 읽는다면, 즉 마가복음을 "기독론"과 "제자직" 같은 컨텍스트와 상관없는 신학적 교리로 축소시키지 않는다면, 우리는 하나의 예수 공동체의 특별히 창조적인 멤버가 어떻게 최근 이스라엘 백성이 겪었던 대재앙의 의미를 찾고, 또한 그, 그녀, 또는 그들이 하나님 나라는 정확히 예수가 가르쳤던 것, 즉 남부 시리아와 갈릴리의 도시와 마을들에서 공동체 갱신 운동과 해방 운동이 바로 하나님 나라에 대한 예수의 가르침이었다고 주장했음을 알 수 있다.

그 이전 수십 년 동안 메시아에 관한 주장들(헤롯 메시아, 하늘에서 내려올 메시아, 제사장 메시아, 왕적인 메시아, 심지어 로마인 메시아)에도 불구하고, 마가복음의 저자(들)는 메시아의 왕권 전통에 대해 전혀 공감하지 않았다. 예수의 사역에 대해 플라비아누스 황제 시대의 관점에서 되돌아보면서, 마가복음은 예수를 하나님의 영감을 받은 예언자와 교사로서, 메시아에 대한 왕적인 이해와 제국주의적 이해를 정면으로 맞받아친 분으로 능숙하게 묘사했다. 비록 "메시아"(messiah) 또는 그리스어로

"크리스토스"(*Christos*)라는 위풍당당한 호칭이 사실상 그리스어를 사용하는 예수운동 멤버들에게 예수의 이름의 일부가 되었지만, 마가복음의 예수는 왕적인 메시아로 행동하기를 고집스럽게 거부했다. 예수는 그런 메시아 개념을 조롱하고 비난했다. 마가의 이야기는 예수를 전통적인 영에 충만한 예언자로서, 고대 이스라엘의 예언자들처럼 치유, 귀신축출, 기적을 행한 인물, 그래서 당시 사람들이 엘리야나 세례자 요한이 다시 살아난 것으로 쉽게 간주했던 인물로 보여주었다. 따라서 "메시아"와 "하나님의 아들"이라는 호칭은 마가복음을 읽거나 낭독을 들었던 사람들에게 갑자기 새롭고 아이러니한 의미를 갖게 되었다. 마가복음에서는 예수가 농민 "메시아," 의지적으로 무력한 "메시아," 헤롯대왕의 성전이 지닌 지상의 찬란함을 경멸했던 "메시아," 심지어 세상의 통치자들은 자기 이름에 메시아라는 호칭을 붙이려고 안달했지만, 예수는 그런 신적인 사명을 경멸했던 순교자 "메시아"였다.

이처럼 예수의 새로운 전기를 간직했던 공동체들은 예수의 제자들 가운데 내부 집단에 관해 고통스럽게 뒤섞인 감정을 품고 있었는데, 그런 감정들이 마가복음의 매우 중요한 서브플롯(subplots) 가운데 하나에 표현되어, 열두 제자는 자신들의 권력에 대한 야심에 사로잡힌 자들로 비난받는다. 예수가 제자들에게 하나님 나라의 신비에 관해 설명하고 (4:10-34), 또한 제자들에게 귀신축출과 회개의 설교를 통해 자신의 갱신 사역을 확장하도록 위임했지만(6:7-13), 제자들은 예수가 인습적인 정치 권력에 관해 말하지 않고 있음을 깨닫지 못했던 것처럼 보인다. 즉 그 이야기의 결정적인 요점에서, 예수가 예루살렘에 올라가 목숨을 걸고 통치자들과 대결하려는 때에, 야고보와 요한은 천박하게도 자신들을 위해 특권적 위치를 요청했고, 이에 대해 예수는 자신의 운동에서는 누구든지 "위대하게" 되고자 하는 사람은 섬기는 사람이 되어야 한다고 단호하게 대답하신다(10:35-45). 이어서 특히 마지막 만찬 이후에, 제자들은 또 다시 자신들이 헌신하지 않고 있음을 드러내어, 예수가 겟세마네 동산에서 고뇌하는 동안 베드로, 야고보, 요한과 같은 지도적 인물들은 잠에 빠졌고(14:37-42), 유다는 예수를 배반하여 성전 당국자들에게 밀고하고(14:43-46), 베드로는 예수와의 관계에 대해 질문을 받자 관계를 부인했으며(14:66-71), 예수가 체포되어 재판받게 되자 열두 제자 모두는 그냥 사라져 버렸다. 이런 생생한 일화들과 용서받지 못할 장면들은 반드시 저널리스트의 보고가 아니라 예수운동의 적어도 한 분파는 민족적 지도자들 못지않게 열두 제자들도 개인적인 정치권력에 사로잡혀 왕이 없는 하나님 나라에 충분히 초점을 맞추지 않았음을 강력하게 지적한 것으로 보아야 한다.

마가복음이 그린 하나님 나라는 도시들에, 즉 그 엄청난 비용을 들여 화려하게 건설한 광장, 신전들, 왕궁들이 있는 도시들에 세워질 것이 아니었다. 그 나라는 "군대"(군단)라고 불렸던 악마들, 즉 냉혹한 지주들, 교만한 분봉왕들, 카이사르에게 바치는 공물이 참여하지 못하는 나라일 것이다. 마가복음 이야기의 마지막에서 십자가 처형 후, 제자들이 자신들의 목숨을 위해 도망친 다음에 여성들이 주도적 역할을 한다는 것은 매우 의미심장하다. "두" 명의 마리아와 살로메는 갈릴리에서부터 예루살렘까지 예수를 따라왔으며, 빈 무덤을 목격한 유일한 사람들이 되었다. 그들이 무덤에서 만난 신비한 천사 같은 인물은 예수의 부활을 이들 신실한 여인들에게 선언함으로써, 자신들이 예수의 진정한 제자들이라고 간주했던 갈릴리의 어부들과 농민들은 완전히 놓쳤음을 드러낸다. 그들이 무덤이 빈 것을 보았을 때, 그 젊은이는 그 여인들에게 "놀라지 마십시오. 그대들은 십자가에 못 박히신 나사렛 사람 예수를 찾고 있습니다만, 그는 살아나셨습니다. 그는 여기에 계시지 않습니다. 보십시오, 그를 안장했던 곳입니다. 그러니 그대들은 가서, 그의 제자들과 베드로에게 이르십시오. 그는 그들보다 앞서서 갈릴리로 가십니다. 그가 그들에게 말씀하신 대로, 그들은 거기에서 그를 볼 것이라고 하십시오"(16:6-7)라고 말한다. **진짜** 사역은 그 운동이 시작된 마을들과 도시들에서 행해지도록 남아 있었다. 이제는 예루살렘이 파괴되었기 때문에, 마가복음은 하나님 나라 운동이 갈릴리와 그 너머 구릉 지역의 마을들과 도시들에서 계속되어야만 한다는 점을 강조했다.

성전이 폐허가 되었고, 헤롯왕가는 영원히 몰락한 유다 지방에서는 저 세상적인 우주적 구원의 비전이 생겨났다. 신실한 사람들의 세상적 행운을 회복하기 위한 실천적 행동 가능성은 제한되었다. 예루살렘의 폐허 속에 억압적인 제10 군단이 주둔하고, 유다 전역에 야영하는 주둔부대가 있으며, 제국의 당국자들이 농경지의 상당 부분을 몰수한 상황에서, 예수운동의 예루살렘 공동체 중심 지도력이 사라짐으로써, 유다 지방의 예수 추종자들은 절망과 영적 진공상태에 빠졌다. 요한복음은 비록 나중에 교회 전통에서 세베대의 아들 요한(예수의 "사랑받는 제자"로 부르게 된 인물일 수 있다)이 기록한 것으로 간주했던 반면, 오랫동안 학자들과 주석가들은 가장 저 세상적이며 영적이며 "비유다적"(un-Judean) 복음으로 간주했지만, 요한복음이 사실상 유다 지방의 정치적 현실이 바뀐 것에 대한 직접적인 문학적 대응일 수 있음을 시사하는 몇 가지 흥미로운 것들이 있다. 즉 예수를 선재하는(pre-existing) 영원한 로고스, 또는 하나님의 "말씀"으로 밝힌 점, 믿는 사람들을 세상의 삶의 측면으로부터 궁극적인 영생과 하늘의 "내 아버지의 집"의 "많은 집들"(14:2) 안으로 들어 올리려 했던 점은, 제국의 권력 실세들과 필요에 의해서건, 아니면 강압에 의해서건, 타협할 준비를 했던 예수운동의 다른 분파들과는 단호하게 거리를 둔 분파의 내면화하는 이데올로기였을 수 있다. 최근에는 특히 사해 두루마리 문헌과 그것이 타락한 사회로부터 열정적으로 분리한 종파적 헌신—유다 지방의 기존 정파와 정치에 대한 강력한 반대의 표현으로서—을 발견한 이후, 요한복음 안에 표현된 신비주의적 은둔(mystical withdrawal)은 더 이상 과거에 한때 그렇게 보였던 것처럼 하늘로 도피하거나 단호하게 비정치적인 은둔으로 간주되지 않는다.

현대의 성서신학자들은 흔히 요한복음을 "회당"이나 유대교의 주류파에서 쫓겨난 공동체에게 말한 문서로 읽었지만, 이제는 예루살렘이 함락된 이후 혼란스럽고 불확실한 수십 년 동안, 넓게 흩어진 집단에게 그처럼 명백한 규율(축출)을 강요할 수 있었던 조직화된 "유대교"—중앙집권화되었든지, 아니면 지역화되었든 간에—는 없었다는 사실이 분명해지고 있다. 사실상 추상적 기독교 신학이 발전한 흔적(마치 유다가 정복된 이후의 구체적인 사회정치적 갈등에 대한 언급 없이 그것을 연구할 수 있는 것처럼)을 추적하려는 현대 학자들의 집중적인 관심은 요한복음이 오늘날의 반셈족주의적 의미에서 철저하게 **반유대적인 복음서**라는 전통적 오해를 영구적인 것으로 만든 책임이 있다. 요한복음을 비롯해 다른 복음서들에도 '이우다이오이'(*Ioudaioi*), 즉 "유다인들"(Judeans) 또는 유대인들(Jews)을 공격한 구절들, 곧 그들의 유산(율법 문자)에 불충실한 예수와 불신자들에 적대적인 이런 구절들이 반셈족주의적 증오와 폭력의 근거로 오랜 세월 동안 사용되었다는 사실에는 의문의 여지가 없다. 그러나 요한복음에 나오는 '이우다이오이'라는 용어는 많은 경우에 구체적으로 유다 당국자들, 즉 유다 지방의 통치자들과 내부자들, 또는 다른 복음서들이 "대제사장, 서기관과 장로들"을 가리킨 말이다. 그리고 요한복음 안의 근본적 갈등이 "유대인들"과 예수를 믿는 사람들 사이의 갈등이 아니라, 전쟁 후 충격을 받은 예수운동 공동체와 그 대재앙의 책임이 있는 것으로 간주된 지도자들 사이의 갈등이었음을 분별하면, 그 역사적 맥락이 드러나기 시작한다. 마가복음이 예루살렘을 먼 지역, 즉 마을의 갱신을 방해하는 도시의 갈등과 정치적 충돌이 벌어지는 먼 지역으로 본 것과 달리, "요한"은 유다 지역에 강하게 초점을 맞추며, 성전 위계질서에 대해 직접적이며 계속적으로 반대하는 입장이다. 마가(마태와 누가 역시)가 예수로 하여금 갈릴리와 그 주변의 북부 지역 사역에 집중하도록 만들어 예루살렘에는 단 한 번, 마지막으로 여행한 것으로 묘사한 것과는 대조적으로, 요한은 예수가 예루살렘과 갈릴리를 정기적으로 오고 간 것으로 만들고, 여러 차례 성전을 순례하고, 북부만이 아니라 남부에서도 추종자들을 얻어, 일차적으로 (갈릴리가 아니라) 유다 지방에서 사역한 것으로 만들었다.

그러나 요한복음에는 유다 지방의 정치적 사태에서 극적인 변화가 있을 것이라는 분명한 희망이 없다. 그리스도의 재림(*parousia*)이나 장차 신자들의 부활에 대한 언급도 없다. 예수의 유일한 사명은 그의 십자가 처형과 순교자로서 들어 올려지는 일(exaltation)인데(12:32-33에 분명히 진술된 것처럼), 이것은 예루살렘의 그의 추종자들에게 획기적인 사건이 되었다. 실제로 요한복음에서 예수가 부활한 후 나타난 것이 대부분 예루살렘에서였다는 점(20:14-29)은 의미심장하며, 많은 학자는 예수가 "디베랴 바닷가"에서 갈릴리의 제자들에게 나타난 것(21:1-19)은 그의 초기 사역 동안에 벌어진 기적 이야기들에 속한다고 정확히 지적했다. 그러나 요한의 공동체가 유다 지방에만 국한되었는지, 아니면 갈릴리 지방 사람들도 포함했는지에 상관없이, 하나님 나라에 대한 요한 공동체의 통일시키는 원칙과 비전은 농민들 사이의 마을 갱신이 아니라, 어디에 살든지 억압받는 사람들의 영적인 형제자매 사이의 공동체적 연대를 위한 것이었다.

요한복음은 1장의 도입부를 통해, 그리고 2-11장의 담화에서, 보다 높은 영적인 생활의 모든 측면은 예수 **안에** 있었거나 이제는 예수**였다고** 주장한 후에, 요한은 14-17장의 "고별 담화"에서 보다 높은 영적인 생활은 하나님, 예수, 그리고 제자들 사이에 공유된 사랑에 기초한다고 설명했다. 요한복음이 마음속에 그린 하나님 나라는 제국의 생활로부터 의도적인 분리 상태이다. 예수는 요한복음에서 빌라도에게 "내 나라는 이 세상에 속한 것이 아니다. 내 나라가 세상에 속한 것이라면, 내 부하들이 싸워서, 나를 유대 사람들의 손에 넘어가지 않게 했을 것이다. 그러나 내 나라는 이 세상에 속한 것이 아니다"(18:36)라고 말한다. 이런 진술은 세상의 정치경제 현실로부터 영적으로 도피하는 것을 나타낸다고 많은 신약성서 학자가 계속 주장했음에도 불구하고, 그런 표현은 제국에 대한 강력한 대응으로 볼 수 있다. 사도 요한이 기록한 것으로 간주되었지만, 십중팔구 90년대 중반에 멀리 떨어진 에게해의 밧모섬에서 그의 박해받은 추종자 가운데 한 사람이 썼을 요한계시록의 생생한 반제국주의적 이미지는, 600여 년 전에 바빌론 강가에서 예루살렘 성전의 파괴를 슬퍼했던 이스라엘의 유배당한 사람들이 표현했던 것과 똑같은 예언자적 저항을 제시한다.

그러나 새로 태어난 플라비아누스 제국의 또 다른 지역—시리아 지방의 수도 안디옥의 북부 지역—에서는 예수운동의 또 다른 독특한 분파가 생겨났는데, 이 분파는 점차 왕권의 정치적 현실과 상징적 개입을 예수 그리스도에 대한 이해에 통합시켰고, 또한 전쟁 이후의 예수 그리스도의 역할에 통합시켰다. 학자들이 점차 합의하게 된 것은 **마태복음이** 플라비아누스 시대 초기(80년 직후)에 안디옥에서 작성되었다는 점이며, 또한 마태복음의 문체와 어투, 초기 자료와 전승에 대한 재해석은 제도적 구조와 영적인 권위에 대한 관심을 드러낸다는 점이다. 마가복음이 갈릴리 마을들에서 갱신 운동의 지역적 부흥을 촉구했다면, 그리고 요한복음이 스스로 은둔생활을 선택한 유다 지방 공동체들에게 신실한 연대성을 촉구했다면, 마태복음은 이스라엘의 다윗 왕조를 재건하기 위한 실천적이며 조직적인 헌장(charter)을 제시했다. 베스파시아누스 황제가 아시아, 갈라디아, 시리아 지방에서 거대한 공적 사업을 벌여 도로와 항구를 개선하고, 법률을 감독하여 제국의 동부를 더욱 확고하게 제국 전체에 결속시키던 바로 그 당시에, 마태복음은 예수를 대안적인 황제(an alternative emperor)로 묘사하고, 이스라엘의 갱신을 위한 프로그램을 설계했는데, 이것은 (이제는 파괴된) 예루살렘 성전과 로마제국의 법률 모두에 노골적으로 반대하는 것이었다.

"마가" 공동체는 예수를 고난받는 농민 안티-메시아(a suffering peasant anti-messiah)로 보았고, "요한"의 동조자들은 예수를 영적 엘리트를 위한 하늘의 중보자(the heavenly intercessor)로 보았지만, 이와는 정반대로, "마태"는 예수를 처음부터 진정한 왕적인 메시아(royal messiah), 이스라엘을 위한 새로운 왕(a new king)으로 묘사했다. 고고학적 유물들과 당시 라틴어 비문들은 플라비우스 가문 황제들이 안디옥에서 벌였던 전대미문의 공적 사업 프로젝트를 보여주며, 또한 그로 인해서 안디옥의 크리스천 공동체가 유익한 왕의 통치가 가져다줄 수 있는 안정성과 번영을 인정하게 되었다는 것은 단순한 우연이 아닐 것이다. 마태복음에서는 예수가 메시아로 태어나 헤롯대왕의 폭정에 명백하게 또한 극적으로 반대하며(2:6), 예수는 그의 공적 사역을 통해 왕적인 성격을 드러낸다. 예수가 예루살렘에 "승리의 입성"을 하던 때, 그의 왕적 혈통은 분명하게 칭송을 받는다. "호산나, 다윗의 자손께! 복되시다, 주의 이름으로 오시는 분! 가장 높은 곳에서 호산나!"(21:9). 사실상 마태가 족보에 관심을 갖는 것

―제국 전역에서 황제 계승자의 적법성이 초미의 관심 사항이던 시기에 매우 특징적으로―에서 볼 때, 예수는 처음부터 다윗의 왕족일 뿐 아니라 족장 아브라함의 직계 자손으로 선포된다(1:1-17). 예수의 추종자들은 이제 땅, 민족, **그리고** 영원한 왕족에 대한 하나님의 약속의 상속자들이었다.

예수운동에 대한 새로운 비전이 일어나고 있었는데, 그 새로운 비전에서는 안디옥―그리고 나중에는 로마―이 예루살렘을 대신해서 메시아 시대의 가장 영향력 있는 중심지가 될 것이다. 마태복음의 구조 자체는 과거에 독립적이었던 전승들을 통합하려는 노력이 진행되고 있었음을 보여준다. 즉 마태복음이 "Q" 말씀 복음(당시 시골 마을들에서 구전 형태로 여전히 유포되고 있었음이 분명하다)뿐 아니라 마가복음(앞에서 살펴본 것처럼, 페니키아나 남부 시리아의 그리스어를 말하는 도시 중 하나에서 작성되었을 것이다)으로부터도 (본문) 재료를 사용하고, 서로 불일치하는 전승들은 조화롭게 만들고, 종교적 제의와 구조를 만든 것이 그런 통합하려는 노력을 보여준다. 마태는 마가복음 이야기의 줄거리 구조를 다시 짜서, 다섯 개의 내러티브 부분(section)으로 만들고, 사회적 및 윤리적 가르침을 배치하고, 기존 운동을 위해 영감을 불러일으키는 글보다 훨씬 그 이상으로 하나의 온전한 거룩한 경전으로 창조했다. 가장 중요한 것은 마태복음 5-7장의 산상설교에서 제시된 새로운 언약으로서, 이것은 예수가 산 위에서 새로운 "모세"의 역할을 한 것인데, 여기에는 다른 교훈들과 함께, 지역적 협동을 위한 안내(5:38-42)와 복지 체계(6:2)가 포함되어 있다. 본질적으로 마태복음은 자신을 하나님 나라의 진정한 상속자로 이해한 공동체들의 네트워크에서 법전과 핸드북 역할을 했는데, 그들은 다윗 전통과 플라비우스 왕조의 현실 권력이 아이러니하게 결합된 덫에 걸려 있었다.

그러나 안디옥 공동체의 지도력은, 이스라엘 백성 **내부에서** 확고해지던 랍비 운동(rabbinic movement)과 심각하게 경쟁할 수밖에 없었는데, 랍비 운동 역시 자신들이 이스라엘의 전통에 대한 권위 있는 해석자라고 주장했기 때문이다. 랍비들은 성전이라는 중심 기관 없이 이스라엘 백성의 연대를 갱신하기 위해, 지중해 연안 지역을 두루 여행하면서, 법적인 질문들에 대답해 주고, 판결을 전해주며, 새로운 종교의식과 관습을 가르치면서, 서서히 디아스포라 전역의 유대인 공동체들 사이에서 야브네의 **현자 아카데미**(Academy of Sages)의 권위와 우선성을 확립해나갔다. 마태복음에서는 계속해서 예수 당시의 "서기관들과 바리새파"가 악당들로 나오는데, 이들의 옷차림과 태도는 헤롯 시대 갈릴리의 서기관들과 신하들 모습보다는 초기 랍비 유대교의 랍비들과 현자들의 모습에 더 적절했다. 예수는 분명하게 그의 제자들에게 결코 그들처럼 행동하지 말 것을 경고한다. "그들이 하는 행실은 모두 사람들에게 보이려고 하는 것이다. 그들은 경문 곽을 크게 만들어서 차고 다니고, 옷술을 길게 늘어뜨린다. 그리고 잔치에서는 윗자리에, 회당에서는 높은 자리에 앉기를 즐기고, 장터에서 인사받기와, 사람들이 자기들을 선생(랍비)이라고 불러주기를 즐긴다. 그러나 너희는 선생이라는 칭호를 듣지 말아라. 너희의 선생은 한 분뿐이요, 너희는 모두 학생이다"(23:5-8). 초기 크리스천들과 랍비들 사이의 격렬한 투쟁은 마태가 성전체제를 격렬하게 단죄한 데서도 파악할 수 있다. 예루살렘의 비극적 운명에 대해 예수가 탄식한 것(23:37-24:2), 그리고 예루살렘 주민들이 예수 처형에 대한 책임을 자신들과 자녀들이 지겠다는 피에 굶주린 장면(27:25)—그래서 매우 비현실적인 장면—에서, 마태는 그의 독자들에게 유다 지방 사람들이 어떻게 하나님의 약속의 수혜자라는 그들의 권리를 몰수당함으로써, 예수의 추종자들이 유일하게 남은 적법한 상속자들임을 보여주려 했다.

이처럼 1세기가 저물어가는 동안, 예수의 추종자들과 랍비의 추종자들은 결정적으로 서로 결별했다. 비록 크리스천 "교회"는 아직 하나도 생겨나지 않았고, 어떠한 정통주의도 합의된 바 없었지만, 흩어져 있던 크리스천 공동체들은 점차 역사의 판결을 받아들이게 되었는데, 적어도 유대인 반란을 잔인하게 진압한 베스파시아누스와 티투스의 군단들의 분노에 가득 찬 군사력이 결정한 판결을 받아들이게 되었다. 이스라엘의 땅은 정복되었고, 예루살렘은 폐허가 되었으며, 성전은 파괴되었고, 그리고 이스라엘 민족의 자손들이 보기에는 구원에 대한 특별한 주장을 모두 잃어버렸다. 이 시대 이후, 그들은 하나님의 계획이 성취되는 것은 크리스천들에게만 예약된 하늘의 왕국(a Kingdom of Heaven)을 통해서라고 열렬하게 믿었다.

**11장**

# 믿음을 지키다

예수가 예루살렘에서 십자가에 처형된 지 75년이 지나기 전에, 하나님 나라의 표징들은 성도들이 모이는 곳마다 틀림없이 나타났다. 모든 크리스천의 삶에서 가장 중요한 종교적 제의들—세례, 주님의 만찬, 그리고 헌금은 이따금 찾아오는 여행하는 교사들과 예언자들로부터 성령의 새로운 주입과 함께 이루어졌다—은 지중해 동부지역에 흩어진 모임들을 하나로 묶어주었던 것으로 보였다. 그들은 하나님 나라를 이 땅 위에 건설하는 데서 일정한 역할을 수행할 운명이라고 믿었기 때문이다. 해가 바뀌면서 로마제국은 사라지기를 거부했고, 불의와 부도덕에 맞서는 열정과 분노는 점차 내면으로 향했다. 교회들은 계속해서 연약하고 무력한 사람들, 과부들과 고아들, 그들 사이에서 극빈 상태에 처한 이방인들을 도왔다. 시간이 지나면서 그들은 점차 영구적인 교회 구조와 직제를 발견시켜, 공동체들의 일상생활을 감독하고 조절했다. 감독들과 집사들은 많은 회중 사이에서 권위를 지닌 항구적 인물들이 되어, 당연히 존경과 영광을 받았다. 사실상 2세기 초에 이르러서는 하나님 나라가 전적으로 은총의 영적인 상태, 즉 교회의 정규 규율과 종교 제의를 통해서, 그리고

"하프의 현처럼 감독에게 맞추도록" 요구된 크리스천 형제자매들 개인의 순종적인 영성을 통해서만 얻을 수 있는 은총의 영적인 상태로 이해되었다.

많은 교회에게 로마제국은 더 이상 **주적**(main enemy)이 아니라, 오히려 기독교가 그리스도의 재림 때까지 그 안에서 평화롭게 존재해야만 할 지상의 환경이었다. 사실상 이처럼 마침내 제국을 받아들이게 된 것이 너무 구석구석 배어들었기 때문에, 그리스도의 이미지는 서서히 **대안적 왕**(alternative king)의 이미지로부터 **모범적** 황제(model emperor)의 이미지로 바뀌었다. 즉 하늘의 그림자 정부를 주재하고, 땅에서는 일을 어떻게 처리해야만 하는지에 대한 본보기를 보여주는 모범적 황제 이미지로 바뀌었다. 새로운 세대의 기독교 지도자들은 이처럼 지배적인 제국의 환경의 중요한 요소들을 받아들여, 창조적으로 자신들의 영적인 목표에 적용했다. 그들은 바울의 이름으로 여러 편지들—바울이 직접 쓴 편지들과는 언어와 문체에서 판이하게 다른 편지들—을 작성함으로써, 흩어져 있는 성도들의 모임들이 일차적으로 다른, 순전히 영적인 영역에 존재하는 하나님 나라에 초점을 맞추었다.

골로새 사람들에게 보낸 편지에서 신자들에게 주는 가르침은 "여러분은 땅에 있는 것들을 생각하지 말고, 위에 있는 것들을 생각하십시오. 여러분은 이미 죽었고, 여러분의 생명은 그리스도와 함께 하나님 안에 감추어져 있습니다"(3:2-3)라는 것이었다. 바울이 한평생 세상의 반대자들이 연속적으로 나타나는 것에 맞서서 싸웠던 것과 대조적으로, 에베소 사람들에게 보낸 편지는 결론적으로 "우리의 싸움은 피와 살을 가진 사람들을 상대로 하는 것이 아니라, 통치자(principalities, 한글개역에는 '정사')와 권세자들과 이 어두운 세계의 지배자들과 하늘에 있는 악한 영들을 상대로 하는 것입니다"(6:12)라고 가르쳤다. 카이사르의 통치는 더 이상 핵심적인 "십자가의 원수"나 구원의 장애물로 간주되지 않았다. 플라비아누스 가문의 황제들이 등장하고 제국의 행정이 개혁됨으로써, 보편적인 왕권은 경멸을 받거나 저항을 받는 것과는 거리가 멀게, 지상의 평화를 위한 지배적인 은유와 인간을 위한 선의의 상징이 되었다.

그 이후 교회가 박해, 순교, 분열, 제국의 정치라는 격동치는 세기를 겪으면서 지중해 동부, 북아프리카, 유럽 전역에서 확산되고 발전할 때, 기독교 믿음의 성격에 대한 수많은 재해석, 수정, 변혁이 있었을 것이다. 우리가 계속해서 강조했던 것처럼, 기독교의 신학적 진화는 특정한 장소나 시대의 신자들과 반대자들의 정치경제적, 그리고 문화적 투쟁과 깔끔하게 분리할 수 없다. 예수에 의해 시작되었던 운동과 그의 십자가 처형 이후 극적으로 다른 형태들로 계속되어 틀을 갖춘 종교인 기독교는 많은 분파, 의도, 그리고 세계에 대한 많은 독특한 이해를 지닌 역동적인 사회 현상이었고, 지금도 그렇다. 우리의 이야기를 마무리하면서, 우리는 하나의 특별히 중요한 문학적 성취를 지적해야만 하는데, 그것은 그 광범위한 운동이 예수와 그의 메시지에 대한 비전, 그리고 권력 실세와의 관계를 위한 함의를 나름대로 지닌 수많은 지역적 이데올로기를 지닌 하부 집단들(sub-groups)로 분열하려는 자연적인 원심성을 극복하게 만든 문학적 성취였다.

2세기가 시작될 때, 에게해 연안 어디에서—아마도 바울의 활동에 대한 기억을 간직했던 아가야, 마케도니아, 또는 아시아의 어느 한 도시에서—바울 공동체 중 한 사람이 예수운동의 역사를 두 권으로 탁월하게 작성했는데, 그 책은 많은 기존의 전승들과 이야기들을 능숙하게 엮어 하나의 효과를 내게 만들었다. 지금 우리가 알고 있는 **누가복음과 사도행전**(두 작품 모두 서문에서 데오빌로라는 이름의 후견인에게 헌정되었다)의 두 부분으로 이루어진 문서가 작성되기 이전에는, 예수의 말씀과 이야기들과 바울의 편지들이 자유롭게 유포되고 있었다. 아무도 그것들 모두를 알 것으로 기대되지는 않았다. 요한복음의 마지막 구절들은 예수의 생애에 대한 그 나름의 설명을 한 후에 그 상황을 간단히 이렇게 표현했다. "예수께서 하신 일은 이 밖에도 많이 있어서, 그것을 낱낱이 기록한다면, 이 세상이라도 그 기록한 책들을 다 담아 두기에 부족하리라고 생각한다"(21:25). 그러나 우리가 "누가"라고 부르는 저자—빌레몬서 23절에 언급된 바울의 동행자로 오랫동안 생각되었다—는 다른 의도를 갖고 있었다. 그의 목표는 예수에서부터 바울까지, 갈릴리에서부터 로마까지, 그 운동의 탄생과 성장에 관해, 세계 역사 안에서 기독교의 위치에 관해 하나의 관점과 하나의 결론을 지닌 최종적 이야기를 기록하는 것이었다. "우리 가운데서 일어난 여러 가지 일에 대하여 차례대로 이야기를 엮어내려고, 손을 댄 사람이 많이 있었습니다. 그들은 이 이야기를, 처음부터 그 일의 목격자요 말씀의 전파자가 된 이들이 우리에게 전해 준 대로 엮어 냈습니다. 그런데 존귀하신 데오빌로님, 나도 모든 것을 처음부터 정확하게 조사하여 보았으므로, 귀하께 이 이야기를 차례대로 엮어 드리는 것이 좋겠다고 생각하였습니다. 이는, 이미 배우신 일들이 확실하다는 것을 귀하께서 아시게 하려는 것입니다"(1:1-4).

누가-행전은 제국의 역사, 초기의 복음서들, 말씀 자료들의 수집, 이름이 알려지지 않은 목격자들의 이야기들을 함께 엮은 책으로서, 통일되고 보편적인 크리스천의 정체성을 강력하게 간청한 것이다. 그 저자는 예수의 지상 사역과 부활이, 어떻게 하나님의 축복이 이스라엘 백성으로부터 로마제국의 신실한 크리스천들에게로 옮겨졌다는 틀림없는 증거인지를 보여주려 했다. 구원의 모든 사건은 제국의 연대기와 관련되어 있었다. 즉 예수의 탄생은 아우구스투스 황제의 세계적인 인구조사 칙령 때였으며(누가 2:1), 세례자 요한의 사역은 티베리우스 통치 기간과 일치하며(누가 3:1), 안디옥 교회의 활동은 클라우디우스 통치 기간의 사건들과 연결되어 있었다(행 11:28).

마찬가지로 중요한 것은 로마의 지방 관리들의 역할들로서, 그들은 예수운동에 대해 두드러지게 중립적이었거나 심지어 공감을 표하기도 했다. 그들 가운데 매우 유명한 인물은 예루살렘의 본디오 빌라도(누가 3:1), 개종한 백부장 고넬료(행 10:1), 키프로스의 총독 서기오 바울(행 13:7), 고린도의 갈리오 총독(행 18:12), 가이사랴의 벨릭스 총독(행 23:24)과 베스도 총독(행 25:1), 그리고 대단히 이성적인 속국왕 아그립바 2세와 그의 누이 버니게(행 25:13)였다. 많은 학자들은 누가-행전이 "유대인들"의 악과 배신을 계속해서 비난하는 반면, 로마의 통치자들의 공정성과 로마인들의 사심 없는 정의를 높이 평가한다는 점에서 제국 당국자들에게 기독교라는 새로운 종교가 전혀 해롭지 않고, 기존 질서에 반대하는 위협이 되지 않는다는 것을 입증하기 위해 기록되었다고 주장해 왔다. 다른 학자들, 특히 폴 왈라스케이(Paul Walaskay)는 반대되는 주장을 펼쳤다. 즉 기독교의 등장에 대해 누가의 두 권으로 된 이야기가 기록된 것은 크리스천 독자들에게, **그들이** 제국의 계속되는 존속에 대해 아무것도 두려워할 것이 없다는 점, 왜냐하면 제국은 사실상 하나님 나라의 도래를 촉진할 것이지, 방해하지 않을 것이기 때문임을 확신시키기 위한 것이었다는 주장이다.

이렇게 등장한 탁월한 새 서사시(a new epic)는 결국 로마의 권력과 경쟁하지 않고 오히려 제국의 높아지는 이미지를 능숙하게 이용한 서사시였다. 구세주의 탄생에 관한 많은 징조를 지닌 이야기는 비천한 목동들이 경배하고, 평화와 번영의 새로운 시대를 알리는 천사들이 찬양한 이야기로서, 황제들의 개인숭배에서 흔히 사용되던 익숙한 문학적 장치를 갖고 있었다. 또한 예수가 정치적 반란자도 아니며 불만을 품은 농민들의 불같은 예언자도 아니라는 점을 분명히 하기 위해서, 누가는 예수를 온유한 성격의 윤리 교사로서, 개인에게 초점을 맞춘 설교들과 간결한 말씀을 가르친 인물로 묘사했다. 누가는 "Q" 말씀 복음의 큰 덩어리를 자신의 복음에 통합시키면서 (마태가 그 말씀들을 자신의 이야기 속에 보다 선별적으로 엮어 넣은 것과 대조적으로), 예수를 철두철미하게 백성의 현자로 특징지었는데, 이런 유형의 시골 출신 예언자에 대해 도시의 청중들—흙으로부터 멀리 있었고, 농가 마당의 소리와 냄새로부터도 멀리 있었다—은 항상 즐거움을 느꼈다. 오늘날 일부 학자들이 예수를 헬레니즘 전통의 "견유학파"(Cynic) 교사로 주장하는 것은 놀라운 일이 아니다. 왜냐하면 그것이 바로 도시화된 헬레니즘 환경 속에서 분명히 성장했던 "누가"가 그처럼 능숙하게 예수를 특징지었던 방식이었기 때문이다. 더 나아가 누가-행전은 바울을 로마의 시민으로 묘사하고—이 문제에 관한 바울 자신의 침묵에도 불구하고—또한 로마의 관리들과 군인들이 바울에게 존경을 표한 것으로(행 22:25-29), 바울이 부당한 투옥에 대해 직접 황제에게 호소할 법적 권리를 지닌 것으로(25:11), 궁극적으로는 로마 자체 안에서 하나님 나라에 관해 설교하고 예수 그리스도에 관해 가르치도록 허락을 받은 것(28:31)으로 묘사한다.

물론 이것은 역사적 사실을 확대해석한 것이다. 그러나 50년이 지난 누가의 시대에는, 바울이 겪었던 로마제국 통치의 잔인성과 변덕스러움은 과거의 일처럼 되었던 것으로 보인다. 바울의 순교에 관한 오랜 교회 전통—또한 로마 공동체 회원들이 그의 무덤을 계속 숭배하는 것—이 없었다 하더라도, 광란의 네로 황제 시대를 실제로 **살았던** 사람들로서는 사도행전의 해피엔딩, 즉 바울이 로마에서 "아무런 방해도 받지 않고, 아주 담대하게 하나님 나라를 전하고, 주 예수 그리스도에 관한 일들을 가르쳤다"(28:31)는 해피엔딩을 액면 그대로 받아들이기는 어려웠을 것이다. 그러나 누가복음과 사도행전은 하나님 나라에 대한 크리스천들의 이미지가 진화하는 데서 결정적 전환점이었다. 하나의 흥겹고 영감을 주는 모험 소설(adventure novel)로서, 그것은 마침내 베르길리우스, 호레이스, 오비드가 이상적인 왕의 특권(*auctoritas*)과 진지함(*gravitas*)을 경축한 위풍당당한 시적 표현들보다 훨씬 더 많은 청중을 얻었다. 누가의 생생하며 풍부한 색채를 지녔고 철저한 이야기가 성취한 문학적 업적은 아우구스투스 시대의 어느 역사가나 철학자도 견줄 수 없는 업적으로서, 지역의 한 저항운동을 구원의 보편적 이데올로기로 바꾸어놓아, 로마제국에서 짓밟히고 유린당하던 남녀노소의 거대한 최하층 계급을 포함하는 구원의 보편적 이데올로기로 만들었다.

4세기에 이르러, 공식적인 이방 종교 숭배는 점차 사라지고, 콘스탄티누스 황제가 기독교를 로마제국의 공식적인 종교로 채택함으로써, 예수운동의 외적인 형태와 과시적 요소들조차 극적으로 바뀌었다. 제국의 마을들과 도시들의 거대한 인구는 십자가 표시를 종교적 상징일 뿐 아니라 왕의 상징으로 여겨 존경을 표하고, 또한 제국이 인정한 감독, 집사, 사제들이 부여한 규율을 받아들이는 것을 배웠다. 실제로 교회 조직과 교회의 위계적인 직제들은 마침내 제국의 구조와 매우 밀접하게 연결됨으로써 하나님 나라는 점차 인간의 왕국과 합병되었다. 높이 솟은 바실리카와 나중에 대성당들은 중요한 도시의 중앙광장에 우뚝 자리를 잡아, 황제의 칙령을 선포하고 왕의 대관식을 거행하기 위한, 경외심을 불러일으키는 무대를 마련해주었다. 국가 권력은 승리하는 교회(the Church Triumphant) 권력과 뒤얽히게 되었고, 예수운동 원래의 사회적 메시지는 너무 흔히 모두 사라졌다. 그러나 원래의 가치 일부는 살아남았다. 디다케(*Didache*), 즉 "열두 사도들의 가르침"이라는 그리스어 문서는 폭넓게 유포되었는데, 이 문서는 하나님 나라가 도래하기 전까지 남은 시간 동안 신자들이 의로운 삶을 사는 길을 안내했다. 이 문서를 4세기 초에 알게 된 가이사랴의 주교 유세비우스는 당시 그의 위대한 『교회의 역사』(History of the Church)를 써서, 알렉산드리아의 주교 아타나시우스의 높은 평가를 받았는데, 아타나시우스 주교는 디다케가 의로운 크리스천을 위해 가장 중요한 작품이라고 규정했다. 그러나 디다케의 모든 흔적은 그 이후 사라지고 말았다. 따라서 1873년에 현대 고고학자들이 예루살렘과 로마제국의 기타 지역에 대한 발굴을 시작했을 때, 튀르키예 북서부 니코메디아의 주교 빌로테오스 브레니오스가 이스탄불의 교회 도서관에서 오랜 세월 동안 잃어버렸던 디다케의 필사본 하나를 발견했다고 선언한 것은 얼마나 역설적인가.

이렇게 새로 발견된 디다케 본문은, 거대한 권력 기관과 교회의 광채가 크리스천 공동체 생활의 성격 전체를 완전히 뒤덮기 이전의 초기 크리스천들의 세계에 대해 갑작스러운 통찰력을 제공했다. 이 문서는 두 가지 길 사이의 선택, 즉 황제들의 세계에서 폭력과 권력 속에 살아가는 모든 사람이 부득이 직면할 수밖에 없는 두 가지 선택에 관한 설교로 시작했다. 하나는 생명의 길(the Way of Life)로서, 그것을 얻을 수 있는 것은 다음과 같은 단순한 처방을 통해서였다. 즉 "당신은 첫째로 당신의 창조주인 주님을 사랑하고, 둘째로 당신의 이웃을 당신처럼 사랑해야 합니다. 그리고 당신은 당신에게 일어나지 않기를 바라는 일을 아무에게도 해서는 안 됩니다." 나중에 마태복음에도 뚜렷하게 나오는 예수의 말씀을 따라서, 생명의 길을 따르는 사람은 비폭력 저항, 공동체의 연대, 그리고 후견인 체제의 병폐에 직접 맞서는 경제적 나눔의 엄격한 법규를 지키도록 가르쳤다. 그들은 자신을 저주하는 이들을 축복해야 하고, 원수들을 위해 기도해야 하며, "누가 당신의 오른쪽 뺨을 때리면, 그에게 왼쪽 뺨도 돌려대십시오"(1:3)라고 가르쳤다. 겸손, 순결, 관대함은 의로운 사람의 표지여야 했다. "궁핍한 사람들을 결코 돌려보내지 말고, 당신의 모든 소유물을 당신의 형제와 나누고, 무엇이든 당신의 것이라고 주장하지 마십시오"(4:8).

반면에 **죽음의 길**(the Way of Death)은 계속되는 유혹으로서, 크리스천들이 개인의 영역에서와 공적인 영역에서 일상의 현실 속에서 발견하게 되는 것이다. 즉 "살인, 간음, 정욕, 간통, 도둑질, 우상숭배, 마술, 요술, 강도, 위증, 위선, 표리부동, 속임수, 교만, 악의, 자기 의지, 탐욕, 나쁜 말, 질투, 불손함, 오만, 자기 자랑, 선한 사람들을 박해하는 것, 진실을 혐오하는 것, 거짓말을 좋아하는 것, 의로움의 보상을 인식하지 않는 것, 착한 일이나 의로운 판단을 고수하지 않는 것, 선한 일이 아니라 악한 일을 위해 깨어있는 것—이런 사람들에게는 온화함과 관용이 멀어진다. 헛된 것들을 사랑하는 자, 보상을 추구하는 자, 가난한 사람들에게 연민을 베풀지 않는 자, 피땀 흘려 일하느라 억압받는 사람을 위해 피땀을 흘리지 않는 자, 그들을 창조하신 그분을 인식하지 않는 자, 아이들을 살해하는 자, 하나님의 피조물들을 파괴하는 자, 궁핍한 이에게 등을 돌리는 것, 고난받는 이를 억압하는 것, 부자들을 옹호하는 자, 가난한 이들에게 불의한 재판관들 모두 죄인들입니다. 나의 자녀들이여, 이 모든 것에서 도망치십시오"(5:1-2).

디다케는 시골과 도시 공동체 모두의 운동을 위한 핸드북이었다. 그 공동체들은 여전히 자신들을 갱신된 이스라엘(Renewed Israel)로 보거나 마을의 역사적 이스라엘이 계속되는 것으로 보았다. 왜냐하면 신자들은 "여러분의 포도 짜는 기구, 여러분의 타작마당, 여러분의 소와 양의 첫 열매를 예언자들에게 드리십시오. 오늘날에는 그들이 여러분의 대제사장이기 때문입니다"(13:3)라고 가르침을 받았기 때문이다. 심지어 성만찬에서 암송하는 기도들도 직접 "다윗의 하나님"에게 바침으로써 이스라엘의 전통에 호소했다. 포도주잔을 들어 올려 하나님께 감사하는데, "당신께서 당신의 종 예수를 통해 알게 하신 다윗의 거룩한 줄기를 위해" 감사한다. 그럼으로써 그들은 "이 깨어진 빵처럼, 한때는 언덕들 위에 흩어졌던 것들이 한데 모여 하나의 빵 덩어리가 된 것처럼, 당신의 많은 교회들도 땅끝에서부터 한데 모여 당신의 나라 속에 들어가게 하소서"라고 선언하도록 배운다. 그리고 의무적인 묵시종말적 기대, 즉 "끝"과 "주님이 하늘의 구름을 타고 오실" 것에 대한 기대를 바치기 전에, 본문은 신자들에게 이렇게 경고했다. "세상 끝날에는 거짓 예언자들과 속이는 자들이 많이 나타날 것인데, 양들이 늑대로 둔갑할 것이며, 사랑이 증오로 바뀌고, 무법(lawlessness)이 자람으로써, 사람들은 자기 동료를 증오하고, 박해하며, 배신하기 시작할 것"(16:3-4)을 경고했다. 기독교 운동의 원래 투쟁은 예수와 그의 추종자들이 갈릴리의 언덕들과 계곡들을 여행하는 모습을 그린 복음서들의 이미지 속에 보존되었을 뿐 아니라, 살아 있는 공동체들이 직면했던 계속되는 도전들 속에도 보존되었다. 바로 이런 이유 때문에 디다케가 발견되고 그 이후 신약성서 고고학이 등장한 것이 그처럼 많은 것을 밝혀준다. 디다케와 신약성서 고고학은 역사적 예수의 메시지에 응답했던 농민들의 투쟁과 마을 세계—오랜 세월 잊혀졌던 세계—에 갑자기 다리를 놓을 수 있게 해주었다. 우리 시대와 예수 시대 사이에 놓여 있는 간격이 얼마나 큰 것인지도 보여주었다.

예수가 1세기에 그의 짧은 생애와 사역 기간에 알고 있었던 갈릴리는 엄청난 사회 변화와 격변을 겪고 있었다. 당시 그곳에서는 예언적 선언에 대한 열정과 과장된 묵시종말적 수사학이 흔히 그 철저한 함의를 흐리게 만들었다—적어도 우리의 세속화되고 합리적인 감수성에 비추어 보면 그렇다. 예수의 초창기 추종자들이 추구했던 것은 자신들의 삶의 가치들을 다시 주장하고, 자신들과 자녀들이 새로운 세계 질서 안에서 무력한 노리개가 되지 않은 채 자신들이 간직한 전통을 되찾는 것이었다. 우리가 우리 자신의 시대에 그런 종류의 투쟁과 동일시하기 위해 노력해야 한다면, 그것은 미개발 지역의 시골 사람들이 소규모 가족농업보다 산업농업의 우선성을 인정하기를 고집스럽게 거부하는 데서 발견할 수 있을 것이다. 또는 대도시에 몰려든 불법 체류자들의 가게 교회들의 성령 충만한 믿음 속에서 발견할 수 있을 것이다.—그들이 그런 판자촌이나 길모퉁이에서 사는 이유는 그들이 원해서가 아니라 경제와 변화라는 큰 물결이 자기들 고향의 전통적인 삶을 파괴하여, 적대적이며 흔히 두려운 세상 속에 떠돌도록 만들었기 때문이다.

　나사렛 예수로부터 시작된 이 운동은 일차적으로 부자와 강한 자들에 의한 착취에 대해 사람들이 어떤 방식으로든 저항할 방법, 저항하면서도 자신들의 전통을 포기하지 않고 폭력에 호소하지도 않는 저항 방법에 관심을 두고 있었다. 마찬가지로 사도 바울 역시 제국 동부 지역들을 두루 여행하면서 사람들을 만나, 후견인 체제와 제국의 힘과 대결했으며, 그런 노력 가운데 죽었다. 그 이후 시대에도 똑같은 투쟁이 계속되곤 했다. 소아시아의 기독교의 이단적인 종파에서든, 중세시대의 신비주의적 형제단에서든, 종교개혁의 급진적 종교 집단에서든, 19세기 미국의 유토피아적 공동체들에서든, 오늘날 비전을 가진 이상주의적 정치 운동 집단에서든, 하나님 나라를 위한 추구는 살아 있다. 많은 학자들에게는 흔히 실패한 평민들의 항거가 기독교 주류 역사의 단지 각주에 불과하며, 기독교 주류 역사는 교회 공의회들의 공식적 기록들과 교회 지도자들과 왕들의 존경받는 전기들 속에서 찾아볼 수 있다고 주장한다. 부자들과 유명한 사람들의 말과 행동은 분명히 무시할 것이 아니지만, 위대한 사회종교적 변화의 복잡한 모자이크의 한 부분일 뿐이다.

역사적 예수와 초기 크리스쳔들의 세계에 대한 탐구가 세계의 위대한 제도종교 가운데 하나가 된 운동의 뿌리와 산고에 관한 어떤 교훈을 우리에게 줄 수 있다면, 그것은 오늘날 예수의 신실한 추종자라고 생각하는 사람들이 항상 기억해야 하는 것은 기독교 신앙이 태어난 것은 바로 성도들이 카이사르에게 맞서 투쟁하는 과정이었다는 사실이다. 기독교의 역사적 기원은 개인윤리의 고립된 문제들에 대한 추상적 관심에 있었던 것이 아니라, 로마제국에 의해 구체화된 권력의 우상숭배에 저항하는 일에 헌신하는 데 있었다. 나사렛 예수는 절망적인 갈릴리 사람들과 유다 사람들에게 마을을 부흥시킬 길을 가르쳤다. 다소의 바울은 파편화되고 목적 없이 살아가던 갈라디아인들, 그리스인들, 마케도니아인들의 공동체들에게 똑같은 이상들을 성취할 길을 제시했다. 교회는 그 당당함과 광채 가운데, 땅 위의 왕국을 상속받았을 것이다. 그러나 바울이 갈라디아의 고원지대 마을들에 세운 농민들 교회, 마케도니아의 도시들과 시골 지역에, 그리고 에베소와 고린도의 붐비는 길거리에 세운 흩어진 교회들에게 엄중하게 경고했던 것처럼, 권력과 개인적인 영광은 죄 많은 환상이다. 그리고 바울은 세상의 왕들과 후견인들의 허세에 대해 믿음으로 도전한—그리고 불의와 고난이 번창하게 만드는 이기심, 개인적인 두려움, 연약함과 싸운—철두철미한 성도들만이 하나님 나라를 상속받을 운명이라고 열정적으로 믿었다.

## 옮긴이의 말

쉽게 희망을 말하기 어려운 시대가 된 것은 "역사의 테러"와 "자연의 테러"가 중첩되는 시대가 되었기 때문이다. "한국 사회가 한국 전쟁 이전의 적대적 대립으로 돌아갔다"(김상봉, 2024). 많은 정치인과 활동가뿐 아니라 탁월한 신학자들과 목회자들이 보다 나은 세상을 위해 평생을 바쳤지만, 빈부격차는 더 악화되고, 적대감은 매우 위태로운 상태다. 또 기후 파국이 빠르게 다가오지만, 미국 백인 복음주의자들의 80%는 기후위기를 전면 부인하는 트럼프를 두 차례나 지지했고, 한국의 극우 기독교인들도 복음을 빙자한다. "혁명이 불가능한"(한병철, 2024) 정신적 붕괴 앞에서 신학과 교회가 실패한 것은 무엇인가? 지난 40년 동안의 신자유주의에 맞서 하나님 나라 운동의 사회변혁적 꿈을 구체화할 정치신학 형성과 신앙의 정치적 선택을 위한 가치관 교육에 실패한 것 같다.

이 책은 로마제국 치하에서 살았던 예수와 바울이 가리킨 이 땅 위의 하나님 나라 대신 왜 교회는 여전히 내면과 내세를 강조하고 있는지 묻는다. 예수와 바울이 각자도생의 길은 다름 아닌 파멸의 길이라는 확신으로 하나님의 은총에 근거한 삶의 기쁨과 나눔과 용서, 사랑의 돌봄을 통해 새로운 정체성과 공동체를 재건하기 위해 목숨을 바쳤던 하나님 나라는 오늘날 풍요의 시대를 사는 우리에게 얼마나 간절한지를 묻는다. 하나님의 정의로운 심판에 대한 초자연적인 묵시에 대한 기대가 사라진 세속화 시대이지만, 교회는 동정녀 탄생과 부활을 여전히 초자연주의적 사건으로 가르치며, 성 소수자 혐오와 차별에 앞장서고 있다는 점에서 교회 지도자들이 자녀 세대를 교회에서 쫓아내는 시대에, 우리는 얼마나 자기를 성찰하며, 주변 사람의 상처를 정성껏 보듬는지를 묻는다.*

## TIMELINE 1: The Life and Times of Jesus of Nazareth

| DATE | SCRIPTURAL EVENTS | JUDEAN HISTORY | GALILEAN HISTORY | IMPERIAL HISTORY |
|---|---|---|---|---|
| 10 | | Herod the Great, client king 37–4 B.C.E. | | Augustus, emperor 27 B.C.E.–C.E. 14 |
| 5 | Birth of Jesus c. 4 B.C.E. | Death of Herod Accession of Archelaus Messianic revolts 4 B.C.E. | Herod Antipas, tetrarch 4 B.C.E.–C.E. 39 Revolt of Judas 4 B.C.E. | |
| – B.C.E. | | | | |
| 0 | | | | |
| – C.E. | | | Rebuilding of Sepphoris | |
| 5 | | Archelaus deposed Census in Judea 6 C.E. | | |
| | | **ROMAN PREFECTS:** Coponius 6–9 C.E. | | |
| 10 | | Marcus Ambivulus 9–12 C.E. | | |
| | | Annius Rufus 12–15 C.E. | | |
| 15 | | Valerius Gratus 15–26 C.E. | | Tiberius, emperor 14–37 C.E. |
| 20 | | | Founding of Tiberias c. 18–20 C.E. | |
| 25 | | | | |
| | Ministry of John the Baptist Jesus' Galilean Ministry | Pontius Pilate 26–36 C.E. | Marriage to Herodias Execution of John the Baptist c. 29 C.E. | |
| 30 | Jesus to Jerusalem | | | |

323

## TIMELINE 2: The Career of Paul

| DATE | SCRIPTURAL EVENTS | TEXTS COMPOSED | JUDEAN HISTORY | IMPERIAL HISTORY |
|---|---|---|---|---|
| 30 | Crucifixion of Jesus | | | Tiberius, emperor 14–37 C.E. |
| - | Community of Twelve established in Jerusalem | | | |
| - | Conflict of "Hebrews" and "Hellenists" | | | |
| 35 | Paul in Damascus receives "call" c. 34 C.E. | | Pilate deposed 36 C.E. | |
| - | To Arabia c. 34–37 C.E. | | Joseph Caiaphas deposed 36 C.E. | |
| - | Visit with the Jerusalem Community c. 37 C.E. | | Herodian–Nabatean War 37 C.E. | Gaius Caligula, emperor 37–41 C.E. |
| - | To Syria and Cilicia | | Antipas deposed 39 C.E. | |
| 40 | Paul joins Antioch Community c. 40 C.E. | | Agrippa I, tetrarch | |
| - | | | Agrippa I, king 41–44 C.E. | Claudius, emperor 41–54 C.E. |
| - | "First Missionary Journey" with Barnabas to Cyprus, Pamphylia, and southern Galatia c. 43 C.E. | | Campaign against followers of Jesus in Jerusalem | |
| - | | | Death of Agrippa | |
| 45 | | | Direct Roman rule over Judea resumes | |
| - | | | | |
| - | Jerusalem Council, Conflict at Antioch c. 48 C.E. | | Ananias ben Nedebaeus, high priest 47–59 C.E. | |
| - | To Galatia c. 49 C.E. | | Ventidius Cumanus, procurator 48–52 C.E. | Disturbances at Rome instigated by "Chrestus" c. 49 C.E. |
| 49 | To Macedonia c. 49–50 C.E. | | | |

324 메시지와 하나님 나라

| DATE | SCRIPTURAL EVENTS | TEXTS COMPOSED | JUDEAN HISTORY | IMPERIAL HISTORY |
|---|---|---|---|---|
| 50 | To Corinth 50–52 C.E. | | | |
| - | To Ephesus 52–55 C.E. | **1 Thessalonians** c. 51 C.E. | Antonius Felix, procurator 52–60 C.E. | |
| - | Opposition in Galatia | **Galatians** c. 53 C.E. | | |
| - | Crisis in Corinth | | | |
| - | "Visit of Tears" to Corinth | **1 Corinthians** c. 54 C.E. | | Nero, emperor 54–68 C.E. |
| 55 | Imprisonment in Ephesus | **2 Corinthians** c. 54 C.E. | | |
| - | Collection Project | **Philippians** c. 54 C.E. | | |
| - | Visit and Arrest in Jerusalem spring 56 C.E. | **Philemon** c. 54–55 C.E. | | |
| - | Imprisonment in Caesarea c. 56–60 C.E. | **Romans** c. 55–56 C.E. | | |
| - | | | Porcius Festus, procurator 60–62 C.E. | |
| 60 | Hearing before Festus and Agrippa II; Transfer to Rome for Trial c. 60 C.E. | | Ananus ben Ananaus, high priest | |
| - | | | | Fire in Rome 64 C.E. |
| - | Paul's martyrdom (?) c. 62 C.E. | | Martyrdom of James 62 C.E. | Persecution of Christians in Rome |
| - | | | Albinus, procurator 62–64 C.E. | Nero tours Greece |
| 65 | | | Gessius Florus, procurator 64–66 C.E. | Galba, emperor 68–69 C.E. |
| - | | | Outbreak of Revolt | Otho, emperor 69 C.E. |
| - | | | Vespasian arrives autumn 67 C.E. | Vitellius, emperor 69 C.E. |
| - | | | Revolt crushed | Vespasian, emperor 69–79 C.E. |
| 70 | | | Sack of Jerusalem | |

# Bibliographical Notes

## Prologue: Searching for Jesus

For surveys of recent archaeological finds from first-century Galilee and Judea and their relation to the New Testament, see Finegan, *The Archaeology of the New Testament: The Life of Jesus;* Arav and Rousseau, *Jesus and His World;* Horsley, *Galilee;* and Wilkinson, *Jerusalem.* Material evidence of early Christianity in other parts of the Greco-Roman world is presented in Finegan, *The Archaeology of the New Testament: The Mediterranean World;* Snyder, *Ante Pacem;* and McRay, *Archaeology and the New Testament.* The general archaeological and historical situation has been presented in concise and highly readable form in Shanks, *Christianity and Rabbinic Judaism,* and summarized in Silberman, "Searching for Jesus" and "The World of Paul."

Some of the most significant recent advances in the study of the economic and social history of the Roman world have been achieved through the use of regional archaeological survey, as presented, for example, in Barker and Lloyd, *Roman Landscapes,* and Alcock, "Roman Imperialism." For a sampling of other recent archaeological approaches to the social history of the Roman Empire, see Greene, *The Archaeology of the Roman Economy;* Wallace-Hadrill, *Houses and Society;* and Alcock, *Graecia Capta.* For innovative interpretations of the political ideology of Roman imperial culture as manifest in its art and monuments, see Price, *Rituals and Power,* and Zanker, *The Power of Images.*

Most studies of Jesus and Paul and of Judaism and early Christianity tend to pay relatively little attention to the internal political dynamics of the Roman Empire, since they see the phenomena as primarily "religious." Convenient synopses of recent views of the Historical Jesus can be found in Borg, *Jesus in Contemporary Scholarship;* Chilton and Evans, *Studying the Historical Jesus;* and

Witherington, *The Jesus Quest*. Among the studies of Jesus and early Christianity, Richard Horsley frames *Jesus and the Spiral of Violence* with a broad sketch of the "imperial situation," and John Dominic Crossan provides brief sketches of social relations in the Roman Empire in *The Historical Jesus*. Georgi, *Theocracy*, and Elliott, *Liberating Paul*, are important steps toward consideration of the career of Paul in relation to the imperial cultural context. The works of Robert Eisenman—among them, *James the Brother of Jesus* and *The Dead Sea Scrolls and the First Christians*—are valuable for their emphasis on the impact of Rome on Judean society and the role of religious rhetoric in anti-Roman resistance.

## Chapter 1: Heavenly Visions

Among the most frequently cited works on the sociology and history of early Christian communities are Frend, *The Rise of Christianity*; Lane-Fox, *Pagans and Christians*; Malherbe, *Social Aspects*; Thiessen, *The Social Setting*; and Meeks, *The First Urban Christians*. Pliny's correspondence with Trajan about the legal status of the Christians in Bithynia-Pontus can be found in Pliny, *Epp.* 10.96, 97, on which Sherwin-White has provided a solid historical commentary in his edition of *The Letters of Pliny*. On the persecution of Christians at the hands of imperial authorities and voluntary martyrdom of early Christians, the classic treatment is that of Frend, *Martyrdom and Persecution*, but see also Tabor and Droge, *The Noble Death*, for a wider historical context.

In *Augustan Culture*, Galinsky presents a description and interpretation of many facets of the ideology of empire at the outset of the principate. Millar organizes a vast array of sources on these subjects in *The Emperor in the Roman World*. For a basic treatment of imperial art and architecture, see Zanker, *The Power of Images*.

Among New Testament scholars, Georgi has focused on the "eschatological" orientation of the new imperial ideology in "Who Is the True Prophet?" For a collection of literary and inscriptional evidence of Roman imperial practices that are pertinent to the New Testament, see Wengst, *Pax Romana and the Peace of Jesus Christ*. For particularly striking Christian reactions to Roman imperial practices, see Schüssler Fiorenza, *The Book of Revelation: Justice and Judgment*; Bauckham, "The Economic Critique of Rome in Revelation 18"; and Friesen, *Twice Neokoros*.

On the political and religious situation of Jews in the Hellenistic world and under the Roman Empire, see Safrai and Stern, *The Jewish People*; Smallwood, *The Jews Under Roman Rule*; and Feldman, *Jew and Gentile*. Archaeological material on the social and economic aspects of earliest Israelite history is provided in Finkelstein, *The Archaeology of the Israelite Settlement*, and Finkelstein and Na'aman, *From Nomadism to Monarchy*. Gottwald's pioneering work on early Israel, *The Tribes of Yahweh*, though a frequent target for criticism, still offers a refreshing viewpoint on the ideological dimension of Israelite history and material culture change.

The political and social background of Israelite and Judean prophecy has been explored by Chaney, "Bitter Bounty"; Gottwald, *All the Kingdoms of the Earth*; and

Peckham, *History and Prophecy*. For the development of early apocalyptic and messianic thought, see Hanson, *The Dawn of Apocalyptic*; Collins, *The Apocalyptic Imagination*; and Stone, *Scriptures, Sects, and Visions*. That the expectation of a single "messiah" was neither widespread nor uniform in its characteristics among first-century Jews is one of the principal points of Horsley and Hanson, *Bandits, Prophets, and Messiahs*; Neusner, Green, and Frerichs, *Judaisms and their Messiahs*; and Collins, *The Scepter and the Star*, which delineates a wide variety of messianic archetypes.

The definitive Hebrew biography of Herod the Great by Schalit, *Herod the King*, is yet to be translated into English. Other good shorter treatments of Herod in general and the Herodian dynasty can be found in Avi-Yonah, *The World History of the Jewish People*, and Smallwood, *The Jews under Roman Rule*. For socio-political studies, see Richardson, *Herod: King of the Jews and Friend of the Romans*, and Gabba, "The Finances of King Herod." For a summary of the massive construction projects of Herod the Great, see Netzer, "Herod's Building Program," and his reports on the excavations at Jericho, Herodium, and Masada in E. Stern, *The New Encyclopedia of Archaeological Excavations*. For details on the Herodian Temple and its decoration, see Mazar, *The Mountain of the Lord*.

Josephus's accounts of Herod's death, the accession of Archelaus, and the popular insurrections in every major district and their vicious suppression by Varus are described in *Jewish War* 2.55–79 and *Jewish Antiquities* 17.271–98. For the wider sociological implications of these events, see Fenn, *The Death of Herod*. The distinctive form of the popular revolts after the death of Herod (and their parallels in later Judean revolts) was brought out in Horsley and Hanson, *Bandits, Prophets, and Messiahs*, and in Horsley, *Jesus and the Spiral of Violence*. Because many modern scholars, like ancient imperial authorities, often underestimate the depth of popular resistance against imperial rule, the latter has received little critical attention. For a modern perspective, see Hobsbawm, *Primitive Rebels*; for comparative perspectives of popular resistance in other provinces of the empire, see Dyson's important articles, "Native Revolts" and "Native Revolt Patterns."

For historical background on the Nativity stories and a discussion about the probable date of the birth of Jesus, see Meier, *Marginal Jew*, vol. 1; Brown, *The Birth of the Messiah*; and Horsley, *The Liberation of Christmas*. The historical reliability of the early Christian traditions about Bethlehem as the site of the Nativity are discussed in Taylor, *Christians and the Holy Places*.

## Chapter 2: Remaking the Galilee

The principal textual sources for the reign of Herod Antipas, tetrarch of Galilee and Perea, are collected and discussed in Hoehner, *Herod Antipas*. For general background on the delicate political position of client rulers of all ranks under the early empire, see Braund, *Rome and the Friendly King*. The economy and society of Hellenistic-Roman Galilee is explored in Horsley, *Galilee*.

The results of the excavations at Sepphoris are summarized in Meyers, "Roman

Sepphoris": scholarly debate continues on the question of whether the city's theater should be dated to the time of Herod Antipas's rebuilding. In any case, ample evidence exists for the rebuilding and expansion of the city in the time of Antipas. The fish-salting industry in Magdala-Taricheae is briefly mentioned in Applebaum, "Economic Life in Palestine." More suggestive are archaeological remains from Magdala, documented in Corbo, "La Citta Romana di Magdala" and "Piazza e Villa Urbana a Magdala," which are connected with industrial-type installations. See also the discussion of a mosaic with fishing motifs in Reich, "A Note." The larger pattern of manufacturing and sale of salt-fish and fish sauces throughout the Roman Empire is described in Curtis, *Garun and Salsamentum*, with references. A narrative account of the excavation of a first-century fishing boat just off the coast of Magdala can be found in Wachsmann, *The Sea of Galilee Boat*.

On the conflict between Antipas and the Galilean peasantry generally, particularly his economic exploitation of the peasant producers in order to fund his massive building programs and political ambitions, see Horsley, *Galilee*. The impact of taxation throughout the empire is explored in Hopkins, "Taxation and Trade."

The traditional material culture of Israelite highlanders of the Iron Age is analyzed in Stager, "Archaeology of the Family," and Hopkins, *The Highlands of Canaan*. Only recently have archaeologists begun to focus on the character of Galilean villages in particular: see Horsley, "Archaeology and the Villages of Upper Galilee," with a reply by Meyers, "An Archaeological Response." Some suggestive archaeological evidence of the process of the gradual "industrialization" of the Galilean olive oil industry is presented in Aviam, "Large-scale Production."

Horsley's earlier treatments of the pressures on peasant life in Palestine can be found in *Bandits, Prophets, and Messiahs* and *Liberation of Christmas*. Basic background on the anthropology of peasant societies can be found in Wolf, *Peasants*, and Scott, *The Moral Economy of the Peasant*. The tradition of resistance that is cultivated by villagers in traditional societies all over the world is explored in Scott, *Weapons of the Weak* and *Domination and the Arts of Resistance*.

Goodman's perceptive analysis of the causal connection between economy and political conflict in Judea during the first century is set out at length in *The Ruling Class of Judea* and in his earlier article, "The First Jewish Revolt: Social Conflict and the Problem of Debt," and by Horsley, *Sociology and the Jesus Movement*. The archaeological remains of "manor houses" throughout Judea—structures that may represent a material correlate to the economic changes in agricultural production charted by Goodman—have been documented by Hirschfeld, "Changes in Settlement Patterns." Alcock, *Graecia Capta*, traces a parallel phenomenon in Roman Greece.

Among the earliest modern attempts to place John the Baptist in historical perspective are Eisler, *Messiah Jesus and John the Baptist*; Enslin, *Christian Beginnings*; and Kraeling, *John the Baptist*. Hollenbach provides a thorough and judicious critical analysis of the fragmentary evidence in "Social Aspects" and in his entry "John the Baptist" in the *Anchor Bible Dictionary*. Meier devotes a lengthy discussion of texts pertinent to John the Baptist in *A Marginal Jew*, vol. 2. See also Murphy-O'Connor, "John the Baptist and Jesus," and Webb, *John the Baptizer*.

For critical treatments of the popular, Moses- and Elijah-like prophets contemporary with John the Baptist and Jesus, see Horsley's essays "'Like One of the Prophets of Old': Two Types of Popular Prophets at the Time of Jesus" and "Popular Prophetic Movements at the Time of Jesus: Their Principal Features and Social Origins," and Gray, *Prophetic Figures in Late Second Temple Jewish Palestine*.

The story of Antipas and Herodias is told by Josephus in *Antiquities* 18.109–112. Although Hoehner, *Herod Antipas*, deals with the marriage, there is need for a scholarly study of Herodias in her own right. Cf. Ilan, *Jewish Women*. On the messianic ideology of the Hasmoneans, see Eisenman, *Maccabees, Zadokites, Christians, and Qumran*. The only major study of Herod that takes seriously into account the "messianic" aspect of his program and ideology is Schalit, *King Herod*, but see also the suggestions of Wirgin, "A Note on the 'Reed' of Tiberias" and "On King Herod's Messianism."

The politics and economy of the Nabatean kingdom in early imperial times has been studied by Millar, *The Roman Near East*, and Bowersock, *Roman Arabia*. For a cultural and archaeological perspective, see Zayadine, *Petra and the Caravan Cities*. The historicity of the gospel accounts of John's execution at Machaerus and the Herodian-Nabatean War are examined in Hoehner, *Herod Antipas*, and Tatum, *John the Baptist*.

One of the few critical treatments of the relationship between John the Baptist and Jesus is that of Paul Hollenbach, "The Conversion of Jesus: From Jesus the Baptizer to Jesus the Healer." Meier provides an exhaustive discussion of the gospel texts pertinent to Jesus' relation to John in *A Marginal Jew*, vol. 2.

## Chapter 3: Faith Healer

For the human landscape of first-century Capernaum, see the accessible summary of archaeological explorations in Laughlin, "Capernaum: From Jesus' Time and After." For the latest analysis of the results of the excavations (with slightly differing interpretations), see Tsaferis, "Capernaum," and Loffreda, "Capernaum." The chronology of Jesus' Galilean ministry and its beginning in either Capernaum or Nazareth is analyzed in Meier, *Marginal Jew*, vol. 2. The difficulty of constructing a precise chronology of Jesus' ministry is stressed in Crossan, *The Historical Jesus*, and Meier, *Marginal Jew*, vol. 1.

The stories of Jesus' healings and exorcisms were virtually ignored as "miraculous" and beyond the canons of historical reason by New Testament scholars earlier in this century, but have been taken more seriously in the last few decades. Recent investigations have drawn upon clinical psychology, medical anthropology, comparative ethnography, and the social history of ancient Palestine to provide a credible context in which to understand the likely healing and exorcism practices of Jesus, the typical stories about them in the gospels, and their significance for his ministry. For a general background, see Kee, *Medicine, Miracle, and Magic*. For the ministry of Jesus in particular, see Hollenbach, "Jesus, Demoniacs, and Public Authorities"; Horsley, *Jesus and the Spiral of Violence*; Crossan, *Historical Jesus*; Meier, *Marginal Jew*, vol. 2; Smith, *Jesus the Magician*; Twelftree, *Jesus the Exorcist*; and most suggestively (though perhaps without a clear enough connection to the political-economic context of first-century Galilee) Davies, *Jesus the Healer*. The classic discussion of the relationship between physical and psychological disorders and the imperial situation can be found in Fanon, *The Wretched of the Earth*.

On the wider implications of the Dead Sea Scrolls text 4Q521 as a messianic document, see Wise and Tabor, "The Messiah at Qumran."

For a fuller argument that Jesus' practices and teachings can be understood in both a concrete and social-political sense—with the principal theme of "the Kingdom of God" meaning basically a Renewal of Israel—see Horsley, *Jesus and the Spiral of Violence*. For further development of the idea that Jesus' ministry included a renewal of the Mosaic Covenant as the traditional basis of village life and a mission modeled on the traditions of Elijah and Elisha, see Horsley, *Sociology and the Jesus Movement* and "Q and Jesus." The recent interpretation of Jesus and his followers as "Cynic"-like itinerant vagabonds (as depicted in Mack, *The Lost Gospel*, and Crossan, *Historical Jesus*, among others) is based on the isolation of Jesus' sayings as "aphorisms" in a way that projects an unrealistic, unhistorical mode of communication upon Jesus. Criticism of the Cynic interpretation of Jesus and gospel traditions can be found in Betz, "Jesus and the Cynics"; Horsley, *Sociology and the Jesus Movement*; and Tuckett, "A Cynic Q?"

That Jesus spoke as prophet, in oracles of judgment as well as deliverance, much as had John the Baptist, has been sacrificed by the recent emphasis on the (unhistorical) dichotomy between "apocalyptic" and "sapiential." Jesus is seen primarily as prophet by Sanders, *Jesus and Judaism*, and Horsley, *Jesus and the Spiral*, with their picture now supplemented by the implications of Davies, *Jesus the Healer*. Although Crossan worked closely with the typology of groups and leaders developed by Horsley in *Bandits, Prophets, and Messiahs* and several articles, he does not apply it to Jesus of Nazareth, opting for the (historically questionable) role of a peasant "sage." Assuming that the so-called "action" or "signs" prophets active in Judea at the time of Jesus were acting out roles modeled after Moses and Elijah, they would have pronounced oracles as well as served as popular leaders.

On the vilification of Jesus as a "friend of toll-collectors and sinners," see Horsley, *Jesus and the Spiral*, to which can be compared the interpretation of "sinners" in Sanders, *Jesus and Judaism*. Saldarini, *Pharisees, Scribes, and Sadducees*, is the most extensive discussion of the Pharisees in the sociological role of "retainers" for the Temple establishment. For the suggestion that "the Herodians" would have been the parallel "retainers" of Antipas based in Tiberias and Sepphoris, see Rowley, "Herodians."

Virtually no attention has been paid to the possible historical relation between Jesus and Antipas. For a suggestive exploration of the Markan story of John's arrest and execution as displaying "local color" and a certain historical verisimilitude, see Theissen, *The Gospels in Context*. For the sequence of the events as presented by the evidence of the gospels and Josephus, see Hoehner, *Herod Antipas*. Our approach here is to place Jesus' public ministry and Antipas's likely reaction in broader historical context.

The likely ambivalence of many Galileans toward the Jerusalem Temple and its cultic and fiscal demands upon the people is explored in Horsley, *Galilee*, which challenges the perception of Galilean loyalty to the Temple emphasized previously by Freyne, *Galilee*.

## Chapter 4: Power and Public Order

The administration of the province of Judea by the various Roman governors is comprehensively detailed in Smallwood, *The Jews under Roman Rule*, and discussed in standard handbooks such as Safrai and Stern, *The Jewish People in the First Century*, and the revised edition of Schürer, *The History of the Jewish People*. The provincial policy of Tiberius is analyzed in Levick, *Tiberius the Politician*, and the general political background of his era is described in the still classic article by Marsh, "Roman Parties in the Reign of Tiberius." For the administration of Pilate, in particular, see Lémonon, *Pilate*, and Schwartz, "Josephus and Philo on Pontius Pilate." The inscription from Caesarea was first published by Frova, "L'inscrizióne di Ponzio Pilato."

There is considerable debate among New Testament scholars regarding the historical value of the gospel narratives of Jesus' last week in Jerusalem. The massive recent study by Brown, *The Death of the Messiah*, is relatively trusting of the historicity of the canonical gospel narratives (including certain problematic aspects of traditional Christian attitudes toward "the Jews' " responsibility for the death of Jesus). Crossan's book *Who Killed Jesus?* offers a far more critical interpretation. Among shorter recent critical reviews of many of the complex literary-historical and theological issues aroused by the Passion Narratives see Mack, *A Myth of Innocence*, and Koester, *Ancient Christian Gospels*. Horsley, "The Death of Jesus," reviews twentieth-century scholarly treatment of several key issues. Partly because the literary-critical and theological issues are so deeply entangled with traditional religious beliefs, critical studies of the Passion Narratives have rarely devoted much attention to the wider historical context of Jesus' climactic journey to and activity in Jerusalem—thus our emphasis here.

For a discussion of the heightened tension between the Judeans and their Roman rulers at festival time, see Horsley and Hanson, *Bandits, Prophets, and Messiahs*, and Horsley, *Jesus and the Spiral*, which points out that prophetic parody as a means of popular protest was a tradition strongly rooted in Israelite prophetic tradition. The studies of the urban "mob" in Hobsbawn, *Primitive Rebels*, and Rudé, *The Crowd in History*, and studies of popular protests in nineteenth-century America (as in Davis, "The Career of Colonel Pluck") are suggestive of the widespread use of parodies of power as public political spectacles.

For a comprehensive survey of the archaeology of Jerusalem in the Herodian Period, see Mazar, *Mountain of the Lord*, and the articles by Avigad and Geva within the entry "Jerusalem: The Second Temple Period" in Stern, *New Encyclopedia*. The classic work on the Temple and its related services is Jeremias, *Jerusalem in the Time of Jesus*, but see also Safrai, "The Temple and the Divine Service."

Sanders, *Jesus and Judaism*, argues that Jesus' prophetic sayings and actions against the Temple were only part of a broader divine plan to rebuild the Temple. Horsley, *Jesus and the Spiral*, argues, to the contrary, that the rebuilding of the Temple is not a prominent motif in the traditional prophetic or apocalyptic scheme of the Renewal of Israel, with much of the contemporary literature from Judea being critical of the existing Temple and calling for the deposition and punishment of the priestly hierarchy. To the extent that texts like the Dead Sea Temple Scroll speak of a "new" Temple, they should probably be seen as primarily condemnatory, rather than reformist. Fuller argument for this interpretation of the prophetic oracles and parables of Jesus in Jerusalem can be found in Horsley, *Jesus and the Spiral*, and Crossan, *Historical Jesus*.

The excavation of the Upper City of Jerusalem and the residences of the priestly aristoracy are described by Avigad, *Discovering Jerusalem* and *The Herodian Quarter*. The "Caiaphas" ossuary was first published by Greenhut, "The 'Caiaphas' Tomb." Goodman definitively deals with the political and economic position of the priestly aristocracy in *The Ruling Class of Judea*, but see also Stern, "Aspects of Jewish Society."

For various accounts of the "trial" of Jesus and its historicity, see Brown, *Death of the Messiah*; Crossan, *Who Killed Jesus?*; and Hoehner, *Herod Antipas*. Jesus, son of Ananias, described in Josephus, *Jewish War* 6: 300–309, is highlighted as a principal example of an individual "oracular prophet" in Horsley's typology of popular leaders and movements in first-century Judea in *Bandits, Prophets, and Messiahs*. On the political dimension of Jesus' parables of the wicked tenants and the coin, see Horsley, *Spiral of Violence*.

Hengel provides a good —if also gruesome —sketch of the punitive, torturous Roman form of execution for provincial rebels, low-status criminals, and slaves in *Crucifixion in the Ancient World and the Folly of the Message of the Cross*. For the latest archaeological assessment, see Zias and Sekeles, "The Crucified Man."

## Chapter 5: Preaching the Word

For the reactions of Jesus' followers to the horror of the crucifixion—and their impact on the crystallization of later tradition—see Crossan, *Who Killed Jesus?* An analysis of the "Yehohanan" Tomb was first published by Tsaferis, "Jewish Tombs." The revised conclusions on the manner of death are detailed in Zias and Sekeles, "The Crucified Man." On the Church of the Holy Sepulchre and the archaeological debates about the historical authenticity of its site, see Coüasnon, *The Holy Sepulchre*, and Taylor, *Christians and the Holy Places*. The topography of first-century

Jerusalem and its fortification system has been reconstructed in Bahat, *Illustrated Atlas*, and Wilkinson, *Jerusalem*.

The theorized origins of rural communities of the "Jesus Movement" and background of the "Synoptic Sayings Source," or "Q" Sayings Gospel, have received intensive examination and wide-ranging interpretation in recent decades. On the earliest history of the Galilean Jesus Movement, see also Mack, *Myth of Innocence*, and Crossan, *The Historical Jesus*. Perhaps the most balanced critical analyses of literary traditions from this period can be found in Jacobson, *The First Gospel*, and Kloppenborg, *The Formation of Q*. The clear implications of Kloppenborg's analysis is that this "gospel" is not a collection of sayings but a series of speeches or discourses, and is not particularly "sapiential" but rather "prophetic" in character, as Horsley points out in *"Logoi Propheton? Reflections on the Genre of Q."* The scholars comprising the "Q Seminar" tend to believe that Q can be divided into distinct literary strata, the earliest of which is comprised basically of sapiential sayings and that the Historical Jesus must therefore have been a "sage." That perception lies behind the increasingly frequent scholarly description of Jesus as a wisdom teacher and of his earliest followers as itinerant Cynic-like vagabonds, as in some of Crossan's observations in *Historical Jesus*. Most "Q" scholars, however, would not go as far as Mack, *The Lost Gospel*, in his sketch of Q's Jesus as a Cynic philosopher of a type common throughout the Graeco-Roman world.

An alternative, prophetic interpretation of "Q" is offered by Horsley, "Q and Jesus" and "Social Conflict in the Synoptic Sayings Source Q," which emphasize the prophetic tone of the social conflict evident in Q. For fuller elaboration on the interpretation of Q offered here, see Horsley, *Sociology and the Jesus Movement* and "Q and Jesus." We believe that Mack's interpretation of the Q-people in *The Lost Gospel* as countercultural pranksters falters for a number of reasons, not least of which is its ahistorical reconstruction of the extent and pervasiveness of Hellenization in Galilee in the first century.

An excellent review of scholarship on the so-called "pronouncement stories" and chains of miracle stories in and behind the Gospel of Mark is provided by Mack, *A Myth of Innocence*. For some recent conflicting views on the ethnic and religious self-perception of Galileans in the first century and their relationship with the ruling authorities, see Freyne, *Galilee*, and Horsley, *Galilee*.

On the domestic development projects and international fame of Herod Antipas, see Hoehner, *Herod Antipas*. An important contribution to the chronology of Antipas's reign and that of his brother Philip can be found in Strickert, "Coins of Philip."

Because literary sources relating to the membership and activities of the Twelve and the establishment of the Jerusalem community of the Jesus Movement are so meager and overlaid with later interpretation, the reconstruction of the specific historical situation is particularly difficult. An early attempt to understand the distinctive character of the Jerusalem community of the Jesus Movement was Brandon, *The Fall of Jerusalem*. Among more recent attempts, see Hengel, *Between Jesus and Paul* and *Acts and the Earliest History of Christianity*, and

Schwartz, *Studies in the Jewish Background*. A wide range of articles on the historical and archaeological background is provided in Bauckham, *The Book of Acts in Its Palestinian Setting*. The "Commentary" in Lüdemann, *Earliest Christianity According to the Tradition in Acts*, is conspicuously accepting of the Lukan historical tradition.

The classic description of economic life in first-century Jerusalem—Jeremias, *Jerusalem in the Time of Jesus*—should be supplemented by Applebaum, "Economic Life," and the more recent, archaeologically based data in Mazar, *Mountain of the Lord*; Avigad, *Discovering Jerusalem*; and the articles on Jerusalem in the Second Temple Period in the *Encyclopedia of Archaeological Excavations*. See also Broshi, "The Role of the Temple."

The traditional Israelite background of organized "charity" in the provision of food for the destitute is explored in Seccombe, "Was There an Organized Charity in Jerusalem before the Christians?" and, more indirectly, in the discussion of the role of community officials such as the *gabbaim* and *parnasim* of the local assembly (*synagōgē/ knesset*) of Galilean villages in Horsley, *Galilee*. The biblical precedents for such "social welfare" were, of course, the provisions for grain to be left in the fields for gleaning; the sabbatical nonplanting of the fields so that the poor could harvest the wild growth; the sabbatical cancellation of debt; and the third tithe. How such Israelite covenantal economics, seen in texts such as Leviticus 25, compare with the mechanisms for keeping the constituent households of villages viable that were standard in peasant societies can be seen in Scott, *The Moral Economy of the Peasant*. For other examples of the general phenomenon of communal pooling of resources in first-century Judea, see Capper, "The Palestinian Context."

Hengel offers a solid, critical start to approaching the historical reality of the "Hellenists" through the narratives in the Book of Acts in *Between Jesus and Paul* and *Acts and the History of Earliest Christianity*. The long-standing need for a critical challenge to the standard interpretation of the "Hellenists" and Stephen in particular, in the context of an emerging progressive universalistic "Hellenistic" Christianity over against the narrow Law-oriented "Jewish" Christianity, has now been addressed in Hill, *Hellenists and Hebrews*, which argues that there is little basis for assuming a serious theological split between two factions within the Jerusalem community of Jesus' followers. Significant is the fact that the Book of Acts labels as "Hellenists" both those who oppose Stephen as well as those who are appointed to be *diakonoi*, or "deacons," with him.

In his commentary on *I Maccabees* in the Anchor Bible series, Goldstein includes an incisive discussion on the significance of the rarely used term *ioudaismos*, arguing that it simply cannot be taken as a reference to a discrete religion known as "Judaism," but rather to a wider movement or political ideal. A critical analysis of II Maccabees can be found in Doran, *Temple Propaganda*. For the wider background of the diaspora communities in the Greco-Roman world, see Hengel, *Judaism and Hellenism*; Collins, *Between Athens and Jerusalem*; and the still-classic work of Tcherikover, *Hellenistic Civilization and the Jews*. Feldman, *Jew and Gentile*, and Mendels, *The Rise and Fall of Jewish Nationalism*, highlight some of the militant, political aspects of *ioudaismos*.

The precise date and origins of the earliest belief that Jesus was "the" or "a" messiah (*Christos*, in Greek) remains a contested issue among scholars, partly because it emerged so suddenly and lacked any obvious precedent or point of departure in the biblical messianic traditions in which such a "confession of faith" of a crucified messiah could have arisen. The problem is discussed in Collins, *The Scepter and the Star*. Reconstructions of an early (yet fully articulated) "Christ cult"— as suggested in Mack, *Who Wrote the New Testament?*—seem weakly based. We believe that the most credible background must be sought in variations and elaborations on traditions of martyrdom, as suggested in Tabor and Droge, *A Noble Death*; Williams, *Jesus' Death*; and Seeley, *The Noble Death*. The initial conviction may have been that Jesus was a martyr for the cause of the Kingdom of God and had been vindicated or rewarded by God for his personal suffering and sacrifice— through being exalted after death to abide in the presence of God in heaven, from where he would subsequently "appear" to his faithful followers in visions and auditions.

## Chapter 6: Reviving the Nations

For the character of early activities of the members of the Jesus Movement in the diaspora, see Hengel, *Between Jesus and Paul*; Gager, *Kingdom and Community*; Meeks, *The First Urban Christians*; Theissen, *The Social Setting*; Malherbe, *Social Aspects*; and Georgi, "The Early Church." The issue of "Godfearers" and their connection with diaspora communities is extensively discussed in Feldman, *Jew and Gentile*. For opposing views on the character of proselytism among Jewish communities, see Georgi, *The Opponents of Paul* (which sees it as a common and pervasive phenomenon), and Goodman, *Mission and Conversion* (which sees the phenomenon as relatively rare among Jewish communities in the first century). The relationship of Gentiles to the fulfillment of biblical prophecy is analyzed in Donaldson, "Proselytes or 'Righteous Gentiles,'" and related to the method of diffusion of the Jesus Movement in Frederikson, *From Jesus to Christ*.

The problematics of Paul's biography are explored by Hengel, *The Pre-Christian Paul*; Jewett, *A Chronology of Paul's Life*; Lüdemann, *Paul*; and Murphy-O'Connor, *Paul*. A concise and incisive analysis of Saul/Paul's activity in Damascus can be found in Frederikson, *From Jesus to Christ*, which places his activities in the historically plausible context of inter-communal discipline. For various perspectives on the political and philosophical dimensions of Paul's "conversion," see Elliott, *Liberating Paul*; Sanders, *Paul*; Segal, *Paul the Convert*; and Boyarin, *Radical Jew*.

On the ecstatic, visionary aspects of Paul's conversion against the background of apocalyptic prophecy, see Stendahl, *Paul Among Jews and Gentiles*, which insists that Paul's decisive experience must be understood as "call rather than conversion." Studies that class Paul's experience as a visionary ascent to heaven in the manner of Ezekiel and other prophets include Tabor, *Things Unutterable*, and Himmelfarb, *Ascent to Heaven*. Rowland, *The Open Heaven*, offers a somewhat broader historical social context. Both Beker, *Paul the Apostle*, and Schoeps, *Paul*, insist on the apocalyptic orientation of Paul's thinking. Elliott, *Liberating Paul*, opens up to scholarly review the previously underestimated or ignored political roots and thrust of Paul's apocalyptic perspective.

Apart from Paul's own cryptic autobiographical references in Galatians 1:17 and 2 Corinthians 11:32, there are no additional details of Paul's time in "Arabia" or his run-ins with the officers of the Nabatean king. The outbreak and outcome of the Nabatean-Herodian war and its far-reaching political implications are discussed in Hoehner, *Herod Antipas*.

Standard treatments of the activities of Jesus' followers in Antioch, where they were first called "Christians," are presented by Brown and Meier, *Antioch and Rome*, and Meeks and Wilken, *Jews and Christians in Antioch*. Hengel analyzes the decisive move to proselytizing the Gentiles in *Acts and the History of Earliest Christianity*. The definitive history of Antioch in the early imperial period (with an excursus on the earliest Christian community) can be found in Downey, *A History of Antioch*. The internal workings and conflicts of the Antioch community are discussed in Taylor, *Paul, Antioch, and Jerusalem*. A pioneering (if now dated) study of some of the sites of the early missionary work of the Antioch community is Ramsay, *The Cities of Saint Paul*. For archaeological remains, see also Finegan, *The Archaeology of the New Testament: The Mediterranean World*.

Schwartz, *Agrippa I: The Last King of Judea*, offers a critical analysis of Agrippa I's life and career in the context of Roman and Judean political history. It is curious that even though the Book of Acts depicts Agrippa I as playing an important role in the early history of the Jesus Movement, modern New Testament scholars pay relatively little attention to political events and figures such as Agrippa. Schwartz, however, underlines the political dimensions of the activities of the Jerusalem Christian community. See also his *Studies in the Jewish Background*. An earlier, but essentially similar, reading of the political situation can be found in Brandon, *The Fall of Jerusalem*.

The circumstances surrounding the so-called "Apostolic Council" have been widely discussed and variously interpreted. Some critical discussions can be found in Hengel, *Acts and the History of Earliest Christianity*; Achtemeier, *The Quest for Unity*; Georgi, *Remembering the Poor*; and Taylor, *Paul, Antioch, and Jerusalem*. A somewhat different view of the council in Jerusalem and its aftermath is offered in Hill, *Hellenists and Hebrews*, and Hann, "Judaism and Jewish Christianity in Antioch." The importance of James's role in the Jerusalem community is highlighted in Brandon, *Fall of Jerusalem*, and in several of the essays in Bauckham, *The Book of Acts*. Eisenman, *James the Brother of Jesus*, offers an incisive and provocative analysis of the figure of James and his historical context in Roman-ruled Judea. No less important, he attempts to reconstruct the political character of the movement in Jerusalem.

Regarding the approximate date of the Jerusalem Council, we generally follow Jewett's reconstruction of the sequence of events in Paul's career (*A Chronology of Paul's Life*), but depart significantly from his reconstruction by having the Council *precede* Paul's striking out on his own to Galatia, Macedonia, and Greece.

## Chapter 7: Assemblies of the Saints

For background on the various regions through which Paul traveled, see Mitchell, *Anatolia* (for Galatia); Pandermalis and Papazoglu, "Macedonia Under the Romans" (for Philippi and Thessalonica); Alcock, *Graecia Capta* (for Achaia); and Trebilco, "Asia," and Koester, *Ephesos* (for Asia). Each of these regional studies integrates archaeological and historical background. An important analysis of the function of the imperial cult in the larger political life of this region can be found in Price, *Rituals and Power*. For a general administrative and cultural history, see Magie, *Roman Rule*.

There have been countless attempts to reconcile the information Paul provided in his own letters with that contained in the Book of Acts. For general introductions to the Book of Acts, its style and its historical value, see, among many, Walaskay, *'And So We Came to Rome'*; Hengel, *Acts and the History of Earliest Christianity*; and Hemer, *The Book of Acts*. On its literary genre, see Tiede, *Prophecy and History*; Pervo, *Profit with Delight*; and Aune, *The New Testament in Its Literary Environment*.

For recent scholarly discussions of the authenticity of Paul's various letters and their date of composition, see Jewett, *A Chronology*, and Lüdemann, *Paul*. Our adaption of the accepted chronologies can be found in the chronological chart placed after the main body of the text in this book. For general historical background of Paul's independent mission, see Elliger, *Paulus in Griechenland*, and Gill and Gempf, *The Book of Acts*. Among the most widely read discussions of Paul's theology are Sanders, *Paul and Palestinian Judaism*; Davies, *Paul and Rabbinic Judaism*; and, in an earlier generation, Bultmann, *New Testament Theology*, and Schweitzer, *The Mysticism of Paul the Apostle*. As mentioned in the text, we avoid a synthetic description of Pauline "theology," preferring to analyze a progressive, historically contextualized series of re-interpretations.

On the debate between the "North Galatian" and "South Galatian" theories of Paul's itinerary after leaving Antioch, see Betz, *Galatians* (for North), and the original conclusions of the nineteenth-century explorer, Ramsay, *A Historical Commentary* (for South). As mentioned in the text, we find the Northern Hypothesis more compelling in the general historical context of the times. The importance of the traditional Jewish (biblically based) understanding of historical "geopolitics" of the nations for Paul—and a determining factor in his decision to proceed to the heartland of Galatia as a prophetic commission to preach redemption among the descendants of the biblical Japhet—is stressed in the recent study by Scott, *Paul and the Nations*. First-century Jewish traditions discussed there identify the Galatians as the descendants of Gomer, the firstborn son of Japhet.

Cautious and critical historical analysis of Paul's Letter to the Galatians is necessary before using it as a source for Paul's mission there. This approach is exemplified by Gaventa, "Galatians 1 and 2: Autobiography as Paradigm," and Martyn, "Events in Galatia." In addition to textual analysis of Paul's letter, fuller acquaintance with the history of Galatia, Phrygia, Pisidia, and Lycaonia, in such works as Magie, *Roman Rule;* Levick, *Roman Colonies;* and Mitchell, *Anatolia,* is necessary before attempting to reconstruct either Paul's activities in the area or the subsequent institution of the "Pauline" assemblies there.

Those acquainted with the early history of Roman rule in Judea and Galilee will be impressed by the closeness of the parallels to Roman rule in Galatia, which would have been dramatically different from that in the somewhat more "urbanized" areas around Philippi and Thessalonica, and particularly that of Corinth, which are the central focus of Meeks, *The First Urban Christians.* As we stress in the text, the situation in Galatia was one of an almost entirely agrarian area undergoing dramatic changes in land tenure and crop production, as described in Mitchell, *Anatolia.* Indeed, Lull's discernment through Paul's later Letter to the Galatians of the importance of concrete manifestations of the Spirit among the Galatians, in *The Spirit in Galatia,* becomes all the more revealing when we also take into consideration the association of such phenomena in peasant societies under stress all over the world—as indicated by such diverse sources as Fanon, *The Wretched of the Earth,* and Scott, *Weapons of the Weak.*

Elliott, *Liberating Paul,* emphasizes that Paul intended through his preaching for his communities to embody alternative social relations, not merely individual ethics. Strelan, "Burden-Bearing and the Law of Christ," suggests some of the ways that Paul's ethical injunctions to the Galatians may have had tangible historical effects.

For an important examination of the methodology that should be used in assessing the historical background of Paul's mission in Philippi—and indeed his other activities described in the Book of Acts—see White, "Visualizing the 'Real' World." An excellent example of the kind of literary analysis necessary before utilizing Paul's Letter to the Philippians as a historical source is Stowers, "Friends and Enemies in the Politics of Heaven." Recent archaeological work in the region of Philippi with regard to its human lanscape in the early Roman period is summarized in Papazoglu, "Le territoire" and *Les villes,* and Pelekanidis, "Excavations." More specific studies on history, religion, and material culture in first-century Philippi include Bormann, *Philippi;* Abrahamsen, "Women at Philippi"; and Reumann, "Contributions of the Philippian Community to Paul and to Earliest Christianity."

Thessalonica and Paul's First Letter to the Thessalonians have received a great deal of scholarly attention in the last decade or so, particularly in the major studies by Jewett, *The Thessalonian Correspondence;* Malherbe, *Paul and the Thessalonians;* and the cautionary rhetorical-critical study by Smith, *Comfort One Another.* Recent archaeological discoveries in Thessalonica are summarized by Koester and Hendrix, *Archaeological Resources.* For the first-century urban plan of the city, see

Vickers, "Toward the Reconstruction of the Town Planning of Roman Thessaloniki."

The official pagan cults of Thessalonica were systematically described in Edson, "Cults of Thessalonica." Hendrix, "Beyond 'Imperial Cult,'" examined the Thessalonian honors to the emperor and imperial family and made some qualifications of the conclusions reached in Price, *Rituals and Power*. On the Cabirus cult in Thessalonica, see Jewett, *The Thessalonian Correspondence*, and Donfried, "The Cults of Thessalonica and the Thessalonian Correspondence." A recent article by John Barclay, "Thessalonica and Corinth: Social Contrasts in Pauline Christianity," attempts to reconstruct the political conflict touched off by Paul's mission by linking it to the social and economic situation of Paul's followers.

Elliott offers a provocative, political interpretation of the image of the crucified Christ for the members of the early assemblies in *Liberating Paul*. See also, Judge, "Paul as a Radical Critic of Society."

## Chapter 8: Spirits in Conflict

The literature on Roman Corinth and Paul's Corinthian correspondence is vast. Wiseman, "Corinth and Rome," provides a comprehensive summary history and survey of archaeological explorations. For examples of the considerable scholarly debate that has recently arisen on the cultural character of the city, see Engels, *Roman Corinth*, and Gill, "Corinth: A Roman Colony." The results of archaeological surveys in the area around Corinth and other regions of Roman Greece have been summarized and analyzed in Alcock, *Graecia Capta*.

Murphy-O'Connor's article "The Corinth that Saint Paul Saw," and his book *St. Paul's Corinth*, and Furnish, "Corinth in Paul's Time" offer selected archaeological finds matched with passages from Paul's Corinthian correspondence and Acts. Yet see the cautionary article by Oster, "Use, Misuse, and Neglect of Archaeological Evidence," for a critical review of the common use of excavated remains to verify or explicate Paul's Corinthian correspondence.

A careful and concise treatment of Paul's association and collaboration with Priscilla and Aquila, based on their occupation as "tentmakers," can be found in Hock, *The Social Context of Paul's Ministry*. On the institution and composition of the house-church, see Meeks, *The First Urban Christians*, and White, *Building God's House*. The recent methodological experiment by Barton, "Paul's Sense of Place," is also highly suggestive.

Stowers, *Letter Writing in Greco-Roman Antiquity*, places the purpose, forms, and functions of Paul's letters in their broad cultural-historical context, indicating the differences as well as similarities to ordinary letter writing by the Greco-Roman elite. On the date and historical context of First Thessalonians, see Jewett, *The Thessalonian Correspondence*. On the sense of community Paul hoped to solidify through his letter, see Malherbe, "God's New Family in Thessalonica."

The evidence for dating Gallio's term as proconsul of Achaia is the peg on which all chronology of the Pauline mission hangs. See particularly the critical discussion by Jewett, *A Chronology of Paul's Life*, and Georgi's discussion of chronology in *Remembering the Poor*. Although we rely heavily on Jewett, we do not follow his dating of the beginning of Paul's work at Ephesus—after a brief journey back to Jerusalem. We see no convincing evidence of such a side trip and prefer to assume that Paul proceeded directly across the Aegean to Ephesus from Corinth. As will be seen, Paul's later (and final) journey to Jerusalem seems to have occurred after an absence of many years. Beker, *Paul: Apostle to the Gentiles*, lays out a precise reconstruction of the sequence of events in Ephesus.

For an illuminating collection of essays on the archaeology and history of Ephesus and their relation to early Christianity, see Koester, *Ephesos*. Its importance as a cultic center for the eastern provinces is examined in Oster, "Ephesus," and its social history in the early imperial period is analyzed in White, "Urban Development and Social Change."

Regarding the description of the figure known as "Apollos," mentioned in Acts 18:24–19:7, in Ephesus and its relation to the figure mentioned in Paul's Corinthian correspondence as an eloquent Hellenistic Jewish teacher of wisdom from Alexandria, see Pearson, "Hellenistic Jewish Wisdom Speculation and Paul," and Horsley, "Wisdom of Word and Words of Wisdom" and " 'How Can Some of You Say, 'There is no Resurrection of the Dead?' " These articles are based on a critical analysis of the conflict between Paul's position and that apparently taught in Corinth by Apollos.

On the opposition in Galatia and for interpretations of Paul's ensuing Letter to the Galatians, see Howard, *Paul: Crisis in Galatia*; Boyarin, *Radical Jew*; and Betz, *Galatians*. However, as mentioned, most scholars who have dealt with this issue have not paid enough attention to the specific political and economic milieu of first-century Galatia. The most penetrating analysis of the form and meaning of Paul's collection project (which apparently began in Galatia) is provided in Georgi, *Remembering the Poor*.

The issue of the "social status" of the "early Christians" in Corinth as elsewhere has been perhaps the principal concern of recent social analyses of early Christian literature, as in Theissen, *The Social Setting*, and Meeks, *First Urban Christians*. Chow's *Patronage and Power* now replaces Theissen's studies and makes more precise and convincing the points and comments of Meeks on the patronal "house-church" infra-structure of the overall Corinthian assembly. For a fuller examination of the institution as a pervasive social structure and a mode of personal relationship, see the essays in Wallace-Hadrill, *Patronage in the Ancient World*, particularly Johnson and Dandeker, "Patronage: Relation and System," and Braund, "Function and Dysfunction." Wallace-Hadrill, *Houses and Society*, provides an insightful examination of the relationship between these social structures of patronage and archaeological remains. An important sociological portrait of the upwardly-mobile classes in Roman cities (of the type that might have risen to leadership in the Corinthian communities) is offered in D'Arms, *Trade and Social Standing*.

How the Corinthians may have responded to the teaching of Apollos has been explored by Pearson, *The Pneumatikos-Psychikos Terminology*; Thisleton, "Realized Eschatology"; and articles on First Corinthians by Horsley, "Gnosis in Corinth" and "Pneumatikos versus Psychikos." The more recent rhetorical criticism of First Corinthians, such as Mitchell, *Paul and the Rhetoric of Reconciliation*, reinforces the necessity of discerning the specific "rhetorical situation" in Corinth that lies behind the letter. Indeed, the recognition that the Corinthians' religious language and orientation was similar to and perhaps derived from Hellenistic Jewish devotion to Sophia/Logos makes unnecessary the hypothesis of "Gnosticism" in Corinth, drawn from later Christian Gnostic literature.

The classic treatment of Logos, or Wisdom-mysticism, as expressed in the writings of Philo of Alexandria is Goodenough, *By Light, Light*. It is possible to get a general flavor of Hellenistic Jewish wisdom-devotion by reading chapters 6–10 of the apochryphal book *The Wisdom of Solomon* (composed probably in Alexandria in the first century B.C.E.). For other varieties of Hellenistic Jewish piety, see Collins, *Between Athens and Jerusalem*. Horsley, "Spiritual Marriage with Sophia," draws a parallel between the wisdom-devotion in *The Wisdom of Solomon*, Philo, and among the Therapeutrides of Egypt and that of the Corinthians as addressed in First Corinthians. For examinations of the impact of Sophia-wisdom on the women of the Corinthian community and in the formative period of Christian origins, see Schüssler Fiorenza, *In Memory of Her* and *Jesus*, and Kraemer, *Her Share of the Blessings*.

Several other interpretations of the beliefs of the Corinthian community that Paul addresses in First Corinthians (such as Wire, *Corinthian Women Prophets*) sketch a similar picture except that they see the Corinthians as focused not directly on Sophia/Lady Wisdom but on Christ conceived in terms of Wisdom. The recent commentary by Fee, *The First Epistle to the Corinthians*, offers a response to the understanding of the Corinthian spirituals articulated by Horsley and Pearson, from a more conservative exegetical viewpoint.

Paul's response to the Corinthians is examined in Horsley, " 'How Can Some of You Say?' " Mitchell, *Paul and the Rhetoric of Reconciliation*, shows Paul's response is loaded with political language, reinforcing the impression that his overriding concern is that the community hold together—under his authority. Chow, *Power and Patronage*, emphasizes that much of the behavior that is so severely criticized by Paul can be seen as typical of a Romanized aristocracy. For a discussion of the identity of the "superlative apostles" and their relationship with the Corinthian community, see Georgi, *The Opponents of Paul*.

Georgi, *Remembering the Poor*, offers a detailed reconstruction of the events between Paul and the Corinthians, while Chow, *Patronage and Power*, reconstructs Paul's correspondence and argumentation in politically charged, anti-patronal terms. An alternative reconstruction can be found in Becker, *Paul: Apostle to the Gentiles*.

On the accession of Nero and the disintegration of the Julio-Claudian dyanasty, see Griffin, *Nero*. The historicity of the "riot of the silversmiths" in

Ephesus is discussed in Trebilco, "Asia." For a reconstruction of the physical conditions of Paul's various periods of imprisonment, see Rapske, *The Book of Acts and Paul in Roman Custody* (which, however, places the Onesimus incident in Caesarea). Koester, "Ephesos in Early Christian Literature," presents the main arguments for placing this period of imprisonment in Ephesus. Georgi, *Remembering the Poor*, analyzes the ideology of giving as manifested by the Philippians' gift to Paul. For the context of Paul's appeal for continued faithfulness, see Mearns, "The Identity of Paul's Opponents at Philippi." On the Letter to Philemon, see Petersen, *Rediscovering Paul*, and Hock, "A Support for His Old Age."

It is important to stress that the institution of patronage that Paul condemned in Corinth and in the particular case of Philemon was not merely an urban phenomenon, but formed the basic structure of economic exploitation throughout the Roman world. That is perhaps why Paul's focus on the patron-client relationship (and its paradoxical anti-type in the relationship of the believer to the "non-patronly" patron Christ) was so powerful. For other distinctive varieties of patronage relevant to the Pauline movement in predominantly agrarian areas such as Galatia and Macedonia, see Garnsey and Woolf, "Patronage of the Rural Poor," and Hopwood, "Bandits, Elites, and Rural Order."

## Chapter 9: Storming the Kingdom

Our principal source for reconstructing the progress of the collection is Georgi, *Remembering the Poor*, which combines analysis of the purpose and rationale of Paul's collection project with careful consideration of issues of chronology and critical analysis of the sources. In an important concluding section of the book, Georgi characterizes the collection as a demonstration against economic greed and possessiveness. We prefer to make the background motivation more specific: while Georgi discusses highly generalized economic concepts, we believe that the structure of imperial patronage—extending downward from Rome to the humblest subject of the empire—is the reality that the collection is meant to contest. See Wallace-Hadrill, *Patronage in Ancient Society*.

The prophetic-apocalyptic dimension of the collection is explored in Donaldson, "Proselytes or 'Righteous Gentiles.'" For an explanation of Paul's sense of satisfaction—and closure—in having preached the gospel "from Jerusalem and as far round as Illyria," see Scott, *Paul and the Nations*, and Aus, "Paul's Travel Plans," which discusses the geographical dimensions of the biblical tradition of Japhet's descendants—and their possible implications for understanding Paul's plans to proceed from the eastern Mediterranean to Spain.

There is an intriguing possibility that Paul's sudden sense of apocalyptic urgency in undertaking the journey to Jerusalem and then proceeding immediately to the West may have been influenced by calendrical considerations, in particular the completion of a sabbatical cycle of years. On this subject, see Wacholder, "The

Calendar of Sabbatical Cycles" and "Chronomessianism." According to his calculations, the year 55–56 C.E.—in which we believe Paul's last journey to Jerusalem occurred—was a sabbatical year. Other formative events in the history of the Jesus Movement that apparently took place during sabbatical years (according to this chronology) are the appearance of John the Baptist (27/28); Paul's "conversion" (34/35); the coronation and death of Agrippa I (42/43); and the Jerusalem Council and beginning of Paul's independent mission (48/49). As we will see, other important events—James's and Paul's martyrdom (62/63) and the destruction of the Temple in Jerusalem (69/70)—also took place during sabbatical years. Although Wacholder deals only with the appearance of John the Baptist and the hypothesized date for the birth of Jesus in his scheme, he provides abundant evidence of the importance of sabbatical cycles in the public consciousness of the Jewish people during the first century.

In recent years, a steady stream of books has chipped away at standard theological readings of Paul's Letter to the Romans. Elliott, *Liberating Paul*, has built on important earlier studies such as Stendahl, *Paul Among Jews and Gentiles*; Beker, *Paul the Apostle*; Williams, *Jesus' Death as Saving Event*; Gaston, *Paul and the Torah*; and Gager, *The Origins of Anti-Semitism*. Most recently, Stowers, *A Rereading of Romans*, offers a revisionist interpretation closely in touch with ancient Greek and Roman rhetorical forms. Stowers's "rereading," moreover, is highly amenable to our attempt to place Paul's Letter to the Romans in historical political context.

On the possible identification of the list of names in Romans 16 as members of the various Jesus assemblies in Ephesus—rather than in Rome—see Koester, "Ephesos," with bibliography. The scholarly consensus, however, maintains that these people were residents of Rome, even if a few might originally have come from Ephesus.

Events and principal personalities in Jerusalem during the years following the death of Agrippa are extensively described in Smallwood, *Jews Under Roman Rule*, and Horsley, "High Priests." The power struggles that gradually resulted in open revolt against Rome are covered critically and comprehensively by Goodman, *The Ruling Class of Judaea*. The appearance of the "Egyptian prophet" is discussed in Horsley and Hanson, *Bandits, Prophets, and Messiahs*, and Wacholder, "Chronomessianism." For a provocative reconstruction of the career of Ananias, see Wise, "The Life and Times of Ananias Bar Nedebaeus."

Even critical commentaries on the Book of Acts tend to be relatively trusting of the general historical reliability of the reported sequence of events. The most influential of these commentaries is Haenchen, *The Acts of the Apostles*. Lüdemann, *Earliest Christianity*, focuses explicitly on sorting out "history" from "tradition." The possibility of an open clash between the Jerusalem community and Paul being later intentionally obscured by the author of Acts is explored in Brandon, *The Fall of Jerusalem*, and examined in great detail in the provocative study by Eisenman, *James the Brother of Jesus*.

The reported arrest and trial of Paul in Jerusalem and Caesarea is discussed in

Rapske, *The Book of Acts*, which generally affirms the historicity of its details. Walasky, *'And So We Came to Rome,'* offers a more critical appraisal of the later historical context of the narrative. On the impact of these events on the subsequent life of the Jerusalem community, see Brandon, *The Fall of Jerusalem*, and Hill, *Hellenists and Hebrews*.

Rapske, "Acts, Travel, and Shipwreck," discusses Paul's journey to Rome, with extensive bibliography. For the archaeological and textual background to Paul's reported Roman imprisonment, see Rapske, *Paul in Roman Custody*. On the "messianic" ideological dimensions of Nero's philhellenism, see Alcock, "Nero at Play?" Tacitus, *Annals*, is the primary source for the accounts of the Great Fire and the subsequent persecution of the Christians of Rome. A recent survey of the speculation about Paul's apparent martyrdom can be found in Beker, *Paul the Apostle*.

The basic source for the life of the assemblies after Paul's death is reconstructed in Meeks, *The First Urban Christians*. As we have argued, however, the movement was not strictly "urban" and included many rural communities.

## Chapter 10: The Triumph of Caesar

The phenomenon of "social banditry" in Roman Judea was treated by Horsley, *Bandits, Prophets, and Messiahs*, with bibliography. On the situation in Galilee, in particular, see Horsley, *Galilee*. For an analysis of other movements of native revolt throughout the empire at about the same time, see Dyson, "Native Revolts" and "Patterns of Native Revolts."

The eruption of violent conflict in Caesarea and the interrelated events in Jerusalem and greater Judea are recounted by Josephus in *Jewish War* 2.285–344. The history and archaeology of Caesarea is examined by Levine, *Roman Caesarea*; the wider context of official, intellectual, and popular attitudes toward Jews and Judaism in the early empire is explored by Gager, *The Origins of Anti-Semitism*. Rappaport, "The Land Issue," highlights the underlying economic tensions that fueled the ethnic tensions.

The initial phase of the revolt in Jerusalem, through the attack on the Roman garrison, is narrated by Josephus in *Jewish War* 2.405–456 and is fully analyzed by Goodman, *The Ruling Class*. Horsley focused on the sicarii as a distinctive group of retainers turned terrorists, with comparative perspective, in "The Sicarii: Ancient Jewish Terrorists." They are clearly not to be identified with the "Zealots," who were a coalition of brigand bands from northwest Judea, who formed when Judean peasants were driven out of their villages by the scorched-earth tactics of the advancing Roman army.

In his seven-book *Jewish War*, Josephus provides an extensive account of the great revolt against Rome, which erupted simultaneously in Jerusalem and in the countryside in the summer of 66 C.E. While his attribution of motives to the actors involved may be highly unreliable and his account of his own role as the Jerusalem-designated military-governor of Galilee exaggerated in the extreme, he could not have gotten away with gross inventions of particular events, since other participants survived who could contradict him. For recent assessments of Josephus's historical role and historical reliability, see Cohen, *Josephus in Galilee and Rome;* Rajak, *Josephus;* and Bilde, *Flavius Josephus.*

A critical reconstruction of events in Galilee in 66–67, particularly the regional divisions and the rivalry between the northern Galilean strongman John of Gischala and Josephus for control of affairs in Galilee, is attempted in Horsley, *Galilee.* The wider conflict, including the massacres of Jews in the Hellenistic cities surrounding Judea and Galilee, is recounted by Josephus in *Jewish War* 2.457–480.

For the collapse of the Julio-Claudian dynasty, see Griffin, *Nero.* On the extended, bloody struggles over the imperial succession in 69, see Nicols, *Vespasian and the Partes Flavianae,* and Greenhalgh, *The Year of the Four Emperors.*

Rebecca Gray, *Prophetic Figures,* provides a recent critical analysis of Josephus's account of his miraculous escape from a besieged city and prophecy of Vespasian becoming world-ruler. For the remarkable parallels of Josephus's prophecy with the legend of Yohanan ben Zakkai's miraculous escape and prophecy, see Alon, "Rabban Johanan B. Zakkai's Removal to Jabneh." The political implications of the Roman decision to destroy the Jerusalem Temple are explored by Goodman, *The Ruling Class.*

For the reorganization of political, economic, and religious life in Judea after the Revolt, see Goodblatt, "The Jews of Eretz-Israel," and Alon, *The Jews in Their Land.* The confiscation of the property of the Judean aristocracy is discussed in Goodman, *The Ruling Class,* and suggested by the archaeological material in Hirschfeld, "Manor Houses."

The crystallization of Rabbinic Judaism is surveyed in Cohen, *From the Maccabees to the Mishnah;* Schiffman, *From Text to Tradition;* and Alon, *The Jews in Their Land.*

For conflicting theories on the development of the various strands of the Jesus Movement after the fall of Jerusalem, see—among many recent works—Mack, *Who Wrote the New Testament?;* Frederikson, *From Jesus to Christ;* Brown and Meier, *Antioch and Rome;* Pagels, *The Origin of Satan;* the essays in Robinson and Koester, *Trajectories Through Early Christianity;* and Sanders, *Jewish and Christian Self-Definition.*

The emergence of the gospels has been extensively documented by Koester, *Christian Gospels,* and their background has been explored in Aune, *The New Testament in Its Literary Environment.* The wider cultural and political milieu—in addition to the religious—has been masterfully reconstructed by Frederikson, *From Jesus to Christ.* For representative views of the members of the Jesus Seminar on this subject, see Funk, Hoover, et. al., *The Five Gospels.* For a conservative perspective, see Johnson, *The Writings of the New Testament.*

Among the most suggestive of recent treatments of the Gospel of Mark in historical social context are Myers, *Binding the Strong Man,* and Mack, *Myth of Innocence.* The date and place of authorship is analyzed by Marcus, "The Jewish War and the *Sitz im Leben* of Mark," who contests the traditional Roman hypothesis of Markan origins.

Recent thinking on the historical social context of the Gospel of John has been specially influenced by Martyn, *History and Theology in the Fourth Gospel*. In the Gospel of John, perhaps even more than in the other gospels, we are dealing with the continuing development of a literary tradition, as explored by Koester, *Ancient Christian Gospels*. With critical tools one can move behind the existing text of John to the self-definition of a branch of the Jesus Movement perhaps based in Judea, as in Robinson, *The Priority of John*, and Hendricks, *A Discourse of Domination*. On the parallelism of the concepts of light and darkness between the Dead Sea Scroll literature and the Gospel of John, see Flusser, *Judaism and the Origins of Christianity*. The best treatments of the Book of Revelation are still Schüssler Fiorenza, *The Book of Revelation: Justice and Judgment*, and Yarbro Collins, *Crisis and Catharsis*. For a recent study that suggests that the Book of Revelation was a direct response to the revivified Flavian cult of the emperors, see Friesen, *Twice Neokoros*.

A reconstruction of the historical development of the community in Antioch after 70 C.E. is proposed by Brown and Meir, *Antioch and Rome*, who follow the hypothesis of the Antiochene origins for the Gospel of Matthew. For the text itself, Saldarini, *Matthew's Christian-Jewish Community*; Balch, *Social History*; and Overman, *Matthew's Gospel and Formative Judaism* examine Matthew's Gospel and community in historical social context. The material background for Antioch in the Flavian period is described in detail in Downey, *A History of Antioch*, and more generally in Millar, *The Roman Near East*.

## Chapter 11: Keeping the Faith

The regularization and institutionalization of Christian practice in the age of the Apostolic Fathers is detailed in Frend, *The Rise of Christianity*. For internal ideological developments, see Meeks, *The Moral World of the First Christians* and *The Origins of Christian Morality*. Some basic texts of this period are collected in Stamforth, *Early Christian Writings*. The quotation about the obedience of Christian brothers and sisters comes from *First Clement*.

Among many recent studies of how the deutero-Pauline letters help assimilate the movement to the dominant patriarchal imperial order, see Schüssler Fiorenza, *In Memory of Her*. Koester surveys the deutero-Pauline literature in *Introduction to the New Testament*.

The wider "world" as well as the narrative of Luke-Acts has attracted many good studies in recent years. The articles of Robbins, "The Social Location" and "Luke-Acts," combine a clear sense of the narrative rhetoric with the concrete social-cultural situation of Luke's two-volume history of the Christian movement. Among the variant assessments of the political orientation and purpose of Luke-Acts, Walaskay, *'And So We Came to Rome,'* argues that the author is attempting to persuade Christians of the benefits of empire, while Esler, *Community and Gospel*, views Luke's history as primarily a legitimation of Christianity in the imperial context.

For accounts of the gradual expansion of Christianity, see MacMullen, *Christianizing the Empire*, and Lane-Fox, *Pagans and Christians*.

The Didache, "The Teaching of the Twelve Apostles," which contains much material that overlaps or parallels the Jesus traditions in the gospels, has recently received social analysis that deepens the previous literary analysis. See particularly, Draper, "Social Ambiguity" and *The Didache in Modern Research*.

# Bibliography

Abrahamsen, Valerie. "Women at Philippi: The Pagan and Christian Evidence." *Journal of Feminist Studies in Religion* 3 (1987): 17–30.

Achtemeier, Paul J. *The Quest for Unity in the New Testament Church.* Philadelphia: Fortress Press, 1987.

Alcock, Susan E. *Graecia Capta: The Landscapes of Roman Greece.* Cambridge: Cambridge University Press, 1993.

———. "Nero at Play?: The Emperor's Grecian Odyssey." Pp. 98–111 in *Reflections of Nero: History, Culture, Representation*, eds. Jás Elsner and Jamie Masters. Chapel Hill, NC: University of North Carolina Press, 1994.

———. "Roman Imperialism in the Greek Landscape." *Journal of Roman Archaeology* 2 (1989): 5–34.

Alon, Gedaliah. *The Jews in Their Land in the Talmudic Age.* Cambridge, MA: Harvard University Press, 1994.

———. "Rabban Johanan B. Zakkai's Removal to Jabneh." Pp. 269–313 in *Jews, Judaism, and the Classical World.* Jerusalem: Magnes Press, 1977.

Applebaum, Shimon. "Economic Life in Palestine." Pp. 631–700 in *The Jewish People in the First Century*, vol. 2, eds. Shmuel Safrai and Menachem Stern. Philadelphia: Fortress Press, 1974.

Arav, Rami, and Rousseau, John J. *Jesus and His World.* Minneapolis: Fortress Press, 1995.

Aune, David E. *The New Testament in Its Literary Environment.* Philadelphia: Westminster Press, 1987.

Aus, Roger D. "Paul's Travel Plans and the 'Full Number of Gentiles' in Rom. XI: 25." *Novum Testamentum* 21 (1979): 232–262.

Aviam, Mordechai. "Large-scale Production of Olive Oil in Galilee." *Cathedra* 73 (1994): 26–35. [In Hebrew]

Avigad, Nahman. *Discovering Jerusalem*. Nashville: Thomas Nelson, 1983.

──────. *The Herodian Quarter in Jerusalem*. Jerusalem: Keter, n.d.

Avi-Yonah, Michael, ed. *The World History of the Jewish People: The Herodian Period*. Jerusalem: Massada Publishing Co., 1975.

Bahat, Dan. *The Illustrated Atlas of Jerusalem*. New York: Simon and Schuster, 1989.

Balch, David L., ed. *Social History of the Matthean Community: Cross-Disciplinary Approaches*. Minneapolis: Fortress Press, 1991.

Barclay, John M. G. "Thessalonica and Corinth: Social Contrasts in Pauline Christianity." *Journal for the Study of New Testament* 47 (1992): 49–74.

Barker, Graeme, and Lloyd, John. *Roman Landscapes: Archaeological Survey in the Mediterranean Region*. London: British School at Rome, 1991.

Barton, Stephen. "Paul's Sense of Place: An Anthropological Approach to Community Formation in Corinth." *New Testament Studies* 32 (1986): 225–246.

Bauckham, Richard, ed. *The Book of Acts in Its Palestinian Setting*. Grand Rapids, MI: Eerdmanns, 1995.

──────. "The Economic Critique of Rome in Revelation 18." Pp 47–90 in *Images of Empire*, ed. Loveday Alexander. Sheffield: Sheffield Academic Press, 1991.

Beker, J. Christiaan. *Paul the Apostle: The Triumph of God in Life and Thought*. Philadelphia: Fortress Press, 1980.

Betz, Hans-Dieter. *Galatians: A Commentary on Paul's Letter to the Churches in Galatia*. Philadelphia: Fortress Press, 1979.

──────. "Jesus and the Cynics: Survey and Analysis of a Hypothesis." *Journal of Religion* 74 (1994): 453–75.

Bilde, Per. *Flavius Josephus between Jerusalem and Rome: His Life, His Works, and Their Importance*. Sheffield: Journal for the Study of the Old Testament Press, 1988.

Borg, Marcus J. *Jesus in Contemporary Scholarship*. Valley Forge: Trinity Press International, 1994.

Bormann, Lukas. *Stadt und Christengemeinde zur Zeit des Paulus*. Leiden: E. J. Brill, 1995.

Bowersock, Glen. *Roman Arabia*. Cambridge, MA: Harvard University Press, 1983.

Boyarin, Daniel. *A Radical Jew: Paul and the Politics of Identity*. Berkeley: University of California Press, 1994.

Brandon, S. G. F. *The Fall of Jerusalem and the Christian Church*. London: Society for Promoting Christian Knowledge, 1951.

Braund, David. "Function and Dysfunction: Personal Patronage in Roman Imperialism." Pp. 137–152 in *Patronage in the Ancient World*, ed. Andrew Wallace-Hadrill. London: Routledge, 1989.

──────. *Rome and the Friendly King: The Character of Client Kingship*. New York: St. Martin's Press, 1984.

Broshi, Magen. "The Role of the Temple in the Herodian Economy." *Journal of Jewish Studies* 38 (1987): 31–37.

Brown, Raymond E. *The Birth of the Messiah: A Commentary on the Infancy Narratives in Matthew and Luke*. Garden City, NY: Doubleday, 1977.

———. *The Death of the Messiah: From Gethsemane to the Grave: A Commentary on the Passion Narrative in the Four Gospels*. 2 vols. New York: Doubleday, 1994.

Brown, Raymond E., and Meier, John P. *Antioch and Rome: New Testament Cradles of Christianity*. New York: Paulist Press, 1983.

Bultmann, Rudolf. *The Theology of the New Testament*. New York: Charles Scribner's Sons, 1951.

Capper, Brian. "The Palestinian Context of the Earliest Christian Community of Goods." Pp. 323–356 in *The Book of Acts in Its Palestinian Setting*, ed. Richard Bauckham. Grand Rapids, MI: Eerdmanns, 1995.

Chaney, Marvin L. "Bitter Bounty." Pp. 15–30 in *Reformed Faith and Economics*, ed. Robert L. Stivers. Lanham, MD: University Press of America, 1989.

Chilton, Bruce, and Evans, Craig A. eds. *Studying the Historical Jesus: Evaluations of the State of Current Research*. Leiden: E. J. Brill, 1994.

Chow, John K. *Patronage and Power: A Study of Social Networks in Corinth*. Sheffield: Journal for the Study of the Old Testament Press, 1992.

Cohen, Shaye J. D. *From the Maccabees to the Mishnah*. Philadelphia: Westminster Press, 1987.

———. *Josephus in Galilee and Rome: His Vita and Development as a Historian*. Leiden: E. J. Brill, 1979.

Collins, John J. *The Apocalyptic Imagination*. New York: Crossroad, 1984.

———. *Between Athens and Jerusalem: Jewish Identity in the Hellenistic Diaspora*. New York: Crossroad, 1983.

———. *The Scepter and the Star: The Messiahs of the Dead Sea Scrolls and Other Ancient Literature*. New York: Doubleday, 1995.

Corbo, Virgilio. "La Citta Romana di Magdala." Pp. 355–378 in *Studia Hierosolymitana in onore del P. Bellarmio Bagatti*, eds. Emmanuele Testa, Ignacio Mancini, and Michele Piccirillo. Jerusalem: Franciscan Printing Press, 1976.

———. "Piazza e Villa Urbana a Magdala." *Liber Annus* 28 (1978): 232–240.

Coüasnon, C. *The Holy Sepulchre*. London: Oxford University Press, 1974.

Crossan, John Dominic. *The Historical Jesus: The Life of a Mediterranean Jewish Peasant*. San Francisco: HarperSanFrancisco, 1991.

———. *Who Killed Jesus? Exposing the Roots of Anti-Semitism in the Gospel Story of the Death of Jesus*. San Francisco: HarperSanFrancisco, 1995.

Curtis, Robert I. *Garun and Salsamenta: Production and Commerce in Materia Medica*. Leiden: E. J. Brill, 1991.

D'Arms, John H. *Commerce and Social Standing in Ancient Rome*. Cambridge, MA: Harvard University Press, 1981.

Davies, Stevan L. *Jesus the Healer: Possession, Trance, and the Origins of Christianity*. New York: Continuum, 1995.

Davies, W. D. *Paul and Rabbinic Judaism: Some Rabbinic Elements in Pauline Theology*. New York: Harper and Row, 1967.

Davis, Susan G. "The Career of Colonel Pluck: Folk Drama and Popular Protest in Early Nineteenth-Century Philadelphia." Pp. 487–501 in *Material Life in Amer-*

*ica, 1600–1860*, ed. Robert Blair St. George. Boston: Northeastern University Press, 1988.

Donaldson, Terence. "Proselytes or 'Righteous Gentiles'? The Status of Gentiles in Eschatological Pilgrimage Patterns of Thought." *Journal for the Study of the Pseudepigrapha* 7 (1990): 3–27.

Donfried, Karl P. "The Cults of Thessalonica and the Thessalonian Correspondence." *New Testament Studies* 31 (1985): 336–56.

Doran, Robert. *Temple Propaganda: The Purpose and Character of 2 Maccabees*. Washington, D.C.: Catholic Biblical Association of America, 1981.

Downey, Glanville. *A History of Antioch in Syria*. Princeton: Princeton University Press, 1961.

Draper, Jonathan. *The Didache in Modern Research*. Leiden: E. J. Brill, 1996.

———. "Social Ambiguity and the Production of Text: Prophets, Teachers, Bishops, and Deacons and the Development of the Jesus Tradition in the Community of the Didache." Pp 284–312 in *The Didache in Context: Essays on Its Text, History and Transmission*, ed. C. N. Jefford. Leiden: E. J. Brill, 1995.

Dyson, Steven L. "Native Revolts in the Roman Empire." *Historia* 20 (1971): 239–74.

———. "Native Revolt Patterns in the Roman Empire." *Aufstieg und Niedergang der Römischen Welt* II.3 (1975): 138–175.

Edson, Charles. "Cults of Thessalonica." *Harvard Theological Review* 41 (1948): 153–204.

Eisenman, Robert. *The Dead Sea Scrolls and the First Christians*. New York: Element, 1996.

———. *James the Brother of Jesus: Recovering the True History of Early Christianity*. New York: Penguin, 1997.

———. *Maccabees, Zadokites, Christians, and Qumran*. Leiden: E. J. Brill, 1983.

Eisler, Robert. *Messiah Jesus and John the Baptist*. Lincoln, UK: Dial Press, 1931.

Elliger, Winfried. *Paulus in Griechenland: Philippi, Thessaloniki, Athen, Korinth*. Stuttgart: Katholisches Bibelwerk, 1978.

Elliott, Neil. *Liberating Paul: The Justice of God and the Politics of the Apostle*. Maryknoll, NY: Orbis Books, 1994.

Engels, David. *Roman Corinth: An Alternative Model for the Classical City*. Chicago: University of Chicago Press, 1990.

Enslin, Morton. *Christian Beginnings*. New York: Harper, 1938.

Esler, Philip F. *Community and Gospel in Luke-Acts: The Social and Political Motivations of Lucan Theology*. Cambridge: Cambridge University Press, 1987.

Fanon, Franz. *The Wretched of the Earth*. New York: Grove Press, 1963.

Fee, Gordon D. *The First Epistle to the Corinthians*. Grand Rapids, MI: Eerdmans, 1987.

Feldman, Louis H. *Jew and Gentile in the Ancient World: Attitudes and Interactions from Alexander to Justinian*. Princeton, NJ: Princeton University Press, 1993.

Fenn, Richard K. *The Death of Herod: An Essay in the Sociology of Religion*. New York: Cambridge University Press, 1992.

Finegan, Jack. *The Archaeology of the New Testament: The Life of Jesus and the Beginning of the Early Church*. Princeton, NJ: Princeton University Press, 1992.

———. *The Archaeology of the New Testament: The Mediterranean World of the Early Christian Apostles*. Boulder, CO: Westview Press, 1981.

Finkelstein, Israel. *The Archaeology of the Israelite Settlement*. Jerusalem: Israel Exploration Society, 1988.

Finkelstein, Israel, and Na'aman, Nadav, eds. *From Nomadism to Monarchy*. Washington: Biblical Archaeology Society, 1994.

Flusser, David. *Judaism and the Origins of Christianity*. Jerusalem: Magnes Press, 1988.

Fox, Robin Lane. *Pagans and Christians*. New York: Knopf, 1987.

Fredriksen, Paula. *From Jesus to Christ: The Origins of the New Testament Images of Jesus*. New Haven: Yale University Press, 1988.

Frend, W. H. C. *Martyrdom and Persecution in the Early Church*. Oxford: Basil Blackwell, 1965.

———. *The Rise of Christianity*. Philadelphia: Fortress Press, 1984.

Freyne, Sean. *Galilee from Alexander the Great to Hadrian: A Study of Second Temple Judaism*. Wilmington, DE: Michael Glazier, 1980.

Friesen, Steven. *Twice Neokoros: Ephesus, Asia, and the Cult of the Flavian Imperial Family*. Leiden: E. J. Brill, 1993.

Frova, Antonio. "Le Inscrizione di Ponzio Pilato a Cesarea." *Reconditi* 95 (1961): 419–434.

Funk, Robert W., Hoover, Roy W., eds. *The Five Gospels*. New York: Macmillan, 1993.

Furnish, Victor Paul. "Corinth in Paul's Time—What Can Archaeology Tell Us?" *Biblical Archaeology Review* 14:3 (May/June 1988): 14–27.

Gabba, Emilio. "The Finances of King Herod." Pp. 160–168 in *Greece and Rome in Eretz Israel*, eds. Aryeh Kasher, Uriel Rappaport, and Gideon Fuks. Jerusalem: Yad Izhak Ben-Zvi, 1990.

Gager, John G. *Kingdom and Community: The Social World of Early Christianity*. Englewood Cliffs, NJ: Prentice-Hall, 1975.

———. *The Origins of Anti-Semitism: Attitudes Toward Judaism in Pagan and Christian Antiquity*. New York: Oxford University Press, 1983.

Galinsky, Karl. *Augustan Culture: An Interpretive Introduction*. Princeton: Princeton University Press, 1996.

Garnsey, Peter, and Woolf, Greg. "Patronage of the Rural Poor in the Roman World." Pp. 117–136 in *Patronage in the Ancient World*, ed. Andrew Wallace-Hadrill. London: Routledge, 1989.

Gaston, Lloyd. *Paul and the Torah*. Vancouver, BC: University of British Columbia Press, 1987.

Gaventa, Beverly. "Galatians 1 and 2: Autobiography as Paradigm." *Novum Testamentum* 28 (1986): 309–26.

Georgi, Dieter. "The Early Church: Internal Jewish Migration or New Religion? *Harvard Theological Review* 88 (1995): 35–68.

―――. *The Opponents of Paul in Second Corinthians.* Philadelphia: Fortress Press, 1986.

―――. *Remembering the Poor: The History of Paul's Collection for Jerusalem.* Nashville: Abingdon, 1992.

―――. *Theocracy in Paul's Praxis and Theology,* Trans. David E. Green. Minneapolis: Fortress Press, 1991.

―――. "Who Is the True Prophet?" Pp. 100–126 in *Christians Among Jews and Gentiles: Essays in Honor of Krister Stendahl on His Sixty-fifth Birthday,* eds. George Nickelsburg and George W. MacRae. Philadelphia: Fortress Press, 1986.

Gill, David W. J. "Corinth: A Roman Colony in Achaea." *Biblische Zeitschrift* 37 (1993): 259–264.

Gill, David W. J., and Gempf, Conrad. *The Book of Acts in Its Greco-Roman Setting.* Grand Rapids, MI: Eerdmans, 1994.

Goldstein, Jonathan A. *I Maccabees. Anchor Bible* vol. 41. Garden City, NY: Doubleday, 1976.

Goodblatt, David. "The Jews of Eretz-Israel in the Years 70–132 CE." Pp. 155–84 in *Judea and Rome: Revolts of the Jews,* ed. Uriel Rappaport. Tel Aviv: Am Oved, 1983. [In Hebrew]

Goodenough, Erwin R. *By Light, Light: The Mystic Gospel of Hellenistic Judaism.* New Haven: Yale University Press, 1935.

Goodman, Martin. "The First Jewish Revolt: Social Conflict and the Problem of Debt." *Journal of Jewish Studies* 33 (1982) 418–27.

―――. *Mission and Conversion: Proselytizing in the Religious History of the Roman Empire.* Oxford: Clarendon Press, 1994.

―――. *The Ruling Class of Judaea: The Origins of the Jewish Revolt against Rome A.D. 66–70.* Cambridge: Cambridge University Press, 1987.

Gottwald, Norman, K. *All the Kingdoms of the Earth: Israelite Prophecy and International Relations in the Ancient Near East.* New York: Harper and Row, 1964.

―――. *The Tribes of Yahweh.* Maryknoll, NY: Orbis Books, 1979.

Gray, Rebecca. *Prophetic Figures in Late Second Temple Jewish Palestine: The Evidence from Josephus.* Oxford: Oxford University Press, 1993.

Greene, Kevin. *The Archaeology of the Roman Economy.* Berkeley: University of California Press, 1986.

Greenhalgh, P. A. L. *The Year of the Four Emperors.* London: Wiedenfeld and Nicolson, 1975.

Greenhut, Zvi. "The 'Caiaphas' Tomb in North Talpiyot, Jerusalem." *Atiqot* 21 (1992): 63–71.

Griffin, Miriam T. *Nero: The End of a Dynasty.* London: Batsford, 1984.

Haenchen, Ernst. *The Acts of the Apostles: A Commentary.* Philadelphia: Westminster Press, 1971.

Hann, Robert R. "Judaism and Jewish Christianity in Antioch: Charisma and Conflict in the First Century." *Journal of Religious History* 14 (1986–7): 341–360.

Hanson, Paul. *The Dawn of Apocalyptic*. Philadelphia: Fortress Press, 1979.
Hemer, Colin J. *The Book of Acts in the Setting of Hellenistic History*. Tübingen: J. C. B. Mohr, 1989.
Hendricks, Obery M. *A Discourse of Domination: A Socio-rhetorical Study of the Use of Ioudaios in the Fourth Gospel*. Maryknoll, NY: Orbis Books, forthcoming.
Hendrix, Holland L. *Thessalonians Honor Romans*. Ph.D. diss., Harvard University, 1984.
Hengel, Martin. *Acts and the History of Earliest Christianity*. Philadelphia: Fortress Press, 1980.
———. *Between Jesus and Paul*. Philadelphia: Fortress Press, 1983.
———. *Crucifixion in the Ancient World and the Folly of the Message of the Cross*. Philadelphia: Fortress Press, 1977.
———. *Judaism and Hellenism: Studies in Their Encounter in Palestine during the Early Hellenistic Period*. Philadelphia: Fortress Press, 1974.
———. *The Pre-Christian Paul*. Philadelphia: Trinity Press International, 1991.
Hill, Craig C. *Hellenists and Hebrews: Reappraising Division within the Earliest Church*. Minneapolis: Fortress Press, 1992.
Himmelfarb, Martha. *Ascent to Heaven in Jewish and Christian Apocalypses*. Oxford: Oxford University Press, 1993.
Hirschfeld, Yizhar. "Changes in Settlement Patterns of the Jewish Rural Populace Before and After the Rebellions Against Rome." *Cathedra* 80 (1996): 3–18. [In Hebrew]
Hobsbawm, Eric J. *Primitive Rebels: Studies in Archaic Forms of Social Movement in the 19th and 20th Centuries*. New York: W. W. Norton and Company, 1965.
Hock, Ronald F. *The Social Context of Paul's Ministry: Tentmaking and Apostleship*. Philadelphia: Fortress Press, 1980.
———. "A Support for His Old Age: Paul's Plea on Behalf of Onesimus." Pp. 67–81 in *The Social World of the First Christians*, eds. L. Michael White and O. Larry Yarbrough. Minneapolis: Fortress Press, 1995.
Hoehner, Harold W. *Herod Antipas*. Cambridge: Cambridge University Press, 1972.
Hollenbach, Paul W. "The Conversion of Jesus: From Jesus the Baptizer to Jesus the Healer." *Aufstieg und Niedergang der Römischer Welt* 2.25.1 (1982): 196–219.
———. "Jesus, Demoniacs, and Public Authorities: A Socio-historical Study." *Journal of the American Academy of Religion* 99 (1981): 567–588.
———. "John the Baptist." Pp. 887–899 in *The Anchor Bible Dictionary*, vol. 3, ed. David Noel Freedman. New York: Doubleday, 1992.
———. "Social Aspects of John the Baptizer's Preaching Mission in the Context of Palestinian Judaism." *Aufstieg und Niedergang der Römischer Welt* 2.19.1 (1979): 850–75.
Hopkins, David. *The Highlands of Canaan: Agricultural Life in the Early Iron Age*. Sheffield: Almond, 1985.
Hopkins, Keith. "Taxation and Trade in the Roman Empire (200 BC–AD 400)." *Journal of Roman Studies* 70 (1980): 101–125.

Hopwood, Keith. "Bandits, Elites, and Rural Order." Pp. 171–188 in *Patronage in the Ancient World*, ed. Andrew Wallace-Hadrill. London: Routledge, 1989.

Horsley, Richard A. "Archaeology and the Villages of Upper Galilee: A Dialogue with Archaeologists." *Bulletin of the American Society of Oriental Research* 297 (1995): 15–16, 26–28.

———. "The Death of Jesus." Pp 395–422 in *Studying the Historical Jesus: Evaluations of the State of Current Research*, eds. Bruce Chilton and Craig A. Evans. Leiden: E. J. Brill, 1994.

———. *Galilee: History, Politics, People*. Valley Forge, PA: Trinity Press International, 1995.

———. "Gnosis in Corinth: 1 Corinthians 8:1–6." *New Testament Studies* 27 (1980): 32–51.

———. "High Priests and the Politics of Roman Palestine." *Journal for the Study of Judaism* 17 (1986): 23–55.

———. "'How Can Some of You Say That There Is No Resurrection of the Dead?': Spiritual Elitism in Corinth." *Novum Testamentum* 20 (1978): 203–231.

———. *Jesus and the Spiral of Violence: Popular Jewish Resistance in Roman Palestine*. San Francisco: Harper and Row, 1987.

———. *The Liberation of Christmas: The Infancy Narratives in Social Context*. New York: Crossroad, 1989.

———. "'Like One of the Prophets of Old': Two Types of Popular Prophets at the Time of Jesus." *Catholic Biblical Quarterly* 47 (1985): 435–63.

———. "*Logoi Propheton*? Reflections on the Genre of Q." Pp 195–209 in *The Future of Early Christianity: Essays in Honor of Helmut Koester*, eds. Birger Pearson et al. Minneapolis: Fortress Press, 1991.

———. "Pneumatikos versus Psychikos: Distinctions of Status Among the Corinthians." *Harvard Theological Review* 69 (1976): 269–288.

———. "Popular Prophetic Movements at the Time of Jesus: Their Principal Features and Social Origins." *Journal for the Study of the New Testament* 26 (1986): 3–27.

———. "Q and Jesus: Assumptions, Approaches, and Analyses." *Semeia* 55 (1991): 175–209.

———. "The Sicarii: Ancient Jewish Terrorists." *Journal of Religion* 59 (1979): 435–58.

———. "Social Conflict in the Synoptic Sayings Source Q." Pp. 37–52 in *Conflict and Invention: Literary, Rhetorical, and Social Studies on the Sayings Gospel Q*, ed. John S. Kloppenborg. Valley Forge, PA: Trinity Press International, 1995.

———. *Sociology and the Jesus Movement*. New York: Crossroad, 1989.

———. "Spiritual Marriage with Sophia." *Vigiliae Christianae* 33 (1979): 30–54.

———. "Wisdom of Word and Words of Wisdom in Corinth." *Catholic Biblical Quarterly* 39 (1977): 224–239.

Horsley, Richard A., with Hanson, John S. *Bandits, Prophets, and Messiahs: Popular Movements in the Time of Jesus*. San Francisco: Harper and Row, 1987.

Howard, George. *Paul: Crisis in Galatia, A Study in Early Christian Theology*. Cambridge: Cambridge University Press, 1979.
Ilan, Tal. *Jewish Women in Greco-Roman Palestine*. Tübingen: J. C. B. Mohr, 1995.
Jacobson, Arland D. *The First Gospel: An Introduction to Q*. Sonoma, CA: Polebridge Press, 1992.
Jeremias, Joachim. *Jerusalem in the Time of Jesus*. London: Society for Promoting Christian Knowledge, 1969.
Jewett, Robert. *A Chronology of Paul's Life*. Philadelphia: Fortress Press, 1979.
———. *The Thessalonian Correspondence: Pauline Rhetoric and Millenarian Piety*. Philadelphia: Fortress Press, 1986.
Johnson, Luke Timothy. *The Writings of the New Testament: An Interpretation*. Philadelphia: Fortress Press, 1986.
Johnson, Terry, and Dandeker, Chris. "Patronage: Relation and System." Pp.219–238 in *Patronage in the Ancient World*, ed. Andrew Wallace-Hadrill. London: Routledge, 1989.
Judge, E. A. "Paul as Radical Critic of Society." *Interchange* 16 (1974): 191–203.
Kee, Howard Clark. *Medicine, Miracle, and Magic*. Cambridge: Cambridge University Press, 1986.
Kloppenborg, John S. *The Formation of Q: Trajectories in Ancient Wisdom Collections*. Philadelphia: Fortress Press, 1987.
Koester, Helmut. *Ancient Christian Gospels: Their History and Development*. Philadelphia: Trinity Press International, 1990.
———. "Ephesos in Early Christian Literature." Pp. 119–140 in *Ephesos: Metroplis of Asia*, ed. Helmut Koester. Valley Forge, PA: Trinity Press International, 1995.
———. *Ephesos: Metropolis of Asia*. Valley Forge, PA: Trinity Press International, 1995.
———. *Introduction to the New Testament*. 2 vols. Philadelphia: Fortress Press, 1982.
Koester, Helmut, and Hendrix, Holland. *Archaeological Resources for New Testament Studies*. Valley Forge, PA: Trinity Press International, 1995.
Kraeling, Carl H. *John the Baptist*. New York: Charles Scribner's Sons, 1951.
Kraemer, Ross Shepard. *Her Share of the Blessings: Women's Religions Among Pagans, Jews, and Christians in the Greco-Roman World*. New York: Oxford University Press, 1992.
Lane-Fox, Robin. *Pagans and Christians*. New York: Alfred A. Knopf, 1987.
Laughlin, John C. H. "Capernaum: From Jesus' Time and After." *Biblical Archaeologist* 56 (1993): 54–61.
Lémonon, Jean-Pierre. *Pilate et le gouvernment de la Judée: Textes et monuments*. Paris: J. Gabalda, 1981.
Levick, Barbara. *Roman Colonies in Southern Asia Minor*. Oxford: Clarendon Press, 1967.
———. *Tiberius the Politician*. London: Thames and Hudson, 1976.
Levine, Lee I. *Roman Caesarea: An Archaeological-Topographical Study*. Jerusalem: Institute of Archaeology, Hebrew University, 1975.

Loffreda, Stanislao. "Capernaum." Pp. 416–419 in *The Oxford Encyclopedia of Archaeology in the Near East*, ed. Eric M. Meyers. New York: Oxford University Press, 1997.
Lüdemann, Gerd. *Earliest Christianity According to the Tradition in Acts: A Commentary*. Minneapolis: Fortress Press, 1989.
―――. *Paul, Apostle to the Gentiles: Studies in Chronology*, trans. E. Stanley Jones. Philadelphia: Fortress Press, 1984.
Lull, David. *The Spirit in Galatia*. Missoula: Scholars Press, 1980.
Mack, Burton L. *The Lost Gospel: The Book of Q and Christian Origins*. San Francisco: HarperSanFrancisco, 1993.
―――. *A Myth of Innocence: Mark and Christian Origins*. Philadelphia: Fortress Press, 1988.
―――. *Who Wrote the New Testament? The Making of the Christian Myth*. San Francisco: HarperCollins, 1995.
MacMullen, Ramsay. *Christianizing the Roman Empire, AD 100–400*. New Haven: Yale University Press, 1984.
McRay, John. *Archaeology and the New Testament*. Grand Rapids, MI: Baker Book House, 1991.
Magie, David. *Roman Rule in Asia Minor*. Princeton: Princeton University Press, 1950.
Malherbe, Abraham J. "God's New Family in Thessalonica." Pp. 116–125 in *The Social World of the First Christians*, eds. L. Michael White and O. Larry Yarbrough. Minneapolis: Fortress Press, 1995.
―――. *Social Aspects of Early Christianity*. Philadelphia: Fortress Press, 1983.
―――. *Paul and the Thessalonians*. Philadelphia: Fortress Press, 1987.
Marcus, Joel. "The Jewish War and the *Sitz im Leben* of Mark." *Journal of Biblical Literature* 111 (1992): 441–462.
Marsh, Frank Burr. "Roman Parties in the Reign of Tiberius." *American Historical Review* 31 (1925–26): 233–250.
Martyn, J. Louis. "Events in Galatia." Pp. 160–179 in *Pauline Theology*, vol. 1, ed. Jouette M. Bassler. Minneapolis: Fortress Press, 1991.
―――. *History and Theology in the Fourth Gospel*. New York: Harper and Row, 1967.
Mazar, Benjamin. *The Mountain of the Lord*. Garden City, NY: Doubleday, 1975.
Mearns, Chris. "The Identity of Paul's Opponents at Philippi." *New Testament Studies* 33 (1987): 194–204.
Meeks, Wayne A. *The First Urban Christians: The Social World of the Apostle Paul*. New Haven: Yale University Press, 1983.
―――. *The Origins of Christian Morality*. New Haven: Yale University Press, 1993.
Meeks, Wayne, and Wilken, Robert. *Jews and Christians in Antioch in the First Four Centuries of the Common Era*. Missoula, MI: Scholars Press, 1978.
Meier, John P. *A Marginal Jew: Rethinking the Historical Jesus*. 2 vols. New York: Doubleday, 1991, 1994.
Mendels, Doron. *The Rise and Fall of Jewish Nationalism*. New York: Doubleday, 1992.

Meyers, Eric M. "Roman Sepphoris in the Light of New Archaeological Evidence and Recent Research." Pp. 321–35 in *The Galilee in Late Antiquity*, ed. Lee I. Levine. New York: Jewish Theological Seminary of America, 1992.

———. "An Archaeological Response to a New Testament Scholar." *Bulletin of Oriental Research* 297 (1995): 17–25.

Millar, Fergus. *The Emperor in the Roman World (31 BC–AD 337)*. London: Duckworth, 1977.

———. *The Roman Near East 31 BC–AD 337*. Cambridge: Harvard University Press, 1993.

Mitchell, Margaret M. *Paul and the Rhetoric of Reconciliation: An Exegetical Investigation of the Language and Composition of 1 Corinthians*. Tübingen: J. C. B. Mohr, 1991.

Mitchell, Stephen. *Anatolia: Land, Men, and Gods in Asia Minor*. Oxford: Clarendon Press, 1993.

Murphy-O'Connor, Jerome. "The Corinth That Saint Paul Saw." *Biblical Archaeologist* 47 (1984): 147–159.

———. "John the Baptist and Jesus: History and Hypotheses." *New Testament Studies* 36 (1990): 359–74.

———. *Paul: A Critical Life*. Oxford: Clarendon Press, 1996.

———. *St. Paul's Corinth: Texts and Archaeology*. Wilmington, DE: Michael Glazier, 1983.

Myers, Ched. *Binding the Strong Man: A Political Reading of Mark's Story of Jesus*. Maryknoll, NY: Orbis Books, 1988.

Netzer, Ehud. "Herod's Building Program." Pp. 169–173 in *The Anchor Bible Dictionary*, vol. 3, ed. David Noel Freedman. New York: Doubleday, 1992.

Neusner, Jacob, Green, William Scott, and Frerichs, Ernest. *Judaisms and Their Messiahs*. Cambridge: Cambridge University Press, 1987.

Nicols, John. *Vespasian and the Partes Flavianae*. Wiesbaden: Steiner, 1978.

Oster, Richard E. "Ephesus as a Religious Center under the Principate." *Aufstieg und Niedergang der Römischen Welt* 2.18.3 (1990): 1661–1728.

———. "Use, Misuse and Neglect of Archaeological Evidence in Some Modern Works on 1 Corinthians." *Zeitschrift fur die Neutestamentliche Wissenschaft* 83 (1992): 52–73.

Overman, J. Andrew. *Matthew's Gospel and Formative Judaism: The Social World of the Matthean Community*. Minneapolis: Fortress Press, 1990.

Pagels, Elaine. *The Origins of Satan*. New York: Random House, 1995.

Pandermalis, D., and Papazoglou, Fanoula. "Macedonia Under the Romans." Pp. 192–221 in *Macedonia: 4000 Years of Greek History and Civilization*, ed. M. B. Sakellariou. Athens: Ekdotike Athenon, 1983.

Papazoglou, Fanoula. "Le territoire de la colonie de Philippes." *Bulletin du correspondance hellénique* 106 (1982): 89–106.

———. *Les villes de Macedoine à l'epoque Romaine*. Athens: Ecole Française d'Athénes, 1988.

Pearson, Birger. "Hellenistic Jewish Wisdom Speculation and Paul." Pp 43–66 in *Aspects of Wisdom in Judaism and Early Christianity*, ed. Robert L. Wilken. Notre Dame, IN: Notre Dame University Press, 1975.

———. *The Pneumatikos-Psychikos Terminology in 1 Corinthians*. Missoula: Scholars Press, 1973.

Peckham, Brian. *History and Prophecy: The Development of Late Judean Literary Traditions*. New York: Doubleday, 1993.

Pelekanidis, Stylianos. "Excavations in Philippi." *Balkan Studies* 8 (1967): 123–126.

Pervo, Richard I. *Profit With Delight: The Literary Genre of the Acts of the Apostles*. Philadelphia: Fortress Press, 1987.

Petersen, Norman R. *Rediscovering Paul: Philemon and the Sociology of Paul's Narrative World*. Philadelphia: Fortress Press, 1985.

Price, S. R. F. *Rituals and Power: The Roman Imperial Cult in Asia Minor*. Cambridge: Cambridge University Press, 1984.

Rajak, Tessa. *Josephus: The Historian and His Society*. London: Duckworth, 1983.

Ramsay, William Mitchell. *The Cities of St. Paul: Their Influence on His Life and Thought*. London: Hodder and Stoughton, 1908.

———. *A Historical Commentary on St. Paul's Letter to the Galatians*. New York: G. P. Putnam, 1900.

Rappaport, Uriel. "The Land Issue as a Factor in Inter-ethnic Relations in Eretz-Israel During the Second Temple Period." Pp. 80–86 in *Man and Land in Eretz-Israel in Antiquity*, eds. Arieh Kasher, Aaron Oppenheimer, and Uriel Rappaport. Jerusalem: Yad Izhak Ben Zvi, 1986. [In Hebrew]

Rapske, Brian. "Acts, Travel, and Shipwreck." Pp. 1–47 in *The Book of Acts in Its Greco-Roman Setting*, eds. David W. J. Gill and Conrad Gempf. Grand Rapids, MI: Eerdmans, 1994.

———. *The Book of Acts and Paul in Roman Custody*. Grand Rapids, MI: Eerdmans, 1994.

Reich, Ronny. "A Note on the Roman Mosaic at Magdala on the Sea of Galilee." *Liber Annus* 41 (1991): 455–458.

Reumann, John. "Contributions of the Philippian Community to Paul and to Earliest Christianity." *New Testament Studies* 39 (1993): 438–57.

Richardson, Peter. *Herod: King of the Jews and Friend of the Romans*. Columbia, SC: University of South Carolina Press, 1996.

Robbins, Vernon K. "The Social Location of the Implied Author of Luke-Acts." Pp. 305–332 in *The Social World of Luke-Acts: Models for Interpretation*, ed. Jerome H. Neyrey. Peabody, MA: Hendrickson, 1991.

———. "Luke-Acts: A Mixed Population Seeks a Home in the Roman Empire." Pp. 202–221 in *Images of Empire*, ed. Loveday Alexander. Sheffield: Sheffield Academic Press, 1991.

Robinson, James, and Koester, Helmut. *Trajectories Through Early Christianity*. Philadelphia: Fortress Press, 1971.

Robinson, John A. T. *The Priority of John*. London: Society for Promoting Christian Knowledge, 1985.

Rowland, Christopher. *The Open Heaven: A Study of Apocalyptic in Judaism and Early Christianity*. New York: Crossroad, 1982.
Rowley, H. H. "The Herodians in the Gospels." *Journal of Theological Studies* 41 (1940): 14–27.
Rudé, George. *The Crowd in History*. New York: Wiley, 1964.
Safrai, Shmuel. "The Temple and the Divine Service." Pp. 284–337 in *The World History of the Jewish People: The Herodian Period*, ed. Michael Avi-Yonah. Jerusalem: Massada Publishing Co., 1975.
Safrai, Shmuel, and Stern, Menachem, eds. *The Jewish People in the First Century*. Philadelphia: Fortress Press, 1974.
Safrai, Ze'ev. *The Economy of Roman Palestine*. New York: Routledge, 1994.
Saldarini, Anthony J. *Matthew's Christian-Jewish Community*. Chicago: University of Chicago Press, 1994.
———. *Pharisees, Scribes, and Sadducees in Palestinian Society: A Sociological Approach*. Wilmington, DE: Michael Glazier, 1988.
Sanders, E. P. *Jesus and Judaism*. Philadelphia: Fortress Press, 1985.
———. ed. *Jewish and Christian Self-Definition*. 3 vols. Philadelphia: Fortress Press, 1980-82.
———. *Paul and Palestinian Judaism: A Comparison of Patterns of Religion*. Philadelphia: Fortress Press, 1977.
Schalit, Avraham. *Herod the King: The Man and His Work*. Jerusalem: Mosad Bialik, 1964. [In Hebrew]
Schiffman, Lawrence. *From Text to Tradition: A History of Second Temple and Rabbinic Judaism*. Hoboken, NJ: Ktav, 1991.
Schoeps, Hans-Joachim. *Paul: The Theology of the Apostle in the Light of Jewish Religious History*, trans. Harold Knight. Philadelphia: Westminster Press, 1961.
Schürer, Emil. *The History of the Jewish People in the Age of Jesus Christ*. 3 vols., revised by Geza Vermes, Fergus Millar, Matthew Black, and Martin Goodman. Edinburgh: Clark, 1973–87.
Schüssler Fiorenza, Elisabeth. *The Book of Revelation: Justice and Judgment*. Philadelphia: Fortress Press, 1985.
———. *Jesus: Miriam's Child, Sophia's Prophet*. New York: Continuum, 1994.
———. *In Memory of Her: A Feminist Reconstruction of Christian Origins*. New York: Crossroad, 1988.
Schwartz, Daniel R. *Agrippa I: The Last King of Judea*. Tübingen: J. C. B. Mohr, 1990.
———. "Josephus and Philo on Pontius Pilate." *The Jerusalem Cathedra* 3 (1983): 26–45.
———. *Studies in the Jewish Background of Christianity*. Tübingen: J. C. B. Mohr, 1992.
Schweitzer, Albert. *The Mysticism of Paul the Apostle*. London. A. and C. Black, 1931.
Scott, James C. *Domination and the Arts of Resistance*. New Haven: Yale University Press, 1990.
———. *The Moral Economy of the Peasant: Subsistence and Rebellion in Southeast Asia*. New Haven: Yale University Press, 1976.

———. *Weapons of the Weak: Everyday Forms of Peasant Resistance*. New Haven: Yale University Press, 1985.
Scott, James M. *Paul and the Nations: The Old Testament and Jewish Background of Paul's Mission to the Nations with Special Reference to the Destination of Galatians*. Tübingen: J. C. B. Mohr, 1995.
Seccombe, David. "Was There an Organized Charity in Jerusalem before the Christians?" *Journal of Theological Studies* 29 (1978): 140–143.
Seeley, David. *The Noble Death: Graeco-Roman Martyrology and Paul's Concept of Salvation*. Sheffield: Journal of the Study of the New Testament Press, 1990.
Segal, Alan. *Paul the Convert: The Apostolate and Apostasy of Saul the Pharisee*. New Haven: Yale University Press, 1990.
Shanks, Hershel, ed. *Christianity and Rabbinic Judaism: A Parallel History of Their Origins and Early Development*. Washington, D.C.: Biblical Archaeology Society, 1992.
Sherwin-White, Adrian. N. *The Letters of Pliny: A Historical and Social Commentary*. Oxford: Clarendon Press, 1966.
Silberman, Neil Asher. "Searching for Jesus." *Archaeology* 47:6 (November/December 1994): 30–40.
———. "The World of Paul." *Archaeology* 49:6 (November/December 1996): 30–36.
Smallwood, E. Mary. *The Jews under Roman Rule from Pompey to Diocletian*. Leiden: E. J. Brill, 1976.
Smith, Abraham. *Comfort One Another: Reconstructing the Rhetoric and Audience of 1 Thessalonians*. Louisville, KY: Westminster/John Knox, 1995.
Smith, Morton. *Jesus the Magician*. San Frnacisco: Harper and Row, 1978.
Snyder, Graydon F. *Ante Pacem: Archaeological Evidence of Church Life Before Constantine*. Macon, GA: Mercer University Press, 1985.
Stager, Lawrence E. "The Archaeology of the Family in Ancient Israel." *Bulletin of the American Schools of Oriental Research* 260 (1985): 1–35.
Stamforth, Maxwell, trans. *Early Christian Writings*. London: Penguin Books, 1968.
Stendahl, Krister. "The Apostle Paul and the Introspective Conscience of the West." *Harvard Theological Review* 56 (1963): 199–215.
———. *Paul Among Jews and Gentiles*. Philadelphia: Fortress Press, 1976.
Stern, Ephraim. *The New Encyclopedia of Archaeological Excavations in the Holy Land*. New York: Simon and Schuster, 1993.
Stern, Menahem. "Aspects of Jewish Society: The Priesthood and Other Classes." Pp. 561–630 in *The Jewish People in the First Century*, eds. Shmuel Safrai and Menachem Stern. Philadelphia: Fortress Press, 1974.
Stone, Michael. *Scriptures, Sects, and Visions: A Profile of Judaism from Ezra to the Jewish Revolts*. Philadelphia: Fortress Press, 1980.
Stowers, Stanley. "Friends and Enemies in the Politics of Heaven: Reading Theology in Philippians." Pp. 105–121 in *Pauline Theology I: Thessalonians, Philippians, Galatians, Philemon*, ed. Jouette M. Bassler. Minneapolis: Fortress Press, 1991.
———. *A Rereading of Romans: Justice, Jews, and Gentiles*. New Haven: Yale University Press, 1994.

———. *Letter Writing in Greco-Roman Antiquity*. Philadelphia: Westminster Press, 1986.

Strelan, John G. "Burden Bearing and the Law of Christ: A Re-examination of Galatians 6:2." *Journal of Biblical Literature* 94 (1975): 266–276.

Strickert, Fred. "The Coins of Philip." Pp. 165–189 in *Bethsaida*, eds. Rami Arav, and Richard A. Freund. Kirksville, MO: Thomas Jefferson University Press, 1995.

Tabor, James D. *Things Unutterable: Paul's Ascent to Paradise in Its Greco-Roman, Judaic, and Early Christian Contexts*. Lanham, MD: University Press of America, 1986.

Tabor, James D., and Droge, Arthur J. *A Noble Death: Suicide and Martyrdom among Christians and Jews in Antiquity*. San Francisco: HarperSanFrancisco, 1992.

Tatum, W. Barnes. *John the Baptist and Jesus: A Report of the Jesus Seminar*. Sonoma, CA: Polebridge Press, 1994.

Taylor, Joan E. *Christians and the Holy Places: The Myth of Jewish Christian Origins*. Oxford: Clarendon Press, 1993.

Taylor, Nicholas H. *Paul, Antioch, and Jerusalem: A Study in Relationships and Authority in the Earliest Church*. Sheffield: Journal for the Study of the Old Testament Press, 1992.

Tcherikover, Victor A. *Hellenistic Civilization and the Jews*. Philadelphia: Jewish Publication Society, 1959.

Theissen, Gerd. *The Gospels in Context: Social and Political History in the Synoptic Tradition*. Minneapolis: Fortress Press, 1991.

———. *The Social Setting of Pauline Christianity: Essays on Corinth*. Philadelphia: Fortress Press, 1982.

Thisleton, Anthony C. "Realized Eschatology in Corinth." *New Testament Studies* 24 (1978): 510–526.

Tiede, David Lenz. *Prophecy and History in Luke-Acts*. Philadelphia: Fortress Press, 1980.

Trebilco, Paul. "Asia." Pp. 291–363 in *The Book of Acts in Its Greco-Roman Setting*, eds. David W. J. Gill and Conrad Gempf. Grand Rapids, MI: Eerdmans, 1994.

Tsaferis, Vassilios. "Capernaum." Pp. 291–296 in *The New Encyclopedia of Archaeological Excavations in the Holy Land*, ed. Ephraim Stern. New York: Simon and Schuster, 1993.

———. "Jewish Tombs at and Near Giv'at ha-Mivtar." *Israel Exploration Journal* 20 (1970): 18–32.

Tuckett, Christopher M. "A Cynic Q?" *Biblica* 70 (1989): 349–76.

Twelftree, Graham H. *Jesus the Exorcist: A Contribution to the Study of the Historical Jesus*. Tübingen: J. C. B. Mohr, 1993.

Vickers, Michael. "Toward the Reconstruction of the Town Planning of Roman Thessaloniki." Pp. 239–251 in *Ancient Macedonia I*, ed. Basil Laourdas. Thessaloniki: Institute for Balkan Studies, 1970.

Wacholder, Ben Zion. "The Calendar of Sabbatical Cycles During the Second

Temple and Early Rabbinic Period." *Hebrew Union College Annual* 44 (1973): 153–196.

———. "Chronomessianism: The Timing of Messianic Movements and the Calendar of Sabbatical Cycles." *Hebrew Union College Annual* 46 (1975): 201–218.

Wachsmann, Shelly. *The Sea of Galilee Boat.* New York: Plenum Press, 1995.

Walaskay, Paul W. *'And So We Came to Rome': The Political Perspective of St. Luke.* Cambridge: Cambridge University Press, 1983.

Wallace-Hadrill, Andrew. *Houses and Society in Pompeii and Herculaneum.* Princeton: Princeton University Press, 1991.

———, ed. *Patronage in the Ancient World.* London: Routledge, 1989.

Webb, Robert L. *John the Baptizer and Prophet: A Socio-historical Study.* Sheffield: Journal for the Study of the Old Testament Press, 1991.

Wengst, Klaus. *Pax Romana and the Peace of Jesus Christ.* Philadelphia: Fortress Press, 1987.

White, L. Michael. *Building God's House in the Roman World: Architectural Adaption among Pagans, Jews, and Christians.* Baltimore: Johns Hopkins University Press, 1990.

———. "Urban Development and Social Change in Imperial Ephesos." Pp. 27–79 in *Ephesos: Metropolis of Asia*, ed. Helmut Koester. Valley Forge, PA: Trinity Press International, 1995.

———. "Visualizing the 'Real' World of Acts 16: Toward Construction of a Social Index." Pp. 234–261 in *The Social World of the First Christians*, eds. L. Michael White and O. Larry Yarbrough. Minneapolis: Fortress Press, 1995.

Wilkinson, John. *Jerusalem as Jesus Knew It.* London: Thames and Hudson, 1978.

Williams, Sam K. *Jesus' Death as Saving Event: The Background and Origins of a Concept.* Missoula: Scholars Press, 1975.

Wire, Antionette Clark. *The Corinthian Women Prophets: A Reconstruction Through Paul's Rhetoric.* Minneapolis: Fortress Press, 1990.

Wirgin, Wolf. "On King Herod's Messianism." *Israel Exploration Journal* 11 (1961): 153–154.

———. "A Note on the 'Reed' of Tiberias." *Israel Exploration Journal* 18 (1969): 248–249.

Wise, Michael. O. "The Life and Times of Ananias Bar Nedebaeus and His Family." Pp. 51–102 in *Thunder in Gemini and Other Essays on the History, Language, and Literature of Second Temple Palestine.* Sheffield: Journal for the Study of the Old Testament Press, 1994.

Wise, Michael O., and Tabor, James D. "The Messiah at Qumran." *Biblical Archaeology Review.* 18:6 (November/December 1992): 60–65.

Wiseman, James. "Corinth and Rome I: 228 B.C.—A.D. 267." *Aufstieg und Niedergang der Römischen Welt* 2.7.1 (1979): 439–548.

Witherington, Ben. *The Jesus Quest.* Downers Grove, IL: InterVarsity Press, 1995.

Wolf, Eric R. *Peasants.* Englewood Cliffs, NJ: Prentice-Hall, 1966.

Yarbro Collins, Adela. *Crisis and Catharsis: The Power of the Apocalypse.* Philadelphia: Westminster Press, 1986.

Zanker, Paul. *The Power of Images in the Age of Augustus*. Ann Arbor: University of Michigan Press, 1988.

Zayadine, Fawzi, ed. *Petra and the Caravan Cities*. Amman: Department of Antiquities, 1990.

Zias, Joseph, and Sekeles, Eliezer. "The Crucified Man from Giv'at ha-Mivtar: A Reappraisal." *Israel Exploration Journal* 35 (1985): 22–27.